KB119423

페미니즘, 한계에서 시작하다

페미니즘, 한계에서 시작하다

· ·

우에노 지즈코 · 스즈키 스즈미 지음

조승미 옮김

문학수첩

한국의 독자 여러분께 저는《여성혐오를 혐오한다》의 저자로 알려
졌습니다. 그 덕분에 일본에서도 한국에서도 여성혐오^{misogyny} 개념
이 정착했습니다.

그리고 이번에는《페미니즘, 한계에서 시작하다》를 한국의 독
자 여러분께 소개해 드리게 되었습니다. 이 책은 일본에서도 화제
를 모았고, 중국에서는 베스트셀러가 되었습니다. 이런 점을 보면,
한국·일본·중국의 여성들이 살아가는 현실의 동시대성을 알 수
있습니다. 한 자녀 정책이 시행되거나 아이를 적게 낳는 사회가 되
면서, 부모가 고등교육을 받게 하고 아들만큼이나 기대를 걸고 소
중히 키운 덕분에 능력도 의욕도 높은 딸들이 많습니다. 그러나 이
에 걸맞게 여성들을 받아들일 여건은 사회에 마련되어 있지 않습
니다. 결혼을 하든 안 하든 괜찮고, 결혼 후에 일을 계속하든 안 하
든, 아이를 낳아도 안 낳아도 좋다고 여성들이 갖게 된 선택은 늘
었지만, 어떤 선택을 해도 불완전합니다. 이제 여자도 뭐든 손에
넣을 수 있다는 속삭임을 들었는데, 마음먹은 대로 되지 않고요.
압박을 받으며 모든 걸 얻을 수 없는 스스로를 책망할 수밖에 없게
됩니다. 성과 사랑이 각기 다른 별개의 것이라는 걸 일찍 알아버린

바람에 섹스의 장벽은 무서울 정도로 낮아졌는데, 남녀 사이의 섹스의 질은 여전히 빈곤합니다. '나의 젊음과 아름다움을 비싼 값에 팔 수 있을 때 팔겠다는데 그게 뭐가 나쁘냐'고 안간힘을 다해 생존 전략을 찾는 소녀들도 있습니다.

자기결정, 자기책임을 설파하는 신자유주의 풍조가 확산하는 가운데 태어난 젊은 여성들은 어떤 선택을 하든 간에, 선택한 일이 잘 풀리든 그렇지 않든 그 결과를 스스로 받아들여야 한다고 느끼는 것 같습니다. 실패하면 자신을 비난할 수밖에 없고, 앓는 소리를 뱉어낼 수도 없습니다. 여자들끼리의 연대는 어려워졌어요.

그런데 그건 정말 여성 개개인의 문제일까요?

이 책에서는 부모와 자식만큼 나이 차이가 나는 두 여성이 대화합니다. 저와 스즈키 스즈미 님은 살아온 시대가 전혀 다릅니다. 예전에도 여성은 자기 자신을 비난했지요. 내가 모자라고 내가 미숙하다고, 내 노력이 부족하고 내가 참을성이 없다고 스스로를 탓했습니다. 그런데 옆에 있는 여성과 이야기를 나누다 보면, 어딘가 짚이는 데가 있고 한껏 공감하게 됩니다. 이것을 두고 페미니즘은 "개인적인 것이 정치적인 것"이라고 표현했지요.

오늘날 동아시아 여성들이 공통되게 느끼는 삶의 괴로움도 같지 않을까요? 우리를 몰아세우고 몰아넣은 그 함정에는 '공통의 적'이 있는 것 같습니다. 이 책을 읽는 여러분께서는 분명히 '미투#MeToo'라고 공감하실 것입니다. 일본의 독자들이 《82년생 김지영》에 공감했듯 그렇게 공감해 주실 거라 기대합니다. 젊은 독자는 젊은 스즈키 스즈미에게, 젊지 않은 독자는 젊지 않은 저에게.

혹은 저희 둘 사이에서 흔들릴지도 모르겠습니다. 자기 자신이 지금 어느 쪽에 있는지 알기 위해서라도 이 책은 흥미로운 독서 체험이 될 것입니다.

어떤 시대든 그 변화는 불완전합니다. 우리는 언제나 과도기를 살아가고 있습니다. 하지만 그 어떤 시대에도 그 시대를 힘껏 살아간 여성들이 있었고, 우리는 그러한 선배들의 뒷모습을 보고 어른이 되었습니다. 다음 세대는 우리의 뒷모습을 보고 어른이 될 텐데, 변명하거나 속임수를 쓸 수는 없지요.

그래도 저는 이렇게 변화가 심한 시대에 여성으로 살아오면서 재미있었습니다. 변화는 저절로 생긴 게 아닙니다. 변화를 일으켰기 때문에 변화가 일어난 겁니다. 변화를 일으켜 온 한국의 여성들도 그 사실을 실감하고 계시겠지요.

일본의 여성들은 한국 여성들의 움직임을 숨죽여 주목하고 있습니다. 한국의 여성들께서도 일본에서 일어나고 있는 일에 관심을 보여주시겠지요. 우리 사이에 불행한 역사가 불러온 단절을 넘어서 '공통의 적'을 마주할 수 있기를 진심으로 기원합니다.

2023년 2월 3일
우에노 지즈코

한국의 독자 여러분께 이 책을 전하게 되어 참 행복합니다. 최근 일본에서는 특히 한국의 여성 작가가 쓴 소설, 만화가 널리 읽히고 화제에 오르며 사랑받고 있습니다. 인기를 얻은 이유는 한국의 작품이 무척 재미있고 훌륭해서인데, 단지 그 이유뿐만 아니라 같은 동아시아 여성으로서 비슷한 아픔을 공유하고 있기에 깊은 공감을 불러일으켰다고 생각합니다.

1983년에 태어난 저는 고등학교에서, 대학/대학원에서 교육을 받을 때, 또 5년간 근무한 신문사에서도 여자라는 이유로 저의 선택이 제한을 받은 경험이 거의 없었습니다. 학교에서도, 회사에서도 우수하고 이해가 빠르며 통찰력 있는 여성들의 존재감은 컸습니다. 제가 도쿄대 대학원에서 공부할 때 서울대학교에서 온 유학생들이 있었는데, 열심히 공부하는 뛰어난 여성들이 역시 눈에 띄게 많았습니다.

제가 지나온 시절은 여자라는 이유로 학문이나 일자리와 같은 문이 닫혀 있던 시대와는 달랐습니다. 저와 함께 이 책을 쓴 우에노 지즈코 님이나 제 어머니 세대가 학문, 비즈니스, 예술, 문학과 같은 여러 분야에서 애써서 길을 열어준 덕분에 우리 세대 여성들이 자유를 갖게 되었습니다. 이에 대해 강한 존경심과 감사의 마음을 갖고 있습니다.

하지만 저는 의문이 듭니다. 여성의 삶의 방식이 한정되어 있던 시대에 비해, 적어도 제도적인 면에서는 갖가지 선택지가 준비된 오늘날, 여성은 고민이나 불안이 없이 편안하고 행복하게 살고 있을까요? 물론 새장 속에 갇힌 듯한 시대의 여성들이 얼마나 자유롭지 못했고 고뇌가 깊었을지는 제 상상을 초월할 겁니다. 그렇지만 이전 세대보다 훨씬 자유롭게 살아갈 수 있는 우리 세대는 우리 세대 나름대로 여태까지와 또 다른 고뇌를 안고 있습니다. 그리고 이런 고뇌가 우리를 짓누르고 있습니다. 과거 여성의 자유와 선택권을 금지하거나 마치 강제로 여성의 손발을 묶던 때보다 삶에서 느끼는 괴로움을 알기가 훨씬 어렵습니다.

여태껏 선진국 가운데서 심각하게 뒤처져 있는 일본의 남녀 불균형도 우리 세대를 짓누르는 한 가지 요인입니다. 기업에서든 정치에서든 학문의 세계에서든 중심적인 역할을 담당하는 여성이 아직도 매우 적습니다. 예전과 달리 채용 면에서 성평등을 이뤘다고 칭송을 하지만, 보이지 않는 벽에 압박을 받으면서 역겨움을 느끼는 여성도 있을 겁니다.

게다가 성차별적인 사고방식은 명문화되지 않고 교묘하게 숨겨진 형태로 사회구조뿐만 아니라 개별 남성에게 뿌리박혀 있습니다. 연애를 하거나, 결혼 후 가정생활에서 문득 어떤 계기로 그런 사고방식이 표출되곤 하지요. 예를 들어 와이프에게 "일하지 말라"거나 "나를 돌보라"고 대놓고 명령하듯이 하는 가부장적인 남자는 줄어든 반면, "일해도 괜찮아", "당신이 좋아하는 일을 응원할게"라고 하면서 암묵적으로 '그런데 나랑 아이 돌보기를 소홀히 해서는 안 돼'라거나 '나보다 더 눈에 띄게 성공하진 마' 같은 메시지를 보내는 남성이 많습니다. 어떤 면에서 이런 남성과 싸우는 것은, 가부장제의 화신과도 같은 독선적인 남성에게 저항하는 것보다 더 어려울 것 같다는 생각이 듭니다. 정치적으로는 옳은 말을 하는 남성이 나이 어리고 온화하고 남성에게 위협이 되지 않는 여성을 선택하면서 '순전히 내 개인 취향'이라고 하면 이를 부정할 수 없기 때문이겠지요.

게다가 여성의 선택지가 늘어남으로써 새로운 고민도 생긴 것 같습니다. 스스로 택한 길이라는 이유로 우는소리를 할 수 없고요. 한때 일본에서 성매매 산업에 종사한 많은 여성이 가족의 빚을 갚기 위해 요시와라 유곽(공창) 같은 곳에 팔렸는데, 오늘날에는 자신의 의지와 전혀 관계없이 인신매매 형태로 성매매를 하는 사람은 찾아보기 힘듭니다. 결혼이나 출산도 할 자유와 하지 않을 자유가 있고요. 그래서 선택한 이상 불평하기 어렵고, "네가 좋아서 그런 거잖아"라는 소리를 듣게 될까 두려워합니다.

저는 유흥업소 여성, 포르노 배우로 일하면서, 또 대학원을 거쳐 신문사에서 일하면서 남성이 여성에게 갖는 이중 기준을 포착할 기회가 많았습니다. 회사에서 여성과 어깨를 나란히 하고 옳은 말을 하는 남성이 유흥업소 여성에게는 전혀 다르게 대하는 모습도 자주 봤고요. 이들은 자기 성욕을 채울 여자와 부하 직원으로 고용한 여자를 같은 생물이라고 보는 감각이 희박할 겁니다.

밤 세계를 경험하면서 저는 오랫동안 생각했습니다. 아무리 사회제도가 바르게 진보해서 남성들이 차별적인 발언을 하지 않게 된다 한들, 남성의 근본적인 성격이나 생각이 바뀔 리가 없다, 그렇다면 그런 남성의 특성을 역으로 이용해 즐겁게 이득을 보고 살자 마음먹었어요. 이런 탓에 사회를 긍정적으로 바꾸려는 페미니즘 운동의 직접적 주체는 될 수가 없었지요. 마음속 어딘가에 '아무리 올바른 말로 호소해도 남자들의 선택은 변치 않아'라는 싸늘한 관점이 있었습니다.

이런 제가 일본의 여성학, 페미니즘의 일인자 우에노 지즈코 님과 편지를 길게 주고받은 경험은 결과적으로 멋진 일이었습니다. 처음에 저는 여러 번 우에노 님에게 "어째서 남자들에게 절망하지 않느냐"고 물었습니다. 그건 더 나은 사회를 만들기 위해 남성에게 변화를 요구하기보다는, 남성에게 변화를 바라는 마음을 포기하고 남성을 이용하며 즐기는 편이 행복하지 않을까 하는 생각이 마음속에 있었기 때문입니다. 페미니즘 담론과 주장에는 언젠가 남자들이 반드시 바뀔 거라 지나치게 기대하는 면이 있다고 봤고, 그게 저는 짜증도 나고 초조하기도 했습니다.

이런 생각에 대해 우에노 지즈코 님은 우선적이나마 사회의 겉모습을 바꾸어 가야 한다는 점, 그게 가치 있는 일이라는 점을 알려주었습니다. 또 남성을 이용할 마음만 먹었던 저 자신의 기만, 타자를 있는 그대로 존중해야 한다는 사실과 스스로의 아픔을 인정하지 않는 나약함을 알려주면서, 현대에 여성이 새롭게 느끼는 문제와 마주하게 해주었습니다. 때로는 여태까지 한 번도 말하지

페미니즘, 한계에서 시작하다

않았던 자신의 방황 경험을 말하면서, 예전 세대가 열어준 새로운 시대 속에서 이제 젊은 여성들은 어떤 딜레마를 갖고 살고 있는지를 이야기해 주었습니다.

이런 가르침과 대화 덕분에, 늘 어딘가 비관적이던 제 생각에 상당히 큰 변화가 일어났습니다. 어차피 남자는 변하지 않을 거라는 생각, '내가 좋아서 이러한 인생을 선택해서 살았다' 같은 생각을 검토하는 계기가 되었습니다. 저의 이 귀중한 경험은 이웃 나라에서 저와 비슷하게 생각하며 살고 계신 저의 친구와도 같은 여러분께 뭔가 시사하는 바가 분명 있을 것 같습니다.

자유로우면서도 자유롭지 못하게, 자유롭지 않으면서도 자유롭게 오늘날 새로운 시대를 필사적으로 살아가는 한국 여성들의 활약과 행복을 진심으로 기원합니다. 기운이 나지 않는 밤에 내일 살아가기 위한 용기를 얻을 책 목록 가운데 한 권으로 이 책이 들어간다면 정말로 기쁠 것 같습니다.

2023년 1월
스즈키 스즈미

일러두기

1. 이 책은 上野千鶴子·鈴木涼美, 《往復書簡 限界から始まる》(幻冬舍, 2021)를 번역한 것이다.
2. 본문의 각주는 대부분 옮긴이주이며, 원주는 '* —원주'로 표시했다.
3. 내용 중 '여배우', '여고생', '창녀' 등 성차별적 단어는 원 글의 맥락과 의도에 따라 그대로 두었다.

1장

에
로
스

자
본

여성이 '피해자'라는 점을 받아들이지 않으면 여성운동에 찬물을 끼얹는 것인가요?

우에노 지즈코 선생님께.

오랜 시간 만나온 편집자 두 명과 회의실에서 이 책 제목을 어떻게 정할지 고심했습니다. 그러다가 '한계에서 시작하다限界から始まる'라고 정했어요. 첫 번째 편지를 쓰면서 제목을 다시 보니, 딱 맞다 싶습니다. 먼저 이 책 제목에 대해 간단히 이야기하겠습니다.

최근 우에노 선생님이 제 책을 보고 건넨 논평 가운데서 '한계'라는 키워드를 뽑았습니다. 제가 선생님에게 보내드린 책은《귀엽고 심술 맞은 여동생이 되고 싶어可愛くってずるくっていじわるな妹になりたい》(2020)였는데, 선생님은 "이런 제목을 쓰는 건 이제 한계가 왔죠"라 하셨지요. 마침 편지 형식의 연재 제안이 와서, 한계에 서 있는 제가 이 한계에서 두루 생각하겠다는 마음으로 선생님의 논평에서 키워드 '한계'를 가져왔습니다.

저는 이 이상 더 간다면 미래가 없을 경계선에 있었습니다. 더 이상 하면 봐주지 않을 거라고 선생님이 선을 그어주신 거예요. 저 자신도 인내심과 체력에 한계가 왔고요. 이런 한계를 알고 부수자……. 이렇게 꼬리에 꼬리를 물고 생각하다 보니, 제가 여태껏 살아온 세계는 위에 언급한 책 제목 '귀엽고 심술 맞은 여동생이 되고 싶어'처럼 경계선 안쪽에 있는 곳이었습니다. 제가 앞으로 살아가야 할 곳은 '귀엽고 심술 맞은 여동생이 되고 싶어'와 같은 제목을 밀어낸 세계일 겁니다. 제가 살아갈 다음 세계가 어떠한 형태일지 생각해 보니, 지금 경계에 서 있는 이 지점이 두루 살피기에 나쁘지 않겠다 싶습니다. 나이든 마음이든 시대와 더불어 성숙해 나가야 할 시기에 선생님께 좋은 논평을 받았습니다.

그리하여 선생님과 편지를 주고받기 시작하려는 무렵, 우연찮게도 코로나 팬데믹이 일어났습니다. 전 세계를 둘러싼 여러 가지 문제도 전보다 눈에 띄게 윤곽을 드러낸 것 같습니다. 일본에서도 이번 주에 긴급사태 기간을 연장한다고 발표했습니다. 경제적으로도 그렇고 정신적으로도 앞날에 대한 불안이 한계에 달했다고 느낀 사람들이 많을 겁니다. 코로나 이전에는 없던 제한조치 때문에 더는 못 참겠다고 한계를 느끼는 사람들도 있겠지요. 사회가 한계 지점에 달한 상황에서 선생님과 이야기할 수 있어서 무척 뜻깊습니다.

그리고 저 자신의 한계가 있습니다. 최근에 저는 오랫동안 지녀왔던 생각에 의문을 품는 때가 많습니다. 이게 저에게 가장 큰 한계인데, 한번 점검해 보고 싶습니다. 이 책의 첫 번째 주제가 '에로스 자본'이니만큼 독자 여러분께 제 소개도 할 겸 해서 제가 글을 쓰게 된 동기와 과정, 요즘 느끼는 불안에 관해 말씀드리고자 합니다.

석사논문을 정리해 책《AV 여배우의 사회학「AV女優」の社会学》(2013)을 출판하고 나서 제가 글을 쓰는 동기는 극히 단순했습니다. '피해자'란 말이 감옥처럼 느껴지고 거기에 대한 저항감, 초조

함이 있었습니다. 나 자신이 피해자 모습을 하지 않고서도 내게 해를 입힌 것들을 단죄할 수 있을까? 이런 게 제가 저한테 던진 과제였습니다.

제가 살아온 삶은 '피해자로 살' 기회가 실로 풍부했습니다. 일본 사회에서 여성으로 살아왔을 뿐만 아니라 고등학생 때부터 브루세라[1], 원조교제[2]와 같이 성이 상품화된 현장에 들락거렸고, 대학입시가 끝나고부터는 AV[3] 배우로 일했습니다. 그 후에는 여성 상사가 한 명도 없는 전형적인 일본 기업에서 근무했습니다(제가 퇴직하고 여성 상사 한 명이 들어왔다는 소식을 들은 것 같네요). 성 착취나 악질적인 기업 문화가 팽배한, 남녀가 불평등한 사회에서 살면서 남성의 시선을 내면화하고, 여성이 사회에서 활약한다는 구호에 놀아나면서 갑갑한 옷과 구두를 강요당하고요. 운 좋게 글을 쓸 기회를 얻었을 때, 전 어떤 종류의 가치관에 의해 독이 골수까지 퍼진 피해자로서 발언할 수 있을 만한 재료를 많이 갖고 있었던 것 같습니다. 이런 포지션에서 제가 말을 했더라면, 말할 기회를 얻지 못하고 침묵하는 사람들의 불만이나 상처에 조금이나마 어떤 영향을 줄 수 있었을지 모르겠습니다.

---

1   체육 시간에 여학생들이 입는 숏팬츠 운동복 '블루머bloomers'와 교복을 뜻하는 '세일러sailor'를 합친 일본어 조어로, 여고생이 교복이나 속옷을 팔고 성인 남성이 사는 행위, 또는 이런 거래로 영업하는 불법 성 산업 가게를 일컫는 말.

2   10대 여성의 성을 성인 남성이 사는 성매매. 한국어에서는 남성 중심 시각이 들어간 '원조교제'란 말 대신 '10대 여성 성매매'라는 대체어를 쓰고 있고, 일본에서도 10대 여성이 만들어 낸 신조어를 대체어로 쓰기도 하는데, 이 책에서 이런 용어 변화에 대해서도 다루고 있으므로 맥락 이해를 돕기 위해 '원조교제' 그대로 번역했다.

3   일본의 포르노그래피. 일본어 조어 '성인 비디오Adult Video'의 약자.

그렇지만 가까이서 봐온 여성들, 또 제가 당사자로 체험한 여성인 저 자신은 좀 더 강하고 재밌는 사람인 것 같았습니다. 여자들이 남자들의 성욕으로 인해 단지 상처만 입었다기보다는 좀 더 현명하게 진화한 것 같았고, 싸울 무기를 갖췄다고 여겼습니다. 그럴 때 저는 짓밟힌 사람이라는 딱지가 진부하고 또 단순하다고 느꼈습니다. 심지어 피해자라는 말이 방해가 된다고 여겼어요. 피해자란 말에 "엿이나 처먹어"라 내뱉으면서 부당하고 폭력적인 힘과 맞서 싸우기, 이게 모순으로 보일지언정 가능하다고 생각했습니다.

《AV 여배우의 사회학》에서 저는 사람들이 왜 AV 여배우를 지나치게 주체적인 존재로 보는지를 논했습니다. 지금 읽어보면 아주 서툴고 거칠어요. 그렇긴 하지만, 논문을 쓸 당시 제가 하고 싶던 말이 바로 그거였습니다. 피해를 당했다고 알리는 형태가 아니어도 착취 구조를 살필 수 있지 않을까, 어딘가에 가상의 적이 있다고 가정하지 않고도 남녀가 맺는 공범과도 같은 관계를 그려낼 수 있지 않을까 싶어서 그런 도전을 했습니다. 하는 수 없이 찍었느냐 아니면 자신의 의지로 AV를 찍었느냐, 즉 '강제냐, 자유의지냐' 그런 틀로만 AV 여배우가 이야기되는 게 몹시 불편했습니다. 강제도 자유의지도 딱 들어맞지 않습니다. 현장을 보면, 자유의지로 일하는 것처럼 보이는 배우들이라고 해서 딱히 주체적으로 행동하진 않고, 또 피해자로 보이는 배우들도 강요당해서 그런 일을 하는 게 아닌 것처럼 생각될 때가 있습니다. 극히 자연스럽게요. 물론 피해자가 되지 않으려면 근본적으로 더 나은 미래를 향해 그런 피해가 사라지도록 차근차근 노력해야 한다는 점, 그러려면 과거 피해자들의 증언이 중요하다는 점도 잘 알고 있습니다. 하지만 저를 비롯해 우리 AV 여배우들이 피해를 증언하기 위해 존재하는 건 아니잖아요. AV 여배우들이 피해를 말하려고 AV 현장을 경험하는 건 아닙니다. 살아 있다는 이유만으로 피해자가 될 구실이 자꾸 떠오르니까, 그런 탈을 벗어던지고 싶다 생각했습니다. 어린애처럼 반항하고 싶었던 건지는 모르겠지만, 무엇보다도 제게 피해를 준 게 반드시 외부 요인이라고는 할 수가 없었어요. 요컨대 남자도 여자도 어리석다고, 저는 그걸 매우 강하게 실감했습니다.

2018년에 저는 교도통신에 우에노 선생님의 편저《전쟁과 성폭력의 비교사戦争と性暴力の比較史へ向けて》[한국어판은 2020]의 서평을 썼습니다. 서평을 쓰고 가슴이 정말 두근거렸어요. 이 책은 피해자란 틀을 한 번 해체했는데, 그렇기 때문에 누구한테 죄가 있는지 더욱 분명히 알 수 있게 되어 명쾌합니다. 저와 같은 세대 여성들은 선생님의 책을 읽고 공부할 기회가 있어서 강한 면이 있을 거라 봅니다.

서평 쓰기를 시도하면서 저는 실감하게 됐습니다. 저의 글쓰기 작업이, 제 아픔을 보고 선의를 갖고 제게 다가온 사람들의 뒤통수를 치는 것 같은 면이 있다는 걸요. 여성의 연대에 찬물을 끼얹을 수 있다는 점도, 필사적으로 목소리를 내려는 여성들을 냉담하게 여기도록 만들 수 있다는 점도 실감했습니다. 그래도 저는 피해자가 되려고 배우고 공부하는 건 아니라고 믿습니다. 제가 보기에 저와 비슷한 말을 하는 사람들이 제게 혐오감이나 불쾌함을 보이는 이유는, 제 표현 방법이 미숙해서인 것 같습니다. 가해자가 된 자의 나약함이나 피해자가 된 자의 만만치 않음을 좀 더 알기 쉽고 좀 더 흥미롭게 그려낼 수 있다면, 불쌍하다 여기지 않고도 가해자나 피해자의 어리석음을 지적할 수 있다고, 오랜 기간 저는 당당하게 이런 입장에 서 있었습니다. 저는 '에로스 자본'[4]이란 개념을 제시한 캐서린 하킴^{Catherine Hakim}의 논의를 좋아하는데, 그 이유는 피해자가 되는 과정에서 벗어나 복잡하고 강인한 존재가 되는 데 도움을 주기 때문입니다.

하지만 제가 완전히 틀린 건지도 모르겠습니다. 트위터에서 저보다 훨씬 젊고 똑똑한 여성들의 발언을 보면, 여성들이 강하게 원하는 바는 피해자란 이름을 확실히 부여받는 것이란 생각이 들어요. 저는 순수한 피해자의 모습에 계속 저항하고, 그런 모습에서 벗어나기 위해서라면 그 어떤 어리석은 면도 보여줄 수 있다고 줄곧 생각해 왔습니다. 그래서 요즘 여성운동이 예전처럼 활발해진 것을 보고 큰 충격을 받았습니다. 피해자란 껍질을 부수면서 살아온 저는 젊은 여성들의 운동에 방해가 될 뿐이니 그들이 저를 싫어하는 것도 당연한 것 같습니다.

얼마 전 작가 다치바나 아키라^{橘玲} 씨와 이야기 나눌 기회가 있었습니다. 다치바나 씨와는 같은 시기에 같은 편집자를 통해 책을 낸 인연이 있는데, 다치바나 씨가 저와 '에로틱 자본'을 주제로

4 　외모, 성적 매력, 자신을 연출하는 능력이나 사교 기술과 같이 개인이 갖고 있는 자본. 영국의 사회학자 캐서린 하킴은 돈이나 재능, 인맥과 같은 기존의 경제적·인적·사회관계적 자본과 견줄 만한 새로운 종류의 자본으로 '에로스 자본^{Erotic Capital}'이 있다고 주장했다. 국내 번역된 하킴의 저서 제목은 《매력 자본》(2013).

이야기를 나누고 싶었다고 하더라고요. 지난달에는 《겐다이시소^現代思想》지에 실릴 대담에서 저와 비슷한 세대인 사회학자 기도 리에 貴戸理恵 씨와 우리 세대의 페미니즘을 이야기했습니다. 그 대담에서 저는 "어떤 측면에서 보면 내가 강제로 부여받았는데 나중에는 나한테서 떨어져 나가는 것처럼 느끼는 내 여성으로서의 상품 가치, 즉 내 의지와 상관없이 내가 갖게 된 상품 가치, 이 가치와 더불어 나는 어떻게 살아왔는가, 또 여성으로서의 상품 가치가 내게서 떨어져 나간 뒤에는 어떻게 살아갈 것인가"를 이야기했습니다. 기도 씨는 "우리는 앞으로 살아가기 위해 우리의 페미니즘을 사용할 수 있다"고 답했고 그러면서 둘이서 한껏 고양됐어요. 상품 가치를 강제하거나 강요하는 사회의 근원적인 부분을 논했다기보다는, 제가 성 상품화 현장에서 느낀 관점에서 이런 사회 현실이 어떤 형태로 나타나는지를 이야기했습니다. 상품 가치가 있는 몸을 가졌다가 이제 상품 가치가 있는 몸이 아닐 제가 앞으로 어떻게 살아남을지 그런 이야기도 했고요.

그런데 제가 하킴의 '에로스 자본' 개념을 참고해서 다치바나 씨와 대담한 후 독자들 반응을 보니 에로스 자본이 존재하는 현실에 분노하기보다는 "그런 자본이 어디 있냐"고 하거나 "AV 여배우나 캬바쿠라⁵ 아가씨나 갖고 있는 자본"이라는 반응이 예상보다 많았습니다. "에로스는 자본이 아니고 빚"이라고 쓴 댓글도 있었어요. 재밌는 의견입니다. 그런데 정말 놀랐어요. 지금보다 젊을 적

5　프랑스어 'cabaret'와 영어 'club'을 합친 일어 조어로, 시간제로 일하는 여성을 둔 유흥업소를 말한다.

저는 '피해'를 재정립하면서 '에로스 자본' 개념을 꽤 환영했는데, 지금 대다수 여성은 같은 개념을 두고 저와는 반대로 크게 상처 입는다는 걸 알게 되었습니다. 물론 다치바나 씨나 기도 씨도, 저도 '에로스도 자본이나 성적 매력을 잘 활용하자'는 입장은 아니지만, 여성에게 상품 가치를 부여하는 현실을 '에로스 자본' 개념으로 분석하는 방식은 이제 사회에서 허용되지 않는다는 점을 알게 됐습니다.

학생 시절 어빙 고프먼Erving Goffman이나 우에노 선생님의 책을 읽으면서, 예를 들어 우리가 너무도 자연스럽고 자명한 이치로 받아들인 제스처 또는 아주 순수하게만 본 광고가 얼마나 '젠더'라는 옷을 걸치고 있는지 알았습니다. 1980년대에 태어난 저는 그런 게 이해하기 쉽고 재미있었어요. '앞서 나간 선배들의 작업으로 성차별 구조로 생긴 피해가 줄고, 사회에서 강요되는 젠더 질서를 깨달을 수 있도록 발전했'고 저는 생각했습니다. 그래서 여성들은 역사에서 단순히 피해자가 아니고, 복잡하게 피해와 가해를 되풀이하며 어떻게든 잘 살아가고 있다고 봤습니다. 저는 그만 이런 기쁨에 빠져버려서, 변하지 않은 채 뿌리 깊게 남아 있는 좀 더 근본적인 해악에 대한 비판의식이 어딘가 너무 무뎌진 것인지도 모르겠습니다.

작년(2019)에 쿠투Ku Too운동[6]이 활발히 펼쳐지고, 얼마 전에는

---

6   구두를 뜻하는 일본어 '쿠쓰'와 '미투Me Too(#Me Too)' 운동의 합성어로 Ku Too운동 또는 #Ku Too운동이라 한다. 회사에서 일하는 여성들에게 힐이나 펌프스와 같은 구두만 신으라고 강요하는 건 성차별이라고 일본 여성들이 후생노동성에 청원하여 큰 반향을 일으켰다.

개그맨 오카무라 다카시岡村隆史의 발언[7]에 대한 항의가 이어지는 걸 보고서 저는 반성했습니다. 제가 반성한 바를 포함해 말하자면, 지금 학생들은 저처럼 여자도 어리석다든가 강하다든가 득을 봤다든가 그런 시점이 아니라, 피해자임을 두려워하지 않는 태도를 가진 것 같습니다.

솔직히 저는 잘 모르겠어요. 피해자라는 이름을 받아들이는 자세야말로 중요한 것인지, 그게 아니고 피해자란 이름에 안주하지 않는 게 중요한지, 둘 중 어느 쪽이 후세대 여성들에게 살아갈 만한 세계를 건네줄 수 있는 방법인지 모르겠습니다. 단순하게 보이는 피해자라는 낙인을 떼어내고 서둘러 탈출구를 찾을 수 있도록 하려는 저의 시도가 여성운동에 찬물을 끼얹고 피해를 재생산하게끔 하지 않을까 항상 불안합니다. 그래도 가엾은 척하며 당사자들의 피해를 알리는 행위는 제가 동의하고 참여한 페미니즘이 아니라고 생각하는 때도 있습니다. 실제로 저는 회사, 가정, 연애, AV 촬영 현장 등에서 여성들이 자신에게 닥친 일에 씩씩하게 대처하며 즐겁게 싸우는 모습을 봐왔으니까요.

일본 여성학의 석학인 우에노 선생님이 사회학 분야를 개척하며 논의해 온 바를 우리가 이어나갈 순서가 됐다고 봅니다. 선생님의 논의에서 우리는 순수한 피해자가 아니라, 순수한 피해자가 되라고 강요해 온 질서를 해체하거나 역으로 반격할 무기로 삼을 수 있다고 배웠습니다. 현명해지기 위한 토대를 배워왔다고 믿

---

7 개그맨 오카무라 다카시가 DJ를 하던 라디오 프로그램에서 코로나가 진정되면 유흥업소에 갈 수 있다는 식으로 발언하여 비판이 쇄도했다.

습니다. 아무것도 깨닫지 못한 척할 수 없으니까, 또 앞날이 가시밭길이긴 해도 무엇보다 배울 길이 열려 있으니까, 적어도 제가 봐온 여성들은 피해자의 얼굴을 하고 있지는 않은 것 같습니다. 이전에 제 어머니 세대에 해당하는 작가 나카무라 우사기中村うさぎ 씨와 여성의 아름다움에 관해 이야기를 나눈 적이 있습니다. 음담패설만 하는 아저씨들과 싸우느라 바빴던 어머니 세대와 달리 제 세대가 음담패설만 하는 아저씨들이야말로 처량한 피해자라 여기는 것을 보면, 시대가 진화한 것처럼 느끼기도 합니다. 그런데 기분 탓인지, 한편으로는 제가 이런 빈정대는 태도를 취해서 그런 남자들의 살길을 찾아주고 있나 싶기도 합니다. 피해 알리기, 피해자에서 벗어나기. 이 두 가지 사이에서 고민하는 나날을 보내고 있습니다. '우리가 그렇게 당하기만 한 건 아니잖아.' '우리도 바보 같은 짓 꽤 했잖아.' '우리도 꿀 빠느라 바빴잖아.' 이런 태도가 여성들을 상처 입히는 걸까요? (싫어도) 피해자임을 받아들여야만 서로 이해할 수 있을까요? 애초부터 저는 무엇에 저항해 온 걸까요? 단순히 '이런저런 성차별 피해를 입었습니다' 하는 태도를 취하는 게 저는 왜 이리 거부감이 들까요?

2020년 5월 10일
스즈키 스즈미

'피해자'라 불리고 싶지 않은 마음은 약함에 대한 혐오입니다.

스즈키 스즈미 님께.

첫 번째 편지 잘 받았습니다.

저는 스즈키 스즈미란 젊은 여성이 데뷔했을 때부터 관심이 있었어요. 편집자가 제게 스즈미 씨와 편지 형식의 연재를 제안했을 때 '아니, 내가 스즈미 씨한테 관심 있는지 어떻게 알았지?' 하고 의아해했을 정도입니다. 저는 제안을 받아들이고 싶었는데, 스즈미 씨가 꺼릴 거라 봤어요. 아마도 제가 거북하겠지 싶었습니다.

저는 스즈미 씨가 처음 쓴 책 《AV 여배우의 사회학》 서평을 쓸 때부터 스즈미 씨한테 관심이 있었습니다. 이 책을 읽기 시작하자마자, 쉽게 이해할 수 있는 내용은 아니라고 바로 느꼈습니다. 제 직감이 맞더군요. 책이 나오자마자 하이에나 같은 언론이 달려들어서 스즈미 씨가 AV 배우를 한 적이 있다고 과거를 폭로했습니다. 《AV 여배우의 사회학》은 도쿄대 대학원에서 기타다 아키히로 北田曉大 교수가 지도해서 쓴 사회학 석사논문을 정리한 책이었지요. 스즈미 씨는 관찰자 입장으로 논문과 책을 썼지만, 실제로 당사자였다는 사실을 알게 되었습니다.

많은 남성들이 호기심을 느끼고 AV 배우나 유흥업소에서 일하는 여성에 대해 여러 가지 르포를 써왔지만, 당사자 여성의 목소리는 듣지 못했습니다. 스즈미 씨가 쓴 책 제목을 보고 저는 드디어 사회학자 가운데 AV 배우 경력을 가진 여성이 나타났구나 하고 기대했습니다. 처음에는 AV 여배우가 당사자로서 쓴 책인 줄 알았는데, 읽어보니 이 책은 스즈미 씨가 당사자가 아닌 외부자 시점으로 썼더군요. 현장을 왔다 갔다 하는 특권을 가진 여성 작가, 또 아주 작은 계기만 생기면 AV 배우의 경계선 안쪽으로 들어가 버릴 것 같은 여성, '에로스 자본'을 갖고 있는 여성으로서 쓴 내용이라 시점이 애매했습니다. 마치 '여기 나오는 사람은 내가 아닙니다'라고 양해를 구하는 듯 썼는데, 스즈미 씨 입장에서는 학술논문이니까 그런 쓰기 방식이 필요하다고 여겼겠지요.

AV 라이터[8] 아마미야 마미雨宮まみ 씨란 분이 있습니다. 저는 이 여성에게도 관심이 있었습니다. 아마미야 씨가 제게 본인의 책《여자의 길을 잘못 들어서女子をこじらせて》문고판 해설을 써달라고 부탁해서 해설을 썼습니다. 아마미야 씨는 AV 라이터로 일하는 이유, "여자가 할 일이 아니다"라는 소리를 듣는데도 AV 업계에서 일하는 이유는 책 제목대로 "여자의 길을 잘못 들어서"라고 설명했습니다. 학교 다닐 때 외모 서열이 맨 아래였고 '에로스 자본'도 없다고 했어요(아마미야 씨를 만난 적이 있는데 그렇지 않던데요). "AV 업계는 여자들한테 날로 더 예쁜 외모만 요구한다. AV 업계에 있으면 나는 여배우의 경계선을 절대로 못 넘을 걸 알고 있다. 그래서 AV 라이터로 일했다"라고 했습니다. 이 설명을 듣고 나니 아마미야 씨가 '꼬인 방식'이 이해가 되더군요. 아마미야 씨는 저서에서

---

8 AV 영상물을 소개하거나 감상, 비평 등을 써서 홍보하는 작가.

그야말로 정곡을 찔렀다고 할 만한 명석한 자기분석을 해냈습니다. AV를 비평해도 AV 배우를 한 적이 없어서 배우를 논하지는 않았습니다. "나는 이쪽이 아니고 저쪽이다"라고 자신의 위치를 정립했으니 AV 라이터를 할 수 있었겠죠.

AV 배우가 경험의 당사자로서 자신이 겪은 바에 대해 말하고 쓴 연구는 아직 나오지 않았습니다. 캬바쿠라 아가씨나 원조교제 소녀들의 경험도 그렇고요. 원조교제 붐이 일었을 때 저는 브루세라 소녀, 원조교제 소녀를 이야기하는 남자들의 방식이 정말 지긋지긋했어요. "팔 수 있는 걸 판다"고 말하는 소녀들의 선택에 수수께끼란 없습니다. 소녀들의 선택보다는 그 애들이 입던 팬티를 비싸게 사는 남자 고객들이 훨씬 수수께끼인데도, 이를 논하는 남자들의 시선은 결코 동성인 남자들에게로 향하지 않았습니다. 저는 이 세대 소녀였던 여성들 가운데서 새로운 표현 방식이 생겨나리라 기대했지만, 그 기대는 아직 이뤄지지 않았습니다. 제가 모르는 분야, 어쩌면 만화나 영상에서 이미 그걸 표현한 여성이 나왔을지도 모르겠지만요.

스즈미 씨의 책에는 제가 기대한 내용과 기대에 어긋나는 내용이 반반 들어가 있습니다. 책의 중심 내용은 AV 여배우의 사적인 이야기입니다. 저는 이 이야기에 넘치도록 공감하지만, 책에서 쓴 여성들의 사적 이야기도 AV 제작, 구성 방식과 같은 직업적인 부분, 즉 여성이 상품으로서 한 이야기였습니다. 성적 객체가 되기를 자발적으로 선택한 여성의 능동성을 강조하는 이야기는 진부하죠. 성 산업은 그걸 주체적으로 선택하는 여자에게 특별한 의미를 부여하니까요. 또 성 산업을 논할 때 일정하게 되풀이되어 온 이야기이기도 합니다. 여성의 주체성은 남성이 자신의 성욕에 대해 가져야 할 책임감을 면하게 해주니까요.

하지만 스즈미 씨의 책에는 주목할 만한 내용이 있습니다. AV 여배우들을 좀 더 힘든 성행위(하드 플레이)로 몰아가는 장치, 그러니까 중독시킨다고 볼 수 있을 장치가 있다는 점을 스즈미 씨는 예리하게 지적했습니다. '나는 이런 일도 해낼 수 있는 사람이다, 좀 더 껍데기를 깨부수고 나오자, 나는 도전할 수 있다…….' 일종의 전문가주의professionalism죠. 현장에서 일하는 팀의 기대에 부응하려는 여배우들의 연대도 전문가주의에 효과적으로 작용합니다. 세세한 상황에서 작동하는 전문가주의는 AV 촬영 현장뿐만 아니라, 나치 수용소에서 일하던 간수들한테도, 학살 현장의 군인들한테도 작동합니다.

저는 책을 읽으면서 스즈미 씨가 이런 전문가주의를 날카롭게 그려냈다는 점에 감탄하는 동시에, 스즈미 씨가 썩 잘 달아났다고 생각했습니다. 전문가주의는 어떤 직업이든 막론하고 다 있습니다. 마사지사한테도, 캬바쿠라 아가씨한테도 전문가주의는 있어요. 전문가주의에 초점을 맞추면, '대체 AV 여배우는 어떤 일을 하는가'와 같은 핵심적인 물음을 우회할 수 있습니다. 이것은 마치 춘화 전문가가 춘화에 밝으면 밝을수록, 그림에 그려진 인물들은 어떤 옷을 입고 있는지, 옷을 입었는지 안 입었는지 등과 같은 주변 기호 분석에만 빠지게 되는 것과 같습니다. 춘화에 그려진 건 틀림없이 섹스 장면인데, 섹스에 대해서는 말 안 해도 되죠.

그래서 저는 스즈미 씨가 아직 말하지 않은 것이 분명 많을 거라고 생각합니다.

제가 스즈미 씨의 첫 책 서평자여서 의리를 지키려 한 것인지, 스즈미 씨는 신간을 낼 때마다 제게 책을 보내주었습니다. 밤 세계 언니의 사생활이라든가 아저씨들을 관찰한 이모저모를 그려낸 책을 받을 적마다 읽긴 했는데, 그 이유는 오로지 스즈미 씨에 대한 관심 때문이었습니다. 스즈미 씨 책을 읽으면서, 스즈미 씨가 교육받은 부모님 밑에서 풍족하게 자랐고 똑똑한 어머니를 두고 있고, 그 어머니가 몇 년 전에 돌아가셨다는 사실, 또 애써서 대기업 정규직 취업에 성공했는데 퇴사한 사실 등 개인사를 알게 되었습니다. 젊고 재능 있고, 더욱이 세상에 도전적인 여성이 앞으로 프리랜서 작가로 살게 되다니……. 유효기간이 지나면 인정사정없이 쓰고 버리는 미디어 세계에서 '이 여성은 어떻게 삶을 이어갈 것인가' 하고, 스즈미 씨에 대한 관심이 또 생겼습니다. 제가 '부모님 대신'이라고 하면 어폐가 있겠지요. 저를 친척 아줌마 정도로 봐주면 될 것 같습니다.

참고로 저는 30여 년 전에 당시 세상을 뒤흔들던 AV 배우 구로키 가오루黒木香 씨와 대담을 나눈 적이 있습니다. 당시 저는 영광스럽게도 '사회학계의 구로키'라 불렀어요! 처음 그렇게 부른 건 학계의 카리스마 사회학자 미타 무네스케見田宗介 교수였고요. 요즘 독자들은 구로키 씨를 알는지 모르겠네요. 당시 음모 노출 규제가 해제되자[9] 남자들이 날뛰며 야단법석을 했는데, 구로키 씨는 그런 남자들에게 한 방 먹이듯 당시 금기 중 금기라 할 수 있는 겨드랑이 털을 노출했어요. 양팔을 높이 들고서요. 그런 여성이었습니다. 당시 요코하마 국립대학에 다니고 있어서 명문대 출신 AV 여배우로도 유명했어요.

그러고 보니 AV 여배우가 사적인 이야기를 해서 스스로를 상품화한 것도 구로키 씨가 맨 처음이었네요. 생생하고 풍부한 자기표현력, 독특한 경어로 하고 싶은 말을 능숙하게 하는 화법에서 지성을 느꼈습니다. 물론 구로키 씨는 그런 게 상품이 된다는 걸 훤히 알고 있어서, 저랑 대담하면서는 직업적인 내용 말고는 끝내 아무것도 이야기하지 않았습니다. 저는 마음속으로 영리한 이 여성이 앞으로 상처 입지 않고 살아나가길 바랐습니다.

나중에 구로키 씨가 자신의 프로듀서이자 감독인 무라니시 도루村西とおる와 불륜 관계였고 촬영지에서 추락 사고로 많이 다쳤다는 소식을 듣고 충격을 받았습니다. 기가 세고 시원시원해서 업계도 감독도 잘 이용할 만한 여성이라 여겼으니까요. 아니, 제가 그렇게 기대했던 것이겠지요. 구로키 씨가 '어리석게도 남자를 너무 사랑하는 여자' 가운데 한 사람이란 걸 알게 됐을 때 마음이 더 아팠습니다. 그 후 구로키 씨가 언론이나 TV에 나온 적은 없지만, 어떻게 살고 있을지 지금도 신경이 쓰입니다. 물론 다시는 언론의 먹잇감이 되지 않기를 바라고요.

---

[9] 여성의 누드 사진집과 영상물 등에 음모가 나올 경우 외설물로 판정되어 의무적으로 수정해야 하는데, 1990년대에 규제가 풀렸다.

첫 편지 주제를 '에로스 자본'으로 하자고 얘기를 꺼낸 건 저였습니다. 스즈미 씨가 에로스 자본을 바탕으로 일했다는 사실을 알아서 제안한 거예요.

솔직히 저는 '에로스 자본' 개념에 비판적입니다. 에로스 자본은 사회학자 캐서린 하킴의 개념인데, 이 개념은 '문화 자본', '사회관계 자본'에서 아이디어를 빌려와서 만든 것입니다. 그러나 사회학적으로 보면 틀렸어요. 자본이란 건 원래 이익을 만들어 냅니다. 꼭 경제 자본이 아니어도, 가령 문화 자본(학력이나 자격)이나 사회관계 자본(연줄)과 같이 눈에 보이지 않는 자본이더라도 획득하여 축적할 수 있는 데 반해 에로스 자본은 노력으로 획득하는 게 아니고, 또 축적할 수 있기는커녕 나이를 먹으면서 줄어들 뿐입니다(노력에 의해 에로스 자본을 획득할 수 있다고 보는 이도 있지만, 이 노력에는 한계가 있습니다). 게다가 일방적으로 가치를 평가합니다. 평가 기준이 오직 평가자에게만 달렸죠. 그러니까, 자본의 소유자가 그 자본을 통제할 수 없는 상황에 놓인 재화를 우리는 자본이라 하지 않습니다. 자본주의는 기본적으로 사적 소유권과 밀접한 관련이 있는데, 에로스 자본의 귀속처(즉 여성)가 에로스 자본을 소유하는 소유 주체인지 아닌지 의심스러운 상황에서 그런 걸 자본이라고 이해해 봤자 혼동만 초래할 뿐 비유 이상의 아무런 효과가 없습니다. 이 개념이 나타내는 바는 젊고 예쁜 여성이 득을 본다고 믿는 통속적인 지식을 그저 학술적 언어로 둔갑시킨 것일 따름이죠.

자본이라고 칩시다. 그럼 젊음과 아름다움은 정말 경제가치를 낳는 것일까요? 외모의 가치가 사회학적 탐구 대상이 되고 나서부터 미인은 경제적으로 유리하다는 조사 결과도 나왔습니다. 미인 대회 우승자는 유리한 취업 기회, 결혼 기회가 많을 수도 있습니다. 그러나 '에로스 자본'에는 좀 더 노골적인 함의가 있습니다. 대가가 따라오는 성의 시장이란 게 이미 성립되어 있기 때문입니다. 그렇다면 성의 시장에 참가하게 된 여성이 에로스 자본을 소유한 자본가일까요? 웃기지 좀 말라고 하고 싶군요. 예전에도 지금도 변함없이 성의 시장에는 거대한 경제자본이 움직이고 있고, 여기에서 여성들은 '에로스 상품'일 따름입니다. 알선업자 없이 프리랜서로 독립적으로 일하는 성노동자Sex Worker라면 어떨까요? 자영업자라면, 자신의 에로스 자본을 소유했고 동시에 노동자니까, 자기 결정으로 자본을 처분할 수 있습니까? 예컨대 학력이나 IT 기술과 같은 문화 자본과 마찬가지로 시장에 자신을 유리하게 제시할 수 있을까요? 스즈미 씨가 편지에서 적었듯 "강제로 부여되고 그다음에는 자신에게서 떨어져 나간 것", "의지하고 상관없이 갖고 있는 것"을 자본이라고 볼 수는 없습니다.

그렇다 쳐도 성 시장에서 왜 성노동자는 여성 노동자 평균 임금보다 파격적으로 좋은 대가를 받을까요? 성노동자도 마사지사처럼 몸을 터치하는 숙련 노동을 한다거나, 간호사나 상담사 비슷하게 돌봄 노동을 한다거나, 프로 의식을 갖고 일한다거나, 자기 일에 자긍심을 갖고 있다는 등의 이유를 자주 듣습니다. 그렇겠지요. 그런데 그렇다면 왜 성노동에서 노동의 대가는 마사지사나 간호사 평균이 아닐까요? 전문가주의로는 풀 수 없는 문제가 있는데도, 많은 연구자들이 그런 문제를 피하고 있습니다.

스즈미 씨가 경험을 돌아보며 단기간 밤일로 파격적으로 돈을 벌 수 있었다고 쓴 적이 있는데, 아마도 그다음에 평생 따라다닐 대가를 생각하면 저는 이 거래가 딱히 공정하지도 않다고 봅니다. 밤일은 생각 이상으로 오랫동안 여성의 이후 인생에 영향을 미치니까요.

밤 직업의 대가에는 낙인에 대한 요금이 포함됩니다. AV 배우를 했든, 캬바쿠라 아가씨를 했든, 경력으로 이력서에 쓸 수가 없습니다. 같은 업계에서 이직한다면 또 모르겠지만요. 그리고 자기 가족이 성 산업 업계에 있다면 모를까 가족한테 말할 수가 없습니다. 원조교제를 하는 10대 여성이 가장 두려워하는 것은 부모한테 들키는 겁니다. 스즈미 씨의 과거는 언론에서 폭로해 버렸는데, 스스로 공개하려고 한 건 아니니까 부모님한테 알리고 싶었던 건 아니었겠지요. 부모가 싫어하는 행동을 몰래 하는 건 꿀맛이죠. 저도 젊을 적 일탈할 때마다 느꼈습니다. 이토록 시시한 게 이렇게나 재밌는 이유는 딱 한 가지, 부모님이 금지해서 그렇다는 것을요. '금지한다'는 마법이 풀리면 그토록 재밌던 게 허무할 정도로 아무 재미가 없게 됩니다.

아마도 남성들은 뒤가 켕기는 느낌이라, 낙인을 포함해 섹스 서비스에 높은 대가를 치르는 것일 테지요. 여자가 "나 젊을 적에 캬바쿠라 아가씨를 해서 돈 많이 벌었어"라고 대놓고 말할 수 없는 것처럼, 남자도 "내가 캬바쿠라에서 돈 많이 쓰고 다녔지"하고 버젓이 말할 수는 없습니다. 아니, 이제 말할 수 없는 시대가 됐습니다. 유곽이나 아카센赤線10과 같은 지역이 있던 시절에야 여자를 데리고 노는 게 재력을 증명하는 길이었지만, 지금은 공공연히 말할 수가 없습니다. "돈이 있으면 여자는 다 따라온다"고 호언장담한 벤처 사업가 호리에몽 같은 인물조차 그렇습니다. 미팅할 때 모델이나 승무원을 얼마나 쉽게 부를 수 있는지 자랑할 수는 있어도, 이 여성들한테 돈을 주고 섹스를 샀다고 공적으로 말할 수는 없는 시대가 됐습니다(설령 그런 일이 있었다고 하더라도).

그런 걸 언론에서 거리낌 없이 말한 이가 개그맨 오카무라입니다. 결혼 못 하는 개그맨의 상징인 그가 심야 라디오 방송 〈올나잇 니폰〉에서 입을 잘못 놀렸는데요. "코로나로 인해 유흥업소를 못 가서 괴롭다"는 청취자의 고민을 듣고 "코로나가 진정되면 미인들이 단기간에 돈을 벌기 위해 석 달 기간 한정으로 유흥업소에 많이 올 것이다"라고 말해버렸죠. 이에 항의해 그의 퇴출을 요구하는 서명 운동이 벌어진 건 알고 계실 겁니다.

개그맨이 직관적으로 한 말은 종종 핵심을 찌릅니다. 유흥업에 대해 이리 쉽게 이해하도록 해주는 말도 없을 겁니다. 이 발언을 통해 우리는 유흥업이 여성이 단기간에 돈을 많이 벌 수 있는 일인 동시에, 여성들에게 다른 선택 사항이 있다면 거기서 빠져나갈 업종이라는 점, 여성이 환영하지 않는 직종이라는 점을 알 수 있습니다. 또 고객 남성들이 이 사실을 아주 잘 알고 있다는 점도

---

10 성매매를 공인한 집창촌. 경찰이 쓰는 지도에 빨간 선(적선)을 그려 지역을 표시해서 아카센赤線이란 이름이 붙었다. 일본에서 공권력이 성매매를 통제하고 관리하는 공창제는 1956년 매춘방지법에 의해 폐지되었다.

깨달을 수 있죠. 그런데 개그맨이 말했듯 미인이 석 달간 유흥업소에서 일했다고 칩시다. 나중에 그 미인은 이력서에 생긴 공백을 어떻게 설명할까요? 실업 중이었다며 침묵할까요?

제가 말하고 싶은 바는 간단합니다. 성노동^{Sex Work}은 여성에게 경제행위입니다. 대가가 발생하지 않는다면 여성들은 결코 성노동을 하지 않을 겁니다. 여기에는 아무런 수수께끼가 없습니다. 한편 남성 고객들은 대가를 지불하는 소비자입니다. 그들은 대체 뭘 사고 있는 것인가? 자기들이 사고 있는 것이 돈을 대가로 해서 얻어서는 안 되는 것이라는 사실을 속으로 알고 있기 때문에 남성들이 그 찝찝함을 상대 여성에게 전가하는 것 아니겠습니까? 이런 때 남자들의 가장 강력한 변명이 되어주는 게 바로 여성의 자기결정입니다.

성 시장은 경제 자본 구조 위에 압도적인 젠더 비대칭성이 있어서 성립할 수 있습니다. 아주 드물게 예외적인 경우를 빼면, 성 시장은 '남성의, 남성에 의한, 남성을 위한' 시장입니다. 이런 구조적 여건에서 대가가 발생한다는 점을 완벽히 알고 있는 여성들이 참여합니다. 그 대가가 기간 한정임을 알게 된 JK(여고생을 일컫는 은어)도 참여합니다. 그런데 여성들한테 그걸 가르쳐 준 사람은 누구일까요? "너 얼마야?" 하고 오만하게 다가오는 저열한 남성들이 가르쳐 준 겁니다.

여성들에게 에로스 자본을 일방적으로 부여하는 것도 이런 남성들입니다. 이만한 사정과 연유가 있기 때문에, 밤의 유흥가를 방황하는 소녀들을 구하는 활동을 하는 단체 '콜라보^{Colabo}'가 전시회 〈우리는 구매당했다〉전[11]을 열게 된 것입니다. 여성들에게 그들이 상품이라고 가르쳐 준 것은 남성들입니다.

이와 같은 '성의 시장'에서 살아남은 여성이 씩씩하고, 만만치 않게 세고, 매력적이란 점을 저는 부정하지 않습니다. 열심히 일해서 자긍심을 느끼고 살며, 자신의 직업적인 스킬이나 테크닉에 자부심을 갖는 것도 좋습니다. 스즈미 씨의 친구들도 매력적인 여성들이겠지요. 그런데 스즈미 씨는 밤에 하는 일에서 벗어날 수 있는 선택지를 갖고 있습니다.

친구들은 어떻습니까? 언젠가 과거 경력을 숨기고 낮에 하는 일에 연착륙할 수 있을까요? 아니면 발을 빼지 못하고 그대로 밤일의 세계에 머물러 있다가, 나이 들면서 에로스 자본이 떨어졌다는 걸 깨닫고 경영자나 관리직이 되어 젊은 여성들을 착취하게 될까요? 르포 작가 스즈키 다이스케鈴木大介가 쓴 소설 《리나 이야기里奈の物語》(2019)에는 지방도시의 성 산업 종사자 세대가 어떻게 재생산되는지(캬바쿠라 아가씨의 딸이 카바쿠라 아가씨가 되는 과정이) 생생히 나와 있습니다. 빈곤과 폭력, 학대가 연쇄적으로 일어나는 세계가 그려져 있죠.

'경제적인 요인이 강제하지 않았고', 호기심이나 반발심, 모험심 혹은 자해할 동기를 갖고 이런 세계에 참여했다고 말하는 스즈미 씨와 같은 젊은 여성들이 있습니다. 이 여성들은 성 시장에서 젠더의 비대칭성이 어떻게 작동하는지 그야말로 잘 알고 있기 때

---

11 콜라보에서 기획하여 2016년부터 매년 열고 있는 전시회. 성을 판 적이 있는 10대, 20대 여성들이 직접 찍은 사진이나 쓴 일기와 글 등을 일본 각지를 순회하며 전시한다.

문에 이런 불리한 구조를 잘 이용하려 합니다. 남성들은 이런 여성들에게 관심을 보입니다. 왜냐? 여성의 주체성이 그들의 책임을 면제해 주기 때문입니다. 또 돈과 욕망의 파워 게임 속에서 획득하면 좀 더 보람을 느낄 수 있을 사냥감이 이런 여성들이기 때문입니다.

스즈미 씨는 사회학자니까 아마르티아 센^{Amartya Sen}의 잠재 능력에 관한 이론을 알겠지요? 한 개인의 잠재 능력은 개인이 소유하고 있는 자원이 얼마나 적고 많은지뿐만 아니라 기회 집합의 크기로 결정된다고 보는 이론입니다. 즉 선택할 수 있는 게 많으냐 적으냐 하는 거죠. 선택할 수 있는 게 그것밖에 없어서 유흥업에 종사하는 여성과 그것 말고도 선택할 게 있어서 언제든 거기서 빠져나올 수 있는 여성은 잠재 능력에서 차이가 납니다. 높은 잠재 능력을 가진 여성들이 성 산업에 종사하는 자신의 직업을 자기선택이라 하고 자기 일에 자긍심을 갖고 있다면서 전문가주의를 거론하면, 이해할 수는 있습니다. 하지만 이 여성들이 성노동자 전체를 대변하지는 않지요.

제가 한 인터넷 매체에 쓴 글이 있습니다. 자신을 존중하지 않는 남자하고 가볍게 성적 관계를 맺는 행위를 두고 "몸과 정신을 시궁창에 버리는 것과 같다"고 쓴 적이 있는데, 스스로 성노동을 하고 있다고 밝힌 여성들한테서 직업을 차별한다며 항의를 받았습니다. 자신들은 이 직업에 자긍심을 갖고 있다면서요. 그럴 겁니다. 맞습니다. 그렇지만 이상해요. 제 발언을 허심탄회하게 본다면 제가 시궁창이라 표현한 사람은 상대 남자 쪽이니까, 제 말을 그대로 해석한다면 남자들한테서 "내가 시궁창이란 소리냐?" 하고 항의가 왔어야 하거든요(하하).

젊은 시절 저는 몸과 정신을 시궁창에 버리는 것과 같은 섹스를 많이 했습니다. 대가는 발생하지 않지만 자신도 상대도 존중하지 않는 섹스를 했지요. 그런 섹스에 대한 후회 때문에 저런 발언을 한 것입니다. 섹스는 몸에 오는 부담이 높고, 성가시고 귀찮은 일종의 인간 상호 행위입니다. 그리고 생식 행위이기도 하죠. 성노동자한테 지불하는 대가에는 임신시키고 도망갈 요금이 포함되어 있다고 말한 남자도 있습니다. 생식이 맺을 열매에 책임을 지지 않아도 되는 보상금을 이야기한 겁니다. 그렇게 성가시고 귀찮은 것에는 그에 걸맞은 인간관계의 절차라는 게 필요합니다. 그런데 그런 절차를 돈의 힘으로 건너뛰고서 자신의 욕망만 만족시키는 것이 남자들에게는 성 산업이란 겁니다. "그래서 당신들이 시궁창인 겁니다"라고 얼마나 말하고 싶은지 몰라요. 아니, 여기서 확실히 말해두겠습니다. 돈, 권력, 폭력으로 여자를 자기 뜻대로 하려는 남자는 '시궁창'이라 불려도 별수 없다고 말이죠.

서른 살이 지나서 스즈키 씨는 "더 젊고 현명한 여성들에 대해 이야기하겠다"며 세대론을 썼지요. 스즈키 씨는 제게 건네는 첫 번째 편지에서 "여성들이 강하게 원하는 바는 피해자란 이름을 확실히 부여받는 것이란 생각이 들어요"라고 썼는데요, 피해자란 이름을 부여받는 게 아니라 피해자라고 밝히고 나왔다고 하는 게 정확할 겁니다. 그리고 자주 오해를 하는데, 피해자라고 밝히는 것은 약함의 증거가 아니라 강함의 증거입니다. 스즈키 씨도 "피해자임을 두려워하지 않는 태도"라고 쓴 바로 그것 말입니다. 미투

운동에서 이토 시오리伊藤詩織 씨[12]가 "나는 성폭력 피해자다"라고 처음 밝혔을 때 얼마나 용기가 필요했을지는 상상만으로도 충분하겠지요.

'피해자라고 불리고 싶지 않다', '약자인 걸 참을 수 없다'는 그런 마음을 저는 '약함 혐오Weakness Phobia'라고 부릅니다. 엘리트 여성이 자주 빠지는 사고방식이죠. '약함 혐오'는 약함에 대한 혐오를 가리키는 말입니다. 동성애 혐오자가 자기 내면에 동성애에 대한 자각이 있어서 동성애를 한층 더 검열하고 배제하는 것과 마찬가지로, 약함에 대한 혐오는 약함에 대한 자각이 있기에 더 격렬하게 약함을 검열하고 배제합니다. 위안부를 지탄하는 일본의 우익 여성들도 똑같은 사고방식을 갖고 있습니다. "여자가 피해자인 측면을 용납할 수 없다", "나는 저 사람들과 같지 않다", "나는 약하지 않아"라고 하지요. 이런 여성만큼 남성에게 편리한 존재는 없습니다. 제가 이런 미묘한 심리 메커니즘에 훤한 이유는 과거 저 자신이 여성혐오를 하는 엘리트 여성이었던 적이 있기 때문입니다.

사회학에 구조가 먼저인지 주체가 먼저인지 하는 딜레마가 있다는 것은 알고 계시지요. 주체가 개인으로서 자기결정을 주장하면 할수록 구조는 책임을 면제받습니다. 구조적으로 열등한 위치에 있는 자가 그 열등함을 이용해 구조를 착취하는 것은 단기적으로는 가능하나, 장기적으로는 구조를 재생산하는 결과가 됩니다. 이런 점은 사회학자 오가사와라 유코가 쓴《OL들의 저항OLたち

---

12 일본 미투 운동의 선구자. 2017년 5월 기자회견을 열어, 일본 TBS 방송국 지국장에게 당한 성폭력 피해를 공표했다. 저서《블랙박스》(2018)가 국내에 출간된 바 있다.

の「レジスタンス」》(1998)에 아주 설득력 있게 나와 있습니다.[13] 주체는 구조를 순간적으로는 넘어설 수 있지만, 구조가 가하는 압력은 주체보다 압도적으로 세다는 점을 부정할 수 없습니다. 그래서 스즈미 씨가 서평을 써준 저의 편저 《전쟁과 성폭력의 비교사》에서 저는 주체의 능동성이나 다양성을 부정하지는 않되, 동시에 구조에서 비롯된 억압에 대한 책임을 면제하지 않는 접근 방식을 시도했습니다.

(이렇게 말하는 게 괜찮을지 모르겠지만) 스즈미 씨 세대는 남녀고용기회균등법이 생긴 이후 신자유주의를 내면화하고,[14] 1990년대 성의 상품화가 거세게 밀려오는 가운데 사춘기를 보낸 결과 냉소적이 된 게 아닐까요? 그리고 정치적 냉소주의가 무력하듯, 냉소주의는 결국 아무것도 만들어 낼 수 없습니다. 플라워 데모[15]를 벌인 젊은 여성 세대는 이전 세대와 달리 1990년대 후반에 나타난 페미니즘 백래시를 경험하지 않았고, 정치적으로 냉소주의에도 물들지 않아서 "싫은 건 싫다"고 할 수 있는 걸 겁니다.

---

13 오가사와라 유코는 기업에서 가장 낮은 위치에 있는 OL(Office Lady의 일본식 줄임말, 사무보조직 여성)을 대상으로 방대한 인터뷰 조사를 하여 《OL들의 저항》을 펴냈다. 사무보조직 여성들은 밸런타인데이 때 권위적인 관리직 남성에게는 초콜릿을 주지 않는데, 이런 행동은 실상 단기적인 저항에 그칠 뿐 보수를 올린다거나 고용 안정과 같은 변혁으로 이어지지 못한다.

14 '능력'을 명목으로 한 신자유주의적 노동 시장 재편 과정에서 여성 간 격차가 확대되면서 '능력주의'와 같은 신자유주의적 가치관을 스스로 믿는 여성들이 나왔다는 뜻이다. 일본의 남녀고용기회균등법은 채용·승진·정년·퇴직 등에서 남녀차별을 금지한 법으로 1986년부터 시행됐는데 표면적으로 남녀차별을 할 수 없게 된 일본의 기업들은 직무에 따른 인사관리제도를 도입하여 남성과 마찬가지로 '능력 있다'고 평가를 받는 소수의 엘리트 여성만 남성과 동일한 종합직 직군으로 채용했다. 반면, 대부분의 여성은 종합직으로 직군 전환을 할 수 없는 일반직으로 채용되었다.

15 성범죄에 대해 무죄판결 등 관대한 판결이 계속 나오자, 2019년 4월 도쿄역 앞에 여성들이 꽃을 들고 모여서 항의하는 '플라워 데모'를 벌이기 시작했다. 이런 움직임은 이내 일본 전국 도시로 확산되어 매달 11일 전국 각지에서 동시에 플라워 데모가 열리고 있다.

편지에서 스즈미 씨가 후배 세대의 활약을 눈부시게 바라보는 마음이 제게 전해졌습니다. 지금 30대인 스즈미 씨가 '어떻게 하면 여동생 세대가 살아갈 가치가 있는 세계를 만들 수 있을까?' 하고 말하는 건 좀 이른 듯싶기도 한데, 만약 자식을 낳았더라면 이 물음이 좀 더 절실해졌겠지요. '아이들에게 살아갈 가치가 있는 세계를 어떻게 만들 수 있을까?' 하고요. 자식을 낳지 않은 저는 나이가 들면 들수록 다음 세대에게 "이런 세계를 만들어 놔서 미안하다"고 사과하지 않아도 될 세상을 만들어 주고 싶다고 통감합니다.

스즈미 씨는 10년 정도 밤일을 하면서 남자도 여자도 실로 어리석다는 점을 배웠다고 썼지요. 인생에는 알면 좋은 것과 몰라도 좋은 게 있습니다. 인간의 어리석음보다 인간의 담대함이나 애처로움을 넘치도록 배울 수 있다면 얼마나 좋을까요.

스즈미 씨 편지를 읽고서 스즈미 씨가 "인간의 어리석음을 배웠다"가 아니라 "인간의 한계를 배웠다"고 말할 수 있다면 좋았겠다고 저도 모르게 그런 생각이 들었습니다. 인간에게는 한계가 있습니다. 그런데 그런 한계는 도달해 봐야 맛볼 수 있습니다. 한계에 달하기까지 애쓴 사람들만 뼈에 사무치게 한계를 맛볼 수 있습니다. 스즈미 씨의 편지 속 문장을 '한참 성장하던 20대 10년의 세월을 남자와 여자의 욕망이 얼마나 어리석은지를 배우는 데 썼다'고 해석하고 제가 비애를 느낀다면 그건 노파심일까요?

30대는 '내가 마음만 먹으면 언제든 뭐든지 다 할 수 있다'고 생각하는 어린아이와 같은 감각을 잃고, 능력에서도 체력에서도 한계를 느끼기 시작하는 시기입니다. 그리고 동시에 '한계까지 밀어붙인다면 나는 뭘 할 수 있을까?' 하고 스스로 자극하려는 마음도 드는 나이죠. 할 수 있는 것과 할 수 없는 것을 분별해서, 할 수 없는 것은 포기하고 할 수 있는 것은 성실하게, 한결같이 진지하게 하다 보면 비로소 자신감과 믿음이 싹트고, 이 자신감과 믿음은 확실히 쌓여갈 것입니다. 이런 건 남이 일방적으로 부여하거나 뺏거나 제멋대로 할 수 있는 '에로스 자본'하고는 전혀 다릅니다.

'에로스 자본'을 주제로 해서인지 말하지 않아도 되는 것까지 많이 써버리고 말았네요.

이런 얘기보다, 스즈미 씨와 깊이 이야기하고 싶은 게 있습니다. 스즈미 씨가 똑똑한 어머니와 겪은 불화를 쓴 에세이를 읽었을 때, 저는 스즈미 씨의 어머니에 대해 그리고 스즈미 씨의 어머니와 스즈미 씨, 즉 엄마와 딸의 관계에 대해 좀 더 알고 싶었습니다. 그건 스즈미 씨가 말하고 싶지 않고 말할 수도 없는, 아직 말할 준비가 안 된 영역에 있을 거라 추측합니다.

저는 가끔 만약 나한테 딸이 있다면 어땠을까 생각할 때가 있습니다. 엄마에게 딸은 가장 가혹한 비판자입니다. 10대 때 제가 그랬기 때문에 잘 알고 있어요. 그리고 '그런 신랄한 비판자가 내 옆에 있다면 어떨까?' 상상만 해도 움츠러듭니다. 제가 엄마가 되기를 선택하지 않은 이유 중 하나가 그런 두려움입니다.

억측일 수도 있지만, 스즈미 씨가 성 산업에 뛰어든 이유 중 한 가지는 엄마가 이해할 수 없는 존재가 되고 싶다는 마음이 있어서가 아니었을까요? 엄마가 이해할 수 없는 존재가 되려면, 먼저 자기부터 자기 자신을 이해할 수 없는 존재가 되어야 합니다. 스즈미 씨는 성 산업 업계에 뛰어든 이유를 아마도 잘 설명하지 못할 것 같습니다. 구태여 말하자면 "엄마가 싫어하는 일이라서"라 할 수 있을까요?

저는 똑똑한 엄마를 둔 딸의 불행을 느낍니다. 똑똑한 엄마는 딸을 질식시킵니다. 여기서 똑똑하다는 말은 "내 딸에 관한 일이라면 전부 다 알고 있어" 이런 말을 하는 엄마입니다. 도망갈 수도 숨을 수도 없이 엄마가 투명하게 다 보고 있으면 아이는 숨 쉴 공간을 잃습니다. 아이가 어른이 된다는 것은 아이의 자아 속에서 엄마가 모르는 그림자 부분을 짊어진다는 뜻이니까요.

똑똑한 엄마를 둔 아이들의 불행을 알고 나서 저는 제 어머니가 똑똑하지 않아서 다행이라 여기고 감사했습니다. 아이가 부모에게 원하는 게 '사랑이냐, 이해냐' 이 둘 중 하나만 택해야 한다면 예전의 저는 "엄마, 나를 사랑해 주기보다 이해해 줘"라고 답했을 텐데요. 시간이 흘러 이해받을 수 없어도 괜찮고, 우직한 사랑을 받을 수 있던 것에 고마워하게 되었습니다. 그리고 젊은 시절 엄마한테 이해받기를 바랐던 것은 엄마한테 불가능한 것을 해달라고 생떼를 쓴 것이었고, 엄마한테 이해받기를 바랄 이유도, 그럴 필요도 없었다는 점도 알게 되었습니다. 제게 엄마의 영향권에서 이탈하는 건 쉬운 일이었습니다. 엄마는 저를 이해하지 않았거든요. (그런데 우직한 사랑이 미치는 영향권을 이탈하는 데는 또 다른 어려움이 있긴 합니다. 특히 아들의 경우가 그렇죠.)

엄마들은 종종 자기 품에서 떠나려는 자식한테 "널 믿어"라고 하는데, 이건 이해가 아닙니다. "잘은 모르지만⋯⋯"이 그 앞에 붙어야 합니다. "엄마는 잘 모르지만 네가 하는 일이니까 너를 믿어"라고요. 이해가 아니고 믿음입니다. 이 믿음 바탕에 있는 게 사랑이고요. 그리고 그렇게 어리석고 고지식한 사랑이야말로 부모가 자식에게 줄 수 있는 가장 큰 선물입니다.

스즈미 씨의 어머니께서는 의심할 여지 없이 딸 스즈미 씨를 사랑했습니다. 동시에 딸을 이해하려고 했지요. 그랬기 때문에 스즈미 씨는 엄마가 이해할 수 없는 일, 엄마가 가장 싫어하는 일을 일부러 고르지 않았을까요?

스즈미 씨는 에세이에 어머니가 한 말씀을 이렇게 기록해 놓았더군요.

"내가 너를 용서할 수 없는 이유는, 내가 사랑하고 또 사랑하고 사랑해 마지않는 딸인 네가 네 몸과 마음에 상처를 입히는 짓을 아무렇지도 않게 해서야."

얼마나 가슴 찢기는 절규인지요.

불행인지 다행인지 어머니께서는 스즈미 씨와 대결도, 화해도 하기 전에 돌아가셨습니다. 만약 어머니가 오래 사셨다면 스즈미 씨는 그 후 어떤 인생을 선택했을까요? 스즈미 씨는 앞으로도 성장하겠지만 어머니의 시간은 멈춘 그대로 있습니다. 시간이 멈춘 어머니와 당신은 앞으로도 대화를 계속해야 합니다.

그런데 어머니를 여읜 후 대항할 좌표를 잃었으니 이제 스즈미 씨는 자유롭습니다. 자유란 넋을 잃을 만큼 무중력인 상태를 말합니다. 서른 넘긴 지 얼마 되지 않아 어머니를 잃은 스즈미 씨는 지금 정말로 한계에 서 있는 것인지도 모르겠습니다. 좌표 없이 내디딘 첫걸음은 어디로 향할까요?

코로나가 온 봄, 신록 아래서

우에노 지즈코

p.s. 다음 편지부터 저를 선생님이라 부르지 말아주세요. 제가 스즈미 씨의 선생님이었던 적은 한 번도 없으니까요.

2장

엄
마
와

딸

제가 밤의 세계로 들어간 이유는 엄마와의 관계를 빼고 말할 수가 없습니다.

우에노 지즈코 님께.

지난달에 애정을 담아 매우 정성스럽게 써주신 답장을 받았습니다. 고맙습니다. 제 지도교수님의 선생님이셨으니 선생님이라고 불러도 된다고 여겼는데, 일러주셨으니만큼 이제부터 선생님이라 쓰지 않고 우에노 님이라고 하겠습니다. 생각해 보니 오구마 에이지小熊英二 선생님, 기타다 아키히로 선생님, 후쿠다 가즈야福田和也 선생님 등 제가 직접 지도받은 선생님과도 이렇게 일대일로 하나하나 길게 이야기를 나눌 기회는 없었네요. 어느 선생님한테서든 다른 누가 대체할 수 없는 가르침을 받긴 했지만, 저 자신의 경험이나 내면의 갈등에서 나온 고민과 생각을 전하려는 마음이 든 적은 없었습니다. 제가 편지를 주고받거나 둘이서 대화를 길게 나눈 사람은 4년 전에 돌아가신 엄마뿐이었어요. 정말 오랜만에 편지를 썼습니다. 다시 귀중한 기회가 생겨서 감사한 마음입니다.

　제가 지닌 여성혐오, 그리고 약함에 대한 혐오를 알려주셨죠. 저의 그런 모습을 지금 한번 똑바로 바라보려니 마음이 편치 않습니다. 이렇게 편지를 주고받지 않았더라면 파헤칠 용기가 안 났을 것 같아요. 생각해 보면 엄마도 저와 대화하면서 항상 제 속의 들키고 싶지 않은 부분을 파고들어서는, 거리낌 없이 제 앞에 들이미는 사람이었습니다. 우에노 님의 편지를 읽고서 놀라고 신기했는데, 엄마가 죽기 직전까지 불안해하던 저의 모습 중 몇 가지가 우에노 님이 주신 편지에 써 있어서였습니다. 스스로 어리석다는 점은 받아들여도 자신이 피해를 입었다고는 인정하지 않는 태도, 신문기자를 그만둔 후 작가로 사는 삶, 내 몸이 남자들한테 가진 가치를 이용할 마음을 먹고 사는 것, 이런 게 다 엄마가 염려하던 일이었습니다. 엄마가 죽은 후, 엄마가 왜 걱정하고 무서워했는지, 엄마의 염려와 두려움이 얼마나 컸는지 실감했습니다. 원래 제가 의도한 뜻과 다르게 저 자신이 소비되는 걸 몇 차례나 겪어서겠지요. 이번 편지 주제가 '엄마와 딸'의 관계인데, 이제 저와 엄마 이야기를 하면서 앞서 우에노 님이 알려준 '약함에 대한 혐오'에 대해서도 답하려 합니다. 엄마에 대해 쓰려니, 왜 그런지 모르겠지만 체력이 필요하고, 말이 서툴게 나올까 봐 좀 무섭기도 합니다.

엄마는 감정적이긴 하나 말을 할 때에는 확실한 논리를 갖춘 사람이었습니다. 말로 이해받고 이해하기를 포기치 않고, 말로 부딪히기를 절대 그만두지 않는 사람이었어요. 그래서 엄마와 마주하는 식탁에서 자주 열띤 논쟁을 벌였는데, 어린 시절에는 이게 정말 싫었습니다. 어른이 되고서 보니 "안 되는 건 안 되는 거야"라든지 "선생님이 안 된다고 하면 안 되는 거야" 같은 소리를 듣기보다야, 엄마가 엄마의 말로 저한테 부딪혀 오면 또 제가 엄마한테 가서 도로 부딪히는 그런 환경에서 자란 게 혜택받은 거였다는 생각이 듭니다. 그래도 입을 닫고 있으면 안 되고, 제 생각을 모두 설명하라고 항상 요구하는 환경이라서 어린 저로서는 도저히 말의 바깥으로 나갈 자유가 없는 기분이었어요.

초등학교를 마치고 중학교에 올라갈 무렵, 논리적으로 보이는 엄마가 모순적이라는 걸 알아차리게 됐습니다. 엄마는 1950년에 태어났으니 우에노 님과 거의 비슷한 세대로, 물론 우에노 님의 경력이나 실적과 비교하면 떨어지긴 하지만, 경제적으로도 교육적으로도 혜택을 받고 자란 여성이었습니다. 대학을 나오고 잠시 BBC 방송에서 통역 일을 하다가, 시세이도에 들어가 기업 홍보 잡지를 만들었는데 그 무렵 제가 태어났습니다. 아빠는 당시 대학 시간강사였기 때문에 저희 부모님은 그때 하던 말로 하면 '역전逆転 부부'였습니다. 시간이 자유로운 아빠가 주로 육아를 담당했고 가계 수입 대부분은 엄마한테 기대던 상황이었습니다. 그 당시 이런 부부가 그리 드물지는 않았을 텐데, 제가 자라던 곳에서는 드물긴 했습니다. 저는 시골에서 가톨릭계 초등학교를 다녔거든요.

쉽게 말해 엄마는 사상은 진보적이고 훌륭했는데, 그런 환경 속에서 주변에 사는 전업주부들을 다소 깔봤던 것 같습니다. 구체적으로 어떤 말을 한 건 아니지만, 학부모 모임에서 알게 된 주부를 가리켜 "그 어머니들"이라 했어요. "그 어머니들"을 자신과 같은 여성이라고 인식하지는 않았을 거예요. 엄마는 저와 대화할 때는 '여성'이라고 뭉뚱그려서 말했지만, 사적인 면에서는 약았기 때문에 그 어머니들이 자신과 전혀 다른 생물이라는 듯 행동했죠. 그러다 아빠가 전임 자리를 얻자 엄마는 한동안 집에서 번역 일을 하면서 육아에 전념하며 안정되게 살았는데, 그때도 자신을 주부라고 여기지 않았을 겁니다. 엄마는 '아내'란 말을 싫어했는데 여성을 멸시해서가 아니라, '아내'라는 말이 자신에게 안 맞는다고 느꼈던 것 같아요. 겉으로는 차별을 안 한다며 부정하는데, '아내'인 여성들과 자신을 확실히 구분 짓는 차별의식을 뿌리 깊게 갖고 있었을 겁니다.

그리고 엄마가 전업주부보다 더 강하게 혐오하던 사람들은, 여자인 걸 무기로 장사를 하는 여자들이었습니다. 엄마는 온갖 사물이나 현상을 말로 잘 설명하지만, 성매매 여성이나 호스티스에 대해서는 논리라고 할 게 전혀 없이 그저 부정적으로만 봤습니다. 그뿐만 아니라, 예컨대 승무원이나 회사 안내 데스크에서 일하는 여성과 같이 여성 특유의 일을 하는 사람들에 대해서도 근본적으로는 혐오감을 갖고 있었어요. 호스티스보다는 좀 덜했겠지만요. 엄마도 스스로 자신이 성 산업이나 술장사에 대해 딱히 논리랄 게 없이 거부감을 갖고 있는 걸 잘 알아서, 자기가 그러는 이유는 술장사하는 집안의 딸로 자랐기 때문이라고 분석했습니다. 하지만 저한테는 그런 이유가 엄마 시각의 모든 걸 설명해 주는 것처럼 보이지 않았어요. 엄마의 엄마, 그러니까 제 할머니는 요정의 수양딸로 자랐는데, 할머니와 결혼한 할아버지의 본가도 갓포割烹 여관[16]을 했습니다. 엄마 입장에서 보면, 자기 어머니와 할머니 두 분, 이렇게 세 여자가 다 술자리에서 남자를 접대하는 술장사꾼이었습니다. 할아버지는 여관 일 말고 다른 사업을 해서 집안을 일으켰는데 자식 교육에 열성이라서 다행히 엄마와 엄마 남동생들은 교

---

16 술과 일본 요리를 내는 전통 여관.

육을 잘 받을 수 있었습니다. 그러면서 본가가 장사를 업으로 삼고 있고 지적이지 않은 일을 한다고, 자기 어머니와 할머니 두 분 모두 술 취한 손님을 상대하는 여자였다고 종종 자조적으로 이야기했습니다.

엄마는 여자인 걸 무기로 하는 장사에 그토록 강렬한 거부감을 가지면서도 한편으로 자기 자신은 이상할 정도로 외모 지상주의자 성향이 있었습니다. 화장품과 옷이 많기도 많았고, 대학에서 학생들을 가르치게 된 후부터는 집요하리만치 겉모습에 연연했습니다. 대학 강사 소개 자료에 실리는 사진 한 장을 찍으려고 1주일에 걸쳐 연거푸 다시 찍을 정도였어요. 엄마의 집착은 이 옷이 더 마음에 든다든지 아름다운 용모가 좋다든지 하는 수준이 아니고, 분명 남자가 욕망하는 대상이 되고 싶은 그런 종류의 집착이었습니다. 미인이시라거나 젊어 보인다는 이야기를 못 듣고 남성한테 욕망을 받을 존재가 되지 못하면 다른 사람 앞에 나설 수가 없다시피 할 정도로요. 제가 초등학교 6학년 때 영국에서 살았는데 그곳에서 엄마는 대학원에 진학해서 아동문학 전문가가 되었습니다. 아동문학 학회나 연구실에는 엄마처럼 화려한 사람이 별로 없고 수수한 사람들이 많았어요. 섹시한 옷차림이든 아니든, 옷차림에 신경 쓰지 않는 여성들이었습니다. 엄마는 그 사람들을 '심심한 학자들'이라 부르면서 동급으로 취급받는 걸 무척 싫어했어요. 당시 1990년대에 본 미국 드라마에 불도그처럼 살이 찌고 남자를 싫어하며 맨날 화만 내는 여자가 전형적인 '페미니스트'로 자주 그려졌는데, 엄마는 아동문학 학회에서 만난 여자 학자들이 주위에 남자를 얼씬 못 하게 하는 걸 흉내 내며 자주 비웃었던 것 같습니다. 하지만 저한테는 그런 전형적인 학자 타입의 여자들이 더 일관성 있어 보이고, 오히려 엄마가 많은 모순을 갖고 있고 어그러져 있는 것 같았습니다. 간단히 말하자면 엄마는 남자의 시각에서 높게 평가받는 여자가 되는 것을 무엇보다 가치 있게 여기면서도, 노골적으로 그걸 금전으로 바꾸려는 여자를 마음속 깊이 경멸하는 듯 보였어요.

우에노 님이 꿰뚫어 본 것처럼 제가 밤의 세계, 그러니까 성을 직접 상품화한 세계에 들어가는 과정에는 엄마가 싫어하는 것, 엄마가 이해하길 거부할 일이어야 한다는 전제가 관련되어 있습니다. 그럴 거예요. 제가 출간한 에세이에도 쓴 내용인데, 엄마는 실제로 저에게 "매춘부가 되느니 폭력을 저지르거나 사기에 손을 대는 게 더 나았을 거야"라고 했어요. 저는 일본경제신문사에 다니면서도 시간이 나는 대로 캬바쿠라에 가서 일을 했고, 신문사를 그만두고 나와서도 다시 클럽에서 일을 했습니다. 그러던 제가 술장사에서 마지막으로 손을 씻은 때는 2016년 엄마가 돌아가신 해였습니다. 제가 엄마를 간병했는데, 엄마가 돌아가신 후 처리할 일이 많아서 바쁘기도 했고, 마지막으로 엄마의 말을 귀담아듣자 싶었어요. 실은 엄마가 없어지니까, 제가 느끼던 밤 세계의 매력이나 밤 세계에 있는 의의랄 게 반으로 줄어버린 것 같습니다.

엄마가 이해하는 영역 바깥에 있고 싶다는 마음. 엄마가 논리적으로 설명도 못 하고 부정적으로 보던 일, 엄마가 이해하기를 거부한 일을 나는 이해해 보겠다는 마음. 이 두 가지 중 어느 쪽이 제 마음인지, 또 그런 마음이 제게 얼마나 있었는지는 모르겠습니다. 하지만 그렇게 절대적으로 남성의 시선을 의식하면서도 실제로 거래는 하지 않고, 남성한테 선택받고 싶지만 정작 선택받아선 안 된다고 하는 엄마의 그런 괴상야릇한 마음을 저는 혐오했던 것 같습니다. 비싼 값으로 팔리려고 애쓰면서, 실제로 팔린 여성을 경멸하는 게 기분 나빴어요. 그렇다고 해서 이것이 제가 엄마가 돌아가시기 직전까지 저를 팔았던 이유 전부냐 하면, 그렇지는 않습니다. 부분적일 거예요. 하지만 그런 엄마의 괴상한 마음을 받아들이지는 않겠다고, 거부했다고는 생각합니다.

엄마는 제 행동을 이해하기를 끝까지 거부했습니다. 저는 제가 괴로운 까닭이 엄마한테 이해받고 싶었는데 그렇지 못해서라고 피상적으로 생각했는데, 어쩌면 진심으로는 엄마한테 이해란 걸 아예 받고 싶지 않았던 건지도 모르겠습니다. 엄마는 저한테 "넌 부모한테서 사랑과 이해를 두루 받으면서 별문제 없이 컸잖아. 부모의 사랑이 얼마나 단단한지 시험해 보려고 이러니?"라고도 물었습니다. 엄마가 가장 싫어하고 가장 이해하지 않을 법한 일을 해서 부모가 나를 사랑하고 이해하는 한계가 어디까지인지 알고자 했던 마음도 한편으론 있었겠지요. 지금 돌이켜 보면 엄마한테 '말을 초월한 어떤 것'이란 사랑이 있어야 할 곳, 또 성매매 여성에 대한 혐오였을 겁니다. 절대적인 사랑을 시험하는 듯한 행동을 하거나 창녀가 된다는 것은 분명 제 머릿속에서는 엄마와의 관계를 이야기하지 않고는 다 말할 수 없는 것입니다.

엄마는 온 힘을 다해 저를 사랑해 줬습니다. 동시에 저는 언제나 엄마의 연구 대상이었습니다. 제가 어릴 적에 엄마는 '아이들한 테 동화가 어떤 세계를 보여줄 수 있는가?', '아이들의 세계와 동화 는 어떤 관련을 맺는가?'와 같은 주제를 연구하고 있어서, 저는 엄 마에게 유일한 진짜 샘플이었습니다. 게다가 말을 통해 서로를 이 해하려 하고 그걸 절대로 피하지 않는 엄마 성격상 항상 저를 이해 하기 위해 절 쫓아다녔을 겁니다. 공부나 일, 무슨 옷을 입을지 등 은 강요받지 않고 꽤 자유롭게 자랐지만, 이 자유로움마저 엄마가 뭔가를 실험하면서 흥미진진하게 결과를 기다리던 느낌이라 소름 이 돋았어요. 엄마와 얘기하면, 엄마는 제가 말하는 일을 죄다 한 번 겪어봤거나 알고 있던 것처럼 어떠어떠한 현상이라고 명명할 수 있었고, 새롭게 놀란 적이 없었던 것 같습니다. 저는 엄마가 육 아를 열심히 한 이유 중 한 가지는 엄마의 연구를 검증하기 위해서 라고 느꼈습니다.

엄마에 대해 쓰려니 말이 산만해지고 길어지네요. 엄마가 돌 아가시고 자유로워져야 하는데, 엄마가 던진 물음 몇 가지가 망령 처럼 저를 사로잡고 있습니다. 그중 세 가지가 지금 저의 문제와 직결된 물음입니다.

앞선 편지에서 제가 "내가 당한 피해를 알리거나 피해자로서 발언하는 데 큰 거부감을 느낀다"고 쓰자, 우에노 님은 피해자라 밝히고 나서는 것이야말로 강한 것이라며 저를 이끌어 주셨습니 다. 제가 피해자라 명명되는 것에 크게 저항하는 이유 중에는 분명 저 자신이 약자인 걸 참을 수 없다고 느끼는 마음도 있을 겁니다.

그런 마음과 같은지 다른지 모르겠지만 저는, 엄마가 말하길

'언어도단이고 아름답지 않으며 어리석고 더러운 세계'에 들어갔던 것에 큰 죄책감을 갖고 있습니다. 설사 누가 제게 혹독한 비판을 퍼붓거나 설령 성폭력 피해를 당했다 해도, 그럴 만했다고, 당해도 싸다고, 아무리 생각해도 그런 생각이 듭니다. 엄마와 나눈 대화를 조각조각 기록해 뒀는데, "밤 세계에 들어가 고작 몇 푼에 남자한테 몸을 내주었으니, 그 때문에 상처를 입었어도 상처 입었다고 말할 권리를 포기한 셈이다"라는 내용이 적혀 있더라고요.

저번 편지에서 거론하신 저널리스트 이토 시오리 씨를 진심으로 존경합니다. 저로서는 이토 시오리 씨가 한 말과 같은 표현이 불가능해요. 제가 당한 성폭력, 폭언에 대해서 저는 제 어리석음을 저주하거나 비웃으면서 삼켜왔습니다. 밤일을 하며 폭력 가까이 있는 무수한 여성들도 거의 다 그럴 거예요. 저의 이런 태도가 2차 가해를 불러일으킬 여지가 있고, 피해자한테도 책임이 있다고 보는 자기책임론처럼 피해자에게 상처를 주는 담론에 가깝다는 점도 자각하고는 있습니다. 확실히 분간하고 있고, 피해를 당한 여성의 행동을 두고 어리석었다고 할 마음도 전혀 없습니다. 하지만 저 자신에 한해서 볼 때 저는 '나는 피해자가 될 권리가 없다'는 생각에서 자유로웠던 적이 없습니다. 비판을 받거나 낙담을 두려워해서도, 또 누가 2차 가해 발언을 해서도 아니에요. 그럴 것까지도 없이, 제가 저한테 있는 힘껏 2차 가해와 같은 폭언을 하고 있거든요. 저는 저를 사랑해 준 엄마가 부정하던 세계에 들어갔을 적에, 그 후에 일어날 수 있는 모든 피해를 받아들이게 됐다고 인식하고 있습니다. 예컨대 AV 출연료로 받은 돈하고, 저를 착취하는 남성에게 따지는 것을 맞바꿨다고 느끼는 거예요.

나처럼 하라고, 나 같은 태도를 취하라고 남한테 강요한 적은 없지만, 편지에서 써주셨듯 자기가 약자임을 참을 수 없는 여성이 얼마나 남성한테 편리한 존재인지를 염두에 두면, 제가 약자 아닌 태도를 취하는 것이 착취 구조를 계속 재생산할 가능성도 무시할 수 없을 터인데요. 이게 저의 가장 큰 고민입니다. 저 자신의 어리석은 면을 어느 정도 허용한 후에도 피해자라 나설 정도로 강해지는 게, 엄마를 잃은 지금, 저한테 가능할까요? 제가 어리석었다고 한다면, 그것은 그 자체로 다른 피해자를 상처 입히는 일일까요?

이런 고민과 관련해서인데요. 엄마는 제가 신문사를 관두고 프리랜서 작가가 됐을 때 "넌 네가 어떻게 소비될지에 대해 너무 가볍게 생각해"라고 걱정했습니다. 주간지 보도로 인해 원치 않게 제 과거가 폭로되고 말았는데, 그런 과거가 사실이니까 항의할 입장은 아니었습니다. 그리고 AV 배우 출신이라 알려진 제가 모습을 드러내고 글을 쓴다면 당연히 제 본심과는 다르게 소비될 텐데, 그 자체는 글을 쓰는 이라면 누구나 겪을 만한 불쾌함일 거라 여겼습니다. 제가 AV 배우였다는 건 사실이고, 그 사실을 언급하는 걸 거부할 권리도 없겠지요. 지금도 행사나 TV 프로그램에 나가게 되면 옷을 어떤 식으로 입어달라는 요청이 들어오고, "크게 실릴 만한 프로필 사진으로 쓰려고 하니까 요즘 사진 말고 예전 AV 배우였을 때 찍은 사진을 달라"는 잡지사도 있습니다. 저는 그런 요청을 모조리 받아들였습니다. 절반은 단순한 이유인데, 지금 제 실력이 과거 경력을 능가하지 못할까 봐 불안해서였어요. 또 그런 요청을 거부하면 미디어에서 버려질까 두렵기도 하고, AV 배우나 호스티스 일을 할 때 제가 받았던 보수에 그런 요청에 대한 값도 포함된 것 같은 기분도 듭니다. 이런 기분 때문에 저는 'AV 배우 출연료는 무엇에 대한 대가인가?' 물으면, '실제 현장에서 수행하는 노동과 시간에 대한 대가만은 아니다'라는 식으로 글을 썼습니다. 그래서인지 '성노동은 노동'이라는 주장이 미묘하게 불편합니다.

언제까지 이런 취급을 받아야 하나 싶어서 피곤하기는 한데, AV 배우나 호스티스 일을 했다는 사실 자체는 자랑할 일도 비관할 일도 아닙니다. 그런데 최근에 '엄마가 나를 좀 더 깊이 걱정한 게 아니었을까?' 하고 생각하게 됐어요. 가령 저번 편지 주제에서 제가 대담 때 이야기를 나눴다고 한 '에로스 자본'의 경우가 그렇습니다. 제가 대담에서 섣불리 말을 했다는 비판은 전부 받아들이지만, 그간 저는 쭉 '에로스 자본'이라는 말을 쓰지 않았습니다. 그런 말 대신, 여태까지 쓴 모든 책에서 '성의 상품화'나 '신체의 상품 가치'라고 썼습니다. 이 말이 '에로스 자본'보다 익숙하거니와 제 생각에도 잘 들어맞아서인데, 대담을 기획하고 구성한 출판사에서 하킴 책을 화제로 넣을 거니까, 저와 대담을 나눈 다치바나 씨가 얘기한 'Erotic Capital'이란 용어를 포함해 제가 '성의 상품화'나 '신체의 상품 가치'라 표현한 부분을 일괄해서 '에로스 자본'으로 통일하겠다고 연락이 왔습니다. 저는 딱히 항의하거나 깊이 생각하지 않고 그러자고 했어요. 나중에 대담을 정리한 글에 제 사진이 들어가고 사진 옆에 '에로스'란 말이 큰 제목으로 들어간 걸 보니까, 이래서 '에로스 자본'이라고 말을 바꾸고 통일하는 게 중요했던 거구나 하고 깨달았습니다. 우에노 님이 '에로스 자본'이란 말은 부정확하다고 지적할 때까지 그다지 깊게 생각하지 않았으니 그런 부분은 제가 여러모로 배려가 부족했을 테지만, 결과적으로 대담 글은 일부 여성들의 자존심을 상하게 하고 수많은 남성 독자들을 기쁘게 한 것 말고는 별 의미가 없었습니다. '에로스'란 제목 옆에 제 사진이 실리는 건 이제 너무나도 익숙해서 아무렇지도 않은데, 제가 저에 대한 그런 소비 방식을 받아들임으로써 결국 여성들을 불쾌하게 한 건 아닐까 후회됩니다.

제가 쓴 글 중 일부 내용이 남자들의 변명거리로 사용된다는 것도 알고 있어요. 더군다나 일부 기사에서는 제 글이 페미니스트들에 대한 공격 목적으로 활용되기도 했습니다. 이 탓에 인터넷을 중심으로 익명으로 활동하는 일부 페미니스트분들이 저를 비난하는 소리를 자주 듣습니다. 그건 제 본심이 아니에요. 애초에 그런 남자들은 제 글을 아주 대충대충 보고 왜곡해서 사용합니다. 보수적인 남자가 제가 쓴 글을 근거로 여자를 공격하는 걸 보고 글을 쓰지 말자 싶어서 요새 한동안 여성 소재로는 글을 쓰지 않고 있습니다. 엄마가 걱정하던 건 단지 제가 밤일하는 직업을 가진 여자로 소비되는 것을 넘어, 저의 경솔함으로 인해 저 자신의 존엄만이 아니라 다른 여성들에게 상처를 줄 수 있기 때문이 아니었나 생각하게 됐습니다.

그렇지만 그건 그것대로 정말 자유롭지 못해요. 저는 남자들을 홍보하는 글을 많이 쓰긴 했지만, 원래는 여자에 대해 쓰고 싶어서 작가가 됐습니다. 남자의 잔인함을 많이 봐왔지만 문득 정신을 차리고 보니 저 자신의 어리석음도 깨달을 수 있었고, 다른 많은 이들과 마찬가지로 여성 내부의 모순도 많이 봐왔습니다. 엄마의 모순도, 저의 모순도, 연애에 미친 친구들의 모순도, 여자의 어리석음도 제가 다루는 주제이고 제가 작가일 수 있는 뿌리입니다. 남성을 기쁘게 하려고 글을 쓰는 게 아니고, 남성을 기쁘게 하는 글을 쓰지 않겠다고 선택하는 것도 제 진짜 바람은 아닙니다. 남자를 기쁘게 한다는 이유로 저의 말을 빼앗기고 싶진 않습니다.

제 실력이 부족한 건 인정하는데, 그래도 제게 독자라고 편지를 보내준 여성들은 대부분 스스로의 모순을 껴안고서 상처 입기도 하고 즐거워하기도 하는 여성들입니다. 저와 비슷하게 느끼는 여성들이 있다는 사실을 무시하고 싶지 않습니다. 두루두루 배려하며 글을 쓴다면 제가 바라지 않는 방향으로 이용되지 않을 거고, 더 연마해서 잘 쓴다면 남자들의 섣부른 왜곡도 피할 수 있을 겁니다. 그런데 저를 향한 칼은 얼마든지 견딜 수 있지만, 제가 쓴 글을 무기로 삼아서 타인에게 들이밀 칼로 바꿔치기하는 건 아무리 해도 피할 길이 없습니다. 그래서 이게 또 하나의 큰 고민입니다. 남자들이 기뻐할 가능성이 있는 내용을 모두 빼고도 저 자신에 대해 쓸 수 있을까요?

우에노 님이 "시궁창에 버리는 섹스를 했다"고 한 발언을 두고 일부 성노동자들이 항의한 일화는 그 발언을 한 인터뷰가 공개되었을 때 이미 들었습니다. 남성들은 왜 그토록 아무것도 깨닫지 못하는지, 그런데도 성노동을 하는 여성들은 왜 그토록 자의식 과잉인지 저도 관심이 컸어요. 당시 출판사 웹사이트에 연재하던 에세이에서 잠깐 언급한 적이 있습니다. 아무래도 남성은 본인이 시궁창이라고는 전혀 깨닫지 못했을 테고, 성노동자 여성들은 어딘가에서 본인을 시궁창에 내던지는 행위를 하고 있다는 자각이 있으니까 화를 냈을 겁니다. 이처럼 언제까지나 자각하지 않는 남자는 자신이 얕보이고 있다는 걸 깨닫지 못한 채 언뜻 봐서 여성을 공격할 수 있을 것 같은 말만 입맛대로 골라서 사용하는데, 이게 실로 교묘합니다(반대로 여자들은 얕보이고 있다는 자각을 많이 하니까 세세한 표현에도 민감한 것 같습니다).

또 한 가지, 엄마가 제게 남긴 큰 물음이 있습니다. 제가 밤의 세계에 들어가더니, 엄마가 이 세상에서 가장 중요한 것 중 하나라 믿던 연애에도 전혀 관심을 안 보인다는 겁니다. 편지가 너무 길어졌는데, 다음번 편지 주제가 성애(연애와 섹스)니까 그때 다시 쓰겠습니다.

2020년 6월 10일
스즈키 스즈미

만약 저한테 스즈미 씨처럼 똑똑한 딸이 있었다면 어땠을지 상상을 멈출 수가 없네요.

스즈키 스즈미 님께.

솔직하고 정직한 답장 고마워요.

　이번 주제는 '엄마와 딸'이지요. 답장을 읽고서 사람은 태어날 환경을 고를 수 없구나, 곰곰이 생각했습니다. 스즈미 씨의 선택에는 스즈미 씨 어머니가 지녔던 삶의 방식이 좋든 싫든 큰 그림자를 드리우고 있네요. '엄마가 이렇게 안 했더라면 나는 이 길을 선택하지 않았을 거야' 하고요. 그리고 그만큼 거대하게 영향을 미칠 정도로 지적이고 힘이 센 어머니가 저한테는 없어서 행운이었다고 다시금 느꼈습니다. 생각해 보면 딸에 대한 이해력이 있다고는 할 수 없는 제 엄마가 저한테 남긴 유산이란 게 제가 결혼도 출산도 안 하는 선택이었으니, 저 역시 인생을 좌우할 만큼 엄마한테서 영향을 받은 게 분명합니다.

　스즈미 씨의 어머니가 말을 통해 서로 이해하기를 단념치 않았다는 점, 스즈미 씨가 어머니하고 편지를 주고받거나 둘이서 긴 대화를 쭉 나눠왔다는 점이 제게는 부럽기도 하고 희한해 보이기도 합니다. 엄마가 돌아가신 후에 저는 엄마가 생전에 갖고 있던 작은 상자에서 제가 세계 각지에 갔을 때 엄마한테 보낸 엽서를 발견했습니다. 엄마가 버리지 않고 보관해 온 그 엽서들은 제가 적당히 엄마 눈치를 살펴서 쓴 겁니다. 우리 모녀는 엄마가 돌아가시는 마지막 날까지 단 한 번도 삶의 방식 그 근간을 놓고 서로 이야기해 본 적이 없었습니다. 이런 것에 비해, 자신의 생각을 뭐든 '언어화'해서 말하기를 요구받는 환경은 지배의 일종이라 하겠습니다. 그런데 동시에 그런 환경이 스즈미 씨를 단련시키기도 했을 겁니다. 스즈미 씨가 지금 작가로 지닌 언어능력은 단지 경력으로만 다져온 게 아니고 가정환경 속에서 기른 재능이라 해도 좋을 겁니다. 이번 편지에서도 스즈미 씨는 그런 언어능력을 유감없이 발휘했습니다.

엄마와 딸 관계는 엄마의 역량뿐만 아니라 딸의 역량에 의해서도 영향을 받습니다. 엄마가 거대한 애정과 지성으로 꼼짝달싹 못 하게 얽어매려 하는 딸들 가운데는 아마도 자아를 획득하지 못한 경우도 있을 테고, 스스로를 파괴해 버리고 마는 경우도 있을 텐데요. 스즈미 씨는 어머니의 아킬레스건을 바늘 끝으로 콕콕 찌를 만큼의 역량을 갖고 있네요.

어머니를 묘사한 부분을 읽으면서 만약 나한테 스즈미 씨 같은 총명한 딸이 있었으면 어땠을까 상상하지 않을 수 없었습니다. 가장 가까이에서 나의 모순과 어설픔, 한계, 교활함, 이런 것들을 가차 없이 말하는 딸이 있었다면 날 어떻게 묘사했을까?

언뜻 논리적으로 보이는 엄마가 지닌 모순을 가장 예리하게 꿰뚫어 보는 이는 딸이고, 그런 모순에 휘둘리는 사람도 딸입니다. 최근에 육아 잡지에 실릴 인터뷰를 했는데 "당신한테 부모란 무엇입니까?" 하는 질문을 받고서 반사적으로 "민폐"라고 예기치 못한 답을 하고 말았습니다. 그런 제게 놀랐지요. 아이는 부모를 고를 수 없습니다. 그리고 어떤 부모든 뭔가를 강요하면 그걸로 아이한테는 해를 끼치는 겁니다. 강한 부모는 강한 대로, 나약한 부모는 나약한 대로 그렇습니다. 작고한 소설가 쓰시마 유코津島佑子는 생전에 이혼하고 한 부모 가장이 된 후 아이들 앞에서 연애 소동을 벌이면서 "이렇게 부모의 인생에 휩쓸리는 게 아이의 운명"이라고 논했습니다. 저는 아이를 낳지 않음으로써 적어도 누군가에게 민폐가 될 신세를 면했다고 느끼면서, 저 자신이 타인의 인생을 좌지우지할 정도로 거대한 에고이즘(이 말은 생명력이라고도 할 수 있겠죠)을 안 갖고 있었다고 돌이켜 볼 때가 있습니다. 육아 잡지 인터뷰에서 제가 부모를 민폐라고 하자마자 "불효자식"이라든지 "배은망덕하다"는 비판이 나올 거라 예상했는데, 놀랍게도 독자들 반응은 대체로 긍정적이었습니다. 부모가 된 지 얼마 안 된 젊은 여성한테서 "될 수 있으면 아이들한테 민폐가 안 되게 살려고 해요"라는 답을 듣고 깜짝 놀랐어요. 젊은 부모들은 자신이 아이였을 때를 잘 기억하고 있어서일까요? 어쨌든 몹시 신기한 것은, 어떤 어른이든 예전에는 아이였는데 아이였을 적(자신이 완전히 무력했을 때)의 괴로움을 잊어버린 어른이 많다는 사실입니다.

인간은 복잡한 생물입니다. 스즈미 씨의 어머니를 만난 적도 없는 제가 단편적인 정보만 갖고서 그분을 유형화하고 싶지는 않지만, 스즈미 씨가 수수께끼로 여긴 어머니의 언행은 지적인 엘리트 여성층이 '나는 달라' 하면서 흔히 쓰는 생존 전략입니다. 어디선가 종종 본 것 같죠. 스즈미 씨 어머니께서는 그 세대 여성 가운데서는 드물게 고등교육을 받았고 스스로의 지적 능력에 자신감과 긍지를 갖고 있었으니, 결혼하고 출산해도 '나는 그저 그런 전업주부랑은 달라'라는 의식이 있었겠지요. 또 학회와 같은 학력 엘리트 집단에 들어가서는, 공부만 잘 하는 우등생 여성 연구자들과 '나는 또 달라' 하는 의식도 있을 테고요. 어머니는 전공으로 아동문학을 택했는데, 생존 전략으로는 현명한 선택이었습니다. 여성 연구자가 압도적으로 많은 업계에서 여성은 남성과 경쟁하지 않아도 되고, 아이를 좋아하는지 아닌지 모성을 의심받지 않아도 되니까요.

이런 여성이 '나는 남다르다'는 의식을 갖고 외모 지상주의로 기우는 것은 그리 놀라운 일이 아닙니다. 여자는 어릴 적부터 항상 남자의 평가가 담긴 시선에 노출되어 살아가는데, 남자가 평가하는 건 여자의 지성이 아니라 좀 더 알기 쉬운 외모죠. 저는 미국 엘리트 여성들 가운데 어울리지 않게 섹시 콘셉트의 패션을 하고 다니는 사람들을 많이 만났습니다. 그때마다 이 사람의 젠더 정체성은 대체 뭘까 의심스럽게 여겼는데, 그 여성의 사회적 지위와 능력에 대한 자부심이 도리어 섹시한 외견을 허용하는 것이라 할 수 있겠습니다. 나는 여자로서 상품 가치도 충분히 높은데 그런 상품 가치는 결코 팔지 않으며, 그걸 팔지 않아도 될 만큼 다른 자원을 많이 갖고 있다고 과시하기 위해서인데요. 실제로 스즈미 씨 어머니가 남자들에게 인기가 있었는지, 남편 외에 다른 남자와 아슬아슬한 연애를 했는지 어쨌는지는 알 수 없지만, 그런 여성스러운 외모는 아마도 남성들을 대상으로 한 것 이상으로, 여성들의 세계에서 여자가 다른 여자를 향해 마운팅mounting17하는 도구라고 볼 수 있겠습니다. '난 그저 그런 전업주부가 아냐', '그냥 학자하고도 달라' 같은 의식은 사실 여성혐오에 바탕을 두고 있습니다. 전업주부가 되는 길밖에 없던 여자들이 걷고 있는 인생에 대해, 또 각고의 노력으로 학자가 된 여자들이 걸어온 인생에 대해 이해와 공감을 거절하는 태도니까요.

이런 여성에게는 여성성을 파는 것 말고는 선택 사항이 없는데, 실제 그런 식으로 성을 파는 여성들은 침을 뱉어야 할 정도로 경멸해야 할 존재입니다. 어머니한테는 본가의 어머니와 할머니가 그렇게 한 것을 온몸으로 거부한 선택이었을 겁니다. 이런 면에서는 어머니 또한 자신의 성장 환경에 묶여 있었다고 할 수 있을까요? 손녀인 스즈미 씨는 어머니가 가장 싫어하는 선택을 함으로써, 내가 이렇게까지 해도 나를 받아들일 수 있나 시험한 것이겠지요. 양쪽이 피를 흘리는 잔혹한 방식으로.

그 때문에 스즈미 씨는 상처 받았을 때 상처 받았다고 말하지 못해, 피해자가 될 권리를 내던지고 포기한 대가를 치르고 있습니다. 어느 누구한테서도 강제되지 않았고 상황에 쫓기는 일도 없이 AV 배우가 되길 선택한 스즈미 씨에게는 '자기결정'이 따라다니고 있습니다. '자기결정'은 '자기책임'과 함께 쓰이는 말인데, 이 말은

---

17 자신이 상대방보다 우위에 있음을 의식적·무의식적으로 내비치는 언행. 짝짓기나 서열 확인 때 동물이 위에 올라타서 교미 자세를 취하는 것을 뜻하는 영어 '마운팅'에서 비롯되어, 대인관계에서 우위를 과시하는 언행을 뜻하는 일본어 조어.

선택에 따른 대가를 다른 누구한테 따지도록 허용하지 않습니다. 스즈미 씨가 죄책감을 느낀다고 한 건 이런 자기결정에 따라온 부채 의식을 가리키는 것이겠지요.

스스로 선택해서 결정했다는 '자기결정'이란 말만큼 엘리트 여성이 갖고 있는 강렬한 자긍심을 채워주는 말이 없습니다. 또 이 말만큼 엘리트 여성을 페미니즘으로부터 멀리하게끔 하는 말도 없죠. 스즈미 씨는 어머니한테서 강렬한 엘리트 의식을 물려받았을는지도 모르겠습니다. 하지만 밤일을 10년간 해보고 여자든 남자든 다들 어리석다는 걸 깨달았다고 했으니, 자기결정이나 자기책임과 같은 세뇌에서 벗어나 다행이라 할 수도 있겠습니다. 니무라 히토시二村ヒトシ[18] 감독이 스즈미 씨더러 일류 배우는 아니고 이류 배우라 평가한 것도 스즈미 씨가 엘리트 의식이나 죄책감 이면에 갖고 있는 자존심을 깨부쉈겠지요.

그래도 처음 성 산업에 발을 들여놓았을 때 스즈미 씨는 대가가 이렇게 클 거라고는 예상치 못했을 겁니다. 그렇지 않나요? 여기서 제가 말하는 대가란 낙인찍힌 과거가 경력에 오랫동안 따라다닌다는 것만이 아닙니다. 실제 현장에서 상처 입지 않았나요?

성 시장은 젠더의 비대칭성이 압도적이기에 성립하는 산업입니다. 현장에서 여성이 맛보는 성차별, 모욕, 학대, 폭력, 착취는 상상하기 어렵지 않습니다. 방금 이야기한 니무라 히토시 감독도 "포르노는 여성에 대한 모욕을 상품화한 것"이라 확실히 말했습니

---

18 1964년생 AV 감독. 국내에 번역 출간된 저서로, 우에노 지즈코가 모든 남성의 필독서라고 해설을 쓴 《오빠 이제 그런 사람 아니다》 등이 있다.

다. 여기서 모욕이란 남성의 성적 판타지를 구현하는 것일 따름입니다.

성노동에 참여한 많은 여성들이 "이 정도는 대단한 일도 아니다", "나는 아무렇지도 않고 얼마든지 견딜 수 있다", "이런 걸로 상처 입을 만큼 난 약해빠지지 않았다"고 하는 말을 많이 들었습니다. 20분만 기분 전환하면 된다고, 기분 전환할 뭔가만 찾으면 된다고, 그러면 괜찮다고, 마치 해리解離[19]를 테크닉처럼 쓰는 소녀도 있었습니다. 그렇게 자신의 경험을 과소평가하는 거죠.

이런 상황에 남자들이 가세합니다. "이 정도 일로 꽥꽥대지 마", "뭐 좋은 일 하냐?", "한 번 해준다고 닳는 것도 아니고"……. 하나씩 써 내려가다 보니, 성희롱 가해자나 성추행범이 하는 말이랑 똑같네요. 여기에 "스스로 선택했다"며 '자기결정'이 더해지면 "너도 바란 거잖아", "너도 해줬으면 했잖아", "딱히 싫지도 않은 표정이네" 같은 말이 따라붙습니다. (남자들에게 불리한) 여자의 경험은 과소평가하되 자기책임은 면하는 것이 남자들의 방법입니다. 이런 걸 내면화하는 여성이 있다는 게 그들에게는 아주 좋고 유리한 상황인 겁니다.

스즈미 씨는 자기가 쓴 글이 자신의 존엄이 아니라, 본인 말고 다른 여성을 상처 입히기 위해서 이용될까 봐 걱정하고 있군요. "저를 향한 칼은 얼마든지 견딜 수 있지만, 제가 쓴 글을 무기로 삼

---

19 의식, 기억, 지각, 행동 등이 통합되지 못한 상태.

아서 타인에게 들이밀 칼로 바꿔치기"할까 봐 고민이라고 적었습니다. 아뇨, 이제 멀리 돌아서 가는 건 그만합시다. 스즈미 씨는 남 걱정에 앞서 당신 자신의 존엄을 지켜야 하며, 당신을 향한 칼을 견딜 필요가 전혀 없습니다. 스즈미 씨에게도 그렇고, 제게도 그렇고 누구든 나를 향한 칼은 아프고 무섭습니다. 자신이 쓴 글이 누군가에게 들이댈 칼이 됐을 때 상처 입을 사람은 다른 누가 아니라, 자신입니다.

스즈미 씨보다 두 배 넘게 더 오래 산 제가 꼰대라 불릴 각오를 하고 말하려 합니다.

자신의 상처를 마주하세요. 아플 때는 아프다고 말하세요. 한 사람의 존엄은 거기서 시작됩니다. 자신에게 정직할 것, 자신을 속이지 않을 것. 자신이 겪은 것과 느낀 것을 믿고 존중할 수 없는 사람이 남의 경험이나 감각을 믿고 남을 존중할 수 있을 리 없습니다 (앞선 편지에서 저는 "피해자라고 밝히는 것은 약함의 증거가 아니라 강함의 증거"라 썼죠).

그렇다고 해서 자기책임을 면제하라는 말은 아닙니다. 저 역시 걸리는 게 있어서 이런 말을 하는 거예요. 부끄러워해야 할 일도 많고 실패도 많은 인생을 살았지요. 여태까지 인생에 후회가 없노라고, 결코 그렇게 말할 수가 없습니다.

지금의 젊은 딸들은 남자들이 그들에게 부당하게 말하고 행동하면 '아무렴 어때, 괜찮다'고 하거나 못 본 척 넘기지 않습니다. "이런 게 싫다", "참을 수가 없다"고 말하기 시작했어요. 저도 스즈미 씨와 마찬가지로 이 여성들을 눈부신 듯 바라보고 있습니다. 그리고 이 여성들이 이렇게 말하도록 한 책임도 느낍니다. 원치 않는 성관계에 '노^{NO}'라고 할 수 있는 강함은 갖췄다고 할 수 있는데, 그럼 젊은 여성들은 이제부터 자신이 원하는 성관계를 만들어 갈 수 있을까요?

성애는 귀찮고 성가시면서도 풍부한 것입니다. 다음 주제가 '연애와 섹스'로군요. 편지를 기다리겠습니다.

2020년 6월 19일
우에노 지즈코

3장

연애와

섹스

시궁창에 내다 버리는 것 같은 섹스를 거듭하면서도 어떻게 남자들한테 절망하지 않을 수 있었나요?

우에노 지즈코 님께.

저번에 엄마와 딸을 주제로 한 편지에서 우에노 님이 딸의 입장에서 경험한 바를 깊이 있게 써주신 답장을 받았습니다. 고맙습니다. "부모란 존재가 민폐"라는 문장을 읽으니 문득 떠오르는 일화가 있네요.

제가 신문사를 그만두고 에세이《몸을 팔면 끝이야身体を売ったら サヨウナラ》(2014)를 내면서 출간 기념 행사를 열었을 때, 니무라 히토시 감독과 사회학자 가이누마 히로시, 그리고 놀랍게도 우에노 님께서 와주셨습니다. 행사를 마치고 돌아갈 때 씁쓸한 표정으로 저한테 "어머니 때문에 좀 애먹긴 했네요"라고 말씀을 건네신 걸 기억하시려나요.

실은 저는 그 말을 또렷이 기억하고 있어요. 제가 전에 낸 에세이에 엄마와 나눈 대화를 몇 토막밖에 안 썼는데 주위에서 반응이 있었습니다. "멋진 엄마 밑에서 컸군요", "지적인 어머니의 말씀이 아주 인상적이에요" 하는 말뿐이었습니다. 물론 엄마는 틀림없이 멋진 사람이고 제게 지적인 말도 해줬지만, 그렇게 멋지고 지성적인 엄마 밑에서 나름 파란만장하게 자란 저는 그 말을 듣고서 당연하게도 단순히 기뻐할 수만은 없었습니다. 당사자인 저는 '나는 발버둥 치며 살았는데, 이해하기 힘든가? 내 쓰라림을 어떻게 전하면 좋을까?' 하고 머뭇거리던 차였습니다. 우에노 님이 "애먹긴 했네요"라고 순식간에 제 마음을 꿰뚫어 봤을 때, 그 많은 답답한 평가 가운데서 단숨에 숨 쉴 수 있게 된 것 같았습니다. 살 것 같았어요.

이번 편지 주제는 연애와 섹스입니다. 제가 잘하지 못하는 분야네요. 연애 칼럼을 써달라는 의뢰가 많이 들어와서 쓰긴 하는데, 연애에 대해 어떤 갈등이나 장벽을 느끼지 못해서인지 연애 칼럼 쓰기가 별로 즐겁지 않습니다. 낙관적으로 보면, 제가 연애를 외부에서 바라보는 느낌이라서 그럴 거예요. 비관적으로 보면 제가 연애에서 소외됐기 때문이라 할 수 있고요. 결혼하지도, 아이를 낳지도 않았고, 시간을 들여 연애한 적도 없어서 제게 연애란 대체로 남의 일입니다. 연애가 제 눈앞에서 저 자신을 향해 펼쳐질 때도 그랬고요.

첫 편지에서 우에노 님이 젊었을 적에 "시궁창에 내다 버리는 것 같은 섹스를 많이 했다"고 썼지요. 하룻밤 섹스나 성매매 행위에 대해 '시궁창에 내다 버리는 행위'라 표현한 것을 읽고서 '그 말은 감각적으로 내가 잘 아는데' 싶었습니다. 확실히 저는 '나의 존엄을 시궁창에 갖다 버리는 행위'로서 섹스 그 자체를 쉽게 발견했고, 이후 어떤 측면에서는 이 발견을 소중하게 여겼습니다. 그런데 육체와 정신을 '시궁창에 내다 버리는 것 같지 않은 섹스'란 게 있을까요? 나이를 먹었는데도 잘 모르겠습니다. 지난 편지에 엄마가 마지막까지 저에 대해 불안해한 세 가지 중 한 가지는 제가 '연애를 진지하게 안 하는 것'이라고 했는데, 그건 엄마가 '시궁창에 내다 버리는 것 같은' 섹스 말고는 발견하지 못한 저를 가엾게 봐서인지도 모르겠습니다.

처음으로 남자와 섹스를 하기도 전, 아직 성 경험이 없었을 때 저는 시부야에 있는 브루세라 가게에서 제 팬티를 파는 고등학생이었습니다. 그 가게에서는 매직미러 너머로 남자가 마음에 든 여고생을 고르는데, 선택을 받은 아이는 또 다른 작은 방으로 갑니다. 그 방에는 좀 더 작은 매직미러가 있는데, 거기 작은 방에서 여고생이 팬티를 벗어서 가게 사람한테 주면 가게 사람이 남자가 있는 방에 가서 팬티를 건넵니다. 제 쪽에서는 남자를 볼 수 없지만 남자 쪽에서는 제가 보이는 상태에서요. 그런데 매직미러라서 빛의 양에 따라 제가 있는 쪽에서도 남자들 모습이 자주 보이거든요. 남자는 자기 모습이 안 보일 거라 여기고 안심하고서 그 자리에서 자위를 시작합니다. 방금 전까지 제가 입고 있던 팬티를 뒤집어쓰고 제가 신고 있던 루즈삭스를 목에 두른 채 브래지어 냄새를 맡으면서 자위행위를 하는 존재. 그 모습이 제가 성적인 존재로 본 남자의 근원적 이미지입니다. 처음 본 남자의 성행위가 제 팬티를 뒤집어쓰고 하는 자위였고, 그 방 매직미러 너머에서 처음으로 남자가 발기한 걸 봤습니다. 그렇게 해서 열여섯 살의 저는 팬티와 존엄을 시궁창에 버렸습니다.

매직미러 안쪽에는 얼마든지 다른 여고생으로 대체될 수 있는 제가 서 있고, 매직미러 너머에는 15,000엔을 내고서 자위행위를 하는 남자가 있습니다. 너무도 우스운 그 광경이 지금도 저의 남녀관에 남아 있어요. 이쪽은 분명 어떤 존엄도 주어지지 않은 채 소비되기만 할 뿐이고, 지성이나 감성이 있을 거라고는 여겨지지 않는, 어리고 교복을 입은 무력한 존재임이 틀림없습니다. 제가 뭘 좋아하는지 뭘 읽는지 그런 건 일체 관심이 없고, 제가 여고생이고 가슴이 달려 있으며 웃는 얼굴로 팬티를 건네주는 것에만 가치가 있는 거죠. 그런데 남자 쪽도 너무나 비참한 모습을 보이는 거예요. 매직미러가 자기를 지켜줄 거라 믿지만, 그 모습을 본 여고생들은 기분 나쁘다고 경멸합니다. 일하고 받은 월급을 털어 여고생들이 장난으로 파운데이션을 발라놓은 속옷을 사고, 그 냄새로 자위하고 사정한 후 만족스럽게 돌아갑니다.

고등학생이던 저는 '속옷이란 건 입어서 낡으면 버리는 것인데 그걸 돈으로 쉽게 바꿀 수 있다니', 그걸 돈을 내고 사는 아저씨들을 비웃으며 거기서 받은 얼마간의 돈을 갖고 거리로 나가서 좋아하는 것을 손에 넣는 저 자신한테 도취되어 있었습니다. 아마 아저씨들 쪽은 돈을 보고 몰려든 바보 같은 여고생이라고 비웃으면서, 자기가 번 돈으로 우리한테서 간접적인 섹스를 안전하게 살 수 있는 스스로에게 도취되어 있었겠지요. 매직미러를 사이에 둔 남녀가 각자 제멋대로 짠 스토리 속에서 사는데, 그런 스토리가 교차하는 이야기는 끝까지 없었던 것 같습니다. 제가 팬티 팔기를 관두던 때까지요. 이런 관계를 이해하고 나서부터 아마도 저는 근본적인 무언가에서 아직껏 빠져나오지 못한 것 같습니다.

이런 우스꽝스러운 형태로 성적 존재인 아저씨들을 목격했으니, 이런 남자들의 모습과 제가 만화나 영화를 보고 지식으로 알던 연애나 성애는 전혀 이어질 수 없었습니다. 연애는 픽션 속 개념이고, 성이란 제 눈앞에서 사정하고 돌아가는 아저씨로 실재하는데, 저는 연애와 성을 각각 다른 맥락에서 배우고 있다고 생각했습니다. 연애와 성이 분리된 채 각기 자란 것인지, 성을 배우면서 느낀 절망으로 인해 연애에 대해 품던 환상을 허구의 세계 속에 가둬버린 것인지는 지금도 잘 모르겠습니다. 그런 상태로 조금씩 만화 같은 연애도 해보긴 했는데, 지금 돌이켜 보면 연애에 사용하는 것도 똑같은 내 몸이니까 연애든 성이든 별로 기대하지 않은 듯합니다.

그런 형태로 아저씨들의 성욕을 직접 본 저에게 AV란 너무도 순조롭고 자연스럽게 받아들이게 된 세계였습니다. 제 속에 있는 한심하고 같잖은 남자 이미지를 버리지 않은 채 살아갈 수 있는 곳이기도 했고요. 원래대로라면 육체와 정신을 '시궁창에 버리지 않는' 연애를 해서 제 속의 남자 이미지를 뜯어고쳐 다시금 기대하도록 노력해야 했을는지도 모르겠습니다. 하지만 저는 그런 번거로운 길보다는 남자들의 비참함에 절망한 채로 살아가는 길을 선택한 거죠. 브루세라 가게에서 자위하던 남자들을 보면서 느낀 건 '이런 사람들한테는 무슨 말을 해도 소용없어', '이런 사람들과 나는 절대로 서로를 이해할 수 없어'였는데, AV 업계에서 뻔하게 연출하는 '섹시한 여자', '남자에게 유리한 상황'을 끝도 없이 보고 만족하는 남자들로 인해 그런 마음은 다시금 확고한 이미지로 변해서 저를 사로잡았습니다.

남자를 깔보고 이용할 작정이었던 제 태도는 별로 새로울 것도 없이, 예전에 신분 상승을 위한 결혼을 노렸던 '거품경제 세대 여성들'하고 비슷한 마음이었던 것 같습니다. 여자를 단순하고 하찮게 인식하는 남자를 거꾸로 이용해서 남자의 보호 아래로 들어가서는, 남자들이 가진 여성에 대한 인식을 바로잡지 않은 채 여성으로서 나 자신의 성공 스토리를 멋대로 만들어 내는 여성들. 그런데 저는 결혼이나 출산과 같이 알기 쉽고 시종일관 유지할 목표가 없어서 그런지, 밤 세계 말고는 남자와 어울리는 게 얼마만큼이나 의미가 있는지 여전히 감을 못 잡겠습니다. 어디 같이 나들이 갈 데이트 상대, 가끔 성욕의 배출구로서 연인을 만들어도 그래요. 연애 감정이나 성욕이 브루세라나 AV 스토리 속에서 살아가는 남자들의 감정 또는 성욕과 어떻게 다른지 아무리 해도 구별이 안 됩니다.

요즘 남자들한테 "그게 아니다", "이런 취급 하지 마, 싫어"라고 말하는 젊은 여성들의 모습이 눈부시고 자랑스럽고 부럽기도 합니다. 마음 절반은 그러한데, 또 다른 절반은 그런 젊은 여성들이 가진, '여자와 남자는 서로 이해할 수 있다'는 희망에 대한 것인 듯합니다. 저는 그런 희망을 포기하고 버렸는데, 이런 저와 달리 남자와 내 이야기를 주고받을 수 있다는 기대를 포기하지 않고 노력하는 여성들에 대한 부러움이라고 할까요? 하지만 제 마음 어딘가에는 '저런 놈들한테 말해봤자 아무 소용 없어'라고 생각하는 부분도 있어서, 이런 마음으로 인해 저는 남자들에게 똑바로 화낼 수 있는 여성들과 저 자신을 멀리하려는 듯합니다. 남자가 AV 배우나 유흥업소 여성한테 보여주는 얼굴은 이기적이고 한심하며 넌더리가 납니다. 잘난 척하며 떼를 쓰고 자기 멋대로 망상을 강요하는 남자들의 모습을 수도 없이 본 저는 시궁창에 버리지 않을 만한 연애에서든, 페미니즘이나 여성의 연대에서든 멀어지고 말았습니다.

제가 이것을 문제라고 인식한 건 어른이 되고 한참이 지나고서였습니다. 남자의 시선에 의해 제게 부여된 상품 가치가 낮아짐으로써, 남자를 깔봐도 제가 무엇 하나 얻을 수 있는 게 없다는 걸 알게 되고였죠.

그래서 진심으로 묻고 싶습니다. 가르쳐 주셨으면 해요.

우에노 님이 "젊었을 적에 시궁창에 버리는 것과 같은 섹스를 했다"고 쓴 글을 읽고, 그 후 '시궁창에 버리지 않는 성애도 경험해 보셨구나' 하고 추측했습니다. 더욱이 남자들의 세계였던 도쿄대 학문의 세계에 페미니즘을 들여왔고, 아마도 피가 나는 노력 끝에 맨 앞에서 여성들의 길을 열었을 테고, 지금도 앞장서서 발언하고 계시죠. 육체와 정신을 버리는 시궁창과 같은 남성의 면면을 알면서도, 더욱이 남성을 얼마든지 경멸할 만한 경력이나 지성을 가졌으면서도 어째서 절망하지 않고 남성들과 마주할 수 있나요? 단지 남자의 자위 장면을 보고 뭔가 깨달음을 얻은 척하던 고등학생 시절의 저보다도 우에노 님이 훨씬 깊은 곳에서 남자에게 낙담하고 절망할 때가 있었을 텐데, 어떻게 '이놈들하고는 무슨 얘길 해봤자 아무 소용 없다'고 포기하지 않으셨나요?

저는 개인적인 섹스 상대로도, 사회적 존재인 남성으로서도 남자한테 별 기대가 없습니다. 우에노 님은 자기 자신도 상대도 존중하지 않는 섹스는 불모지와 같다는 걸 깨닫고 나서, 그렇게 하지 않고 서로 존중하는 섹스를 어떻게 발견하셨나요? 존엄이 지켜지지 않은 섹스를 하고 후회했다면, 어떤 계기로 그러셨을까요? 또 '시궁창'이라고 불려도 어쩔 수 없는 남자들의 변변찮음을 지적하면서도 어떻게 그들과 대화를 포기하지 않을 수 있었나요?

지금도 저는 고등학생 시절에 품은 이미지 속에 남자를 가둬두고 낙담해 있는데, 이건 곧 상처받은 저를 인정하고 싶지 않은 마음과 연결된다고 여겨집니다. 지난 편지에서 성 산업에 발을 들여놓은 후 낙인으로 인해 상처받은 것 외에도 실제로 현장에서 상처받은 적이 있지 않느냐고 물으셨지요.

성 산업을 경험해 보니, 어린 시절 제가 상상했던 것보다 훨씬 더 많은 면에서 두루 대가를 치르라고 요구받고 있는 것 같습니다. 물론 낙인찍힌 과거가 언제까지나 저를 따라다니는 것만 해도 상상한 것 이상이라서, 요새 젊은 여성들이 저한테 "AV에 출연할지 말지 망설이고 있다"고 상담해 오면 저는 "AV 배우를 하다가 은퇴할 수는 있어도 'AV 배우 출신'이란 딱지로부터는 은퇴가 안 된다"고 줄곧 답합니다. 이렇게 답하는 이유는 제가 열아홉 살 때 살고 싶었던 인생과 그 후 스물다섯 살, 서른 살, 서른다섯 살, 그리고 지금까지 각각의 시점에 제가 살고 싶었던 인생이 달라졌기 때문이기도 하고, 또 전에 리스크로 봤던 것 이상의 일이 일어나고 있기 때문입니다.

우에노 님이 지적하신 대로 리스크가 단지 AV 배우 출신으로 살아가는 것에 대한 대가에만 그치지 않을 때도 있습니다. 애초에 제가 AV 배우를 은퇴한(논문을 쓰느라, 업계와 인연을 끊지는 않았지만 AV 출연은 그만둠) 계기는 데뷔 때부터 시간이 지날수록 출연료가 낮아졌기 때문인데, 구체적으로 말하면 현장에서 난폭한 대우를 받아 몸에 위험을 느꼈기 때문입니다. 요즘은 윤리적 관점 덕에 훨씬 줄어들긴 했는데, 제가 출연하던 당시에는 여자들을 아프게 하면서 여자들이 노골적으로 싫어하는 짓을 하는 '능욕'이라 불리는 장르가 인기 있었습니다. 당시 이미 전성기를 지난 제가 고액의 출연료를 받으려면 그렇게 다른 여자 배우들이 꺼리는 장르에 출연할 수밖에 없었죠. 촬영 현장에서 등에 살충제를 뿌리고 불을 붙이는 연출로 크게 화상을 입으면서 흉이 남았고, 밧줄로 묶인 채 촛불 때문에 산소결핍을 겪은 적도 있어서 신변에 명확한 위험을 느끼고 현장에 가기 싫어졌습니다. 그렇지만 계속 시궁창에 버리고 있는 육체가 제 것이란 의식이 희박했기 때문인지, 단지 위험하다는 이유로 제가 상처를 입었다고 생각하지는 않았습니다. 은퇴 후에는 화상 흉터 위에 문신을 해서 눈에 띄지 않도록 했고요.

밤의 세계에 있는 남자들뿐 아니라 일상생활에서 돈을 매개하지 않고 만나는 남자들도 "AV 배우니까 피임약 먹고 있지? 나 콘돔 없이 하게 해줘"라든지 "그 영상에서 네가 남자 배우랑 하던 거 똑같이 해줘" 같은 소리를 듣는 게 귀찮아졌고, 섹스를 즐길 마음을 잃었습니다. 몇 번인가 섹스한 적 있는 남자가 제 앞에서 자기 친구더러 "AV에 나온 여자랑 사귀고 싶은 남자는 없을 거야" 하고 진지하게 말하는 걸 들은 적도 여러 번 있습니다. "과거는 신경 안 써"라면서 다가온 남자도, "네 몸뿐만 아니라 성격과 지성에 반했다"며 다가온 남자도 어쩐지 미심쩍어서 제대로 마주할 수 없어요. 남자가 연애 감정이나 성욕을 드러내면, 왜 그런지 브루세라 시절 남자 이미지가 떠올라서 뒤로 물러나고 맙니다. 합의가 안된 섹스를 하게 됐을 때도 '귀찮아, 하기 싫다', '빨리 집에 가야지', '뻔뻔스럽네', '기분 나빠' 같은 생각은 들어도, 제 몸이 마치 남의 몸인 양 '나하고 관계없다'는 느낌에 존엄에 상처를 입는다기보다 '역시 남자는 개자식이다' 싶습니다. 결혼 제도에 반대 입장을 취할 것도 없이, 남성이란 생물과 인생을 공유하겠다는 생각은 그다지 들지 않았습니다. 가정 바깥에서 성욕을 발산하는 남자의 얼굴을 보노라면, 껍데기만 남고 실질적 의미는 없는 결혼의 황량함을 느낍니다. 엄마는 파트너를 만들려 하지도 않고 남성의 진짜 매력을 이해하려고도 하지 않는 제게 연애를 가볍게 여기지 말라며, "네가 점점 더 외로워지지 않느냐"고 걱정했습니다.

며칠 전, 작가 기요타 다카유키清田隆之가 쓴《안녕, 우리 남자들さよなら、俺たち》(2020)을 읽었습니다. 남성인 저자가 스스로 반성하며 페미니즘을 마주한다는 주제의 에세이였어요. 여성들이 참을성 있게 설득함으로써, 이성애자 남성으로서 갖고 있는 가해성을 깨닫고 그 자신도 상처 받으면서도 서투르게나마 그래도 마주하겠다는 자세를 가진 남성은 일상에서도 조금씩 늘어난 것 같습니다. 많은 여성들이 이런 남성을 환영하는 모양이지만, 그래도 저는 반신반의합니다. 왠지 비뚤어진 관점으로 보게 돼서, 저만 남자를 상대하지 않은 채 시대에 뒤처지는 느낌입니다.

'남자는 어리석은 생물이라 어쩔 수 없다' 하면서 외면하던 남성들을 마주하면서, 저는 서로를 존중하는 섹스와 연애를 할 수 있을지 답을 내지 못하고 있습니다. 남성과의 성애를 통해 정신적

으로 연결되겠다는 마음이 애초에 필요한가요? 아무것도 만들어
내지 못할 냉소주의에서 빠져나와야 할 필요성을 느끼긴 하지만,
남성에 대한 절망에서 빠져나오기란 아주 어려운 일이라 여겨집
니다.

쓰고 보니, 연애와 섹스에 관해 막다른 길에 있는 제가 물음만
쏟아낸 편지네요. 다음번 주제 '결혼' 때도 성애와 얽힌 물음으로
성가시게 할 것 같습니다. 계속해서 이야기를 나눠주시길 기대합
니다.

2020년 7월 10일

스즈키 스즈미

연애는 자아가 벌이는 투쟁. 여자가 되기 위해 벌이는 연애 게임의 상대로 남자가 필요했습니다.

스즈키 스즈미 님께.

그랬군요. 스즈미 씨는 10대에 브루세라 소녀였군요.

첫 번째 편지에서 '브루세라를 경험한 소녀들 가운데서 새로운 표현이 생겨나리라 기대했지만, 그 기대는 아직 이뤄지지 않았다'고 썼는데, 지금 제가 그 당사자와 이야기를 나누다니 가슴이 두근거립니다. 바야흐로 새로운 표현, 새로운 감각의 탄생을 제가 목도하고 있군요.

더욱이 《AV 여배우의 사회학》 내용은 스즈미 씨가 관찰자로 쓴 게 아니었네요. AV 현장에서 더 과격한 연출로 여성 배우를 몰아붙여서 힘들게 하는, 마치 의존addiction과도 같은 구조를 스즈미 씨가 직접 겪었군요. 흉터까지 남은 화상을 입고 산소가 부족해 목숨에 위협을 느끼는 현장을 경험했다니, 숨이 막히는 것 같습니다. 스즈미 씨는 거기서 벗어날 수 있었지만, 그러지 못하고 마음에도 몸에도 후유증이 남은 여성들이 있다고 이미 보도된 바 있습니다. 스즈미 씨도 신체적으로 상처 입었을 뿐만 아니라 마음으로도 어떤 굴욕감이나 분노를 느꼈겠지요. 아무렇지도 않은 듯 써 내려갔지만 여태까지 한 번도 말한 적이 없는 내용 아닌가요? 그리고 그런 상처를 봉인해 두고 상처라고 할 자격이 없다고 생각했다는 말을 들으니 가슴이 몹시 미어집니다. 그런 의존 구조 속에 있는 자학과 자긍심은 성 산업계에 있는 남자들이 여자들한테 심어놓은 아킬레스건 바로 그 자체라 할 수 있습니다. 스스로 선택했으니 누구한테도 불만을 이야기할 수가 없고, 위험할 걸 각오하고 들어왔으니까 이의를 제기할 자격이 없다고……. 그러나 무슨 짓을 당해도 괜찮다고 동의한 건 아니잖아요. 필시 스즈미 씨뿐 아니라 많은 여성들이 현장에서 입은 (심신의) 상처에 대해 침묵하고 있겠지요.

우리는 보통 '성애性愛'라고 한 단어로 말하는데, 성과 사랑은 다릅니다. 다른 건 다르게 다루는 게, 똑같이 취급하는 것보다 낫죠. 성과 사랑은 굳게 결부된 것이 아니고 서로 각기 다른 거라고 하면서 그걸 실천한 이들은 성혁명 세대입니다.

오해하지 않았으면 하는 게 있어요. 세대가 위로 올라간다고 성에 보수적일 거라 여기지 않았으면 하네요. 우리 세대는 1960년부터 1970년까지 세계를 휩쓴 성혁명 세대입니다. 요즘 새삼스레 실험적인 성애가 주목받는 것 같던데요. 하지만 일처다부제polyandry도 오픈 메리지open marriage(제약 없이 하는 결혼)도 벌써 50년도 더 전부터 다 시도했던 겁니다. '천사 커플Couple Angélique'이라 불리던 사람들도 있었는데, 파트너끼리 특권적인 관계에서 섹스를 하지 않되 파트너 이외의 사람하고만 섹스하는 관계를 뜻합니다. 저한테 천사 커플은 배타적인 이성애자 커플을 반전시킨 네거티브 필름 정도로만 보일 뿐이에요. 요새 섹스리스 부부가 혼외 파트너를 찾는다는 얘기를 들으면, 커플끼리 하는 익살스럽고 고리타분한 놀이 같습니다. 성에 대한 실험을 소재로 다룬 만화나 블로그를 봐도 '흔해빠진 이야기네' 싶고요. 또 성에 대해 공개적으로 말한 적도 없거니와 그렇게 하고 싶지도 않다는 젊은이들을 보면, '젊은 세대가 나이 든 사람보다 보수적'이라는 생각이 듭니다.

그럴 법도 한 게, 사르트르Jean Paul Sartre와 보부아르Simone de Beauvoir가 있었거든요. 저보다 좀 더 윗세대에서는 보부아르와 사르트르 같은 관계가 지식인층 남녀가 꿈꾸던 이상이었습니다. 혼인신고를 하지 않은 사실혼 관계인데, 둘 다 다른 이성과 관계를 맺고 그걸 오픈하면서도 서로가 특권적인 상대라는 점을 끝까지 인정하는 관계입니다. 성의 자유화가 일어나고 사랑이 배타성을 잃어도 수많은 여자와 남자, 특히 여자들의 마음속에서 '운명 같은 인연'에 대한 기대는 사라지지 않은 것 같습니다. 보부아르도 거듭되는 사르트르의 여자관계 때문에 질투심으로 괴로워한 것 같습니다만.

예전 세대가 성혁명으로 뒤집으려 했던 게 뭐냐면, 그전까지의 근대적 성규범, 특히 여성에 대한 성의 이중 기준이었습니다. 그 시절에는 아직 '첫날밤'이란 말이 있었죠. 성혁명 시대의 실험이 지금과 비교했을 때 얼마나 혁명적이었는지 상상해 보세요. '여자는 첫 남자를 잊을 수가 없다'니, 웃음이 그치지 않죠? "여자는 동시에 두 남자를 사랑할 수 없다." ……얼마든지 첫 남자를 잊을 수 있고, 동시에 두 남자를 사랑할 수 있습니다. "여자는 사랑이 없으면 섹스를 할 수 없다." ……해보니 쉽던데요.

푸코Michel Foucault가 말한 '근대의 섹슈얼리티'를 지탱해 주는 장치가 로맨틱 러브 이데올로기(결혼으로 사랑과 성, 생식을 삼위일체

시키는 규범)인데, 우리 세대는 이런 장치를 해체하려고 한창 바빴습니다. 성혁명으로 이런 해체 작업이 촉진됐는데, 근대의 섹슈얼리티 장치 아래에서 남자와 여자는 각기 다른 성의 기준 아래 있었습니다. 남자는 규범을 깨뜨리는 게 당연하다면서, 오로지 여자만 규범을 지키라고 강요한 게 성의 이중 잣대입니다. 한번은 제가 강연을 하는데 어떤 나이 든 여성이 "나는 남편 말고 다른 남자를 몰라요. 내 인생에서 남자는 남편 하나였고 그걸 죽 지켜왔어요" 하시더군요. 저는 물었습니다. "본인이 지킨 건가요? 아니면 누가 지키도록 한 겁니까?" 그러자 그 여성이 재빨리 답하셨습니다. "지킬 수밖에 없었어요"라고. 좋은 답이었습니다. 연배 있는 여성이 이런 화제를 입에 올리는 것 자체가 드문 시절이었으니까요.

성의 이중 기준 아래에서 여자가 성혁명을 실천하는 건 남자에 비해 치러야 할 대가가 큽니다. 바리케이드 저편에서 성적으로 활발한 여학생들을 실컷 이용해 놓고 뒤에서 '공중변소'라며 멸시하던 남자들이 있었어요. 그리고 1990년대 들어서 '공중변소'란 칭호가 사실 황군 병사가 위안부를 부르던 은어임을 알았을 때 제가 받은 충격을 지금까지 잊을 수가 없습니다. 동지라 여긴 남자들이 그런 용어를 썼다니……. 천황의 군대에서 전승된 말인지 누가 만든 명칭인지 지금은 확인할 수 없게 됐지만, 큰 충격이었습니다.

근대적 성 패러다임은 성이 곧 인격이라 보는 '성=인격' 패러다임입니다. 여자는 정해진 길을 벗어난 성행위를 하면 인격이 추잡스럽다고 여겨지지만, 남자는 그런 성행위로 인격이 영향을 받지 않도록 설계된 거죠. 성이 곧 인격인 패러다임 아래서는 성폭력 피해 여성은 '짓밟힌 여자'로, 성매매 여성은 '타락한 여자'로 간주됩니다. 예전에는 윤락녀란 표현을 썼습니다. 추업부醜業婦라는 말도 있었고요. '윤락녀'를 만나는 남자 쪽은 전혀 추하지 않게 여기는 듯한 표현이지요. 타락한 여자를 아무리 많이 만나도 남자는 타락에 감염되지 않은 것으로 봤습니다. 메이지 시기에 '더럽다'고 여기던 창부를 상대로 방탕한 생활을 거듭한 이토 히로부미伊藤博文를 두고 의회에서 "이토 공의 인격은 더러워지지 않았습니다"라는 답변이 나온 일화[20]는 유명하죠. 그런데 남자의 인격을 두고 단지 더럽지 않다고 하는 데서 그치지 않습니다. 남자들 자신의 행위가 켕기니까 그렇게 켕기는 마음을 상대 여자들한테 전가합니다. 여자들 탓으로 돌리는 거죠. 이것이 근대적 성 패러다임으로, 남자들한테는 아주 편리하죠. 성매매 여성에 대한 낙인은 여기서 출발합니다. 우리는 50여 년 전에 부수려던 근대 섹슈얼리티의 세계에서 여태껏 벗어나지 못하고 있습니다.

근대 섹슈얼리티는 (여성한테만) 성과 사랑을 일치시키도록 했습니다. 로맨틱 러브 이데올로기는 지금 생각하면 도저히 일치할 수가 없는 것을 무리하게 일치시키려던 대단한 속임수trick였는데, 반세기가 지나서야 성과 사랑은 서로 별개 문제니까 따로따로 다루는 게 좋다고, 응당 그렇게 되어야 할 것으로 되돌아갔습니다. 뭐, 여기까진 좋긴 한데, 그렇다면 성혁명이 일으킨 변화로 어떤 현상이 초래되었을까요?

---

20 1946년 7월 29일에 열린 제국의회 헌법개정위원회에서 중의원 기타 레이키치가 한 발언이다.

성과 사랑은 별개니까 따로따로 배워야 합니다. 언제부터인가 저는 사랑보다 앞서 성을 배우는 젊은 여성들이 나타난 것을 알아차렸습니다. 더욱이 그게 남자한테 맞춰놓은 일방적인 섹스라는 점을 알게 됐죠. 성의 장벽은 무서울 정도로 낮아졌지만, 질적인 면에서는 전혀 나아지지 않았다는 점도 알게 됐어요.

스스로 '여자의 길을 잘못 들었다'고 한 작가 아마미야 마미 씨는 대학입시를 치를 때 묵었던 비즈니스호텔에서 처음으로 AV를 봤다고 합니다. 그것이 성이 뭔지 배운 첫 체험이었다고 해요. 아마미야 씨는 그 기억으로부터 도망칠 수가 없어서 AV 라이터가 되었다고 썼습니다. AV 출연자 대부분은 어린 시청자들한테 'AV를 진짜 섹스로 착각하지 말라'고 경고하지만, 달리 경험이 없는 10대는 AV에서 그려진 섹스가 첫 경험이니만큼 성에 대한 이미지를 형성하는 데 영향력이 크겠지요. 실제로 AV가 보급되면서 AV를 모방해 여자의 얼굴에 사정하는 행위가 퍼졌다고 하니, 미디어의 영향을 경시할 수는 없겠습니다.

사실상 미디어는 성애를 학습하는 장치입니다. 성이든 사랑이든 우리는 미디어를 통해서 그게 뭔지를 미리 학습하기 때문에 우리의 경험에 이름을 붙이게 됩니다. 새로운 미디어가 나타나서 우리를 둘러싼 지배적인 정보환경이 바뀌었다는 게 아니라, 신화든 구전되는 이야기든 순정만화든 간에, 가령 성이 뭔지 사랑이 뭔지에 대해 배우는 학습 장치가 이런 새로운 매체라는 말입니다. 나중에서야 "아, 이게 (예전에 매체를 통해 알았던) 연애란 거구나" 하면서 자신이 겪은 감정이 어디에 해당하는지 돌이켜 보며 끄덕이게 되는데, 이걸 두고 우리는 '경험을 정의한다'고 합니다. 미리 알고 있는 개념이 없으면 자신의 경험에 이름을 붙일 수가 없죠.

여자한테 성과 사랑이 결합되어 있던 시절, 여자의 성이란 '사랑의 증표'로 남자한테 바치는 것이었습니다. 아니면 될 수 있으면 값을 비싸게 매겨서 양도하는 재화였습니다. 가수 야마구치 모모에山口百恵가 〈어느 여름의 경험〉이란 제목의 곡에서 "당신께 가장 소중한 것을 드리겠어요"라는 가사로 노래를 불렀는데, 이때가 1974년입니다. 여성의 성욕은 묻지 않았어요. 여자는 오직 받아들이기만 할 것을 기대받았습니다. 제가 존경하는 페미니스트 작가 모리사키 가즈에森崎和江는 젊은 시절 연애할 때 상대 남자가 자신한테 "여자한테도 정말 성욕이 있어?"하고 슬쩍 물은 적이 있다고 기록해 두었습니다. 웃어넘길 수가 없는 시대였어요. 요즘에도 성을 경험한 소녀들은 이런 대화를 합니다. "왜 섹스했어?" "해달라고 하길래." "좋았어?" "응." 이런 대화를 나누는 걸 보면, 근대적 성의 패러다임은 전혀 사라지지 않았다는 걸 알 수 있습니다. 그러니까 여자애들은 성이란 사랑하는 남자가 바라니까 바치는 일종의 자기희생으로 파악하고 있는 겁니다.

후기 근대가 되어서야 여자들한테도 성욕이 있고, 남자뿐 아니라 여자한테도 성이 쾌락이란 사실이 알려지게 되었는데 이는 큰 변화입니다. 여성이 자신의 쾌락을 자유로이 입 밖으로 꺼내 말할 수 있게 된 것도 그렇고요. (아, 그런데 덧붙이자면, 전근대 일본에서는 여자한테도 당연히 성욕이나 쾌락이 있다고 봤습니다.) 하지만 지금도 여전히 '난 섹스가 좋다'고 하는 여자를 두고 음탕하다거나

'야리만^{やりまん}'[21] 이라고 하죠. 여자가 섹스를 거침없이 말하면 발기가 안 된다고 하는 남자도 있는데, 이런 걸 보면 구태의연한 섹스 관념은 사라지지 않은 듯합니다.

쾌락도 학습할 수 있습니다. 남자의 단순한 쾌락과 달리, 여자의 쾌락은 품과 시간이 듭니다. 일본의 중장년 여성층 가운데는 한 번도 성의 쾌락을 느껴본 적 없이 생애를 마치는 사람이 많을 겁니다. 1970년대에 보건사^{保健師} 다이쿠하라 히데코^{大工原秀子}가 고령 여성의 성을 조사하면서 "당신에게 섹스란 뭡니까?" 하고 물었더니 "한시라도 빨리 끝냈으면 싶은 괴로운 임무"라고 답한 노년 여성들이 적지 않았습니다.[*]

성의 절정을 엑스터시^{ecstasy}라고 하는데, 라틴어로 무아지경, 탈혼^{écstásis} 상태라고 합니다. 섹스에 정점이 있다는 건 은총입니다. 왜냐면 끝이 있다는 거니까요. 그런 절정을 '작은 죽음'이라고 부르는 사람도 있습니다. 발기는 하는데 사정은 못 하는 남자를 만난 적이 있어요. 사정에 어려움을 겪는데 끝이 나지 않는 섹스는 아마 괴로울 겁니다. 그 이유를 두고 작은 죽음을 받아들일 수 없기 때문이라고 설명하는 사람도 있습니다. 타인 속에서 작은 죽음을 맞이하는 것인데, 이건 자신을 상대에게 맡기면서 마음을 놓지 않으면 절대로 불가능합니다. 반드시 살아 돌아오리란 보장이 있어야 마음을 놓을 수 있고, 이런 안전 속에서 비로소 사람은 스스로에게

---

21 '하다'라는 뜻의 단어 '야루'와 여성의 성기를 가리키는 단어 '망코'를 합성한 비하어로 누구든 안 가리고 섹스하는 '헤픈 여성'을 가리키는 말.

* 다이쿠하라 히데코, 《노년의 성^{老年期の性}》, 미네르바쇼보, 1979. —원주

작은 죽음을 허락할 수 있습니다.

섹스는 죽음과 재생의 의식이지만, 죽음을 향해서가 아니라 생을 향해서 사람을 되돌려 주는 작용을 합니다.

장례가 있는 날 가장 욕정한다 —지즈코

제가 하이쿠俳句를 쓰는 시인이던 시절에 쓴 시입니다.

에로스는 죽음을 부정합니다. 전쟁터에서 군인이 여자를 안는 건 죽음에 대한 공포를 없애기 위해서라고 하는 사람도 있죠.

제가 쓴 문장을 또 하나 인용하겠습니다. 제가 에로틱한 경험에 관해 쓰는 일은 드문데요. 별로 읽히지 않은 책이긴 한데, 시인 이토 히로미伊藤比呂美와 같이 쓴 책《무녀, 신의 심판자のろとさにわ》에 쓴 문장입니다.

> 성교할 때 내 몸은 살고 싶다, 살고 싶어 외친다. 살고 싶
> 다고 부르짖는다. 난 몸에서 나는 소리를 듣는다. 나는
> 내 몸을 절정에 이르게 한다. 그리고 나는 간다.

여자의 쾌락을 수동적이라고 봐서는 안 됩니다. 인간은 스스로 받아들일 때만 쾌락을 느낄 수 있습니다. 같은 루틴을 되풀이한다 해도, 여자 쪽이 능동적인 수용과 몰입을 하지 않는다면 쾌락은 찾아오지 않습니다.

스즈미 씨는 30대가 될 때까지 수많은 남성과 섹스를 했지만 연애 경험은 없다고 했지요. 제 세대한테 연애는 특별한 단어였습니다. 로맨틱 러브 이데올로기에 가장 세뇌된 세대가 저와 같은 단카이 세대団塊世代[22]일 겁니다. 세뇌 장치는 순정만화, TV드라마였고요. 단카이 세대 여성들은 만화 〈베르사이유의 장미〉에 열광했고, 나이 들어서는 한류 드라마 〈겨울연가〉를 보면서 다시금 가슴이 뛰었습니다. 운명의 한 쌍이 되길 동경하며 '붉은 실 전설'[23]을 믿은 마지막 세대일 겁니다.

1968년 요시모토 다카아키吉本隆明가 책 《공동환상론共同幻想論》[24]을 냈습니다. 공동환상, 개인환상, 대환상 이렇게 세 가지로 인간의 환상 영역을 논한 책인데, 이 가운데 대환상對幻想에 초점을 맞춰서 책을 읽고 평한 남성 독자는 거의 없었죠. 그런데 저를 포함해서 이 책을 읽은 여성들은 '대환상'이란 개념에 충격을 받았습니다. 당시는 연애란 논하는 게 아니라 그냥 하는 거라 보던 시절이었는데 요시모토 다카아키는 그렇지 않다고, 연애는 논할 만한 가치가 있는 사상적인 과제라고 했기 때문입니다. 성과 사랑이 분리된 이후에도, 특권적인 커플에 대한 환상은 사라지지 않았습니다. 지금이야 웃으며 말하는데, 당시에 우리는 "저 사람 ○○ 씨랑 대환상

---

22 제2차 세계대전 패전 후 일본의 첫 베이비붐 세대(1947~1949년생).

23 운명적으로 만나는 남녀는 태어나면서부터 서로의 새끼손가락에 묶인 보이지 않는 붉은 실로 연결되어 있다는 믿음. 중국 등 동아시아에 공통되게 퍼져 있는 일종의 천생연분 설화다.

24 사상가 요시모토 다카아키가 낸 일종의 국가론. 요시모토는 국가란 실체가 없고 구성원이 만들어 낸 환상이라 주장하며 인간의 환상을 이루는 세 가지 영역을 소개했다. 공동환상(종교, 법, 국가 등), 개인환상(한 개인의 환상), 그리고 두 명 이상의 관계에서 나타나는 대환상對幻想(연인·부부·가족 간)이 있다.

하며 지내"라고 표현하면서 대화를 나눴던 기억이 납니다. 이성애를 상대적으로 생각해 볼 수 있게 됐는데도 LGBTQ[레즈비언, 게이, 바이섹슈얼, 트랜스젠더, 퀘스처닝] 사이에서 커플에 대한 믿음은 사라지지 않았다고 느낍니다.

일본에서 '연애'란 단어는 근대에 생긴 번역어입니다. 전근대 시절에 '연애'란 용어는 없었고, '반했다'든가 '풍류를 안다'[25]고 했지요. 근대에 들어와서 어쩔 수 없이 개인이 된 남녀는 '자아가 투쟁하는 장'이라고 할 '연애 게임'에, 새로운 남자와 새로운 여자로 소환되었습니다. 근대문학사를 보면 새로운 남자가 먼저 나타나요. 이 새로운 남자들이 자신의 연애 게임에 대등하게 참여할 새로운 여자가 어디 없나 찾던 중에, '나 여기 있소' 하면서 손 들고 나온 신여성들이 《세이토青鞜》[26]에 참여한 사람들입니다.

이 여성들한테 자유연애란 마치 마력을 가진 주문과 같았습니다. 사회의 어느 방면에서도 결코 남자와 대등하게 취급받지 못하던 여자들이 유일하게 남자와 대등해질 수 있고, 경우에 따라서는 콧대 높게 남자를 갖고 놀기도 하며, 남자 위에서 군림하고 지배하는 역전 게임이 가능한 게 자유연애였습니다.

고바야시 히데오小林秀雄는 친구한테서 연인을 빼앗고 《X에게 보내는 편지X への手紙》에서 이렇게 썼습니다.

"여자는 내게 (인간이 되어라 하지 않고) 남자가 되라고 요구한

---

25 원문 '이로코노미色好み'는 '정사를 즐기다' 또는 '풍류를 안다'는 뜻이다.

26 1911~1916년까지 발행되던 여성 문예지. 여성 참정권 운동 등으로 알려진 히라쓰카 라이초平塚らいて う, 무정부주의자 이토 노에伊藤野枝 등이 참여했다. 나혜석羅蕙錫, 김일엽金一葉 등 한국의 신여성들에게도 영향을 미쳤다.

다. 나는 이 요구에 격하게 움직인다."

여자 말고는 그 무엇도 될 수 없고, 동시에 그 무엇이 될 것도 허락되지 않은 여자들은 남자들한테서 인간의 증표를 떼어버리고 그저 '남자'만 드러내도록 해야 했습니다. 이게 여자들이 남자와 대등한 연애 게임을 벌이기 위한 조건이었죠.

연애는 자아의 투쟁입니다. 저는 여자가 되기 위해 게임 상대인 남자가 필요했습니다. 그리고 저의 여자라는 정체성이 남자의 존재에 의존한다는 점을 깊이 자각했습니다. 스스로 이성애적인 여자라는 사실을 자각한 이유는 그 때문입니다. 저는 성적 정체성이 이성애적heterosexual이라는 점을 자각했기 때문에 남자를 찾지 않을 수가 없었고, 실제로 그렇게 행동했습니다.

그런데 연애 게임에서 여자가 거는 것과 남자가 거는 것은 결코 등가等價가 아닙니다. 여자가 자기 정체성을 걸고 게임을 할 때 남자는 그 일부만 겁니다. 그래서 '너란 남자의 모든 걸 이 게임에 걸라'고 집요하게 요구하는 여자가 바로《죽음의 가시死の棘》[27]에 나오는 아내죠. 이런 줄거리 때문에《공동환상론》의 저자 요시모토 다카아키는《죽음의 가시》를 들어서 대환상을 상세히 논한 겁니다.

고바야시 히데오는 "나를 성장하게 하는 이는 여자"라고도 썼

---

27 시마오 도시오島尾敏雄(1917~1986)가 1960년에 출간한 소설로 작가 자신의 체험을 담고 있다. 1990년 동명의 영화로 제작되었다. 전쟁 말기에 만난 한 특공대원 출신의 남자와 섬 마을 출신의 여자가 연애를 하고 결혼 생활을 하면서 벌어지는 이야기이다. 남자는 결혼 후 바람을 피우고 이 사실을 일기에 적어 놓았다가 여자한테 들키는데, 여자는 끈질기게 바람 피운 남자의 과거를 추궁한다. 여자는 점점 정서불안, 신경쇠약이 되어가고 남자 역시 이런 여자를 돌보다가 여자와 비슷한 상태가 된다.
저자 우에노 지즈코는 공저서《남류문학론男流文学論》(1992)에서《죽음의 가시》를 두고 "여자가 남자에게 다른 모습을 한 타자로 그려지는데, 이런 현장에서 도망가지 않는 남자는 드물다"고 높게 평가했다.

습니다.

지금도 제가 연애를 안 하기보다 하는 게 더 낫다고 생각하는 이유는, 사람은 연애 속에서 자신과 타자에 대해 이것저것 배우기 때문입니다. 연애는 스스로의 욕망, 질투, 지배욕, 이기심, 관대함, 초월을 가르쳐 줍니다. 연애란 상대의 자아를 빼앗고 스스로의 자아를 포기하는 투쟁의 장소입니다. 저는 연애를 달콤한 경험이라고 여긴 적이 없습니다. 그 과정에서 아무리 해도 타자에게 맡길 수가 없는, 지키기 위태위태한 자아의 방어선과 더는 들어가선 안 될 상대방의 경계선을, 자신도 타인도 서로 상처 주고 상처 받으며 가까스로 배우게 됩니다. 사람을 맹목적으로 만들기는커녕, 옆에서 보면 흡사 광기로 보일 정도로 상대에 대해 각성하는 상태를 일컫는 말이 사랑이라고 저는 생각합니다. 못난 남자를 사랑하는 여자한테 아무리 그 남자의 결점을 이야기한들 아무 효과가 없는 이유는, 여자가 그런 못난 면을 벌써 다 알고 있기 때문입니다. 상대의 약점을 더없이 선명히 알고 있기에 사랑하는 사람끼리 누구보다도 가차 없이 상대에게 상처를 줄 수 있는 것이겠지요.

이와 같은 경험을 부모가 되고서 할 수도 있습니다. 그런데 부모 자식 관계는 부모가 자식보다 훨씬 강한 힘을 지닌, 압도적으로 비대칭적인 관계입니다. 더욱이 모성이 과도하게 신화화된 탓에, 부모가 된 남녀는 자기들의 이기주의egoism를 자각하기가 훨씬 어렵습니다. 제가 부모가 되지 않은 이유는, 피할 길이 없는 비대칭적 권력 관계에서 제가 강한 쪽에 서게 될 게 두려워서이기도 했습니다. 그런데 연애는 대등한 개인 간의 게임이니까, 싫으면 이 관계를 벗어날 자유가 상대한테 있다고 할 수 있습니다.

물론 가정 폭력이나 데이트 폭력 등 친밀한 관계에서 일어나는 폭력인 DV$^{Domestic Violence}$처럼, 상대를 폭력으로 무력하게끔 해놓고 상대가 관계에서 벗어날 수 없도록 지배하고 통제하는 관계도 있습니다. 또 처음부터 통제하기 쉽도록 열세에 있는 상대만 골라서 자신한테 의존하도록 할 수도 있습니다. 그런데 자아의 투쟁으로서 대등한 상대와 게임을 하는 이유는 뭘까요? 자신과 견줄 만한 역량이 있는 상대가 아니면 이 게임이 별로 재미가 없어서입니다.

타인의 자아에 거침없이 들어서는 건 야만스러운 행위입니다. 하지만 나 자신이 어떤 사람인지 알지 못하는 시기에, 마치 벌겋게 한 꺼풀 벗겨진 피부 같은 내 자아를 타자에게 드러내고 타자에게도 나처럼 하라고 요구함으로써, 비로소 자신을 어떤 사람으로 만들어 가기 시작합니다. 그런 걸 해도 좋다고 허용하는 게 연애란 장^{場}입니다. '나는 네 영역에 들어갈 터이고 너를 내 인생에 휩쓸리게 할 거다, 왜냐면 내가 너를 사랑하기 때문이다'라면서.

한 가지 덧붙이자면, 연애는 결코 자아의 경계선을 사수하는 게임이 아닙니다. 나와는 다른 타자의 반응을 호되게 맛보고서, 이를 통해 자신과 타자를 동시에 알아가는 과정입니다. 타자는 나와 절대적으로 분리된 존재라는 사실, 타자란 결코 소유도 통제도 할 수 없다는 사실을 서로 확인하는 행위입니다. 연애는 사람을 녹여합치는 대신에 고독으로 이끕니다. 이 고독이란 게 굉장히 시원해요. 그 옛날에 저는 "성숙이란 내 안에서 내 안의 타자를 허용하는 수위가 올라가는 것"이라 쓴 적 있는데, 말 그대로 저는 이런 사투를 통해 타자에 대해 너그러워질 수 있었습니다.

연애처럼 야만스러운 행위를 하지 않아도 사람은 살아갈 수 있고, 섹스할 수 있으며, 가족을 만들 수 있습니다. 저는 결혼하고 출산한 그 많은 여성들이 정말로 이성애자일까 의심한 적이 있습니다. 이 여성들은 (굳이 들자면 경제적 의존 말고는) 남편이란 존재에 정신적으로 거의 의존하지 않고, 스스로가 성적인 존재란 점도 자각하지 않은 것처럼 보이거든요. 누군가가 자신한테 바라기 때문에 섹스를 하고, 관습과 규범에 따라 결혼하고 아이를 낳아 부모가 되는 과정에서, 대다수 여성들은 자신이 여자이기 위해 남자가 필요하다고 절실히 욕망한 적이 있을까요? 아마도 대부분의 여자들은 남자가 남자이기 위해서 여자한테 의존하는 것만큼은 남자를 필요로 하지 않을 거라 생각합니다.

그런데……

성혁명 시기를 살아온 이들 중에서 카사노바 증후군이나 색을 밝히는 '님포마니아*nymphomania*'라 불린 남녀의 회상 기록을 이것저것 읽던 때가 있었습니다. 생애 말기에 이 사람들한테 "여태까지 해본 최고의 섹스는?" 하고 물으면 답이 공통적입니다. "사랑하는 이와 마음이 잘 통한 섹스"라 평범하게 답하죠. 섹스를 아주 많이 해본 남녀가 생애 마지막에 회고하는 최고의 섹스란 게 성과 사랑이 일치한 섹스라니. 저는 이 답이 진부하다고 생각하지 않습니다. 성은 성, 사랑은 사랑, 두 가지는 원래 별개의 것이지만 가끔 일치할 수도 있고, 그렇지 않을 수도 있지요. 성과 사랑이 우연히 일치하는 복을 타고난 사람은 행운이라 하겠습니다. 그리고 성과 사랑이 일치한 섹스의 질이 다르다는 걸 아는 사람은, 그렇지 않은 섹스를 많이 경험했기 때문에 그걸 아는 겁니다.

성에도 폭력부터 애정까지 다양한 스펙트럼이 있듯, 사랑에도 지배부터 희생까지 넓은 영역이 있습니다. 성도 사랑도 이상적으로 볼 필요는 전혀 없습니다. 그런데 유한한 인생에서 시간과 에너지 같은 유한한 자원을 풍부하게 쓸 요량이라면, 질 좋은 섹스를 하고 질 좋은 연애를 하는 게 안 하는 것보다는 낫습니다. 질이 좋든 나쁘든 간에 인간관계니까 성가시고 귀찮은 것이긴 합니다만. 사람은 투자한 만큼 보답받을 수밖에 없습니다.

'고작 섹스이고, 고작 연애'라고 생각하는 사람은 그만큼의 보답만 얻게 될 겁니다. 사람은 자신이 구한 것만 손에 넣을 수 있으니까요.

남자한테 많이 기대하고 많이 투자한 시기를 지나, 1990년대에 들어서 저는 모리사키 가즈에 씨와 '끝이 없는 꿈'이란 제목으로 대담을 했습니다.* 이 제목은 대환상을 나의 꿈으로 삼아봤지만, 그런 환상은 결국 얻을 수 없었노라 제가 깊이 느꼈던 바를 나타냅니다. 그 무렵 저는 운명적인 인연에 대한 환상에서 깨어났습니다. 꿈에서 깬 뒤에도 성적인 몸은 남지요. 후기 근대 시대에 성의 다양성이 이야기되는 가운데, 아직 풀지 못한 물음이 있습니다. 홀로 사는 이의 성적인 몸에 관한 문제입니다. 한 쌍의 커플에 대

---

* 모리사키 가즈에·우에노 지즈코, 〈끝이 없는 꿈〉, 《뉴 페미니즘 리뷰 vol.1 연애 테크놀로지ニュー フェミニズム レビュー vol.1恋愛テクノロジー》, 1990. —원주

한 환상에서 깨어난 후 독신으로 지내는 사람의 성적 신체는 어떨지에 관한 물음일 겁니다. 혼자 있다고 해서 성적인 존재가 아님을 뜻하지 않습니다. 또 성적인 존재라고 해서 꼭 커플에 대한 환상을 갖고 있는 것도 아닙니다. 아마도 이 물음에 대해서는 이성애자보다는 성소수자sexual minority가 좀 더 진지하게 마주하고 고민해 왔을 거라 봅니다.

불행인지 다행인지 이 물음에 대한 저의 절실함은 나이가 들면서 사그라들었습니다. 예전에 요시모토 다카아키는 "몸의 생리적 변화로 인해 인간은 어쩔 수 없이 성숙한다"고 애처로운 말을 남기기도 했어요. 실제로는 나이가 들어서 성숙하지 않아도 그저 신체 능력이 떨어지면서 하는 수 없이 하게 되는 포기=깨달음이란 게 있습니다. 성적 욕망은 생명력하고 관련이 있습니다. 제가 시궁창에 버릴 정도로 체력이 남아돌던 시절에는 실제로 시궁창에 버릴 만한 언행을 했지만, 그것도 점차 어려워지더군요. 시간과 에너지가 유한하다는 걸 알게 되면, 하고 싶은 것과 해야 하는 것 중에서 우선순위를 정해야 합니다. 이전에 성은 그토록 절실한 것이었지만, 제 인생에서 순조롭게 우선순위가 밀려났습니다.

여성해방 선구자이자 '우먼 리브'를 이끈 다나카 미쓰田中美津[28] 씨한테 문득 이렇게 털어놓은 적이 있어요.

---

[28] 1970년대 초반 일본의 여성해방운동 '우먼 리브'(우먼 리브는 우먼 리버레이션Women liberation의 줄임말로 여성해방을 뜻하는 일본식 영어 조어)의 대표적 인물. 1943년생. 여자들만의 시위를 조직하고 전단지 〈변소로부터의 해방〉을 써서, 당시 격렬했던 학생운동의 가부장성을 고발했다. '그룹 싸우는 여자들'의 대표로 여성해방대회를 열고 여성들의 공동체 운동 조직을 세웠다. 나중에 침구사, 동양의학 강사가 되었다. 저서로 《생명의 여자들에게》(1972, 한국어판 2019) 등이 있다.

"성욕이 줄어드니까 인생이 평화로워졌어."

이 말은 들은 다나카 미쓰 씨가 기쁜 표정으로 다른 사람한테 이렇게 말했다고 합니다.

"우에노 씨 말이야, 성욕이 없어져서 인생이 평화로워졌대."

그 이야기가 돌고 돌아 제 귀에도 들려왔습니다. 그 후 다나카 미쓰 씨와 만날 기회가 있어서 발언을 정정해 달라고 요구했어요.

"미쓰 씨, 내가 성욕이 줄어들었다고 했지 언제 사라졌다고 했어요? (웃음)"

자, 그럼 노년의 성과 사랑은 어떤 것일까요? 저한테는 미지의 세계입니다. 스즈미 씨한테는 상상조차 안 되는 먼 미래의 일이겠지요.

사랑받기보다 사랑하는 편이, 욕망받기보다 욕망하는 편이 훨씬 인생을 풍부하게 만들어 줄 것이고, 나 자신에 대해서도 많은 것을 배울 수 있습니다. 성도 사랑도 하지 않아도 사람은 얼마든지 살아갈 수 있습니다. 그런데 안 하는 것보다는 하는 쪽이 인생 경험을 훨씬 풍부하게 해줄 겁니다.

(사족인데요. 부모가 되는 경험도 그렇게 인생을 풍부하게 해줄 경험 가운데 하나일 거라는 점을 저는 부정하지 않습니다. 저는 선택하지 않았지만요.)

2020년 7월 24일
우에노 지즈코

4장

결혼

저는 연애 관계에 자신이 없어서, 설사 관계성이 희박해도 지속 가능한 관계를 이어나갈 수 있는 결혼 계약이 필요할지도 모르겠습니다.

우에노 지즈코 님께.

지난 편지에 성과 사랑에 대한 역사적 흐름과 우에노 님 세대가 했던 운동 경험이 다양하게 들어 있어서 많은 것을 배울 수 있었습니다. '천사 커플'이란 말을 저는 그간 책에서만 봤는데요, 말씀하셨듯 세계에서 섹스리스 부부가 제일 많다는 일본의 가정, 특히 남성 쪽만 놓고 보면 섹스리스는 극히 일반적인 듯합니다. 개인적인 경험으로는 오랜 기간 커플인 게이 친구들이 그러한데, 파트너와 하지 않고 바깥에서 마구 섹스하는 걸 선택한 사람들이 많은 것 같아요.

저는 반드시 일부일처제가 해법이라고 생각하지 않는데, 미디어를 통해 서구 문화의 영향을 받아서인지 최근에 남성의 불륜이 심하게 비난받기 시작했습니다. 여성한테만 남편만 바라보며 순결하기를 요구하는 것보다는 공평하다고 할지 건전하다고 할지 잘 모르겠지만, 요즘 들어 유명 인사의 불륜 보도가 넘치는 걸 보면 이토록 획일적인 결혼관이 장려되는 건 의문입니다.

이번 편지 주제는 바로 이 '결혼'인데요, 지난 편지에서 다룬 '연애와 섹스'보다도 더 제 실생활과 거리가 먼 주제네요. 제가 결혼을 안 했기 때문에 오히려 결혼에 대해 생각하거나 그 생각을 정리해서 발표할 기회가 꽤 많은 것 같습니다. 최근에 부부별성夫婦別姓[29]이 화제이고, 서구에 비해 늦긴 했지만 동성혼도 자주 논의됩니다. 이렇게 기존의 결혼을 업데이트한 시사 화제가 드물지 않습니다.

저번 편지에서 우에노 님은 로맨틱 러브 이데올로기를 한창 해체하던 시기를 살았다고 쓰셨지요. 그런 분위기 속에서 결혼을 안 하기로 한 선택은 꼭 특이한 것만은 아니게 되었습니다. 제 세대는 결혼에 대해 비교적 느슨한 분위기에서 살긴 하지만, 특별히 강한 신념이 없다면 결혼하는 게 보통입니다. 그래서 결혼 안 하고 지내는 건 개인적인 사정이나 이유가 있어서일 거라 보는데, 이런 상황은 저도 절감하고 있습니다. 성혁명이나 여성의 경제적 자립이 진전됐는데도 결혼이 이토록 강한 이데올로기로 남아 있다는 게 의문, 아니 참 신기합니다. 1990년대에는 전업주부를 비난하는 담론을 많이 볼 수 있었는데요, 결혼으로 인한 경제적 유대를 낡았다고 보는 시각은 확실히 생겨났지만, 결혼이 가진 절대적인 구심력은 그다지 손상되지 않았습니다. 결혼 말고는 서로 도울 수 있는 선택지가 너무도 적어서 그런 것 같습니다.

제 세대 여성들이 결혼하는 이유는 주로 경제적인 문제와 육

---

29 일본에서는 여성이 결혼하면 일반적으로 남편 성을 따라 부부동성夫婦同姓으로 이름을 쓴다. 따라서 여성의 혼인 이력이 이름에 고스란히 드러나고(가령 이혼한 여성의 경우 부친 성으로 되돌아간다), 미혼일 때 이름으로 쌓아놓은 경력을 인정받지 못하게 되는(가령 사업하는 여성의 경우 결혼하고 남편의 성으로 이름이 바뀌어서 동일 인물이라 파악하기 힘들어지는) 등 여성들에게 매우 차별적인 상황이다. 그 때문에 일부러 혼인신고를 하지 않고 사실혼 관계를 유지하며 자기 이름을 그대로 쓰고 있는 여성들도 있으며, 여성이 원래 쓰던 성을 쓰도록 하자는 '선택적 부부별성 제도'를 요구하는 여성운동도 활발히 펼쳐지고 있다.

아 문제를 해결하기 위해서라 생각합니다. 그러나저러나 결혼의 경이로움에 매력을 느끼는 사람이 예상보다 많더라고요. 굳이 결혼이란 틀이 아닌 다른 방향으로 문제를 해결하려 하기보다는요. 동성결혼이나 부부별성은 저도 별로 반대할 이유는 없는데, 결혼이란 제도를 확대하는 쪽으로 흘러가는 논의들을 보노라면, 모두 왜 그토록 결혼을 원할까 흥미진진해집니다. 사르트르, 보부아르와 같은 사실혼 관계는 프랑스에서는 이미 제도화[30]되어 있지만 일본에서는 그런 이야기가 현실적인 논의로 이어진 적 없고, 논의한다 해도 어디까지나 결혼이란 낡은 제도를 유지하기 위해 유연하게 응용하는 데 논의가 쏠리는 건 솔직히 좀 이상합니다. 지금과 같은 단계에서는 결혼하지 않으면 사회적으로 불편하고, 특히 육아에서는 결정적으로 불리합니다. 그런데도 육아 환경은 개선하지 않고서 사람들이 더 많이 결혼할 수 있게 하자는 소리를 들으면 대체 왜 그러는 건지 모르겠습니다.

우에노 님은 비교적 일관되게 줄곧 결혼할 생각이 없다고 입장을 밝혀왔는데, 최근에 하신 인터뷰를 읽고 나서 저는 그 이유가 자유를 포기하게 되기 때문이라고 해석했습니다. 그런데 실제로 일본의 커플은 결혼 계약 관계에 있더라도, 성적인 배타성을 포기하는 사례가 많은 듯해요. 어쨌거나 편의상 결혼을 해서 불편을 해

---

30 팍스(PACS, Pacte civil de solidarité, 시민연대협약)를 말한다. 두 사람의 이성 또는 동성의 성인 간 시민 결합을 인정하는 제도로, 1999년 프랑스에서 도입되었다. 사실혼이나 동거 관계보다 법적 권리를 더 갖고 있는데, 사회보험 피부양자 혜택, 공동 소득신고를 통한 세금 혜택, 파트너에게 건강보험이나 실업수당 지급, 임차권 승계 등이다. 프랑스에서는 아이들의 60퍼센트가량이 팍스 또는 동거 중에 출생한 것으로 알려져 있다.

소하고 결혼한 채로 성적 자유를 확보하는 형태도 가능한데, 우에노 님이 결혼 제도에 들어가지 않은 이유가 또 있을까요?

지금 젊은 세대가 1970~1980년대 젊은이들보다 보수적이라는 말씀도 100퍼센트 동의합니다. 특히 엘리트층을 보면 그래요. 보수적이라고 하는 게 맞을지 담백하다고 해야 할지 모르겠는데, 성적으로 적극적이지 않은 흐름 속에서 전통적인 결혼으로 회귀하려는 보수적 사고방식마저 느껴졌습니다. 특히 저보다 젊은 세대한테서 "사랑이나 섹스 경험을 거듭하면서 나대기보다는 안정된 결혼을 갈망한다"는 소리를 듣곤 합니다. 젊은 세대 여성들은 자유분방한 성이나 자유로운 형태의 연애를 모색하는 것 자체를 진부하게 여기는 걸까요? 이런 의미에서 저는 남몰래 성적인 분방함을 겨루는 젊은이들하고는 다른 세대인지도 모르겠습니다.

개인적인 체험일 뿐이지만, 저는 몇 차례 결혼관이 좀 변한 계기가 있어요. 학생 시절에는 결혼에 전혀 흥미가 없고, 제 결혼도 상상해 본 적이 없었습니다. 진정한 연애였는지 어쨌는지는 모르겠지만 연애 비슷한 것에도 그렇고 섹스에도 개방적이었는데, 결혼은 곧 남성한테 경제적으로 의존하는 것이라는 단순한 이미지 그 이상은 아니었습니다. 그래서 다른 친구들과 마찬가지로, 결혼이 필요하다고는 딱히 생각하지 않았습니다. 비유적인 표현이거나 농담처럼 "결혼하고 싶다"든가 "결혼한다면 이런 사람하고 할래" 같은 말을 일상적으로 했고, 부모님을 봐도 부부 사이에 문제는 있긴 해도 엄마가 돌아가실 때까지 같이 사셨으니까 막연히 저도 언젠가 때가 되면 결혼할 수도 있겠구나 생각했습니다. 다른 여자들이랑 마찬가지로 '아이가 갖고 싶어지면 그때 결혼해야지' 하고 그 정도 타이밍에 결혼할 거라 짐작했지요.

그런데 AV 출연을 계기로 오랫동안 결혼은 완전히 남의 일이라 여긴 시기가 있습니다. 지금도 결혼에 대해 심리적 거리를 두는 건, 당시에 느낀 거리감을 아직도 질질 끌고 다녀서인지도 모르겠습니다. 여자와 어깨를 나란히 하거나 여자들한테 배우면서 일하는 데 익숙해진 요즘 남성들은 여성을 세 종류로 나누어 보고 있는 것 같아요. 개별적으로 보면 예외는 얼마든 있을 테지만, 저는 감각적으로 그렇게 인식합니다. 존경의 대상(선생님이나 동료), 보호하고 지킬 대상(아내나 딸), 성적 대상(창녀나 애인), 이런 식으로 여성을 단순히 세 종류로 나누고 있다는 인상이 있습니다. 죽 이렇게 생각해 왔어요.

본디 여성은 이 세 종류의 경계를 얼마든지 왔다 갔다 할 수 있습니다. 세 가지에 다 속하는 사람도 실제로 있겠지요. 저처럼 성매매를 하면서 남성 중심 기업의 사원으로 근무하는 식으로, 한 몸으로 모두를 경험하는 여성도 요새는 드물지 않을 겁니다. 남자는 여자가 이 경계를 왔다 갔다 하는 걸 싫어하는 경향이 있습니다. 경제신문 기자가 AV 여배우였다고 주간지에 폭로할 수도 있고, 호스티스나 유흥업소 아가씨를 좋아하면서도 자기 딸이 유흥업소에 있는 걸 극도로 싫어할 수도 있습니다. 열심히 일하는 부하 직원이 여성이어도 상관없다면서 자기 아내가 그렇게 일하는 건 거부할 수도 있죠. 아마도 남자들은 악의는 없겠지만 여자가 있어야 할 장르를 나눠놓고 거기에 머물게 하는 걸 좋아하고, 여자들이 이에 따르는 한 존중해 준다는 그런 느낌이 듭니다.

성적 대상인 여자였다는 게 증거로 남고 주변에도 알려지는 AV 배우가 가정에서 환영받을 일은 거의 없겠다 싶어서, 저는 포르노 업계에 몸을 던져 스스로 결혼이란 미래와 결별할 작정이었습니다. AV 배우 출신이라도 많은 이들이 결혼해서 가정을 꾸리는 선택을 하는데, 지금도 결혼은 양가 부모나 친척이 관여하는 측면이 있는 만큼 나름대로 알력이 있고 조건도 따르니, 솔직히 AV 배우는 결혼 시장에서 경쟁력이 매우 떨어진다고 하는 게 맞을 겁니다. 예전에 저는 성매매나 포르노란, 결혼하면 얻게 될 남자의 경제적 보호를 독신인 젊은 시절에 미리 앞당겨 쓰는 것이라고 생각하기도 했어요.

그런 이유로 막연히 결혼을 멀게 느끼다가, 엄마가 병으로 쓰러지고 아빠와 둘이서 2년간 엄마를 간병하면서 가까이서 체감할 수 있었습니다. 사람들이 파트너와 배타적인 관계 맺기를 약속하는, 그런 원시성을 지닌 결혼을 하는 이유를요. 병에 걸린 사람이 가장 힘들겠지만 돌보는 가족은 정말 피폐해집니다. 더욱이 엄마는 마지막 즈음에는 아빠와 저 말고 다른 사람을 만나는 것도, 다른 사람한테 기대는 것도 싫어해서, 짜증이 나면서도 의무처럼 엄마 옆에 있을 수밖에 없었지요. 투병 생활로 인해 성적 매력을 잃고 약을 먹고 몽롱해져서 지성이나 말도 잃어버렸을 때 사람이 바라는 건 형식적인 계약만도 아니고 사랑만도 아니고 그 두 가지를 합친 무엇일 거라고, 지금은 조금이나마 이해하게 됐습니다.

그렇다고 해서 갑자기 결혼해서 가정을 만들어 보자 하는 마음은 안 들어요. 사람들의 의식은 결혼 제도를 축소해서 결혼이 아닌 것을 누릴 자유를 넓히기보다, 결혼을 확대해서 결혼 속에서 자유를 만들어 내는 방향으로 향하기 마련입니다. 이런 점은 예전보다 더 잘 이해하게 됐어요. 동성결혼이나 부부별성이 정식으로 가능할 때가 되면, 여태까지 결혼에서 밀려난 사람들 대다수가 결혼 제도에 속하게 될까요? 그렇게 돼서 결혼 제도의 바깥이 넓어지지 않는다면 어떻게 될지 지금은 약간 미묘한 기분입니다.

친구들하고 결혼에 관해 사적인 이야기를 나누다 보니, 주변 여성들은 두 단계를 거쳐 의식을 형성하는구나 하고 느낍니다. 첫 번째 단계는 결혼이란 제도를 이용하느냐 안 하느냐 하는 문제이고, 두 번째 단계는 결혼할지 말지 이런 문제는 차치하고서, 자기가 특권을 가진 한 쌍의 관계를 원하느냐 아니냐의 문제인 것 같습니다. 바꿔 말해 파트너가 있는데 비혼非婚을 택한 사람들과 파트너 없이 미혼未婚인 사람들은 묘하게 대화가 자주 어긋납니다. 지금 저는 결혼도 안 했고, 특권적인 관계에 있는 파트너도 없습니다.

적어도 제 주위를 보면, 결혼 제도를 부정적으로 보는 입장을 취하는 사람은 부부가 아니라 서로 유대감이 강한 파트너 관계를 맺고 있는 경우가 많은데, 정신적으로 연결되어 있어서 제도 바깥에서도 당당히 살 수 있는 것이란 생각이 듭니다. 특히 엘리트층 미혼자 중에는 보부아르처럼 자기 생애에 끊으려야 끊을 수 없는 관계에 있는 누군가를 알게 된 후 결혼이란 형태를 취하지 않는 사람이 많을 거라고 봅니다. 저는 연애를 통해 강한 관계성으로 이어질 자신이 없어요. 그렇다면 오히려 저한테는 설사 관계성은 희박하더라도 지속 가능하게 이어나갈 수 있는 결혼 계약이 필요할지도 모르겠습니다.

저번 편지에서 우에노 님이 '연애는 나 자신과 타인을 동시에 알아가는 과정이고, 결과적으로 사람들을 시원시원한 고독으로 이끌어 준다'고 쓴 문장이 인상적이었습니다. 읽으면서 제가 생각한 게 있어요. 많은 사람들에게 그런 고독은 시원시원하다고 하기엔 너무 버겁게 여겨질 테고, 무거운 마음을 떨쳐내려면 뭔가 계약이 필요할지도 모르겠다 싶었습니다. 그렇다면 제가 결혼하고 싶은 마음이 절실하지 않고 죽 그런 마음인 이유는 고독에 이를 만큼 진지한 투쟁의 자리에 서본 적이 없어서겠지요. 혹은 포르노에 출연함으로써 어머니를 비롯한 가족한테 많은 아픔을 주고 비난받는 경험을 하면서, 또 하나의 가족을 만들겠다는 생각을 마음속에서 배제한 것일지도 모릅니다. 거절당할 일을 슬쩍 회피하기 위해서요. 제가 연애에 진지하게 다가가지 않는 건 '난 섹스 대상은 될 수 있어도 연애 대상은 될 수 없겠다'는 불안감 때문이라고도 때때로 느낍니다.

결혼이든 출산이든 확실히 안 하겠노라 정한 게 아니라서 이번 편지는 질질 끄는 느낌이네요. 개인적으로는 결혼 제도의 유연성을 넓히면서도 결혼 바깥의 세계가 넓어진다면 좀 마음이 편할 텐데 싶습니다. 제가 혼자 지낸다고 하면, 사람들 대부분은 뭔가

확고한 믿음이 있어서 그러는 것으로 착각하는 상황이 요즘도 자
주 벌어지거든요.

2020년 8월 12일
스즈키 스즈미

성과 사랑이 권리·의무 관계에 놓이는 것도, 소유 관계가 되는 것도 견딜 수 없습니다.

스즈키 스즈미 님께.

저번 주제가 연애와 섹스였지요. 보통 여성보다 많은 섹스를 해왔을 스즈미 씨에게 섹스란 대체 뭘까, 쾌락일까? 쾌락이 아니라면 뭘까, 성욕일까? 스즈미 씨한테 기분 좋은 섹스와 그렇지 않은 섹스란 무엇일까? 기분 좋지 않은 섹스인데도 계속하고 있다면 왜 그런가? 섹스로 무엇을 얻었는가……에 대한 답을 듣고 싶었는데 멋지게 피하셨군요. 이번 주제가 결혼이라서 주제에 더 집중해서 쓴 걸까요?

저는 원래 직업이 연구자라서 "생각한 건 팔아도, 느낀 건 팔지 않습니다"라고 평소 말해왔는데, 저번 편지에서 정해둔 원칙을 깨고 더욱이 격에도 맞지 않게 몸으로 느낀 것까지 적은 이유는 스즈미 씨에게서 답을 끌어내기 위해서였습니다만…….

언젠가 솔직한 답을 듣고 싶습니다.

이번 편지 주제는 결혼이네요.

저는 결혼에 거의 아무런 흥미가 없습니다. 구태여 말하자면, 결혼과 같은 이상한 계약관계로 들어가는 사람들의 심리(제가 이해하기는 어려운)에 흥미가 있다고나 할까요. 또 이런 계약관계가 조금도 쇠퇴하는 경향 없이 계속되고 있다는 사실에 흥미가 있습니다.

이번 편지를 받기 전에, 스즈미 씨가 막 출간한《사라지지 않을 남녀 관찰기록非·絶滅男女図鑑》이 도착했습니다. 고맙습니다. 스즈미 씨가 쓴 첫 자전적 에세이는《모든 걸 얻어도 행복해지지 않아 すべてを手に入れたってしあわせなわけじゃない》(2019)라는 도발적인 제목이었지요. 이 책 속 문체를 보면, 상징적인 제목 그대로 풍족한 가정환경과 높은 학력에 더해, 명망 있는 기업에 취직하고 석사 논문을 써서 그걸 책으로 내는 행운에 더해, AV 배우로 일할 수 있는 육체와 성적 매력까지…… 뭐든 손에 넣은 젊은 여성이 두려움 없이 모든 걸 드러내고 질주하는 듯한 문체였습니다(일부러 그런 문체를 선택했겠지요). 20대 나이로부터 불과 10년 정도가 지나서 스즈미 씨가 쓴 이번 책《사라지지 않을 남녀 관찰기록》에서는, '에로스 자본이 줄어들어서 시장가치가 떨어진 30대 여성이 자학적인 면을 예술로 내놓게 된 건가?' 하고 읽다가, 문체의 변화를 느꼈습니다. 또 일본에서 남자가 여자를 평가하고 값을 매기는 시선을 두고 스즈미 씨가 '거꾸로 연공서열'[31]이라고 쓴 걸 보고 폭소를 터뜨렸어요. 스즈미 씨가 정확히 파악했는데, 묘한 현상이긴 하죠. 왜 일본 남자는 경험이 풍부하고 쓴맛 단맛 다 보고 성숙한 여성의 매력을 모르는가? 성 시장에서는 아마추어, 갓 들어온 신입, 낯선 것에 부가가치가 붙는데, 이제 왜 그런지 다시금 물을 필요도 없겠죠. 스

---

31 장기고용을 전제로 근속연수가 늘어나면 노동자의 임금을 인상하는 고용 방식을 연공서열年功序列이라 한다. 여기서 저자 스즈키 스즈미가 '거꾸로 연공서열逆年功序列'이라 짚은 내용은 회사 내 연공서열과 같은 경영 시스템이 나이에 따라 가치가 올라가도록 기능하는 데 반해, 성 시장에서는 여성들이 나이가 들수록 보수가 줄어들고 가치가 떨어지는 경험을 하는 것을 말한다.

즈미 씨가 지적한 대로, 남자들이 다른 남자들과 비교당하는 게 불안한 탓이겠죠. 그리고 성 시장 고객층 가운데는 그런 소심한 남자들이 꽤 많을 겁니다.

이번 책《사라지지 않을 남녀 관찰기록》잘 읽었습니다. 뛰어난 관찰력과 능숙한 글솜씨였어요. 그런데 '이런 사람 있지, 있어' 싶은 내용만 가득해서, 저는 이번 책에서는 뭣 하나 새롭게 발견한 게 없었습니다. 감상을 말하자면, 지겨웠다고나 할까요. 스즈미 씨의 글이 그렇다는 게 아니라 스즈미 씨가 그려낸 현실이 그래요. 현실 자체가 지긋지긋한데 책으로 다시금 현실을 보여줘도 진절머리만 더 날 뿐이지요. '사라지지 않을 남녀 관찰기록'이란 제목 그대로, 책에 나오는 남녀와 같은 무리는 아무리 세월이 흘러도 사라지지 않을 텐데, 그런 남녀 무리를 관찰한 내용이니까요. 이런 세상을 관찰하는 데는 스즈미 씨의 긴 문장과 문장부호 사이에 담긴 특유의 냉소적 문체가 잘 맞을 수도 있겠지요. 하지만 이런 문체로 쓸 수 있는 게 있고, 쓸 수 없는 게 있습니다. 지금 우리가 서로 주고받는 편지에서 스즈미 씨 문장이 책에 쓴 문장과 다르다고 한다면, 그걸로 스즈미 씨는 조금 다른 자신과 만날 수 있겠지요. 책을 읽는 이유는 여태까지 몰랐던 세계를 알게 되는 기쁨, 본 적 없는 현실을 보게 되는 즐거움을 위해서입니다. 현실을 새롭게 그려내는 데 필수적인 기술이 문체죠.

아, 그러고 보니 이번에 스즈미 씨 편지를 읽고 새로 알게 된 점이 한 가지 있습니다. 남성이 여성을 단순히 세 종류로 나눠서 인식한다고 지적한 부분인데, 깜짝 놀랐어요. 스즈미 씨가 여태까지 통용되던 상식에 하나를 더 새로 추가해서요. 남자에 의한 여자의 용도별 분류에는 성의 이중 기준에 따라 생식에 맞는 여자(아내, 엄마), 쾌락에 맞는 여자(창녀, 애인) 이렇게 두 종류가 있다는 게 여태까지 통용된 상식입니다. 그런데 여기에 더해 세 번째 종류로 동료(상사나 부하 직원 포함)로서 여자가 등장했다는 사실! 일하는 여성이 늘어서 자연히 회사 풍경이 바뀐 효과라 할 수 있으려나요?

이어서 스즈미 씨가 지적한 부분에서도 고개를 끄덕였습니다. 세 종류 중 어딘가에 속하거나 뭐든 될 수 있는 여자가 세 가지 범주를 오가는 것을 남자들은 환영하지 않는다는 문장이었어요. 하지만 '남자들은 악의는 없겠지만 여자가 있을 장르를 나눠놓고 거기에 머물게 한다'고 쓴 것에는 동의하지 않습니다. 악의가 없다뇨. 아뇨, 악의로 가득합니다. 그거야말로 여자를 갈라놓고 지배하는 '분단 지배' 그 자체라고 할 수 있으니까요. 또 스즈미 씨는 '여자들이 남자들 입맛에 따라 짜놓은 카테고리에 머무르는 한 존중한다'고 썼는데, 정확히 말해 해당 카테고리에 걸맞은 대우를 하는 정도라 하겠지요. 게다가 이 세 분류 속에는 서열이 있습니다. 서열을 매겨서 여자들끼리 대립하게 만들고 차별하는 게 '분단 지배'의 철칙이에요. 이런 가부장제의 교활한 지식에 사로잡혀서 그간 얼마나 많은 여성이 '여자의 적은 여자'라고 쓸데없이 대립하며 살아왔을까요? 또 여자가 범주 밖으로 넘어가려 하면 제재하는 한편, 남자들의 사정에 맞춰 여자를 폄하하기 위해 멋대로 분류를 바꿔놓기도 했지요. 여성이 이런 범주의 경계를 유지하는 게 남성 사회에 이익이 될 것이란 점은 '회사 동료'인 여성이 동시에 '아내이

자 엄마인 여성'이기도 하다고 상상하지 않거나 상상할 수 없는 남성 중심 기업의 현 상황만 봐도 알 수 있습니다. 또 반대로 '동료'인 여성을 깎아내리기 위해 여성을 '성적 대상'(부적절한 맥락에서)으로 멋대로 이행시키는 것이 성희롱이라고 해석할 수도 있습니다. 세 가지 범주 가운데 성적 대상인 여자는 당연히 가치가 가장 낮고, 직장 내 성희롱이란 '본디 너는 성적 대상인 여자로서의 가치밖에 없는데, 남자인 나와 동격인 동료로서의 여자가 되었으니 선을 넘었다'고 제재를 가하는 메커니즘입니다. 이렇게 범주의 경계를 무의식적인 동시에 무분별하게 관리해 대는 게 악의 없어 보이나요? 게다가 여자가 이 세 가지 카테고리를 자유롭게 왔다 갔다 하면 남자는 혼란스럽겠지요. 이런 범주의 경계를 관리할 권한이 자신한테 있음을 믿어 의심치 않는 태도, 바로 이런 태도를 '남자답다'고 하는 겁니다.

반세기 전 일본의 여성해방운동 '우먼 리브'의 첫울음을 터뜨린 다나카 미쓰가 쓴 〈변소로부터의 해방〉[32]이라는 글이 있습니다. 다나카 미쓰는 남자가 여자를 엄마 아니면 변소로 나눠서 여자를 분단 지배하는 체제로부터 해방되자고 했는데, 이 말을 생각하니 지금 현실은 정말로 변한 게 없네요. 귀축계鬼畜系[33] 에로 만화에 '육변기肉便器'라는 표현이 있다는 걸 알고서 소름이 끼쳤습니다. 그런

---

32 다나카 미쓰가 써서 1970년 10월 21일 국제 반전의 날, 여자들만 모인 시위에서 뿌린 선언문으로 《생명의 여자들에게》에 전문이 수록되어 있다.

33 1990년대부터 나타난 서브컬처 포르노물 장르로 SM(가학·피학적 성적 행위를 다룬 포르노), 긴바쿠 (여성을 묶어두고 하는 섹스를 다룬 포르노) 등 도착적인 포르노를 뜻하는 말. 무자비하고 잔인한 행위를 하는 사람을 일컫는 귀축鬼畜이란 말에 계통이란 뜻의 계系를 붙였다.

데 엄마든 변소든, 생식을 위해서냐 쾌락을 위해서냐의 차이는 있어도, 성적인 존재로 이용할 수 있는 여자의 양면이라는 점에서는 차이가 없지요. 그래서 '동료로서의 여성'같이 성적이지 않은 여성이 카테고리에 등장한 현상은 분명 새롭습니다.

《사라지지 않을 남녀 관찰기록》에는 스즈미 씨와 같은 세대인 30대 여성이 어떻게 사는지가 나오는데, 저는 여성들의 연애 고민이 대부분 결혼으로 마무리된다는 점에 놀랐습니다. 이 여성들은 정말로 그토록 결혼하고 싶어 하나요? 제 소박한 의문입니다. 일본 여성의 평균 초혼 연령은 29.6세(2019)인데, 여성들이 30대가 되면 남겨진 초조함을 정말 느낀다고요? 과장된 게 아니냐고 스즈미 씨한테 좀 다그쳐 묻고 싶네요.

결혼에 대해 이미 여러 곳에서 말하기도 하고 쓰기도 해서, 제가 결혼을 어떻게 정의했는지 아는 사람이 많을 겁니다.

"결혼이란 서로의 몸에 대한 성적 사용권을, 유일하고 특정한 이성에게 전 생애에 걸쳐 배타적으로 양도하는 계약이다."

제가 쓰긴 했지만, 무서운 말입니다. 문장만 봐도 실로 섬뜩한 계약이네요. 지키려야 도저히 지킬 수가 없어요. 지키지 못할 약속은 안 하는 게 낫다는 단순한 이유로 저는 이 약속을 한 적이 없습니다. 그런데도 이렇게 보통 사람은 지킬 수 없을 약속을, 더군다나 신 앞에서 약속하는 남녀가 끊이질 않습니다.

1970년대 초반 20~30대로 '우먼 리브'에 참여한 여성 열다섯 명을 인터뷰한 마쓰이 히사코^{松井久子} 감독의 다큐멘터리 〈무엇을 두

려워하랴, 페미니즘과 함께 살아온 여자들何を怖れる フェミニズムを生きた女
たち〉(2014)이 있는데, 저도 여기에 출연했습니다. 거기서 저는 "여자한테는 성적 자유가 아주 중요하다"고 말합니다. 진행된 인터뷰가 끝나고 추가로 촬영한 장면에서 덧붙였는데, 원래 계획한 인터뷰가 긴 탓에 줄이는 과정에서 이 말이 다큐멘터리에 들어가게 됐습니다. 아마 인터뷰를 한 다른 여성들이 성적 자유에 대해 별말을 안 해서였을 거예요. 다큐멘터리를 찍고 전국 각지에서 상영회를 열었어요. 상영 후에는 토크 콘서트도 했는데, 다큐멘터리에서 제가 한 말을 묻는 관객이 거의 없더군요. 듣지 않으려 한 것일까요, 아니면 이야기하고 싶지 않은 주제였을까요?

그 후에 '왜 사람은 불륜을 하는가?'란 주제로 잡지 인터뷰를 하게 됐을 때,[*] 제게 던져진 물음과 반대로 저는 "왜 사람은 불륜을 안 하는가?"라 되물었습니다. 불륜(사람으로서 하지 말아야 할 행위란 뜻을 담은)이란 말은 참 신기합니다. 결혼하지 않으면 불륜을 저지를 수 없으니, 애초에 지키지 못할 약속을 안 하면 되잖아요. 2차 세계대전 이전 일본에서는 여성한테만 간통죄가 적용되다가 패전 후 생긴 민법으로 남녀 평등하게 폐지됐습니다. 요즘 연예인 불륜을 비난하는 뉴스가 나올 적마다 한심하게 보입니다. 왜 언론은 연예인 불륜 뉴스를 보도할까요? 시청률을 올려주니까 그렇다는 소리도 들었는데, 남의 불륜에 흥미가 있는 시청자가 정말 그토록 많은 걸까요?

---

[*] 우에노 지즈코 외 《사람은 왜 불륜을 하는가人はなぜ不倫をするのか》(2016). ─원주(국내 출간된 번역서 제목은 《우리는 왜 사랑을 반복하는가》, 동양북스, 2017─옮긴이)

지난 편지에서도 썼듯, 우리 세대는 로맨틱 러브 이데올로기의 해체기를 살았습니다. 결혼 제도하에서 '사랑과 성과 생식의 삼위일체'인 이 이데올로기의 목표를 놓고 이전 세대 페미니스트 다카무레 이쓰에高群逸枝는 이렇게 표현했습니다.

"결혼이란 죽음에 이르기까지 연애를 완성하는 것이다."

몇 군데 여자 대학에서 가르칠 때 학생들한테 이 말을 들려주고 어떤 답이 나오는지 조사해 본 적이 있습니다. 이 말을 듣고 '굿good~'이라고 할지 '웩' 하고 싫어할지를요. 이 조사는 로맨틱 러브 이데올로기가 재생산되는지 아닌지를 검증하기 위한 리트머스지와 같습니다. 대학에 따라서 차이가 나더군요(결과가 예측이 되죠?). 국립대에서는 절반이 '굿', 절반이 '웩'이라 했습니다. 사립대에서는 '웩'이라고 답한 학생들이 많이 나왔습니다. 성규범은 세대에 따라서도 계층에 따라서도 다르게 나타납니다.

저번 편지에서 저는 연애를 하면서 사람은 타인을 소유할 수 없고, 타인에 의해 소유될 수도 없음을 배웠다고 썼습니다. 저는 남을 소유하고 싶지도 않고 남에게 소유당하고 싶지도 않아요. 내가 나의 성적 신체를 자율적으로 쓸 때 누군가에게 그걸 허락한다거나 허락할 수 없다는 소리를 듣고 싶지 않고, 나 말고 다른 누군가가 그 권리를 가졌다고는 상상하고 싶지도 않습니다. 반대로 나말고 누군가가 자신의 성적 자유를 행사할 때 나에게 그걸 비난할 권리가 있다고는 도저히 생각할 수 없습니다.

성과 사랑이 권리·의무 관계에 놓이는 것도, 소유 관계가 되는 것도 견딜 수 없어요.

그래서 저는 남자가 여자한테 하는 '지켜줄게'라든지 '행복하게 해줄게' 같은 말만큼 기분 나쁜 게 없다고 봅니다. 이런 말에 감동하는 여성도 있다고는 하지만요.

성혁명이 일어나던 무렵에는 일본에서도 사실혼이 늘어날 거라 예측했습니다. 사회학자로서 제가 예측한 가까운 미래상 가운데, 이 예측은 빗나갔습니다. 만화 〈동거시대同棲時代〉*를 읽던 세대로서 저는 일본도 외국처럼 사실혼이 늘어날 거라 예상했지만, 지금도 일본에서는 법률혼과 동거가 거의 비슷한 시기에 시작됩니다. 바뀐 건 '속도위반'과 같이 임신하고 하는 결혼이 늘어난 정도죠. 유럽에서는 아이가 생겨도 법률혼을 하지 않고 사는 커플이 많은데, 일본의 이런 상황은 선진국 가운데 이례적입니다. 혼인율은 분명 낮아졌지만, 그건 사실혼이 늘어나서가 아니라 커플이 되지 않고 혼자 지내는 사람이 늘어서입니다. 사실 각종 데이터를 보면, 비혼 남녀 모두 '애인이 없다', '사귀는 사람이 없다'는 응답이 많이 나옵니다.

그런데 스즈미 씨의 책에서 나온 '사귄다'는 말은 저한테 수수께끼네요. 법률상 계약을 하지 않는데 서로 지속적인 파트너가 되어 서로를 구속하는 관계에 들어간다는 뜻인가요?
예전에 '섹스프렌드'라고 누구와 어떤 관계를 맺든 자유라는

---

* 〈동거시대〉. 1972~1973년 만화잡지 《만화 액션漫画アクション》에 연재된 만화가 가미무라 가즈오上村一夫의 작품. —원주

뜻으로 쓰던 말이 있는데, 섹스프렌드로 있다가 '사귄다'고 하면 '자유를 포기하고 배타적인 한 쌍의 커플이 되겠다' 이런 뜻이겠죠? 스즈미 씨 책에 나오는 친구들은 사귀는 상태를 갈망하고 있는 듯하네요. 자신의 자유를 포기하고 상대를 구속해서 상대가 바람피우면 꾸짖을 권리를 얻고 싶다는 건가요?

저한테 배운 학생들은 졸업하고 제게 결혼 소식을 알리러 올 때 머뭇머뭇합니다. '어차피 선생님은 결혼식에 오지 않을 테지' 하고 결혼식 초대를 안 하더라고요. 그렇긴 해도 제가 학생들을 축복하지 않는 게 아닙니다. 상대를 자신의 인생에 휩쓸리게 하고 자신도 상대의 인생에 휩쓸려도 좋다고 생각할 정도의 관계를 맺을 수 있는 사람을 만날 기회는 인생에서 다섯 손가락 안에 들까 말까 할 테니까 그런 사람을 만났으니 행운이라고, 축하한다고 저는 말합니다.

결혼이 쇠퇴하지 않는 이유가 뭘까⋯⋯. 가만히 관측해 보면, 결혼의 취약성을 알게 된 후에도 일종의 안전망을 지향해서가 아닌가 싶습니다. 아무리 신 앞에서 맹세한다 한들 결혼이 깨지기 쉽고 부서지기 쉽다는 건 아주 잘 알고 있을 겁니다. 결혼한 세 쌍 중 한 쌍이 이혼하는 시대죠. 스즈미 씨가 쓴 대로 "결혼 말고는 서로 도울 수 있는 선택지가 너무도 적어서" 많은 이들이 결혼하는 걸 거라고 저도 그렇게 보고 있어요.

결혼으로 안정됐다거나 결혼하고 편안해졌다는 표현도 사회적 틀 속에서 순리에 따랐다는 뜻이라기보다, 안심하며 안전하게 살고 싶다는 소망을 말해주는 것이겠지요. 얼마 전에도 저는 쉰이 넘은 여성한테서 그 여성의 연로하신 어머니께서 하시는 가장 큰 걱정이 '딸이 결혼 안 한 것'이란 얘기를 들었습니다. 최근에 그 어머니께서는 쉰이 넘은 딸을 남기고 세상을 떠나셨는데, 돌아가신 이 어머니의 세대는 딸이 결혼이라도 해주면 안심이 될 거라고 무조건 그렇게 믿는 경향이 강합니다. 딸이 50대라 결혼한다 한들 손주가 태어날 가능성은 없다 쳐도 그래도 딸이 결혼하면 마음이 좀 놓일 거라고 하셨는데요. 그 어머니께서 살아 계실 때 쉰이 넘은 따님한테 제가 그랬죠. 어머니께서 결혼 못 했다고 계속 걱정하시면 어머니더러 "엄마, 이제 결혼해 봤자 사람 돌봐야 하는 부담만 늘어날 뿐이야"라고 하라고요.

이렇듯 결혼이 당연한 관습으로 남아 있기에, 결혼한 사람한테 '왜 결혼했냐?'고 묻지 않고 결혼 바깥에 있는 사람들한테만 '왜 결혼 안 해?'라고 계속 물을 수 있는 겁니다. 제 시각으로 보면, 결혼하는 데는 큰 결단이 필요하니 결혼하지 않는 건 결단을 내리지 못한 상태를 미룬 결과일 따름인데, 결혼을 결단한 사람들한테 그걸 선택한 이유를 묻는 게 당연하지 않을까요?

결혼하지 않겠다고 선택한 것은 인간관계를 계약으로 구속하고 싶지 않은 마음도 있어서였는데, 좀 멋들어지게 이야기하자면 '내 인생에 어떤 보험도 들지 않고 내 인생을 살겠다'고 선택한 것이기도 합니다. 이 보험이란 게 실제로는 종이 한 장이고 불확실하다 해도, 또 아무런 보장도 해주지 않는 현실을 실제로 아무리 많이 봤다 해도, 결혼이란 보험에 매달리고 싶은 사람들이 있겠죠. 이런 마음까지 부정하고 싶지는 않습니다.

그러나 결혼은 로맨틱 러브 이데올로기를 완성하는 것 이상의 의미가 있어요. 가족 형성이 시작된다는 요소가 있습니다. 가족을 만들고 싶어서 결혼한다는 건 충분한 동기가 될 수 있겠지요. 스즈미 씨가 지적하고 전에 저도 말했듯, 가족은 궁극의 '안전보장재'이기 때문입니다. 사회관계자본social capital 가운데 '느슨한 네트워크'를 아무리 칭송한다 해도, 혈연만큼 강력한 사회관계자본은 없다는 점은 널리 알려져 있습니다. 사회관계자본론social capital theory을 제창한 난린Nan Lin은 대만 출신 중국인 사회학자인데, 중국인들이 세계에 흩어져 살고 있어도 혈연으로 얼마나 강력한 상호부조 네트워크를 맺는지를 예로 들었습니다.

결혼의 동기가 가족 형성이라면, 속도위반 결혼은 이치에 맞습니다. 그래서 사회학자 야마다 마사히로山田昌弘가 오늘날 일본의 젊은이들은 가족 형성 말고는 결혼할 동기가 없다고 분석했겠지요. 또 혼인율이 낮아진 이유는 가족 형성 비용이 많이 들어가서 결혼을 할 수 있는 사람하고 할 수 없는 사람으로 양극화되었기 때문이라고 했습니다. 물론 가족을 형성하는 데 법률혼은 필수적 조건이 아닙니다. 하지만 아이는 꼭 있어야 할 필수적인 존재죠.

최소화한 가족의 정의는 '핵가족'인데, 핵가족은 부모의 성적 상호관계dyad34와 부모 자식 간 상호관계로부터 성립됩니다. 여기서 부모의 성적 상호관계를 빼도 '가족'은 남을 수 있지만, 그 반

---

34 여기서 상호관계dyad란 사회학자 게오르크 지멜의 사회학 용어로, 두 사람이 상호적 관계 속에서 영향을 주고 반응을 일으키는 행동을 하는 관계를 말한다. 상호관계에는 접근·적응·통합·경쟁·대립·투쟁이 포함된다.

대는 그렇지 않습니다. 여태까지 가족은 가족 말고는 다른 것으로 대체할 수 없는 사회적 재생산 제도였고, 재생산하지 않는 단위를 '가족'이라고 보는 건 단지 은유적인 영역에 그치고 있습니다.

스즈미 씨는 아버지와 병상에 계신 어머니를 2년간 돌보면서 이 사실을 통감한 것 같네요. 스즈미 씨 아버지와 어머니를 '가족'으로 만든 것은 성적인 연결만이 다는 아닙니다. '스즈미'란 자식의 부모가 되면서 두 사람의 인연은 운명적인 것이 되었겠지요(물론 자식이 아무리 많아도 그렇게 안 되는 커플도 있지만요). 그리고 부모 자식 관계만큼 운명적인 관계, 즉 선택이 불가능한 관계는 없습니다. 스즈미 씨도 '그런 어머니'를 선택해서 태어난 건 아니겠지만, 어머니께서도 '이런 딸'을 선택해서 낳은 게 아니겠지요. 가족이란 말을 마치 마법 같은 말처럼 쓰는데, 사람들이 스스로 선택할 수 없는 어떤 운명을 찾기 때문이라고밖에 볼 수 없는 부분도 있습니다.

저는 남자 몇 명하고 동거한 경험이 있는데 그때마다 이렇게 생각했습니다. '이 남자가 만약 사고를 당해 몸이 반신마비가 되면 내가 이 남자를 버리게 될까?' 그러다 문득 '그렇게 되더라도 나는 이 남자를 버리지는 않겠네' 하는 때가 옵니다. 그럴 때 '아, 이 남자랑 가족이 됐구나'라고 느끼는 겁니다.

이처럼 스즈미 씨도 그렇고 아버지께서도 그렇고 운명적인 인연으로 어머니를 돌보셨겠지요. 그리고 스즈미 씨를 낳은 어머니께서도 스스로 선택할 수 없는 인연을 받아들이고, 무력한 아기였던 스즈미 씨를 어마어마한 에너지와 시간을 들여 길렀습니다. 성으로 이어진 인연은 선택할 수도 있고 필요하다면 취소도 할 수 있지만, 혈연으로 이어진 인연은 선택할 수가 없습니다. 만약 이 인연을 선택할 수 있다면, 인연을 맺을 수도 풀 수도 있다면 어떨까요……. 이런 몽상은 해방을 불러오는 게 아니라 악몽이 될 겁니다. 사정이 좋을 때만 가족이 될 수 있고, 나쁠 때는 버리는 것이니까……. 이런 공리적 관계를 두고 '가족'이라고는 안 한다고, 그래서 사람들은 '가족'이란 단어를 포기하지 않고 살아온 것이겠지요.

제가 자식을 낳지 않아 스즈미 씨와 이렇게 편지를 주고받으면서 육아 경험을 말할 수 없는 건 유감스럽지만, 스즈미 씨는 아직 생식이 가능한 나이지요.

결혼보다 훨씬 더 여자의 인생을 바꾸는 경험은 출산입니다. 나이 든 여성들한테 인생에서 가장 크게 기억에 남은 경험이 뭐냐고 물으면, 결혼 전 그렇게 동경하던 결혼식이라고 답하는 사람은 거의 없습니다. 여자한테 가장 감동으로 남는 기억은 첫아이 출산 때입니다. 그렇겠지요. 결혼보다 출산이 여자의 인생을 바꾸는 정도를 보면, 결혼은 출산과 비교할 게 못 됩니다.

누구든 가족으로 태어납니다. 우리는 나 자신이 태어날지 안 태어날지를 고를 수 없었지만, 나중에 가족을 만들지 안 만들지는 선택할 수 있습니다. 저는 결혼을 하느냐 마느냐는 대단한 문제가 아니라고 생각합니다. 결혼보다는 출산으로 가족을 만들지 안 만

＊ 가족은 현실에서 위기에 빠지면, 가족에게 불리한 구성원을 버림으로써 살아남는 수도 있다. 더 관심 있는 독자는 《근대 가족의 성립과 종언近代家族の成立と終焉》(1994)[한국어판은 2009], '1장 가족 정체성의 전망'을 참조하기 바란다. —원주

들지가 훨씬 인생을 바꿔놓을 선택이라 할 수 있습니다. 저는 가족을 만들지 않겠노라 선택했는데, 이런 선택이 단번의 선택으로 이루어진 건 아닙니다. 여성에게 이런 선택은 생식이 가능한 기간 동안 죽 이어지고 망설임도 잦은 선택이 연속된 결과입니다. 저는 이 선택을 과거형으로 말할 수 있지만, 스즈미 씨는 그렇지 않겠네요. 가족 속에서 태어나 자란 스즈미 씨한테 앞으로 가족을 만들 의사가 있는지 없는지 물어보고 싶어졌습니다. (이렇게 말하고 있긴 하지만, 한 마디 더 덧붙이지 않을 수가 없네요. 오늘날 가족은 운명이 아니라 선택하는 시대니까 더 힘들고 괴로워졌다고요.)

2020년 8월 15일

우에노 지즈코

5장

승인 욕구

아직 아무것도 되지 못한 채 불안한 젊은 여성인 제게는 섹스를 팔 수 있다는 사실이 중요했습니다.

우에노 지즈코 님께.

보내드린 책을 읽어주셨다니 감사해요. 진절머리 나는 현실을 쓴 지겨운 책이라고 저도 생각합니다. 새로운 도구나 정보가 나오는 시대인데도 전부 기시감이 들고 새로운 식견이나 변화도 딱히 없는데 아직도 연애니 사랑이니 그런 걸 고민하는 사람만 있구나 싶은 느낌을 담아 책 제목을 '사라지지 않을 남녀 관찰기록'이라 했습니다.

지난 편지 앞부분에 쓰신 내용 말인데요, 말씀하셨듯 연애와 섹스를 주제로 했지만 저에 대해 다 쓰지는 않았습니다. 섹스를 깊게 이야기하지 않은 이유는 제가 섹스를 일종의 스테레오타입으로만 정의해서입니다. 정말로 이야기할 게 딱히 없어서라 할 수 있는데, 마침 이번 주제가 '승인 욕구'라서 좋은 기회가 될 터이니 '연애와 섹스' 주제로 거슬러 올라가서 이야기해 보고 싶습니다.

'연애와 섹스'를 주제로 한 지난 편지에서 저는 속옷을 파는 소녀의 시점으로 남성을 바라봤던 일화를 들며 고등학생 시절부터 기본적으로 남자와 진지한 관계를 맺기에는 절망스러운 상태였다는 이야기를 했습니다. 제 팬티를 뒤집어쓰고 자위를 하는 그들은 너무도 기괴했습니다. 그래서 제가 남자와 서로 이해할 수 있다든지 대등해진다든지 하는 건 터무니없는 일이라고 항상 마음속 어딘가에서 생각했습니다. 그런 일이 있어서인지 진지하게 연애를 한 적이 없어요. 한 차례 말씀드렸듯 엄마한테 '연애를 무시한다'는 소리를 들은 적도 있었습니다.

그런데 연애할 마음이 없어도 섹스는 할 수 있지요. 우에노 님이 말씀하신 대로 저도 평균보다는 섹스를 많이 했습니다. 오랫동안 섹스는 저한테 초기 투자를 하지 않고도 팔 수 있는 것이었습니다. 팬티를 파는 것으로 일하기 시작한 고등학교 1학년 때는 아직 성 경험이 없었으니까, 섹스에 앞서 간접적인 성매매 행위를 배운 셈입니다. 그 후에 성 경험이 없는 채로 지내고 싶지는 않아서 적당히 첫 경험을 하긴 했는데, 섹스란 나의 성과 교환해서 뭔가 대가를 얻기 위한 장^場이라 보는 감각을 줄곧 갖고 있었습니다.

크게 분류하면, AV 출연이나 성매매와 같이 직접적으로 금전이 개입하는 섹스, 남자 친구나 주변 남자들과 하는 돈을 받지 않는 섹스를 해왔는데요, 후자의 경우에도 섹스 그 자체를 즐기자는 마음은 전혀 들지 않았고 뭔가를 얻고 싶다고, 얻지 못한다면 뭔가 아깝다고 생각했습니다. 상사와 자면 좋은 조건의 일을 맡게 된다든지, 유명한 사람과 자면 내가 더 중요한 사람이라 여기게 된다든지, 잘생긴 선배와 자면 선배 애인의 자리를 차지한다든지, 부자와 자면 우아한 생활을 한다든지 하는 욕망은 있었어요. 하지만 섹스 그 자체에서 쾌락을 구한다거나, 사람들이 이야기하듯 섹스가 사랑의 행위라 여기는 감각 같은 건 전혀 없었습니다.

그래서 저는 금전이 개입되느냐의 여부가 '기분 좋은 섹스'냐 아니냐를 가르는 경계라고 느끼지는 않습니다. 지금도 기본적으로 그런 감각을 갖고 있어요. 절정 상태는 뭔가 이유가 있어서 한 섹스에 때때로 찾아오는 우연한 덤 같은 거고, 절정을 느끼는 데 어떤 조건이나 법칙이 있는 것 같지는 않습니다. 저번 편지에 우에노 님이 "'고작 섹스이고, 고작 연애'라고 생각하는 사람은 그만큼의 보답만 얻게 될 겁니다"라고 쓰셨는데, 정말 그렇습니다. 고작 섹스를 돈을 내면서까지 하고 싶어 하는 상대를 깔보면서 팔고 또 팔아도 저에게 남은 건 적당한 사정에 맞춘 섹스뿐이었습니다. 그걸 거듭해 온 저는 섹스에 성기의 수축 이상의 쾌락이 있는지, 그 쾌락에 의미가 있는지 잘 모르겠습니다.

그러니까 저는 섹스를 하며 상대와 배타적인 관계를 맺고 언제든 내 몸을 양도하기보다는, 결혼으로 경제적인 보장을 얻고 싶어 하는 여성의 감각에 더 가깝습니다. 또 결혼으로 계층 상승을 하기 위해 자신의 섹스 값을 고급으로 만든 뒤 그 권리를 누군가한테 양도하는 여성들, 가령 잡지 《JJ》[35]를 보던 여성들이 갖고 있는 가치관도 저한테 꽤 가깝게 느껴집니다. 이런 여성들이 남편과 섹스하며 '오직 고통뿐'이라 여기는 것도 저한테는 친근하고 익숙합니다. 그러나 저는 생활의 자유를 빼앗기는 게 헤프다는 평판을 받는 것보다 훨씬 고통스럽기 때문에, 장기간에 걸쳐 내 몸의 섹스를 양도해 그저 안심하며 살기보다는 두 시간 섹스로 나름대로 두 시간 섹스만큼의 대가를 얻는 편이 잘 맞는다고 생각했습니다. 결혼

---

35 1975년부터 2021년까지 월간으로 발행되던 패션 잡지. 주 독자층은 대학생 여성이며, '남자가 좋아할 패션' 등을 주제로 인기를 얻었다.

으로 교환하는 섹스가 내 일상을 침식할 정도를 생각하면, 섹스를 내 일상에서 분리해 단품으로 그때그때 파는 게 편리할 겁니다.

그런 특성을 이용해 저는 10년도 넘는 긴 시간 동안 '기분 좋지 않은' 섹스라도 했고, 그 이유는 그런 섹스로 얻을 수 있는 무엇인가가 있어서라고 굳게 믿었습니다. 지금 돌이켜 보고 정확히 말하자면, 섹스 하나로 뭘 얻을 수 있다는 믿음 자체가 젊었던 제게는 중요했습니다. 내 섹스에는 가치가 있는데, 더욱이 나는 그런 가치 있는 섹스를 간단하고 쓸데없이 소비할 수 있고 소홀히 취급할 수 있다는 환상이 있었고, 그런 환상으로 기분이 좋았습니다.

아직 아무것도 되지 못한 채 불안한 젊은 여성은 자신의 섹스가 상품이 될 수 있다는 사실을 알면 그 자신의 안이한 승인 욕구를 쉽게, 자신의 상황에 맞춰서 원하는 만큼 채울 수 있습니다. 나의 가치를 스스로 정의해 나가려면, 담력과 기력 외에도 지식이나 배움이 필요합니다. 하지만 타자에게 물건 취급을 받을 때 그 값은 나의 노력과 상관없이 내게 옵니다. 화장하고, 남자들의 성욕을 일깨우는 옷을 입으면 손쉽게 그 값을 올릴 수 있지요. 이런 약간의 투자를 하면 옆에 있는 여성하고 값이 차이 나는 것을 단박에 알게 되므로, 설령 이번에는 나쁜 값으로 팔았어도 다음번에 나쁘지 않은 값으로 팔 수 있습니다. 일해서 번 돈을 써서라도 섹스를 하고 싶어 하는 남자들에 비해 돈을 받으면서 같은 행위를 하는 나 자신, 그리고 섹스를 소중히 간직하는 여성들에 비해 그걸 소홀히 다룰 수 있는 나 자신한테 우월감을 갖고 있었던 거죠.

넓은 의미로 보자면, 성매매로 하는 섹스에서는 상대의 상황과 나의 상황을 맞출 필요가 없습니다. 섹스를 사는 남자한테 나는 적당한 변소이자, 하찮은 돈을 지불하고 자기가 가진 성적 욕망으로부터 자유로워질 그 남자의 성적 대상입니다. 또 나의 성을 사려는 남자가 돈을 내지 않으면 나와 잘 권리와 없는 지질한 존재라 해도, 둘 다 제멋대로 해석한 상황 아래 각자 알아서 두 시간을 보낼 따름입니다. 연애의 표현으로서 섹스를 할 때는 종종 '이럴 생각 아니었는데', '그럴 마음 아니었는데' 하고 문제가 되기도 합니다. 이와 달리, 성매매로 하는 섹스는 서로 일치되지 않은 채 끝낼 수 있죠. 남자가 구매하려는 것은 나의 성적 자기결정과 자유, 내가 팔려는 것은 시간과 내게 별로 중요치 않은 행위라서, 남자와 나 두 사람 양쪽이 사고파는 게 같지 않다 해도 매매는 성립합니다. 언뜻 보면 서로 윈윈 하는 것처럼 보이기도 합니다.

일부 여성들이 성매매 행위를 뿌리 뽑고 싶어 하고 불쾌하게 여기는 이유 중 하나는 성매매가 남자 혼자서 일방적으로 품는 환상, 여자에게 맞춰줄 필요가 없다는 그 환상을 그대로 보존하도록 하는 데서 사회적인 가해성을 느끼고 있기 때문이겠지요. 남자는 자기 편의대로, 자기 힘으로, 저 좋은 대로 여자를 다룰 수 있다고 착각하면서, 그 자신이 여자의 가치를 매길 수 있다고 착각한 채 돌아갑니다. 정말 그래요. 하지만 이렇게 시작된 성매매는 예전의 저처럼 젊은 여성들이 자신의 욕구를 채우는 도구이기도 합니다. 그런 때 저는 파는 자와 사는 자의 의식이 일치하지 않아도 별문제는 없다고 생각했습니다.

애초에 여기저기서 보고 듣고 알게 된 '연애'란 게 저한테는 억지스러운 이야기처럼 들립니다. 순정만화로 연애를 배운 여자와 AV로 성을 배운 남자가 각기 다른 문맥에서 한 방을 공유하면서 어떻게든 자기한테 좋은 상황으로 상대를 끌고 오려 애쓰는 이야기. 연애와 섹스를 주제로 한 세 번째 편지에서 우에노 님이 《죽음의 가시》를 예로 들면서 '연애 게임에서 여자가 거는 것과 남자가 거는 것은 결코 등가가 아니다'라고 하셨는데, 저는 등가는커녕 비교조차 할 수 없이 아주 다른 것이라고 생각했습니다. AV에서 여배우는 남자들의 장난감인데, 순정만화에서 사랑은 여자의 승인 욕구를 채워줄 유일한 도구입니다. 저번 편지에서 우에노 님은 제가 책에서 자주 쓴 어휘 '사귄다'가 수수께끼라고 쓰셨는데, 저는 '사귄다'는 말을 순정만화에서 그려지듯 평범한 여성이 특별한 여성이 되기 위해 사랑을 성취한다는 뜻으로 쓴 겁니다. 사랑이 이루어지길 갈망하는 여성들이 뭘 원하는지 자연스레 상상해 볼 수 있었어요.

순정만화는 이제 100년 정도의 역사를 거치며 다양하게 나오고 있긴 하지만, 그래도 순정만화 속에서 연애란 여성들이 특별한 '나 자신'이 될 기회, 자신의 승인 욕구를 채울 기회로 그려진다는 점, 즉 여성의 승인 욕구를 채우는 데 연애가 절대적이란 점에서는 큰 변화가 없습니다. 로맨틱 러브 이데올로기를 밑바탕에 깔고 있긴 하지만, 한 작품 한 작품은 마치 갈라파고스섬에 고립되어 진화한 생물처럼 언뜻 비슷하게 보여도 각기 다르긴 합니다. 하지만 순정만화의 구조는 한 남자가 거미한테 물려서 갑자기 슈퍼 영웅 스파이더맨이 되는 스토리와 비슷합니다. 로맨틱 러브 이데올로기가 해체되더라도, 순정만화는 여성들이 생산하고 여성들이 소비할 듯합니다. 제 책에 나오는 여성들이 '사귀기'를 계속 갈망하는 이유는, 순정만화를 통해 배우게 되는 강렬한 자기 긍정을 능가할 만큼 여자의 승인 욕구를 채워주는 이야기를 다른 데서는 딱히 찾을 수 없어서인 것 같습니다.

서서히 변화하고 있다고는 실감합니다. 에세이 작가 사카이 준코酒井順子가 쓴《패배자 여성의 울부짖음負け犬の遠吠え》(2003)[36]이 베스트셀러가 된 해가 2004년인데 제가 이 시절을 떠올려 보면, 확실히 아무리 멋진 여성이 늘어나고 기존과는 다른 잣대로 여성을 평가한다 한들 연애나 결혼에서 성공하지 못하면 '패배자 여성'이라고 봤던 것 같습니다. 멋진 여성들조차 연애나 결혼에 성공하지 못한 스스로가 패배자라고 말했습니다. 이제 이 책이 나오고 20년 가까이 됐는데, 요즘에는 조금 달라진 듯합니다. 섹스나 연애를 거치지 않아도, SNS처럼 사람들한테서 승인 욕구를 채울 도구가 늘어서일까요? 연애를 대신하여 여성의 승인 욕구를 채워주는 게 인스타그램의 '좋아요[like]'라고 가정한다면, 아마도 성매매 이상으로 즉각적으로, 그리고 성매매 이상으로 남과 ('좋아요' 횟수를) 비교하기 쉬운 만큼, '좋아요'에 대한 의존성도 커질 겁니다.

어쨌거나 운명적인 사람을 찾아 연애를 하는 게 제일 좋다고 보는 연애지상주의를 지향하는 여성도 있고, 많은 사람한테서 성

---

36 '여자가 서른이 넘어도 결혼하지 않는다'며 미혼 여성을 비난하는 세태를 비판한 내용의 에세이. 작가가 자신을 사례로 해서, 결혼하지 않은 여성이 사회적으로 성공해도 주위에서는 실패한 것으로 여기고, 또 여성 자신도 스스로 실패한 사람이라 여기며 자학한다고 썼다. 한국어판 제목은《서른 살의 그녀, 인생을 논하다》(2003)이다.

적인 기대와 요구를 받는 데 만족하는 여성인 '야리만'도 있습니다. 섹스를 하고 돈을 받으면 만족하는 여성도 있고요. 이게 제가 여태까지 수많은 여성들을 만나서 연애와 섹스에 대해 이야기하고 난 후에 느낀 감상입니다.

승인 욕구를 채우고 자아실현과 정체성 획득 모두를 충족해 줄 사랑에 대한 욕구, 여자를 소유해 성욕을 채우려는 욕망. 제가 볼 때는, 이렇게 다른 욕망을 가진 여자와 남자가 아이를 만들겠다는 별도의 목적을 공유함으로써 가까스로 공존하는 게 연애입니다. 그래서 연애는 제게 너무도 수고스러운 것으로 보입니다. 하지만 제가 섹스에서 찾으려던 것은 순정만화에서 사랑을 찾는 것과 비슷했는지도 모르겠습니다. 제가 치른 값이 적었던 만큼, 섹스로 얻을 수 있을 승인이란 것도 하룻밤 사이에 사라져 버린 것 같습니다만.

그런데 지금도 제가 섹스를, 나의 성을 팔아서 대가를 얻는 장^場이라고만 여기느냐 하면, 그렇지 않습니다. 어느새 그런 감각도 옅어진 것 같아요. 시장에서 나의 성의 가치가 떨어졌다는 것을 인식하고 나 자신을 지키려는 본능으로 그전까지 갖고 있던 감각을 스스로 버린 것인지는 모르겠습니다. 아니면 섹스를 팔지 않아도 될 만큼, 섹스를 팔아서 얻고 있던 무언가를 다른 데서 얻을 수 있게 돼서인지도 모르고요. 그런데 세 번째 편지에서 우에노 님이 언급한 감각은 지금도 없습니다. '님포마니아'라 불린 남녀가 '서로 사랑하는 이와 마음이 잘 통한 섹스'가 여태껏 가장 좋은 섹스라 느꼈던 것과 같은 감각은 없어요. 기분 좋은 섹스나 기분 나쁜 섹스가 뭔지 모르는 채, 섹스는 '기분이 좋든 나쁘든 상관없는 것'이라 여기는 감각을 밀고 당기며 짊어진 채 살아가고 있습니다.

30대가 되고 나서 한 가지 달라진 게 있다면, 처음으로 저한테 성욕 비슷한 무엇이 있다고 확인한 것입니다. 그전까지 제게 '섹스하고 싶다'는 욕구는 분명 '누군가에게 섹스하고 싶은 대상으로 여겨지고 싶다'는 욕구였는데, 지금은 '섹스하고 싶다'는 욕망이 좀 더 직접적인 뭔가가 되었습니다.

그런데 이전에 유흥업소나 캬바쿠라에서 일하는 나이 든 여성 몇몇과 즐겁게 이야기를 나눌 기회가 있었는데요, 이 여성들은 모두 기혼이고 섹스리스 부부입니다. 그 여성들은 "지금의 내가 여자라는 걸 확인하고 싶다", "여자로 보이면 좋겠다", "아직 내가 여자로서 가치가 있음을 증명하고 싶다"고 했습니다. 작가 나카무라 우사기 씨는 마흔일곱 살 때 데리헤루[37]일을 한 경험을 쓴 적이 있습니다. 어느 날 호스트 클럽에 갔더니 호스트들이 자신을 섹스 상대로 여기지 않아서 자신감을 잃었고, 여자로서 자신감을 되찾기 위해 성을 팔았다는 거예요. 나이가 들어서 성 시장에서 가치가 떨어졌어도(아니, 떨어졌기 때문에) 섹스나 성매매로 자신의 가치를 확인하면서 느낄 쾌락은 사라지지 않을지도 모릅니다. 이런 의미에서 앞으로 저도 성매매에 대한 욕구가 높아질지도 모르겠지만, 지금은 그 사이에 있는 듯합니다.

섹스에 대한 직접적 욕구가 높아졌어도, 저는 지금껏 저도 모

---

37 여성이 숙박업소로 출장을 나가는 변종 성매매. 불법이므로 삽입섹스는 하지 않고 주로 구강성교 등을 하여 단속을 피해 영업한다. 'delivery health'의 앞글자만 따서 '데리헤루デリヘル'라고 한다.

르게 남성을 기괴하고 딱한 존재라 느끼고 있습니다. 브루세라 가게에서 돈을 내고 산 제 팬티를 머리에 뒤집어쓰고 루즈삭스를 목에 두른 그런 남자들. 남성 지배가 싫다, '노^{NO}'라고 목소리를 높이는 젊은 여성들을 믿고 있고 마음이 든든하지만, 한편으로는 '그런 녀석들한테 말해봤자 아무 소용 없잖아' 하는 마음이 들어서 젊은 여성들과 100퍼센트 목소리를 같이할 수는 없을 것 같습니다.

평소에 이런 개인적인 이야기를 자주 하지는 않는데, 그간 일본인 남성과 섹스나 연애를 하지 않은 이유는 '섹스는 하고 싶지만 브루세라 가게에서 본 아저씨들과 평등한 관계로는 육체적 쾌락을 찾고 싶지 않다'는 기분을 해소하기 위해서였을 수도 있을 것 같아요. 외국 국적을 갖고 외국에서 자란 사람은 브루세라 가게의 아저씨들이나 AV에 열광하는 아저씨들과 다를 거라 믿기 쉽고, 서로 이해하지 못해도 딱히 절망할 일이 없고 몰라도 그냥 넘어가기 쉬우니까요. 게다가 일본에서 AV로 섹스를 배운 세대 중에는 사정은 해도 섹스는 할 수 없는 사람이 많은지, 일본인 남성 가운데 섹스를 잘하는 사람은 좀처럼 만나기 어렵습니다. 성매매로 저의 승인 욕구를 채울 상대로서야 더할 나위 없습니다만.

일본인의 섹스 만족도는 세계 최저 수준이란 뉴스가 자주 나옵니다. 성인용품 회사인 TENGA사에서 실시한 설문조사에 따르면, "뭘 할 때 가장 기분이 좋은가?"라는 물음에 거의 모든 나라 사람들이 섹스를 하거나 사랑하는 사람과 함께 시간을 보낼 때라 답했다고 합니다. 이에 비해 일본인은 "맛있는 음식을 먹을 때"란 답이 단연 1위여서 화제가 됐습니다("섹스할 때"란 답은 총 14개 답 가운데 5위). 애초에 섹스를 별로 좋아하지 않는 사람들이 많은 걸까요? 이렇게 말하는 저도 여행 가면 제일 먼저 맛있는 음식만 찾아다니고, 남자는 그다음이란 느낌입니다.

하지만 그것도 제가 섹스를 공동 작업으로 경험하지 않았기 때문에 얻고 있는 쾌락의 수준도 낮고 '기분 좋은 섹스'를 하지 못한 것일지도 모릅니다. 우에노 님 편지를 읽고서 대체 그렇게 자신과 타자에 대해 철저히 배울 수 있는 섹스가 가능한 남자는 어디 있을까, 내가 그런 남자를 찾아서 발견해야 하는 것일까, 아니면 내가 남자를 그렇게 되도록 성장시키는 걸까 같은 의문도 들고, 부러웠습니다. 섹스의 중요도가 높은 국가의 남성과 섹스를 해서 일단 내게도 성욕이 있다는 것을 알게 된 지점에 막 도착한 제게는 아직 연애 게임도 섹스도 미지의 영역입니다. 결혼을 주제로 한 네 번째 편지에서 썼지만, 누가 '앞으로 가족을 만들고 싶은 생각이 있느냐?'고 묻는다면, 20대 무렵과 비슷하게 '그러고 싶긴 한데 그럴 수가 없어'와 같은 대답만 갖고 있을 뿐이에요. 새로 가족을 만들지 않으면 내가 어떻게 죽을지 상상하기 어려운 사회 환경이란 생각이 들기도 합니다.

섹스에 관한 이야기부터 시작해서 이번 편지 주제인 '승인 욕구'에 대해 쓰려 했는데, 줄곧 조금 다른 이야기를 했네요. 역시 예상한 대로 저는 섹스에 대해 쓰면 대부분 성매매 이야기고, 연애에 대해 쓰면 연애랑 비슷하기는 한데 연애는 아닌 것을 쓰게 됩니다. 이런 탓에 내용이 산만하네요. 우에노 님은 남자의 사고방식을 비판하기는 해도, 남자를 깔보거나 남자한테 절망하지 않은 것 같습니다. 그런 우에노 님께 아직 많이 배우고 싶습니다.

2020년 9월 11일

스즈키 스즈미

이용 가능한 자원을 많이 갖고 있는데도 당신의 자의식과 자긍심이 몇 번이나 쓰러지고 나동그라졌다는 게 이상합니다.

스즈키 스즈미 님께.

답장 잘 받았습니다. 이 연재를 시작할 때 1년치 계획으로 열두 개의 주제를 정해두어서인지 하나하나 성실히 답해주고 계시네요. 다른 이야기로 새거나 계획한 주제를 무시해도 괜찮습니다. 그저 기억하기 위해 주제를 계획했으니까요. 그래도 연애에 이어 결혼, 그다음 주제는 승인 욕구 이렇게 순서를 잡으니 내용이 잘 이어지네요. 스즈미 씨의 이번 편지를 읽고 '아, 그렇구나' 하면서 공감한 바가 많습니다. 우리가 전보다 대화에 몰입하고 있네요. 이야기도 잘 풀리는 것 같습니다.

　여기서 가족 이야기를 꺼낸다면 싫어하실 수도 있겠는데, 최근 저는 스즈미 씨 아버지께서 번역하신 에리히 프롬^{Erich Fromm}의 책《사랑의 기술》을 선물 받아서 읽었습니다. 프롬의 책은《자유로부터의 도피》를 읽은 적이 있는데, 《사랑의 기술》은 처음 읽었네요. 많은 독자가 인생을 바꾼 책이라고 평했는데, 그간 제가 이 책을 안 읽은 이유는 제목이 미심쩍어서였던 것 같습니다. 독일어 초판은 1956년에 나왔는데, 정신과 의사 가케타 가쓰미^{懸田克躬} 씨가 1959년에《사랑이라는 것》이란 제목으로 번역해서 제가 젊을 적에 이미 책이 나왔습니다. 젊어서 교만해서인지 '아저씨가 사랑을 가르쳐 줘봤자지' 했던 것일까요.

원서 제목이 '사랑의 기술The Art of loving'이란 걸 알고 놀랐습니다. 아버지께서는 원서 제목 그대로 번역했네요. 1장 제목은 '사랑은 기술인가?', 4장 제목은 '사랑의 실천'. 과연 그렇구나 싶었습니다. 사랑을 '기술'이라고 본다면, 배워야 하고 숙달될 때까지 연습도 필요합니다. 저는 민속학자 야나기다 구니오柳田國男가《메이지 다이쇼사 세태편明治大正史 世相篇》[1930~1931]에 쓴 '연애기술의 향상과 쇠퇴' 부분을 떠올립니다. 이 책은 학교에서 읽으라고 지정 도서로 정해서 여학생들한테 빈축을 샀어요. 여학생들은 연애란 어느 날 갑자기 예고도 없이 '빠지게' 되는 거니 기술이랄 수 없고, 더욱이 이 연애 기술이란 게 향상하거나 쇠퇴한다는 얘기는 신성한 연애를 모독하는 거라 했습니다. 순정만화를 너무 많이 읽은 탓이겠지요. 아, 이렇게 말한 여학생들은 1980년대 학생들입니다. 로맨틱 러브 이데올로기에 세뇌된 마지막 세대일 겁니다. 그때로부터 30년도 넘게 지나 이제 50대가 됐을 그 여성들은 넷플릭스에서 드라마 〈사랑의 불시착〉을 보며 가슴 설렐까요? 현실 세계에서 그런 사랑을 찾을 수 없다는 걸 호되게 배우고 난 후에도요?

프롬은 '사랑에 빠진다'는 생각, 즉 연애에 기술도 연습도 필요치 않다는 생각에 맞섰습니다.《사랑의 기술》을 전체적으로 훑고 나면, 프롬이 이야기한 연애란 말하기는 쉬워도 행하기 어렵고 배우기 어려운 행동이란 사실을 잘 알 수 있습니다. 원제 'Art'를 기술이 아니라 '예술'이라 번역했으면 어땠을까요? 기술이란 말에서는 테크닉이나 매뉴얼이 연상됩니다. 예술도 기술처럼 능숙해질 때까지 연습이 필요하긴 한데, 그러면서도 예술에는 기술과 연습을 넘어서는 뭔가가 있습니다. 자신의 경험으로 체득한 것에 더해, 필시 가르쳐 줄 수도 배울 수도 없는 무엇인가가 있어서겠죠.

《사랑의 기술》을 읽고 몇 가지 공감한 게 있습니다. 프롬은 성과 사랑을 구별하는데, 당연히 구별해야 할 것을 구별하는 것이라 잘 이해가 됩니다. 또 성적 장애(불감증)의 원인을 두고 "올바른 섹스 테크닉을 몰라서가 아니라 사랑할 수 없게 만드는 감정적 저항 때문"[38]이라 한 것, "이성에 대한 두려움이나 증오가 몰두(즉 몰두한 결과 얻을 수 있는 성적 절정)를 방해한다"[39]고 한 것은 제가 '연애와 섹스'를 다룬 세 번째 편지에서 'ecstasis'에 대해 말한 것과 내용이 겹칠 겁니다. 파트너와 하는 섹스로 절정에 이르지 못한다는 여성들을 대상으로 섹스 테크닉이나 질 수축 운동 같은 걸 하라고 권유하는 계발서를 본 적이 있는데, 저는 아주 간단하게 조언할 수 있습니다. 그런 것보다, 상대를 바꾸면 된다고요. 그렇게 못 하니까 고민이 끊이지 않는 것이겠지만요(하하).

이 밖에도 귀 기울이고 싶은 말이 또 있었어요.

"사랑은 능동적인 활동이지 수동적 감정이 아니다. 그 속에

---

38 한국어 번역판 《사랑의 기술》(황문수 옮김, 2019)에는 다음과 같이 나와 있다. "가장 빈번하게 볼 수 있는 성적 문제─여자의 불감증과 남자의 다소간 심각한 심인성 불능성─에 대한 연구는 그 원인이 올바른 기술에 대한 지식의 결핍이 아니라 사랑을 불가능하게 만드는 억압에 있음을 보여준다." 이하 본문에 인용한 《사랑의 기술》 내용은 이 책을 인용 및 참고했다.

39 한국어 번역판에는 다음과 같이 나와 있다. "이성에 대한 두려움 또는 증오는, 신체적 접합이라는 친밀하고 직접적인 행동에서 어떤 사람이 자기 자신을 완전히 내주지 못하도록, 자발적으로 행동하지 못하도록, 성의 상대를 신뢰하지 못하도록 방해하는 난점의 근저에 깔려 있다."

빠지는 게 아니라 스스로 들어가는 것이다."⁴⁰, "사랑이란 (……) 자신의 모든 인생을 상대의 인생에 걸고자 하는 결단의 행위이다."

이런 사랑을 하려면 전제조건이 필요한데, "존경은 오직 자유를 바탕으로 성립하며" "혼자 있을 수 있는 능력이야말로 사랑하는 능력의 전제조건이다"라고 프롬은 썼네요.

한 구절 한 구절이 잘 이해되는 이유는 제가 그 경험을 해봐서 이제 알고 있기 때문입니다. 그래서 이 나이가 되어서 《사랑의 기술》을 읽으니 이해의 깊이가 젊을 적과는 많이 다르다고 느낍니다.

프롬은 사랑을 기술이라 하면서 "사랑은 개인적인 경험이며, 스스로 경험하는 것 말고는 경험할 방법이 없다"고도 했습니다. 오르가슴을 모르는 사람한테 오르가슴이 뭔지 가르쳐 줄 수가 없는 것과 마찬가지일 겁니다.

프롬은 프로이트Sigmund Freud를 "19세기 독일의 부권주의자"라 강하게 비판하고 모성애도 분석하고 있는데, 설득력이 있습니다.

"아이가 사랑과 기쁨과 행복이 어떤 것인지 알려면, 자신을 사랑하는 어머니한테 사랑받는 게 제일 좋다"라고 썼는데, 이는 엄마가 되지 않기를 선택한 제가 그동안 엄마가 된 여성들에게 보낸 메시지이기도 합니다. 그간 저는 "행복한 어머니만 행복한 육아를 할 수 있다"고 이야기해 왔으니까요.

이 책을 번역한 스즈미 씨 아버지께서 가장 먼저 읽었으면 했던 사람은 다른 누가 아니라 딸인 스즈키 스즈미 씨가 아닐까요?

---

40 "사랑은 수동적 감정이 아니라 활동이다. 사랑은 '참여하는 것'이지 '빠지는 것'이 아니다."(앞의 책)

맨스플레인(그런 측면도 있겠지만)이라 꺼리지 말고 한번 읽어봐 주세요.

프롬은 '사랑하는 것'과 '사랑받는 것'의 차이를 힘 기울여 논했습니다.

"어머니의 사랑을 받는 이러한 경험은 수동적인 경험이다. 사랑받기 위해 내가 해야 할 일은 하나도 없다. 어머니의 사랑은 무조건적이다. 내가 해야 할 일은 오직 '현재의 상태', 곧 어머니의 자식으로 존재하는 것뿐이다. 어머니의 사랑은 (······) 일부러 고생스러운 노력을 해서 얻을 필요가 없고 그걸 받기 위해 자격이 필요하지도 않다."

이 얼마나 큰 행복[至福]일까요? 저는 부모님을 잃고 '내가 단지 살아 숨 쉬는 것만으로 기뻐해 줄 사람들을 이제 정말 잃고 말았구나'라고 느꼈습니다.

그런데 이렇게 이상화된 어머니와 자식 관계, 즉 누에고치 같은 관계에서 자식들이 나오면 '조건이 붙은' 사랑, 즉 아버지의 사랑 속으로 들어가게 된다고 프롬은 말했습니다. 현대사회에서는 어머니의 사랑 또한 아버지의 사랑처럼 '조건이 붙은' 사랑이 되어 가고 있습니다. 저는 도쿄 대학에서 가르치면서 '조건이 붙은' 어머니의 사랑에 부응하려 하고 그에 성공하거나 실패하는 아이들을 만나기도 했습니다.

자식은 '조건이 붙은' 사랑에 응답함으로써 승인 욕구를 충족하는 보람을 얻습니다. '조건이 붙은' 사랑에 성욕을 대입해 본다면 어떨까요? 상대의 욕망에 답함으로써 비로소 자신에게 가치를 부여할 수 있게 됩니다. 이 가치란 자본주의 사회에서 가장 알기 쉬운 재화인 화폐 형태를 띠죠. 여기서 화폐란 다른 재화와 교환 가능한 범용성을 갖고 있고, 계량 가능하며, 서열을 매길 수 있습니다. 자기 자신한테 높은 '가격'이 붙어 있다면 그만큼 자신의 가치가 올라간 것인 양 착각할 수 있고, 자신의 시장가치가 변동하는 것도 구체적으로 알 수 있게 되지요.

스즈미 씨는 10대 때 대가를 수반하는 성을 알게 되고 스스로에게 이용 가능한 재화가 있다는 걸 자각했습니다. 더욱이 그런 욕망으로 이뤄진 시장이 남성의 성욕, 특히 가장 비루한 성욕으로 이뤄진 시장임을 배우고 말았는데, 이는 불행한 일이었는지도 모르겠습니다. 브루세라나 원조교제 소녀들은 기이한 욕망을 가진 그런 남자들한테 '무슨 말을 해도 아무 소용 없다'는 절망을 안고서, 자신들이 갖고 있는 얼마간의 것을 상품으로 제공함으로써 싸구려 승인을 얻고 있을 겁니다. 이렇게 생각한다면, 유흥업에 몸을 던지는 여성뿐만 아니라 밤거리를 배회하면서 하룻밤 잘 곳을 제공해줄 '신'을 찾는 아이들도 원조교제 소녀들과 똑같은 승인을 구하고 있었다고 할 수 있겠지요. '친절히 대해줬으니까 보답으로 섹스를 해줘야 한다'고 여긴 순진한 소녀가 그 다음번에 스스로에게 값을 매기고 남자와 교섭에 나서기까지 그사이에 있는 거리는 짧습니다. 성의 시장이란 건 이렇게 '조건이 붙은' 사랑으로 이뤄졌기 때문이죠.

그러나 성의 대상이 됨으로써 승인 욕구를 채우는 이는 성의 대상이 되는 것 말고는 승인이란 자원을 얻을 길이 없는 사람이라고, 바꿔 말해 자존감이 낮은 여성들이 그렇게 승인 욕구를 갈구한다고, 지금껏 이미 많은 연구자들이 설명한 바 있습니다. 그리고 여성들의 자존감이 낮은 건 여성혐오 사회가 낳은 심각한 산물이라고도 논했습니다. '남자의 성욕을 북돋우는 것' 말고는 존재할 가치가 없는 여자는 성 시장에서 스스로에게 높은 값을 매기려 노력합니다. 남성은 남성대로 여성 동료나 부하 직원에게 성희롱을 하며 '너는 나를 흥분시키는 것 말고는 가치가 없는 존재'라는 걸 알려주려고 여성혐오를 실천합니다. 그래서 성희롱이나 성추행을 고발하면 '너같이 못생긴 애를 누가 건드리냐?'고 모멸 가득한 역습이 가능한 겁니다.

제가 이상하게 여긴 것은, 스즈미 씨는 결코 자존감이 낮지 않고 더군다나 성적 가치를 파는 것 외에도 승인 욕구를 채우기 위해 이용 가능한 자원을 갖고 있다는 점입니다. 앞서 1장 '에로스 자본'에서도 언급한 아마르티아 센의 논의에 따르면 스즈미 씨는 잠재 능력Capability이 높은 여성이면서도, 원조교제를 하거나 유흥업에 투신하는 여성들과 똑같이 행동했죠. 제가 보기에는, 몇 번이나 쓰러지고 나동그라지면서 굴절된 자의식과 자긍심이 작용하고 있을 것 같습니다. 이번에 스즈미 씨가 쓴 편지 속 문장이 이 점을 어김없이 말해주고 있네요.

"일해서 번 돈을 써서라도 섹스를 하고 싶어 하는 남자들에 비해 돈을 받으면서 같은 행위를 하는 나 자신, 그리고 섹스를 소중히 간직하는 여성들에 비해 그걸 소홀히 다룰 수 있는 나 자신한테 우월감을 갖고 있었습니다."

스즈미 씨는 "아직 아무것도 되지 못한 채 불안한 젊은 여성은 자신의 섹스가 상품이 될 수 있다는 사실을 알면 그 자신의 안이한 승인 욕구를 쉽게, 자신의 상황에 맞춰서 원하는 만큼 채울 수 있습니다"라고 썼습니다. 스즈미 씨가 불안한 젊은 여성 가운데 한 사람이었던 게 다는 아니겠지요? '남한테 가치가 있는 섹스를 나는 소홀히 다룰 수 있어' 하면서 느끼는 특권이란, 뒤집어 보면 나의 자존심을 충족시켜 주는 것이라 할 수 있겠지요. 한 가지 더 있습니다. 어머니가 금지하고 철저히 싫어해 금기로 부치던 배경까지 생각하면, 스즈미 씨한테 '시궁창에 버리는 것과 같은 섹스'에 대한 가치가 역설적으로 더 올라갈 것 같습니다.

《여성혐오를 혐오한다女ぎらい ニッポンのミソジニー》에서 저는 두 장이나 할애해서 '도쿄전력 OL 여성' 살해 사건에 관해 썼습니다.[41] 도쿄전력에서 근무하던 여성이 갖고 있던 의식도 스즈미 씨와 비슷했다고 생각합니다. 굴절된 엘리트 의식 말이죠. 안 팔아도 되는데 일부러 푼돈을 받고 성을 팔던 도쿄전력 OL 여성. 저는 이 여성이 그렇게 함으로써 경멸할 수밖에 없는 남성의 성에 '값을 매기고 있었다'고 해석했습니다. 이 여성이 부른 자신의 섹스 가격은 그가 죽기 전 마지막 즈음에는 섹스 한 번에 2,000엔까지 값이 내려갔는데, 이는 이 여성이 상대 남자들에게 매긴 남자의 가격이었습니

---

[41] 《여성혐오를 혐오한다》(2010, 한국어판 2012) 12장, 13장에서 저자 우에노 지즈코는 '도쿄전력 OL 여성' 살해 사건을 비중 있게 다루었다. 1997년 3월, 낮에는 '도쿄전력' 같은 이른바 일류기업에서 수많은 남성 상사, 동료 들과 근무하며 차 심부름도 하고, 밤에는 거리에 혼자 나와 업소에서 근무하거나 알선업체를 통하지 않고 프리랜서로 성을 팔던 한 30대 후반 여성이 도쿄 시부야에서 목이 졸려 살해된 사건이다.

다.[42] 이런 메커니즘을 이해한 독자는 여성 독자뿐이었어요.

얼마 전 우연한 기회로 요새 주목받고 있는 문화인류학자 오가와 사야카小川さやか 씨하고 대담을 나눴습니다. 독특한 현장 연구를 하는 오가와 사야카 씨의《충칭 빌딩의 보스는 알고 있다チョンキンマンションのボスは知っている》는 매력적인 책으로 2020년 〈오야 소이치 논픽션상〉, 〈가와이 하야오 학예상〉을 동시에 받았습니다. 오가와 사야카 씨의 소개로, 그분이 지도하는 대학원생 고다 에리小田英里 씨가 쓴 아프리카 가나에 관한 논문*을 읽게 됐습니다.

주석에 '슈거 대디sugar daddy'라고 써놓고 보니 좀 묘하네요. 원조교제를 일컫는 신조어 '파파카쓰パパ活'에 해당하는 걸까요? 젊은 여성이 나이 차가 꽤 나고 경제력이 있는 남성과 대가를 수반하는 성관계를 지속적으로 맺는 것 말이죠. 슈거 대디 남성 중엔 기혼자가 많다고 합니다. 저자에 따르면, 관습법으로 일부다처제를 인정하는 가나 사회에서는 '슈거 베이비'(젊은 여성)가 언젠가는 슈거 대디와 결혼을 할 수도 있기 때문에 결혼에 이를 가능성이 있는 연애 관계이고, 이는 실리적인 성행위와 금품을 교환하는 관계의 연속선상에 위치합니다. 그러고 보니, 과거 일본에는 원조교제라든

---

42 '도쿄전력 OL 여성'은 성적으로 일탈한 엘리트 여성으로 당시 언론의 조명을 받았고 이후에도 죽 그렇게 이야기되어 왔으나, 저자는 현대 여성의 분열에 영향을 미친 사회의 여성혐오를 고발하고 통렬히 비판했다. 도쿄전력 OL 여성의 굴곡진 자아상에는 성욕의 충족을 여성에게 의존할 수밖에 없는 남성들―여성에게 (값싼) 돈을 지불할 때 이는 자신의 성에 대해서도 (값싼) 가격을 매기는 것이나 마찬가지―의 추함에 대한 여성의 비웃음이 존재한다고 저자는 분석했다.(《여성혐오를 혐오한다》 13장)

* 고다 에리, 〈가나 도시부에 있어서 '슈거 대디'와 교제관계ガーナ都市部における「シュガー・ダディ」との交際関係〉, 《Core Ethics》, Vol.15, 2019. ―원주

가 애인뱅크[43]란 말이 있었지요. '원조교제'란 말이 등장했을 때 저는 남자들의 책임을 면해주는 명명법이라고, '이름 참 잘도 지었구나' 하고 신음했습니다. 그런데 원조교제를 하는 일본의 소녀들은 '원조교제 한다'고 하는 게 아니라 단순히 '우리売リ'('판다'는 뜻)라고 합니다. '슈거 대디'가 세계 어디에서나 있는 10대 소녀 성매매냐 묻는다면, 꼭 그렇지도 않습니다. 사하라 이남 아프리카 여러 나라에서는 '슈거 대디' 관행이 사회적으로 넓게 허용, 공인되어 있어서 다른 지역의 10대 성매매와는 다르다고 할 수 있겠습니다.

트랜잭셔널 섹스Transactional sex(번역하면 교역으로서 섹스, 경제행위로서 섹스라고 할 수 있으려나요?)로 볼 수 있는 이런 '슈거 대디' 같은 교제 관계는 탄자니아나 우간다에도 있죠. 선행 연구에 따르면, 탄자니아에서는 14세부터 19세까지의 여성 80퍼센트, 우간다에서는 15세부터 19세까지의 여성 90퍼센트가 경험한다고 하네요.

남자가 저녁을 사줬으니 보답으로 섹스를 한번 하는 것과 같은 하룻밤 관계만이 아니라, 좋은 성적을 받으려고 교사와 다소 지속적인 관계를 맺거나 넌지시 이권을 제시하는 단골가게 주인과 관계를 맺는 것, 또 생활 보장과 교환해 오로지 한 남자하고만 관계를 맺는 애인 관계도 트랜잭셔널 섹스에 들어갑니다. 오늘날 우리가 '대가가 따르는 성희롱'으로 분류할 이런 '트랜잭셔널 섹스'를 놓고 가나의 당사자 여성들은 그것이 성매매라거나, 심지어 성희롱이라고도 인식하지 않습니다. 자발적으로 그 관계에 들어간

---

43 고도소비사회가 된 1980년대 초반 일본에 등장한 남녀 교제 알선업소. 주로 20대 초반 여성과 나이 든 남성의 만남을 알선하는 형태의 업소인데, 원조교제의 전조현상으로 이야기된다.

듯 보이죠. 여자의 결혼을 결혼 자금과 교환하는 지참금[44] 문화가 깊이 뿌리내린 아프리카 사회에서는 섹스에 대가가 따르는 게 사회적·도덕적으로 용인되는 행위이므로, 성행위에 대한 보답으로 금품을 증여받는 게 여성의 권리라는 시각, 혹은 '남성들이 금품을 주지 않고 성행위를 하는 건 강도나 마찬가지'라고 여기는 가치관이 생긴 겁니다. '금품과 교환 없이 신체를 허락한 여자는 자존심이 없는 여자'라고도 합니다. 트랜잭셔널 섹스는 '슈거 대디'와 같은 일에 종사하는 여성에게 여성 자신의 섹슈얼리티에 대한 자율성, 남성에 대한 통제나 힘을 발휘할 감각을 부여합니다.

가나의 여성들이 이상하고 도덕성이 어그러져서 그런 게 아닙니다. 교토에서 게이샤 걸 연구를 한 미국인 여성 인류학자 라이자 달비[Liza Dalby] * 가 발견한 것도 게이샤들이 갖고 있는 강렬한 자율성이었습니다. 설사 자신의 후원자라 해도 절대로 공짜로는 해선 안 된다는 게 그들의 자긍심이었고, 이는 남편에게 경제적으로 의존할 수밖에 없는 아내들에 대한 우월감으로 나타나기까지 했습니다. 이 여성들에게는 '공짜로 하게끔 하는 것'이 스스로의 가치를 가장 떨어뜨리는 어리석은 행위인 겁니다.

'아프리카니까 그렇지' 하고 오리엔탈리즘을 담은 입장으로 생각해선 안 됩니다. 이탈리아 페미니스트 달라 코스타[Dalla Costa, Giovanna Franca]는 《사랑의 노동[Un lavoro d'amore]》(1978)에서 "매춘부의 프라이드란 공짜로는 하게끔 안 하는 것"이라 했습니다. 이에 비해,

---

44 아프리카에서는 신랑이 신부 집에 결혼 경비나 혼수 등의 지참금을 낸다.
* 라이자 달비, 《게이샤[Geisha]》, Vintage Books, 1985. ─원주

아내의 섹스는 부당하게 지불되지 않는 '부불노동^{unpaid work}'입니다. 또 고다 에리 씨의 논문에는 주말에 여는 여자들만의 파티 비용을 마련하기 위해 대가를 받는 섹스를 하는 소녀들이 나옵니다. 저는 일본의 한 소녀에게서 이와 똑같은 에피소드를 들은 적이 있어요.

아프리카 사회가 세계화 속에서 시장경제로 깊숙이 편입된 결과, 과거 혼인하면서 결혼 자금(신랑이 내는 지참금)이 신부가 아닌 친족(신부의 아버지)에게 건네지던 것이, 요즘에는 '트랜잭셔널 섹스'의 대가로 여성들이 직접 받는 형태로 바뀐 것입니다. 그런 만큼 가나 여성의 개인화가 진행되고 있다고 할 수 있겠습니다. 여성이 트랜잭셔널 섹스의 대가를 받아서 그 돈을 고향에서 자신의 아이를 키우는 부모한테 부치고 있는 경우에도 거래는 기존처럼 친족 간에 일어나는 게 아니고 어디까지나 여성과 남성 사이 개인 간에서 이뤄집니다. 부모나 친족 집단이 딸을 내주는 게 아니라 딸인 여성 개인의 행위주체성^{agency}이 작동하고 있으므로, 가나에서는 트랜잭셔널 섹스를 두고 성희롱이라거나 성폭력이라고 하지 않습니다. 푸코의 논의에 따라 이야기해 보자면, 규율권력이 내면화된 결과라 하겠습니다. 강제가 아닌 자발적인 것으로 보이는 거죠. 가령 중매결혼이 줄고 연애결혼이 늘었어도 일본의 결혼 시장에서는 같은 계층끼리 결혼하는 매칭 형태가 별로 줄어들지 않는 현상이 있는데, 이와 비슷합니다. 즉 부모가 결혼 상대를 골라주는 대신 이제 남녀가 직접 본인과 비슷한 상대를 찾는 겁니다.

가나가 일본과 다른 점은, 트랜잭셔널 섹스가 사회적으로나 도덕적으로 허용된다는 것이겠지요. 아프리카의 '슈거 대디' 사례를 보면, 부모도 딸의 행위를 알고 있고 딸 본인도 감추지 않을 뿐 아니라, 결혼이나 사회생활에서 낙인이 찍히지도 않습니다. 그렇다면 일본의 10대 성매매 여성들도 그렇게 되면 좋을까요? ……아뇨, 우리가 잊어서는 안 될 사실이 있습니다. 여성한테 성이 경제행위일 수 있는 사회는 압도적으로 남녀의 권력이 불균등하다는 점, 즉 젠더의 비대칭성을 전제로 하고 있다는 사실입니다. 그리고 우리는 그런 사회를 '가부장제 사회'라고 합니다.

트랜잭셔널 섹스란 남자에게는 성행위, 여자에게는 경제행위인데, 여기서 남녀가 교환하는 것은 등가^{等價}가 아닙니다. 이런 비대칭적인 교환이 일어날 수 있는 조건이 있죠. 경제적 자원을 포함해 권력, 이권, 승인 등과 같은 갖가지 자원은 오로지 남성 집단에만(그리고 남성 집단 내부에서도 불균형적으로) 배분됩니다. 이게 조건이에요. 열등한 위치에 있는 행위자^{player}는 경제적·사회적 승인을 찾아 '조건이 붙은' 사랑에 강제로 반응해야 합니다. 왜냐고요? 이것 말고는 살아갈 길이 닫혀 있기 때문이죠. '슈거 대디' 현상에 주목한 연구자들이 '트랜잭셔널 섹스'라고 한 섹스는 실제로는 '생존을 위한 섹스^{survival sex}'라는 게 진실에 가까울 겁니다.

'트랜잭셔널 섹스' 가운데 또 하나 '소비 섹스^{consumption sex}'란 카테고리가 있습니다. '소비 섹스'란 '생존을 위한 섹스'와 구별하기 위해 연구자들이 새로 만든 카테고리인데요('소비 섹스'란 카테고리가 있다고 하니, 예전에 일본의 원조교제 소녀들을 두고 그들이 명품을 소비할 목적으로 아저씨들과 섹스를 한다고 여기던 때가 생각나네요). 연구자들이 해석할 때 만든 카테고리는 종종 당사자들에게 되돌아가서 그들 자신에 의해 오용되거나 유용됩니다(연구 과정에서 정말 자주 일어나는 일이죠). 연구자가 논문을 쓸 때 정보 제공자informant인 소녀들은 '소비 섹스', 즉 소비를 위한 소비, 자기충족적인 섹스를 했다고, 연구자가 분류해 놓은 카테고리에 따라 답합니다. 이렇게 답하는 게 해당 경험을 하는 당사자에게는 훨씬 더 멋지게 들리기 때문입니다. 가나의 소녀들은 애인이나 남자 친구하고는 '트랜잭셔널 섹스'가 아니라 '소비 섹스'를 한다고 이야기합니다. 애인이나 남자친구를, 전부터 알고 지내던 손님이나 후원자patron와 구별하는데, 애인이나 남자 친구한테는 '공짜로 섹스해 주는 어리석은 행위'를 하면서 시장원리와 다르게 행동하지요.

　문화상대주의 입장에서 보면, 아프리카가 도덕적으로 열등하다고 할 수 없습니다. 또 이런 입장이라면, 네덜란드나 독일은 성매매를 합법화했으니 성매매 여성에 대한 낙인을 없애는 데 앞장서고 있다고 할 수도 있습니다. '슈거 대디'와 같은 아프리카 사례도, 아프리카 전통사회와 최첨단 시장경제가 만나면서 여성들이 생존 전략을 짜내 대응하는 것이라 볼 수도 있습니다. 그럼 여성이 자원을 비축한 다음에는 어디로 향할까요? '슈거 마미'가 될까요? '슈거 마미'가 되면 호스트바에 가서 돈을 뿌리는 여성들과 별로 다르지 않겠지요.

　성이 경제적 대가를 수반하여 교환되는 시장……. 여기서 시장이란 어떤 것인가? 저는 '어차피 온갖 것을 상품으로 집어삼켜 버리는 게 자본주의 아닌가' 하고 냉소적으로 생각하지 않습니다. 저는 냉소주의에 찬성하지 않아요. 자본주의는 자유로운 노동자

(노동력을 파는 것 말고는 살아갈 길이 없는 임금노동자)로 구성된 노동시장을 만들어 냈으나, 여기서 '자유'란 것에는 제약이 따릅니다. 노동자는 자본가와 자유로이 계약을 맺지만, 가령 채무 관계로 노예가 될 자유는 금지되어 있습니다. 그래서 돈을 빌리는 담보로 자신의 신체를 설정하거나, 돈을 돌려주지 않으면 노예로 삼겠다는 계약은 근대법에서는 성립하지 않습니다. 무효예요. 이와 똑같은 논리를 신체 일부의 매매나 장기 매매에도 적용할 수 있습니다. 어린이 인신매매(어린이 성매매)가 무효이듯, 태아의 매매도 금지되어 있습니다. 물론 장기 매매가 가능한 암시장이 있고 '대리모'란 이름으로 실질상 태아 매매 시장도 이미 성립되어 있다고는 할 수 있지만, 이런 것들은 위법이거나 위법에 가까운 회색지대에 있는 행위입니다. 즉 자본주의에서 교환 가능한 것에는 한계가 있어요. 모든 게 상품이 되지는 않습니다. 신체에 관해 침습적인 행위인 성매매도 마찬가지로 회색지대에 자리 잡고 있지요.

이번 편지에서는 승인 욕구에 관해 이야기하고 있습니다. 사회적 승인을 가장 알기 쉬운 지표는 돈입니다. 남성들한테 자기효능감(쉽게 말해 '나는 뭐든 할 수 있어'와 같은 의식)의 지표가 되는 게 뭐냐고 물었더니 1위를 차지한 답이 '돈 버는 능력'이었는데, 그 단순함에 저는 그만 질려버렸습니다. 그럼 여성한테 자기효능감의 지표는 뭘까요? '결혼'일까요? 호모소셜homosocial, 즉 남자들끼리의 유대로 구성된 사회에서는 여자가 자신이 있어야 할 지정석, 예컨대 '아내'란 자리를 떠나보내기가 쉽지 않습니다. 이 일이 그토록 어려운 이유가 뭘까? 틀림없이 여성이 경제적 의존 이상으로 사회적 승인을 잃을까 두려워해서일 겁니다. 남자가 나를 위해 얼마나 돈을 쓰는지가 여성의 승인 지표라는 메커니즘은 분명 알기 쉽습니다. 전에 스즈미 씨도 "나와 하룻밤을 보내기 위해 100만 엔을 쓴 남자가 있다는 사실은 내 인생을 지탱해 준 자긍심이었다"고 쓴 적이 있지요.

그 문장을 읽고서 저는 다음과 같이 생각했습니다. 전에 저는 저자 본인의 부탁으로 아마미야 마미 씨의 책《여자의 길을 잘못 들어서》문고판 해설을 썼습니다. 한번 인용해 보겠습니다.

"하찮은 돈 때문에 팬티를 벗지 마. 좋아하지도 않는 남자 앞에서 가랑이 벌리지 마. 남자들이 추켜세워 준다고 해서 사람들 앞에서 알몸이 되지 마. 남들 앞에서 알몸을 보여주는 정도로 인생이 바뀔 거라고 착각하지 마. 남자한테 좋게 평가받고 싶어서 남들 앞에서 섹스하지 마. 제멋대로인 남자가 욕망하는 대상이 되었다고 우쭐하지 마. 남자가 주는 승인에 의존해서 살아가지 마. 남자의 둔감함을 웃는 얼굴로 받아주지 마. 자신의 감정을 억누르지 마. 그리고…… 더 이상 스스로 깎아내리지 마."(《여자의 길을 잘못 들어서》후기)

＊ 아마미야 마미가 쓴 《여자의 길을 잘못 들어서》 문고판 후기는 〈여자의 길을 잘못 든 여자의 당사자 연구〉라는 제목으로 수록되었으며, 2015년 재간행된 우에노 지즈코의 저서 《발정장치 신판發情装置 新版》에도 수록되어 있다. ―원주

분명 스즈미 씨의 어머니, 그리고 아버지도 저와 같은 말을 하고 싶었을 겁니다.

생각해 보면 페미니즘은 '내가 나이기 위해 남자의 승인 따위 필요 없다'고 주장해 온 사상이었습니다. 내 가치는 내가 만든다고. 남자한테 인기 있는 화장법, 옷 입는 법을 쓴 콘텐츠가 유통되고, 결혼이 목표인 만남에 열중하는 젊은 여성들을 보고 있으면 정말로 안타깝습니다. 그리고 묻고 싶습니다. 오늘날에도 여성은 스스로의 힘으로 승인을 획득할 수 없는가?

마지막으로 여기서 다시, 편지 서두에서 언급한 '사랑하는 것'으로 돌아가 봅시다. 승인 욕구란 말 그대로 '승인받고 싶다', '사랑받고 싶다'는 수동적인 욕구입니다. 프롬이 확실히 말했죠. 사랑을 하는 것은 능동적인 행위라고. 그리고 능동적인 행위야말로 자율성의 증거입니다. 그렇다면 대가를 요구하지 않고 주는 것만큼 풍요로운 행위가 또 있을까요? 이런 행위의 보답은 남이 내게 주는 게 아니고, 내가 나 자신에게 줄 수 있는 그런 종류의 보답일 겁니다.

2020년 9월 21일
우에노 지즈코

6장

능
력

저는 사랑받고 존경받기 위해 높은 학벌과 AV 배우란 직함이 필요했습니다.

우에노 지즈코 님께.

지난달 받은 편지는 프롬의 《사랑의 기술》부터 트랜잭셔널 섹스 문제까지 제가 관심 있는 소재로 가득 차 있었습니다. 계획에 구애받지 않고 쓰려던 차여서, 말해주셨듯 흐름에 따라 새롭게 유연하게 써보고 싶습니다.

에리히 프롬의 책은 1991년판 번역으로 한번 훑어본 적이 있는데, 이번에 아버지가 저한테도 번역한 책을 보내줘서 신경 쓰이던 부분을 찾아서 읽어봤습니다. 프롬은 아버지의 사랑을 '조건이 붙은 사랑', 어머니의 사랑을 '무조건적인 사랑'이라 나눠서 논했는데, 우에노 님이 근대사회에 들어서부터는 어머니의 사랑도 '조건이 붙은 사랑'이 되었다고 얘기하신 부분이 정말 이해가 됩니다. 부권주의적 사랑이 상대적으로 후퇴하면서 요즘은 어머니의 '조건이 붙은 사랑'이 강렬해 보일 때도 있습니다.

전에 프롬의 책을 읽었을 때는 저자가 남성이라는 점, 프롬이 제시한 어머니, 아버지 개념이 서로 관련 있는 개념인지 하는 점이 마음에 걸렸습니다. 물론 어머니, 아버지란 개념은 프롬이 "어머니, 아버지 모습을 하고서 나타나는 모성원리, 부성원리에 대해 논한다"고 주석을 달아놓은 그대로겠지요. 하지만 부모 자식 간 사랑에 관해 쓸 때 프롬이 자식의 성별을 언급하지 않은 게 좀 불편했습니다. 적어도 저와 제 어머니 관계에서는 제가 여성이고 동성이란 사실이 결정적이어서였죠.

편지를 읽으면서 우에노 님이 '어머니가 금지하고 철저히 싫어한 것'이라 쓰신 부분을 생각해 봤습니다. 제가 '섹스를 소홀히 다루면서 젊은 저의 자존심을 채웠다'고 쓴 부분에 답을 해주신 내용 말이에요. 제게 어머니의 사랑이란, '무조건적이어야 하지만 진짜 내 마음 깊은 곳에서는 무조건적인지 아닌지 의심스러운 사랑'인 것 같습니다. 그래서 저는 엄마가 여성으로서 자긍심을 갖고 굳게 지키려 하던 성을 시궁창에 버리고, 엄마가 가장 싫어하고 절대로 되고 싶지 않아 할 여자의 모습을 하고서, 엄마의 사랑에 '최소한의 조건'이 필요한지 아닌지 그걸 건드려 볼 수밖에 없었던 것 같습니다.

프롬은 무조건적인 어머니의 사랑의 부정적인 측면을 들어 "사랑을 받는 데 자격이 필요하지 않으므로 획득할 수도 만들어 낼 수도 통제할 수도 없다"고 했습니다. 제가 성을 싸게 팔았던 이유는 그런 안타까움을 해소하기 위해서였던 것 같아요. '획득하자, 통제하자, 그리고 그게 진짜 안 되는 건지 알아보자.' 그러기 위해 '잃어보자'. 엄마의 사랑을 잃을지 안 잃을지 알아보려고 치졸한 방법을 실행했는지도 모르겠습니다.

성 시장, 밤거리가 '조건이 붙은 사랑'으로 성립한다는 점은 틀림없는 사실입니다. 무조건적인 사랑에 비해, 통제가 가능하지요. 그래서 나 자신의 부족한 면이나 불만에 맞춰 승인을 받을 수 있고 이런 걸 스스로 통제할 수 있다는 감각에 빠집니다. 또 나의 자긍심을 둘 곳을 밤거리로 바꿈으로써 당장 얼마간은 자신의 가치를 실감할 수 있지요.

유흥업소에서 일한다고 해서 대놓고 직업을 차별하는 말을 하는 사람은 꽤 줄었습니다. 도쿄에서는 미국에서 일어났던 사건처럼 여성이 경찰한테 성폭력을 포함해 폭력을 당한다거나 인권을 무시당하는 일이 상대적으로 적다고 할 수 있지요. 대신 여자들을 종종 모욕하고 차별하는 이는 같은 업계에 있는 여자들입니다. 자긍심을 둘 곳을 착각한 여자들 말예요. 사회와 끊기고 단절된 듯싶은 여자들 사이에는 연대감이 아니라 한층 더 심한 분열과 차별의 감정이 있습니다. 변종 성매매 업소인 헬스[45]에서 일하는 여성은 소프랜드[46]나 도비타飛田[47]에서 일하는 여성들이 마지막 삽입까지 다 해준다며 깔보고, 소프랜드 여성은 프로가 아니라며 원조교제 여성을 깔보고, 캬바쿠라 여성은 성적 서비스를 하는 여성을 깔봅니다. 여성들의 시간이 교차하는 호스트 클럽에서 이런 광경을 자주 봤습니다.

밤 세계에 들어갔을 때, 젊은 저는 조금이나마 자유를 구하려는 마음이 있었습니다. 애초에 사회에서 말하는 선악이나 규율을

---

[45] 칸막이 친 방에서 30분 정도로 비교적 짧은 시간 동안 싼 가격으로 손이나 입으로 성적 서비스를 하는 변종 성매매 업소.

[46] 90분, 120분 시간을 정해 욕실이 딸린 방에서 성적 서비스를 하는 변종 성매매 업소. 공중목욕시설로 허가를 받아 변종 영업을 하는데, 콘돔을 사용해 삽입섹스도 할 수 있어 가격이 비싸다.

[47] 공창제로 유곽이 있던 오사카 도비타에 남아 있는 성매매 업소.

일탈한 업계에 들어가서, 팔아서는 안 될 걸 팔고 버려서는 안 될 걸 버리고 있다고 느끼는 감각으로 말미암아 여유로운 기분과 자유를 느꼈습니다. 그런데 나름대로 밤 세계에서 시간을 보내는 가운데, 자유롭다는 감각에도 아주 큰 제한조건이 딸려 있다는 생각이 들어 흥미가 떨어졌습니다. 분명 서로 비슷한 말을 전하고 싶어 하는 여자들이 각자의 자긍심을 놓아둔 곳이 다르다는 이유로 서로를 깔보는 모습을 보면서, 밤의 세계에서 얻을 수 있는 전능감[48]이나 승인이 얼마나 취약한지 배운 것 같습니다.

'공짜로는 안 한다'는 슈거 베이비나 게이샤가 지닌 자존심도 이렇게 취약한 감각 가운데 하나겠지요. 미조구치 겐지溝口健二 감독의 영화《적선지대赤線地帯》[1956]는 요시와라 유곽이 배경입니다. 국회에서 매춘 방지법을 심의하던 시절에 나온 이야기죠. 주부가 되기를 동경하던 창녀가 그 세계를 벗어나 주부가 되지만, 누군가의 아내라는 이유로 공짜로 혹사당하고 자유도 없는 생활을 하게 됩니다. 고생스럽게 노력해서 주부가 되었건만 자유롭게 뜻대로 할 수 없는 생활에 진저리가 나서 유곽으로 되돌아가는 장면이 나오죠. 성 업계에서 일하는 여성들 사이에는 지금도 전업주부 멸시가 뿌리 깊게 남아 있는 듯합니다.

우에노 님의 이번 편지에서 가나에 '슈거 대디'란 말이 있다는 걸 알게 됐는데, 저는 전에 미국 친구나 대만 친구가 일본을 이야기하면서 '슈거 대디'라고 하는 걸 들은 적이 있습니다. 친구들

---

48 심리학 용어로 유아기에 '나는 뭐든 할 수 있다'고 느끼는 감각.

이 하던 이 말은 일본의 젊은 여성이 하는 온건한 매춘 행위인 '파파카쓰', 즉 원조교제에 해당하는 말인 듯합니다. LA에 살고 있는 대만 친구는 일본인 여자 친구가 있는데 저더러 이러더군요. "여자 친구가 아무래도 '슈거 대디'를 만나서 돈을 받고 섹스하는 것 같아. 여자 친구가 그걸 그만둘 마음이 없어서 헤어지기로 했어. 일본의 젊은 여자들한테는 '슈거 대디'가 쉽고 상식적인 건지 모르겠지만 나는 이해할 수 없어."

전에는 '원조교제'라 하던 게 지금은 '파파카쓰'란 말로 대체됐습니다. 이 말을 슬그머니 허용하게 된 이유는, 성행위와 경제행위를 거래하는 섹스에서의 남녀의 비대칭성이 양쪽 모두에게 편리하게끔 흐릿해지기 때문이라 봅니다. 우에노 님이 '권력과 경제적 자원이 남성한테 집중됐다는 조건하에 여성이 성을 파는 사회가 성립한다'고 말씀하신 바는 맞지만, 현장에서는 여성의 자존심뿐만 아니라 남성의 자존심도 별반 차이 없이 위기에 노출되어 있습니다. 돈을 받고 남자의 장난감이 될 여자 쪽에도, 돈을 낼 때만 자기를 상대해 주는 여자를 만날 수 있는 남자 쪽에도 냉엄하게 '조건이 붙은 사랑'만 주어지니까요. 파파카쓰, 즉 원조교제에서 남성은 프로로 일하는 업소 언니한테 돈을 내고 서비스를 받는 게 아니라 어디까지나 아마추어인 여성과 만나는 것이라 '나는 경제력으로 이 여성을 돕고 있는 거야'라는 허구 속에서 살아갈 수 있고, 여성 쪽은 '나는 매춘부가 아냐. 나와 섹스한 상대는 부자고, 내 매력을 평가해 줘'라고 착각할 수 있습니다.

쌍방이 저마다의 맥락에서 무엇을 파는지, 무엇을 사는지를

두고 자신의 사정에 맞게 해석하면서 게임을 합니다. 예전엔 저도 금지된 놀이를 하듯 이런 게임을 즐겼습니다. 돈을 내지 않으면 나한테서 사랑받지 못할 남자를 경멸하면서 나의 승인 욕구를 채웠는데, 그 이유는 공부든 일이든 운동이든 뭐든 간에 그런 데서 남성을 능가하기보다 훨씬 간단했기 때문입니다. 이번에 아버지가 새로 번역한 《사랑의 기술》을 읽으며, 전에 아버지가 번역한 조안 스미스[Joan Smith]의 《여성혐오들[Misogynies]》(1989)[49]을 떠올렸습니다. 이 책이 나왔을 때 여덟 살이었던 저는 이 책의 일본어 제목인 '남자는 모두 여자를 싫어해[男はみんな女が嫌い]'에서 '혐[嫌]'이란 한자를 읽지 못했거든요. 제가 '남자는 모두 여자를 원해'라고 잘못 읽는 바람에 가족들이 어처구니없어 하며 웃은 적이 있습니다.

그런데 우에노 님의 편지에서 제가 가장 동의한 대목은 '상품으로서 섹스는 회색지대에 있다'고 하신 부분입니다. 저는 '성노동도 훌륭한(또는 보통의) 노동'이라 주장하는 성노동 단체와 줄곧 거리를 뒀습니다. 이런 회색지대가 수상쩍고 마음에 계속 걸려서입니다.

제가 '성노동'이라 불리는 AV 배우 출신으로 글을 쓰다 보니까, 제 주변에는 성매매 합법화, 성 산업 차별 반대 운동을 위해 열정적으로 뛰어다니는 사람들이 많습니다. 개인적으로 친한 사람

---

49 영국 저널리스트이자 인권운동가 조안 스미스가 1970년대 말 연쇄살인마 '요크셔 리퍼'(피터 서트클리프)가 저지른 여성 연쇄 살인 사건을 담당한 경찰의 무능함에 분노하여 집필한 책. 현실에 존재하는 여성혐오가 범죄, 공적 영역 등 다양한 형태로 나타난다는 의미로 작품 제목에 '여성혐오들'이라는 복수형을 썼다. 단지 일부 남성만이 여성을 혐오한다는 뜻이 아니라, 삶과 사회 문화에 여성혐오가 뿌리박혀 있어서 변화가 일어나기 전까지 여성은 위험에 처해 있는 것이라고 논했다. 일본에서는 스즈키 스즈미의 아버지 스즈키 쇼가 번역하여 1991년에 출간되었다.

도 있고 성노동 논의에 감탄하기도 하지만, 성노동을 대단하다거나 평범한 일이라고 단언하는 주장을 들으면서 오랫동안 불편함을 느껴왔습니다. 물론 제가 일한 업계니 저도 나름대로 애착이 있고, 그러니까 성노동을 폐지하자든가 성매매를 뿌리 뽑아야 한다는 입장은 아닙니다. 성노동을 하는 여성을 차별하는 발언이 나와서 논란이 될 적마다 '성노동은 일반적인 노동과 같다'는 주장이 들끓는데, 그렇다고 해도 저는 성노동이 일반적인 노동과 같다는 주장에는 거리를 두고, 제가 느낀 불편함을 없애기 위해 제 말을 갖고서 악전고투해 왔습니다.

왜냐면 회색지대에서 저의 행위가 극히 특수한 것이라고 확신했기 때문입니다. 제가 그 세계에서 얄팍하면서도 특수한 자존심을 채운 것도, 어떤 시기에 열중하며 빠져든 것도, 또 제가 마음 둘 곳이 맞는지 확인하려고 머물러 있었던 것도 지극히 특수한 일이었습니다. 마약처럼 사람을 기분을 좋게 하고 고양하는 그런 특수성이 아주 위험하리라는 예감이 있었기 때문이죠. 하지만 그렇다고 한들 이제 와서 '나는 내 영혼에 나쁜 짓을 했습니다'라는 식의 말 한마디로 내 경험을 정리해서 흘려보내고 싶은 생각은 없습니다. 또 경험상 그 세계의 매력은 다른 것으로 대체하기 어렵다고 실감합니다. 엄마는 '네 주변의 무서운 것', '너를 상처 입히는 것'이라는 애매한 말로 그 위험성을 암시하고 돌아가셨습니다. 그 뒤부터는 '왜 몸을 팔면 안 되는지' 그 답을 찾아서 쓰는 게 제가 해내야 할 하나의 커다란 작업이라 생각하고 있습니다. 저는 '몸을 팔면 안 된다니 그따위 걸 누가 정한 거지?' 하고 묻는 정신성精神性

으로 밤의 세계에 대담하게 발을 들였는데, 어쩌면 실은 몸을 팔면 안 되는 이유를 알고 싶었던 게 아닐까 하는 생각이 들 때도 있습니다.

편지에서 제게 '스즈미 씨는 성적 가치를 파는 것 외에도 승인 욕구를 채우기 위해 이용할 수 있는 자원을 갖고 있다'고 하셨잖아요. 그런데도 제가 원조교제, 성 산업 세계로 들어갔다고요. 이미 지난 편지에서 제가 뒤틀린 우월감을 체득하게 된 과정에 대해 썼는데, 저도 의문이긴 합니다. 저는 왜 '남자의 승인 따윈 필요 없어'라고 주장하며 살아오지 않았을까요? 집 서고에는 우에노 님의 저서를 비롯해 온갖 책이 줄지어 꽂혀 있고, AV를 촬영하거나 캬바쿠라에서 일한 다음 날이면 대학 또는 대학원에 다니며 매우 좋은 환경에서 공부할 수 있었는데, 왜 나는 '섹스를 소홀히 다루고 팔아치우는 나' 또는 '섹스에 값을 매길 만큼 가치 있는 나'를 버릴 수 없었을까요? 나 자신이 어느 쪽에 있든 섹스에 값을 매길 수 있다는 사실만으로는 불만족스러울 거라는 점도 알고는 있었습니다.

우에노 님이 '오늘날에도 여성들은 스스로의 힘으로 승인을 획득할 수 없나?' 하고 낙담하며 하신 말씀이 가장 정곡을 찔렀습니다. 자신을 인정받기 아주 유리한 환경에 있으면서도, 남자가 주는 가장 알기 쉬운 승인으로부터 오랜 기간 벗어나지 못했던 저라서요. 제 세대는 남자의 승인만으로 만족하기에는 너무도 혜택받은 시대를 살고 있고, 동시에 남자의 승인 없이 만족하기에는 너무도 빈곤한 자의식으로 살고 있는 것 같습니다. 평론가 사이토 미나코^高

藤美奈子 씨처럼 이야기해 보겠습니다. 사장이 되느냐, 아니면 사장의 아내가 되느냐, 이 두 가지가 딱 똑같은 무게로 앞에 제시된 상태인데, 사장도 사장 부인도 다 해낼 수 있을 것 같고 둘 다 되고 싶지만, 이 둘 사이의 좁은 틈 속에 있으면서 뭘 골라도 미련이 남는 탓에 어느 하나를 확실하게 선택하지 못한 세대가 우리 세대 여성인 것 같습니다. 최근에 출간한 책에서 저는 아직도 남자한테 먼저 사귀자는 소리를 들어야 마음이 놓이면서도, 일적으로 평가받고 출세해 남자를 바보 취급하는 여성들에 대해 썼습니다. 이 여성들은 모두 로맨틱 러브 이데올로기의 잔향이 감도는 가운데, 윗세대 여성들이 건네준 여성으로서의 존엄과 여성 스스로 자신의 가치를 결정할 자유를 양손 가득 들고 있으면서도, 남성의 지배가 휩쓸고 간 자리에서 어떤 것도 버리지 못한 채 우왕좌왕하는 듯 보입니다.

우에노 님이 도쿄대 입학식 축사[50]에서, 도쿄대 여학생들은 자기가 도쿄대 학생이란 걸 숨긴다고 이야기하셨죠. 노력해서 합격했다는 사실, 대학 이름을 감추고서 '무해하고 귀여운 여자'로 평가받는 편이 자신의 가치를 손쉽게 높여줄 방법인 것처럼 느끼는 마음을 저는 잘 알고 있습니다. 제 친구 중에도 도쿄대를 나왔는데도 한결같이 도쿄여대 출신이라 말하고 다니는 이도 있고, 미국 드라마를 봐도 그래요. 여자 주인공이 미팅 자리에서 직업이 변

---

50 이 책의 저자 우에노 지즈코는 도쿄대학교 명예교수로서 2019년 입학식 축사를 낭독했다. 축사 중에 도쿄대 여학생이 미팅에 나가서 자신이 도쿄대 학생임을 감추는 일화를 전하며, 그 이유를 두고 여성의 가치와 여학생의 높은 성적(평가 결과) 사이에 뒤틀림이 존재하는데 이는 날개를 꺾인 채 살아가는 여성의 상황 때문이라고 언급했다. 축사 전문(한국어 번역본)이 우에노 지즈코가 이끄는 NPO WAN(여성행동네트워크Women's Action Network) 사이트에 게재되어 있다. URL: https://wan.or.jp/article/show/8366#gsc.tab=0.

호사라고 했을 땐 데이트를 못 하다가 스튜어디스라고 하니까 바로 데이트 신청을 받는 에피소드가 나옵니다.

실제로 남자의 승인을 받는 데 만족해 승무원이 된 경우도 있는데, 대표적으로 패션지 《JJ》의 독자층이 그랬습니다. 승무원이 되든 도쿄대나 하버드 로스쿨에 들어가든 어느 곳에서든 자신을 야무지게 바꾸는 여성들은 미심쩍은 승인을 필요로 하면서도 임시방편으로 그때그때 강하게 진화한 것 같기도 합니다. 저한테는 저 자신이 게이오대학을 나온 학생이고 도쿄대 대학원을 다니면서도 AV 배우를 해서 '존경도 귀염도 받고 있다'는 사실을 보여주는 게 당장 중요했고요.

두 가지 다 원하고 두 가지 다 버릴 수 없는 건 과도기의 사치스럽고 하찮은 고민일지도 모르겠습니다. 프롬이 말한 사랑 개념을 들어 말하자면, 사랑받기에 대한 집착을 버리고 사랑하는 연습을 쌓아나가지 않는 한, 도쿄대를 졸업하든 변호사가 되든 남자의 승인이 없이는 완결되지 않을 삶을 살아가야겠지요. 제가 앞에서 인용한 여자들은 제 책 《사라지지 않을 남녀 관찰기록》에 나오는 사람들이고, 와세다대학이나 게이오대학 등 명문대를 나와서 억대 연봉을 받고 있는 여자들입니다.

도쿄대 입학식 축사에서 '의대 부정 입시 사건'[51] 도 언급하셨

---

51 2018년 도쿄의과대학에서 여학생과 재수생을 차별한 부정 입시가 발각되었다. 특히 여학생 합격자가 입학 정원의 30퍼센트 안팎에 머물도록 소논문, 면접 등의 성적을 일괄 감점하는 식으로 조작했다는 사실이 드러났다. 도쿄의과대학에서는 "정상적으로 시험을 채점하면 여성 합격자가 너무 많아지기에 행한 조치"라고 해명했다가 크게 논란이 됐다.

지요? 어디까지나 제 개인적으로 가까운 이들만 한정해 살펴본다면, 부정 입시 뉴스를 들었을 때의 반응은 미묘했습니다. 그 반응이라는 게 물론 부정 입시를 해도 된다는 뜻은 아니고요.

제가 다니던 메이지가쿠인고등학교는 중간 정도 성적의 학교인데, 제가 들어가던 당시에도 이미 남녀 편차치가 10이나 났습니다.[52] 원래 남자 고등학교였다가 남녀공학이 됐는데, 기존에 미션스쿨로서 부유한 이미지도 있었고요. 성적순으로 뽑으면 여학생들이 성적이 좋아서 여자만 뽑히니까 여학생과 남학생을 동수로 맞추려고 상대적으로 성적이 떨어지는 남학생도 입학시켰습니다. 학교에서 이런 조치를 하겠노라고 공식적으로 발표도 했으니까 부정 입시를 은폐한 의대 문제하고는 질적으로 다르겠지만, 여자들이 선택할 수 있는 길이 극단적으로 적었던 시대를 살지 않았던 우리 여학생들은 '바보 같은 남자애들 구제해 주는 조치'라고 보는 의식이 강했습니다. 의대 부정 입시 뉴스를 듣고 저나 제 여자 동창들은 예전에 고등학교 입학 때가 생각나서인지 반응이 묘했어요.

저와 제 여자 동창들 안에는 의대나 병원에서 여자들에게 기회의 평등이 열리길 원하는 마음과 더불어, 남자들보다 앞서 있는 사람으로서 머리 나쁜 남자를 위해 개선책을 허용하고 싶은 마음이 모순되지 않게 존재합니다. 이건 '내 가치는 내가 결정하겠다'

---

52 일본의 고등학교는 비평준화 정책을 실시하는데, 표준점수로 편차치를 쓴다. 편차치란 성적 표준값에 대한 분포도인데, 평균을 50, 표준편차를 10으로 한 성적분포도이다. 가령 편차치가 60이면 상위 15퍼센트 정도고 편차치 70이면 상위 3퍼센트 정도다.

는 마음과 '그래도 내가 여자로서 가치가 없다고 말하게 둘 수는 없다'는 마음이 번갈아 침식하면서도 공존하는 모양새와 닮았습니다. 남자의 승인 따위 필요 없다고 선언하지 못하는 나약함은 분명 예전 그대로 갖고 있지만, 의대 부정 입시 사건 뉴스를 듣고 강자인 남자가 아닌 약자인 남자를 떠올리자 우리도 모르게 높은 자긍심을 느꼈어요.

1980년대에 학생이었고 이제 50대가 된 여성들뿐만 아니라, 저랑 같은 세대의 엘리트 여성들도 한류 드라마 〈사랑의 불시착〉에 빠졌습니다. 구조를 보면 아주 낭만적인 사랑을 그린 드라마예요. 한국에서 기업가인 여자 주인공이 북한에 불시착하는데 그런 특수한 상황에서 남자 주인공한테 보호받는 공주님으로 나옵니다. 여자 주인공은 한국에 돌아와서 엄청난 권력을 이용해, 한국에 들어온 남자 주인공한테 이것저것 가르쳐 줍니다. 남자 주인공은 활약하는 여자 주인공을 샘내지 않고 목숨을 다해 응원합니다. 그런 남자는 판타지겠지만, 이젠 특수한 상황이 아니면 정통적인 로맨틱한 사랑이 전개되는 스토리를 펼칠 수 없게 된 시대가 됐다는 사실도 알게 됐습니다. 디즈니사가 공주에서 여성 영웅으로 주류 노선을 바꾼 것과 비슷하네요.

능력이나 자원을 갖추고도 '사랑받기'에 집착하고 남자의 승인을 얻으려는 마음을 버리지 못한다면, 애써서 들어간 명문대 이름도 어색하게 감추는 데 급급할 뿐 타인을 위해 '사랑하는' 쪽에 설 여유는 없겠지요. 하지만 목적지는 멀어도, 거기 도달할 때까지

걸음걸이의 리듬을 조금씩 맞추고 있는 듯해서 마음이 든든합니다.

2020년 10월 12일
스즈키 스즈미

'자립한 여자'란 관념에 사로잡힌 저도 스즈미 씨와 별 차이가 없습니다.

스즈키 스즈미 님께.

스즈미 씨와 편지 연재를 시작하고 반년이 흘렀네요. 코로나 시국에 어쩔 수 없이 은둔 생활을 하게 되어 나 자신에 대한 성찰이 깊어졌습니다. 이렇게 조심하는 생활이 얼마나 계속될까요? 그 후 제 인생은 얼마나 남아 있을까요? 이대로 제 인생이 끝날 수도 있을까요?

Go To 캠페인[53]으로 회식이나 여행, 행사가 열리고 넘쳐나는 사람들 소식을 들으니, 어떻게 그토록 밖에 나가고 싶고 사람을 만나 흥겹고 떠들썩하게 지내고 싶은지 신기하다는 생각만 듭니다. 원래 저는 사람 많은 곳을 좋아하지 않는 타입이라 코로나 시국에 집에 머물면서 조용하고 차분해진 생활, 변화가 적은 일상이 괜찮아서, 어떤 때는 이게 노후라면 이대로 인생 끝까지 이어져도 좋을 듯싶습니다. 생각해 보면, 전근대 사람들은 좁은 세계에서 바깥을 모르고 살면서 부모가 하는 일을 보고 자라 부모가 살듯 살고, 매년 같은 일을 되풀이하며 일생을 마쳤겠지요. 계절의 변화에 기뻐

---

53 코로나 대유행과 비상사태 선언 이후, 아베 신조 총리가 집권한 일본 정부가 약 1조7,000억 엔에 이르는 막대한 예산을 투입해 2020년 7월부터 일본 내 여행 경비(숙박, 교통, 식비)를 보조하거나 지역 음식점 식사권, 이벤트 티켓 등을 지급한 경제정책. 경기 활성화 등을 꾀했으나 부정 수급, 관광 장려로 인한 코로나 감염 확대 등으로 비판을 받았다.

하면서요. 저는 코로나 위기를 피해서 이른 봄부터 산골에 있는 집에서 지내기 시작했습니다. 신록이 푸르고 여름이 되어 나뭇잎 색깔이 짙어지더니 이제 나뭇잎이 색색이 물들고 있네요. 올겨울이면 '위드 코로나' 생활도 벌써 계절을 한 바퀴 돌게 되는군요. 설마 이리 길어질 거라고는 생각 못 했는데, 지금은 또다시 봄이 와도 코로나 위기가 진정될지 예측조차 못 하고 있습니다. 무슨 일이 벌어지든 계절은 또 오겠지요. 이 확실한 사실 덕분에 큰 위로를 받습니다.

그나저나 앞으로 성장해 나갈 젊은이들은 움직여야 하는데, 이렇게 갇혀 지내는 게 괴롭지요? 스즈미 씨 나이는 이제 막 인생의 3분의 1을 지난 시점인데, 저는 인생의 3분의 2, 아니 5분의 4 정도가 지나가 버렸습니다. 살날을 뒤에서부터 헤아리는 게 더 빠른 제 인생과, 앞으로 지금까지 살아온 것보다 더 긴 시간을 살아가야 할 스즈미 씨의 인생. 우리 둘에게 코로나 발생 후 지난 1년이 주는 무게는 다를 수밖에 없겠지요.

편지에서 '조건이 붙은 사랑'에 대해 쓰셨지요. 프롬은 어머니의 사랑이 '무조건적'이라 했지만 '어머니의 무조건적인 사랑'은 프롬의 견해에 불과합니다. 현실 속 어머니 모습은 제각각입니다. 스즈미 씨는 아동문학가인 어머니께서 딸인 자신을 실험 재료 다루듯 관찰한다는 점을 어린 마음에도 잘 파악했던 것 같습니다. 스즈미 씨 어머니처럼 발달심리학자 대다수는 자식을 관찰한다고 하는데, 과학자로서 하는 아이 관찰과 부모로서 아이한테 주는 애정을 어떻게 구별하는지는 잘 모르겠습니다. 그런데 걱정은 돼요. 예컨대 부모가 '아, 이게 거울 단계로구나' 할 때, 하나하나 관찰 당하는 입장에 처한 아이가 어떻게 느낄지. 아이를 깔보면 안 됩니다. 아이는 부모의 감정을 민감하게 알아채니까요.

'조건이 붙은 사랑'에 대해 이야기할 때 스즈미 씨는 자식의 성별을 지적했는데, 그건 중요합니다. 아버지와 아들, 아버지와 딸, 어머니와 아들, 어머니와 딸 관계는 전부 서로 다르죠. 돌봄 이론에서는, 요즘에야 비로소 부모 자식 관계와 같은 애매한 용어 대신 관계성이 돌봄의 질을 좌우한다는 이야기가 나오게 됐습니다. 돌봄 관계 중 시어머니와 며느리, 친정어머니와 딸 관계에 큰 차이가 있는 건 당연하고, 아버지가 하는 돌봄과 어머니가 하는 돌봄이 다르며, 아들이 하는 돌봄과 딸이 하는 돌봄에도 큰 차이가 있습니다. 최근에서야 돌봄 관계에서 이러한 관계성의 조합과 성차를 인식하게 되었는데, 부모 자식 관계에서도 젠더 차이가 있어요. 먼 옛날 신화를 읽어봐도 신화 속 주제인 아버지와 아들 관계는 어머니와 아들 관계, 또 어머니와 딸 관계와는 많이 다릅니다.

여성학은 처음부터 어머니와 딸 관계를 문제로 삼았습니다. 프로이트를 비롯해 심리학 가설에서 말하는 에고^{Ego}란 남성의 자아를 가리키는 말인데, 심리학자들은 남자애가 어떻게 어른 남자가 되는지에는 관심을 쏟았을지언정 여자애한테는 거의 관심을 기울이지 않았습니다. 심리학에서 어머니와 딸 관계는 아무런 연구가 없다시피 했고, 그래서 여성학에서 어머니와 딸 관계를 연구해야만 했습니다. 요즘에 들어와 딸들이 '엄마를 사랑할 수가 없다'

고 말하기 시작하면서 어머니와 딸 관계가 이만큼 문제로 드러날 수 있게 된 거죠. 한편 엄마들도 '딸을 사랑할 수 없다'고 말하기 시작했습니다. 그럼 어머니와 아들 관계는 어떨까요? '딸보다 아들이 훨씬 좋다'고 아무 부끄러움 없이 말하는 어머니를 저는 많이 봤습니다. 최근에 오타 게이코太田啓子 변호사가 《앞으로의 남자아이들에게これからの男の子たちへ》(2020) [한국어판은 2021] 라는 재밌는 책을 썼습니다. 저자 오타 씨는 아들 둘을 키우는 엄마이기도 한데, 엄마들 모임에서 다른 엄마들이 '남자애들은 좀 바보 같고 거칠면서도 귀엽지 않아?' 하면서 남자애들 이야기로 끝없이 즐거워하는 대화가 불편하다고 합니다. 비슷한 시기에 《'엄마와 아들'의 일본론「母と息子」の日本論》이라는 사회학자 시나다 도모미品田知美가 쓴 책이 나왔는데, 저자는 "엄마들은 '남자애들을 바보 같다'고 한정함으로써 아들을 자신의 지배 영역에서 자립시키지 않으려는 음모를 꾀하는 셈"이라 논했지요. 그렇게 자란 아들한테 엄마를 어떻게 생각하느냐고 한 번쯤 물어보고 싶지만, 어른이 된 남자들은 엄마의 모성을 찬양하는 노래 말고는 별로 말하지 않습니다. 실은 좀 더 애증과 같은 모순적인 감정이 공존할 텐데요. 어쩌면 이야기할 수 있는 말을 갖고 있지 못한 만큼, 아들에 대한 모성의 억압은 강하다 할 수도 있겠습니다.

딸이 부모한테 가장 쉽게 반항하는 방법은 성적 일탈입니다. 지금도 그렇잖아요. 왜냐? 남자인 아버지도, 여자인 어머니도 딸의 성적 일탈을 가장 싫어하니까요. 스즈미 씨가 어머니의 '조건이 붙은 사랑'을 시험하기 위해 한계를 뛰어넘어 어머니 사랑을 잃어버리자면서, 잃어버리게 될지 어떻게 될지 치졸한 수단으로 실행해 봤다고 했는데, 딱히 특수한 경우는 아닙니다. 스즈미 씨가 만약 아들이었다면 어땠을까요? 어머니한테 등 돌릴 수 없었을지도 모르겠네요.

제가 부모의 중력이 미치는 영역에서 탈출하고 싶었을 때, 그 상대는 어머니가 아니라 아버지였습니다. 제 어머니는 나쁜 엄마가 되기에는 너무도 무력했기 때문입니다. 무력한 존재라는 점 때문에 제가 미움을 느낄 만큼이나 무력한 존재였지요. 아버지가 금지했기 때문에, 저는 아버지가 싫어하는 일이라면 뭐든 한 번씩 다 손을 댔습니다. 그중에는 성적 일탈도 있었죠. 이렇게 별 재미도 없는 일탈이 '왜 이리 꿀맛이지?' 생각해 봤습니다. 그리고 아버지가 금지했기에 그 일탈이 꿀맛이라는 사실을 알게 됐습니다.

'조건이 붙은 사랑' 앞에서 여간한 사람은 못 미칠 정도로 격렬히 반항한 사람이 있습니다. 《그러니까 당신도 살아_{だから、あなたも生}きぬいて》의 저자 오히라 미쓰요_{大平光代} 씨입니다. 등에 문신을 새기고 야쿠자 세계에 들어가 야쿠자의 아내가 됐다가 그 세계를 나와서 사법시험에 합격해 변호사가 되고, 오사카시에서 최초의 여자 부시장까지 된 사람입니다. 오히라 미쓰요 씨는 중학교 때 처절한 왕따를 당해 자살을 기도했습니다. 그 후에도 자살에 실패했다는 이유로 또 괴롭힘을 당했죠. 등교를 거부하는 딸 미쓰요에게 어머니는 결정타를 날렸습니다.

"엄마는 밖에 나갈 수가 없어! 제발 부탁이니까 학교라도 좀 가줘. 부끄럽잖니!"

이 소리를 듣고 딸은 날뛰었습니다. 당연하죠. 딸은 목숨 걸고 학교 가기를 거부하는데요.

"엄마는 나보다 사람들 시선이 중요하지!"

힘이 있는 딸은 심하고 격렬하게 일탈합니다. '이래도 그럴 거야? 내가 이래도 그럴 거야?' 하면서 한계를 밟고 넘어섭니다. 엄마는 나를 한 번 버렸다, 내가 얼마나 더 하면 나를 또 버릴까 하면서 엄마를 밀어붙이는 게 틀림없죠. 미쓰요 씨는 본인도 그렇고 주위도 힘들어진 그런 시련을 거쳐 위기 청소년의 회복을 돕는 변호사가 되었고, 그 뒤 어머니하고도 화해했다고 합니다. 저는 끝까지 어머니와 화해할 기회가 없었는데, 일찍 어머니를 여읜 스즈미 씨도 그렇지 못했지요. 부모 자식이 화해하려면 서로 다 오래 살아야 합니다.

그런데 말이죠.

요즘 들어 깨달았는데, '나는~' 하고 주어를 쓰면 '~했다'고 과거형으로 끝맺는 문장을 자주 쓰고 있습니다. 이제 와서 인생을 다시 살 수는 없으니 후회와 반성만 남네요. NPO '고령사회를 좋게 만드는 여자들의 모임' 이사장이자 평론가인 히구치 게이코樋口惠子 씨와 대담을 나누고 정리한 책 《인생에서 그만둬야 할 순간人生のやめどき》(2020)에 이런 대목이 있습니다. 제가 히구치 씨한테 문득 물었어요. "죽기 전에 화해하고 싶거나 사과하고 싶은 상대가 있나요?"라고. 히구치 씨의 답이 걸작이라 깜짝 놀랐지요. '사과는 무슨 사과냐, 원망하는 마음에 귀신이 돼서 그 앞에 나타나고 싶은

사람은 있다'하시더군요. 저는 상처를 준 적이 있는 사람한테 사과하고 싶은 마음만 듭니다. 무지했고 미숙했고 오만했습니다. 젊은 시절로 돌아가고 싶다는 생각은 전혀 안 들어요. 그토록 괴로운 나날도 없었으니까요.

동화 그림 작가 이와사키 지히로いわさきちひろ 씨가 멋진 말을 했어요. 지히로 씨가 쉰 살이 됐을 때 쓴 글입니다.

"돌이켜 보면, 한심하고 무모한 젊은 나날을 보냈습니다. 그때보다 좀 나아졌다고 할 수 있게 되기까지 20년 넘게 착실히 애를 써야 했습니다. 실패를 거듭하고 식은땀을 흘리면서 조금씩 조금씩 이치를 깨닫게 되었습니다. 예전으로 돌아갈 필요가 없어요."

저도 '예전으로 돌아갈 필요가 없다'고 생각하는데, 스즈미 씨와 이렇게 편지를 주고받으니 제가 스즈미 씨만큼 젊었을 때 겪었던 여러 가지 일을 좋든 싫든 떠올리게 됩니다. 따끔하네요. 떠올리고 싶지 않은 과거, 남겨둔 과제, 봉인해 둔 물음을 억지로 열어젖히는 기분이 드는데, 소용돌이 한가운데 있을 땐 보이지 않던 것을 살펴보려는 마음에 끌리네요.

스즈미 씨는 제게 '어째서 남자한테 절망하지 않을 수 있냐?'고 몇 번이나 물어봤는데, 젊을 적에 저는 남자를 사랑하고 남자에게 사랑받고 상처 입고 상처 주고 그랬습니다. 제가 대학 다닐 때는 다 남자만 있는 환경이었는데, 그때 남자들은 지금의 젊은 남자들보다 더 야만적이고 사양할 줄도 몰라서 만날 남자가 끊이질 않았어요. 말버릇이 험한 어떤 남자애는 저한테 이러더군요. "교토대학 다니는 여자들은 좋겠다. 아무리 못생겨도 쫓아다니는 남자들

이 있네."(하하)

유치하고 단순한 남자도, 교활한 남자도 있었습니다. 연애하는 데 존경심이 필요한 건 아니니까요. 제가 무지한 만큼 상대방도 무지했습니다. 내가 대단치 않고 결점 많은 사람이란 걸 알고 있으면 상대방한테 완벽함을 요구하지 않습니다. 서로 결함이 많은 젊은 남녀 사이에서 속임수가 통하지 않는 정체성 투쟁을 하려고 들면 상처를 주거니 받거니 하게 됩니다. 저는 연애라는 게임에서 여자가 약자라고는 전혀 생각하지 않는데, 여자가 연애에서 가해자가 될 수 있음을 충분히 알고 있기 때문입니다.

하지만 섹스는 별개죠.

제가 젊을 적에는 지금보다 섹스가 훨씬 더 금기시되어 있었습니다. 그럴 법도 한 게, 당시는 '초야', '첫날밤' 이런 말이 아직 살아 있던 시대였거든요. 부모가 딸한테 결혼하기 전까지 처녀로 지내라고 가르쳤고, 혼전 성 경험이 있으면 흠 있는 여자라고 했습니다(그래서 그 반동으로 격렬한 성혁명이 일어난 것이겠지요).

이번 편지에서 스즈미 씨는 '왜 몸을 팔면 안 되는지, 이에 대한 답을 찾는 게 작가로서 큰 과제'라고 스스로 사명을 부여했네요. 당사자가 아니면 낼 수 없는 답을 꼭 찾아주시기 바랍니다. 기대하겠습니다.

그리고 스즈미 씨는 이렇게 썼습니다. "'몸을 팔면 안 된다니 그따위 걸 누가 정한 거지?' 하고 묻는 정신성으로 밤의 세계에 대담하게 발을 들였는데". 이 대목에서 '정신성'이란 단어를 읽고 정곡이 찔린 듯 가슴이 덜컥했습니다. 성 산업에 들어간 스즈미 씨의 동기가 '정신성'이라니, 이 말을 정확히 이해할 사람은 아마 많지 않을 겁니다.

근대 이후 문학에서 남자에게 육욕肉慾(이 단어 굉장하죠?)이란 '(남자의) 정신이 신체에 패배한 장소'입니다. 하지만 여자에게는 '정신에 맞춰 신체를 복종케 한 장소'였을 겁니다. 그러고 보니, 잠깐 참고 몸을 빌려주는 원조교제 소녀로부터 거슬러 올라가, 의리나 인정, 충의, 효행을 위해 비참한 세계에 몸을 던지기로 결의한 유곽의 여성들에 이르기까지, 여자들은 자신의 몸이 내는 소리를 희생시켜서 정신에 신체를 복종시켜 온 것 같습니다.

'육체와 정신을 시궁창에 버리는' 섹스를 했을 무렵 대체 저는 뭘 한 걸까요? 스즈미 씨와 편지를 주고받으며 새삼 스스로 묻게 됩니다. 성적 승인을 얻으려 한 걸까? 아니, 그렇지 않습니다. 그전부터 이미 지겹도록 주변으로부터 나 자신이 성적인 존재임을 느끼게 하는 시선을 받았기 때문입니다. 그럼 성욕 때문이었을까? 음, 성욕보다는 나의 신체가 나의 정신(저는 '정신' 대신 '관념'이라고 하는데)을 따르도록 하기 위해 그런 섹스를 했다 싶습니다.

소설가 모리 요코森瑤子가 쓴 작품 《정사情事》[1977]가 있습니다. 제목처럼 이 소설에는 "토할 때까지 섹스를 해보고 싶다"는 인상적인 문장이 나옵니다. 이 문장에 많은 여성 독자들이 공감하여 모리 요코 씨의 팬이 늘었다고 합니다. 모리 씨가 이런 생각을 실천했는지 아닌지는 모르겠지만, 이 책을 읽었을 때 저는 제가 이런 욕망을 조금도 억제하지 않았다는 사실을 깨달았습니다. 남자 공급은 매우 간단했어요. 그저 '하고 싶다'는 말만 하면 됐지요.

1990년대 초반에 방영된 TV 드라마 〈도쿄 러브 스토리〉에서 여자 주인공 리카가 남자 친구 간치에게 먼저 '하자'고 해서 화제가 된 적이 있는데, 여자가 먼저 섹스하자는 게 그렇게 문턱이 높은 일인가요? 지금도 절대로 먼저 '사귀자'고 하지 않고 남자가 '사귀자'고 말하도록 하는 여자들한테는 문턱이 높은 말일 수도 있겠습니다.

1980년대 영미권 섹스 조사 가운데 'Who initiates?(누가 먼저 섹스하자고 하는가?)'란 문항이 있는데, 답을 보면 법률혼 부부, 동거하는 이성애 커플, 동성애 커플 순으로 남자가 먼저 제안하는 경우가 압도적이었습니다. 조사 결과를 보고 역시나 했어요. 섹스란 남자가 먼저 나서고 여자는 수동적으로 기다리는 것이라고 보는 선입견이 남녀 모두에게 강하다고 해야겠죠. 이 조사 항목에는 'Who can say no?(어느 쪽이 거절하는가?)'라는 질문도 있는데, 앞선 답과 똑같은 순서로 여자가 '노No'라고 답하지 못한다는 결과가 나왔습니다. 혼인신고를 한 법적인 아내가 성적으로 자유롭지 못하단 점을 알 수 있는 결과인데, 지금도 이럴까요? 여자 쪽에서 먼저 섹스하자고 하면 행실이 나쁘다고 합니다. 여자가 먼저 섹스하자고 하면 발기가 안 된다는 남자들도 있다는데요. '어떻게 하면 남자와 잘 수 있나요?'라고 제게 천진난만하게 묻는 여자들에게 '먼저 하자고 하면 돼요'라고 말하니 '아니, 그런 건 못 해요~'라는 답이 돌아오더군요.

왜 그런 답을 했을까요? 여자는 거절당하는 것에 익숙하지 않기 때문입니다. 남자도 접근했다가 거절당하면 상처를 받겠지만,

그 상처를 회피하거나 축소하면서 경험과 훈련을 쌓습니다. 한 번 거절당했다고 상대방이 그의 존재 자체를 부정했다고 느끼지 않고 "아, 그렇군" 하고 넘어갑니다.

여태까지 제가 해본 것 중 가장 깔끔한 거절 방법은 이랬습니다.

"오늘은 할 기분 아냐." "아, 안 돼. 다음에 하자." 그 사람하고 다음번에 다시 한 적은 없지만요.

저는 남자한테서 뭔가를 얻어내거나 교섭할 필요가 없었기 때문에 먼저 하자고 하는 것도, 거절당하는 것도 간단했습니다. 그런데 남자들과 저는 전혀 다른 시나리오로 살았던 것 같네요. 지금 돌이켜 보니 말 그대로 동상이몽입니다. '슈거 베이비'와 '슈거 대디', 그러니까 원조교제를 하는 소녀와 그 성을 사는 남자 사이에 있는 격차 또한 남녀의 동상이몽이란 점에서는 똑같다고 하겠습니다.

저는 상대방 남자한테 뭘 조르거나 기대하지도 않았고 다음 약속조차 잡지 않았습니다. 남자 입장에서는 돈도 안 들고 뒤탈도 없을 애인, 요즘 말로 하면 '섹스 프렌드'였겠지요. 제 호주머니 사정이 좋아서 먹고 마시는 돈을 제가 다 낸 적도 있습니다. 먹고 마시게 해주고, 안게 해주고…… '내가 대체 뭘 하는 거지' 싶은 적도 있었어요. 상대 남성 중에는 기혼자도 있어서 '남자들은 자립한 여성과 만나면 아무런 비용도 안 들고 애인을 가질 수가 있구나' 하며 냉소와 함께 쓸쓸한 기분을 맛본 적도 있습니다. 예전에는 애인을 두는 건 '남자의 능력'이라 했는데, 결혼해 달라고도 안 하고 아내와 헤어지라고도 안 하고 진흙탕 싸움을 벌이지도 않는 데다 소원해지면 '아, 그래?' 하면서 깨끗이 떠나줄, 남자한테 아주 편리한 여자……. '이런 여자는 가부장제를 보완하는 존재인가?' 하고 생각하기도 했습니다.

그래요. '자립한 여자'. 이 말은 저한테 저주였을지도 모르겠습니다.

그렇다면 나는 그런 관계에서 뭘 얻었는가? 자립한 여자의 '자립'에는 성적으로 자립했다는 함의가 있습니다. 성과 사랑은 별개의 것이고 성은 사랑에 종속되지 않는다는 점, 여자도 성욕을 갖고 섹스를 하며 여자도 성에서 능동적일 수 있다는 점 등등 제가 행동을 통해, 몸을 써서 증명하고 싶었던 것일 수도 있겠습니다. "성은 사랑에 종속되지 않는다", "여자도 성에 능동적이다"라고 이렇게 줄줄이 쓰면서 보니까, 근대 이후의 탈근대적 명제들이네요. 이런 명제들도 역시 관념적이군요. '성과 사랑이 일치한다'는 근대의 공준명제[54] '로맨틱 러브 이데올로기'만큼이나 그래요. 신체가 관념을 따르도록 한다……. 제가 여기서 느끼는 쾌감에 취해 있었다면, 방향이야 좀 다르지만, 스즈미 씨가 해온 경험과 별반 차이가 없다고 할 수 있겠지요. 저는 성관계를 추구했지 사랑이나 승인을 원한 게 아니어서, 침대에서 남자가 좋아한다고 속삭이는 말조차 불쾌했습니다. 내 순결한 성욕을 더럽히지 말라고요.

제가 경애하는 작가 도미오카 다에코富岡多惠子의 소설《추구追求

---

54 논리학 등에서 증명을 위해 미리 자명하다고 가정하거나 미리 참이라 전제한 명제.

狗》[1980]를 보면, 소년들과 섹스를 하는 중년 여성이 등장합니다. 도미오카 다에코는 《추구》에서 중년 여성 주인공으로 하여금 "잘 모르는 타인의 육체 일부가 구체적으로 내 속에 들어오면 그것만으로 과연 육체관계를 맺었다고 할 수 있을지 그거에 관심이 있어"라고 말하도록 했습니다. 중년 여성의 이런 관심이 향하는 세계는 결국 아무하고도 관계없는 삭막한 세계로 이어집니다. 신체 일부가 이어진다 한들 그것만으로는 아무 관계도 생기지 않습니다. 도미오카 씨는 저보다 좀 더 윗세대 여성인데, 삽입섹스만 하면 '선을 넘었다'고 표현하는 시대를 살았죠. 그래서 윗세대 여성들이 일단 이런 성의 실험(자신의 몸을 쓴 실험)을 거쳐야 했다는 건 마음이 아플 만큼 이해가 됩니다.

이런 경험을 통해 저는 여자도 남자를 도구로 삼기도 하고, 남자의 허점을 이용하며, 남자를 소비할 수도 있다는 것을 알고 있습니다. 그래서 스즈미 씨가 트랜잭셔널 섹스를 논하면서 '여성의 자존심뿐만 아니라 남성의 자존심도 위기에 노출되어 있다'고 말한 바가 무슨 뜻인지 아주 잘 압니다. '시궁창에 버리는 것 같은 섹스'는 자신뿐만 아니라 상대도 모욕하는 것이니까요.

신체가 관념을 따르도록 하다가 극한에 달하면 어떻게 될까요? 저는 히라쓰카 라이초[55]의 동반 자살 미수 사건을 떠올립니다. 히라쓰카 라이초는 나쓰메 소세키夏目漱石의 제자 모리타 쇼헤이森田

---

55 여성운동가이자 사상가(1886~1971). 1911년 일본 최초로 여성에 의한 문예지 《세이토》를 발간했고, 여성 참정권 운동을 전개했다. 22세 때(1908) 처자식이 있는 소설가 모리타 쇼헤이와 동반 자살을 하려 했으나 모리타 쇼헤이는 죽을 생각이 없었던 것으로 전해지고 있다.

^{草平}와 함께 눈 쌓인 시오바라 온천 근처 산을 방황하다가 자살 미수로 그친 스캔들을 일으켰습니다. 이 추문 때문에 히라쓰카 라이초는 일본여자대학 졸업 명부에서 이름이 삭제되기도 했죠(나중에 다시 기재됐습니다만). 나쓰메 소세키는 훗날 소설《산시로^{三四郎}》[1908]에서 히라쓰카 라이초를 모델로 삼은 교만하고 천박한 미녀 '미네코'를 등장시켰는데, 이는 제자 모리타 쇼헤이가 일방적으로 전한 정보에 기초해 그려낸 것으로 공평하지 않습니다.

이 동반 자살 미수 사건은 사실 연애 때문에 죽으려던 사건도 아니었습니다. 히라쓰카 라이초는 스물두 살에 동반 자살을 하러 가기 전에 유서를 남겼습니다.

"나는 내 생애의 체계를 관철한다. 내 이유에 의해 죽는다. 타인이 해를 입혀서가 아니다."

여자가 이런 글을 쓰면 남자는 견딜 수가 없죠. 이 문장에서는 남자에 대한 단 한 줌의 애정도 느껴지지 않습니다. 이 두 사람, 히라쓰카 라이초, 모리타 쇼헤이는 성관계를 하지 않았을 거란 이야기도 있습니다. 히라쓰카 라이초가 쓴 자서전에 따르면, '처녀를 버린' 대상은 그 후 그 자신이 먼저 유혹한 선종 승려였다고 하니까요.

아마도 히라쓰카 라이초는 일본 근대 페미니스트 가운데 가장 관념적인(즉 머리가 비대한) 형이상학적 여성이었겠지요. 히라쓰카는 오직 자신의 깨달음이나 천재성에만 관심이 있었습니다. 잡지《세이토》는 히라쓰카 라이초가 '여성 안에 있는 천재성을 꽃피우겠다'며 간행한 문예지였는데요. 히라쓰카 라이초가 '싸우는 페미니스트'로 변신한 건《세이토》창간 후 남성 중심 언론에서 퍼부은 조롱과 공격 덕분이었으니, 그런 똥 같은 공격도 때로는 쓸모가 있네요.

모리타 쇼헤이는 히라쓰카 라이초처럼 지성과 교양과 자존심이 뛰어난 여자를 어떻게든 꼬셔보려고 동반 자살을 하자고 했는데, 히라쓰카 라이초 역시 철저할 정도로 남자를 시험했습니다. '나는 내 의지를 따르겠다, 그럼 너는 어디까지 갈 각오가 되어 있냐'고. 이런 시험과 훈련을 견딜 남자는 거의 없습니다. 어차피 모리타 쇼헤이는 히라쓰카 라이초 같은 여자한테 어울리는 남자가 아니었어요. 그릇이 작은 남자가 꼬리를 말고 도망치고 말았다는 게 이 동반 자살 미수 사건의 진상입니다. (여자가 몸과 마음을 다해 밀어붙인 시험과 훈련을 마주해 끝까지 도망치지 않았던 남자가 드물게 있긴 합니다. 소설《죽음의 가시》를 쓴 시마오 도시오입니다.)

만약 이 동반 자살 사건이 미수에 그치지 않았더라면, 두 남녀는 전혀 다른 이유로 함께 죽은 셈이 됐겠지요(말 그대로 동상이몽). 또 유서가 없었더라면, 두 남녀가 갖고 있던 시나리오가 결정적으로 다르다는 사실도 후세 사람들이 몰랐을 겁니다. 아니, 설사 유서를 읽었더라도 그걸 해독할 능력이 없는 사람들은 아닌 밤중에 홍두깨 격으로 어리둥절하겠지요.

정사情死는 보통 남자가 여자를 저승길 동무로 데려가는 것으로 생각돼 왔습니다. 하지만 여자는 여자대로 남자하고는 별개로 죽을 이유가 따로 있고, 여자 쪽이 남자를 끌고 가서 죽음으로 몰아넣을 수도 있습니다. 이는 결코 남녀 간 사랑을 완성하는 게 아닙니다. 작가 도미오카 다에코는 이러한 해석으로 영화 〈덴노아미 지마 동반 자살心中天網島〉[1969]의 시나리오를 썼습니다. 남자와 여자는 서로 다른 이유로 죽고, 각자 다른 시나리오로 침대를 함께합니다.

'Sexual Autonomy'를 성적 자율성이라 번역하죠. 에이즈가 발생한 이래 프랑스와 영국에서는 대규모 역학조사를 몇 차례나 실시했습니다. 프랑스에서는 1990년대부터 2000년대까지 세 차례에 걸쳐 역학조사를 했기 때문에 시간에 따른 변화를 살피는 데 도움이 됩니다. 이 조사를 실시한 연구자 그룹 중 한 사람인 미셸 보종Michel Bozon한테 프랑스 여성의 성적 자율성 지표를 묻자 "성에 개방적이고 진보적인 사고방식을 지닌 프랑스 여성일수록 성적 파트너 수가 많다"고 대답했습니다. 너무 뻔한 답을 듣고서 엉겁결에 웃고 말았어요. 이런 측면을 감안하면, 자기결정으로 자신의 몸을 사용한다는 성노동자도 '자립한 여성'에 속하겠지요. 성적 자율성이 성노동자 여성들의 자존심의 원천일 수도 있을 테고요.

성혁명 이후 성은 성, 사랑은 사랑이 됐지만 그 둘은 일치할 때도 있고 일치하지 않을 때도 있습니다. 이런 당연한 사실이 당연한 시대가 됐죠. 성혁명을 바랐기 때문에 그렇게 실천해 왔지만, 삭막해진 마음은 사라지지 않습니다.

사랑은 변함없이 어려운 한편, 성의 장벽은 무서울 정도로 낮아졌습니다. 그러나 성의 질적인 면이 좋아졌다고는 도저히 생각할 수 없어요. 성과 사랑의 일치를 깨부수려 했던 세대, 그리고 성과 사랑이 별개의 것이란 점이 자명한 시대를 사는 세대. 이 두 세대의 실천은 당연히 다르겠지요. 스즈미 씨 세대의 과제는 무엇입니까?

나이가 들면서 몸이 내 뜻대로 되지 않음을 느낍니다. 그리고 '신체가 관념을 따르도록 하는 것'이란 다름 아닌 '몸에 대한 학대'라고 생각하게 됐습니다. 신체를 관념에 따르도록 극한까지 밀어붙이는 게 자살이죠. 자살만큼 자기 신체를 학대하는 일은 없습니다. 특공대원들이 국가를 위해 목숨을 바치는 것도 자기 몸에 대한 학대입니다. 우리는 톱클래스 스포츠 선수를 보면서 감탄하는데, 이는 자신의 의사로 자기 몸을 완전한 통제하에 두는 그런 성취를 이루어 낸 데 대해 경의를 표하는 것이겠지요. 동시에 선수들은 자신의 몸을 스스로 통제할 수 없는 한계에 대해서도 아주 잘 알고 있을 겁니다.

몸이 내 뜻대로 되지 않고, 또 내가 가장 먼저 만나는 타자가 바로 내 몸이라는 사실을 생각하게 된 건 장애인들과 만나고부터였습니다. 남이란 내 뜻대로 되지 않는 존재인데, 장애인은 남을 만나기 이전에 내 뜻대로 되지 않는 타자로서의 내 몸을 만나야 합니다. 나이를 먹는다는 건 누구든 후천적 장애인이 되는 것과 비슷하죠. 저는 나이가 들면 들수록 정신도 몸도 부서지는 것이라 느끼게 됐습니다. 거칠게 함부로 다루면 몸도 마음도 망가집니다. 그런데 부서진 것은 부서진 것으로서 다뤄야 합니다. 돌이켜 보면, 아무리 함부로 대해도 나도 남도 부서질 리 없다고 여기던 시절엔 참 오만했어요.

저는 사람들한테 오뚝이처럼 강하다는 말을 듣곤 합니다. 근데 그렇지 않아요. 좋아서 오뚝이처럼 강해진 사람은 아무도 없습니다. 맞으면 아프고, 상처 입습니다. 그리고 정도가 지나치면 부서집니다.

부서진 것은 부서진 것으로서 다룬다.

내게도 다른 사람에게도 이게 필요하다고 이해할 때까지 시간이 걸렸습니다. 어리석었죠.

2020년 10월 18일

우에노 지즈코

7장

일

자신의 인생에 '여자의 인생'을 얼마나 섞을지가 요즘 젊은 여성들의 솔직한 고민일 겁니다.

우에노 지즈코 님께.

이번에 받은 편지에는 우에노 님의 상처와 그 아픔의 온도가 그대로 남아 있는 듯해서 마음이 얼얼했습니다. 그런 마음으로 편지를 읽었어요. "부서진 것은 부서진 것으로서 다룬다"니 이 얼마나 든든하고 강력한 말인가 하면서도, 스스로 부서졌다고 인정하는 게 얼마나 어려운지도 생각해 봤습니다.

　저는 여러 가지로 허세를 부리며 살아왔는데, 개중 가장 큰 허세가 '난 상처 입지 않아', '상처 안 받았어'인 듯싶어요. 피해자 취급을 받거나 약하다고 얕보일 바에야 내 상처는 없었던 일인 양 넘길 수 있고 그러고 싶다고, 우에노 님이 첫 편지에서 '약함에 대한 혐오'를 언급하셨을 때도 그런 마음을 갖고 있었습니다. 저 자신의 육체와 정신의 관계에서도 늘 그런 눈속임을 거듭해 왔던 것 같습니다. 아픔을 못 본 척 무시하면 튼튼해질 거라 여기며 한동안 나 자신의 강인함에 도취됐지만, 고통을 마주해야 할 때 마주하지 않으면 끝내 스스로 통제할 수 없게 되는지도 모르겠습니다.

　《오체불만족五体不満足》의 저자 오토타케 히로타다乙武洋匡가 쓴 소설 《수레바퀴 위車輪の上》(2018)에 '극복한 사람'이라는 말이 나옵니다. 이 소설 주인공은 뇌성마비 장애가 있는데, 성소수자들이 가는 술집을 경영하는 가게 주인 세이코가 자살한 소식을 듣고 주인공이 이렇게 말하는 장면이 나와요. "저는 세이코 씨가 상처를 극복한 사람인 줄 알았어요. 갈등하던 때도 괴로워하던 때도 있었겠지만 그래도 그런 것들을 모두 이겨내고 씩씩하게 살아가는 강한 사람인 줄 알았는데." 씩씩하게 살아가는 장애인, 성소수자나 여성을 바라볼 때 느끼는 기분을 설명하는 데 이런 묘사라면 굉장히 이해하기 쉽죠. 인상적인 문장이었습니다. 실제로 하루하루 작은 고비를 넘기며 극복하고 살아갈 수는 있어도, 산을 넘어갈 수 없으니까요.

전에 'AV에 출연한 것을 후회하느냐?'는 질문을 자주 받던 시기가 있었어요. 유도신문 하듯, 대답할 말이 정해져 있는 물음이었습니다. '후회하기도 하지만, AV 출연을 안 했더라면 지금의 저는 없었습니다' 같은 답을 하도록 가정한 질문이었죠. 세상은 저를 비롯한 AV 배우 출신 여성들한테, AV 출연을 강요당해서 괴로운 처지에 놓인 피해자가 과거의 오점이라고 여기는 걸 극복하거나 그런 과거를 자양분 삼아 앞으로 나아가는 강한 여성, 이 두 가지 역할 중 하나를 부여하려 합니다. 그렇지만 저를 비롯한 수많은 여성들은 그날그날 기분에 따라 두 가지 답 사이에 놓여 있는 미세한 그라데이션 속을 왔다 갔다 하는 것 같습니다. 적어도 저는 그래요.

아픔을 과소평가해서 나는 잘하고 있다고만 여긴다면 사회가 바라는 존재만 될 뿐이고, 그렇다고 아픔을 과대평가해서 상처받은 척하길 강요당하는 것도 부아가 치밉니다. 내가 얼마나 부서졌는지 스스로 가늠해 보고 정확히 파악해 표현하는 게 정말 어렵다는 걸 실감합니다. 때때로 문장이 술술 써지고 나 자신의 어떤 아픔과 마주한 기분이 들어서 어제 내가 얼마나 상처받았는지를 썼는데, 오늘이 되어 어제 쓴 글을 읽어보면 그 상처가 과장된 것처럼 느껴집니다. 이런 일을 반복해 왔어요. '자립한 여성'으로 보이는 사람이 의외로 유부남의 애인이 되어 상대방 사정에만 맞춰주거나, 상처를 극복하고 잘사는 듯했던 사람이 끝내 스스로 아픔을 인정할 기회조차 잃어버리고 마는 것도, 정신에 신체를 맞추고 있는 원조교제 소녀가 그 행위로 아저씨들의 환상을 더 굳게 만드는 것도, 성적 자기결정권을 갖고 있을 법한 AV 배우가 피해자 입장에 서지 못하는 것도 모두 비슷할는지 모르겠습니다. 스스로 걸어둔 저주 탓에 이러지도 저러지도 못하고 쩔쩔매고 있다는 점에서요.

성과 사랑이 별개의 것이란 점이 분명해진 지금 저와 같은 세대의 과제는 뭘까요? 성과 사랑이 완전히 일치하지 않는다는 사실을 보고도 못 본 척하던 시대였다면 직면하지 않아도 됐을 외로움을 이를 악물고 견딜 방법을 찾는 것일까요? 성을 내준다고 해서 사랑을 약속받을 일도 없고, 사랑하고 있다고 해서 성에 헤매지 않고 살 수 있는 것도 아닙니다. 여자도 성에 능동적일 수 있고 성을 사랑과 분리할 수 있지만, 성이 사랑을 따르도록 하던 시절에 성이 해준 약속, 그러니까 성과 교환해서 여자가 얻을 수 있는 편안함, 만족감이 있다고도 할 수 없습니다. 이럴 때 스스로 만족하지 못했다는 걸 알고 불안하지 않을 만큼 저 자신이 성숙했다고 여겨지진 않습니다. 로맨틱한 사랑으로 채워지던 곳을 스스로 채울 수 있게 될까요? 그렇다면 그건 어떤 형태여야 할까요? 애초에 채울 필요가 있나요? 답을 모르니 계속 채워야 한다는 마음을 끊지 못하고, 아무리 봐도 좀 미심쩍은 로맨틱한 사랑에 대한 바람을 다 버리지 못한 채 결혼 제도에 지나치게 기대거나, 일이나 SNS로 인정받으려 하는 걸까요? 제게 이런 승인이 필요한지 생각할 때가 있습니다.

신문사를 관둔 후 프리랜서 작가로 일을 시작하고 얼마 되지 않아, 친구들 여럿한테서 연락이 왔습니다. 결혼하고 일을 쉬던 친구나 애가 이제 초등학교에 들어간 친구가 작가나 출판 보조 등의 일을 해보고 싶다고 연락해 온 거예요. 글쓰기에는 딱히 자격증도 자금도 필요 없고 특별한 기술이랄 것도 없어 보이니, 사회로 복귀하고 싶은 친구들이 맨 먼저 떠올리는 일인 듯한데요. 또 하나, 일반적으로 요즘 사람들은 표현하고 싶은 욕구로 가득 차 있는 듯합니다. 블로그나 트위터, 요즘에는 note 같은 데서 글을 쓰다가 본격적으로 작가를 해보고 싶다는 여성도 있었습니다. 특히 경제적으로 안정된 주부인 경우, 자신의 이름을 건 글쓰기에 흥미가 많은 듯했습니다.

저는 글 쓰는 일을 하는 게 정말 행운인 것 같아요. 아마 글을 쓰지 않는 여성들도 저만큼이나 갈등해 본 적이 있으며 그런 갈등을 통과해 왔을 테고, 스스로를 마주하거나 그렇지 못했던 시기를 거치면서 여러 가지 생각을 하며 살아왔을 겁니다. 자신이 쓴 글이 책이나 잡지에 실려서 남게 되면, 자신의 의식이 어떻게 변화해 왔는지, 또 글이 기분에 따라 어떻게 들쑥날쑥한지 한눈에 되돌아볼 수 있습니다. 나 자신이 결코 '아픔을 극복한 사람'이 아니란 것도, 스스로 통제할 수 있는 상태가 아니란 것도 잘 알게 되지요. 무엇을 쓰든 간에 적어도 글쓰기를 일로 삼으면서부터 저는 아마도 저 자신을 의심하는 버릇이 생긴 듯합니다. 요즘 독자들은 어떤 걸 쓰면 싫어할지, 어떤 걸 쓰면 누가 좋아할지 이런 걸 생각하다가 의외로 답을 얻게 되는 때가 종종 있어요. 그런 의미에서 시간적 여유가 생겨서 글쓰기를 해보고 싶어 하는 여자들의 마음은 이해할 수 있습니다. 블로그에 시적인 언어로 자신에 관해 쓰기보다는, 영화 리뷰든 자동차 리뷰든 쓸 소재가 딱 주어져서 일이라 여기고 글을 쓰는 편이 정작 나 자신이 뭘 생각하는지를 더 잘 알게 되는 것 같습니다.

그런데 작년부터 생각한 게 있습니다. 저만 해도 지금 연구직도 아니고 신문기자처럼 회사 소속으로 글을 쓰는 것도 아니니까, 나 자신 혹은 내가 쓴 글이 소비되는 방식에 대해서는 좀 더 신경을 써야겠다는 생각입니다. 저는 글을 써서 파는 사람이니, 안심하면서 말하고 싶은 것을 무심코 다 글로 쓰게 됩니다. AV 배우나 모델이었을 적에 비해 나 자신이 어떻게 소비될지에 대해 신중함을 잃어버린 것인지도 모르겠습니다. 사람들이 제가 쓴 글의 일부만 발췌해서 제 뜻과는 다른 방향으로 멋대로 갖다 쓰는 걸 보고, 좀 더 주의해서 쓰자고 최근에 더욱 마음에 새기게 됐습니다.

저는 성매매든 브루세라든 술장사든 당사자만 아는 거라고, 경험을 안 해봤으면 말할 자격이 없다고는 결코 생각하지 않습니다. 그런데 적어도 저 자신이 당사자로 이야기할 수 있는 부분이 있고, 이런 부분으로 인해 일부 독자들한테는 제가 때로 특권을 갖고 있는 것처럼 비칠 수도 있다고 생각합니다. 일정한 선을 넘어 깊은 이야기를 하는 경우, 독자들은 '어쨌거나 당사자가 그렇게 말하니까 그런 거겠지' 하고 이렇다 할 이유도 없이 제 이야기를 납득해 버립니다. 요즘은 과거에 금기시하던 일을 하던 사람들도 그렇고 성소수자도 그렇고 내부인의 입장에서 이야기하는 사람들이 늘긴 했지만, 그래도 말하는 사람 수가 한정되어 있어서 당사자의 다양성을 확보했다고는 보기 어렵습니다. 또 글쓴이가 본래 의도한 바와는 반대로 이야기가 흘러가거나 기존의 논의를 강화하는 데 그치는 경우도 많습니다. 혹은 배신자라는 딱지가 붙기도 하고요.

3년쯤 전에 개그맨 콤비 '톤네루즈'가 출연한 프로그램이 SNS에서 큰 논란을 일으켰죠. 톤네루즈 멤버 한 명이 연기한 캐릭터 '호모다호모'가 문제가 됐는데, 30년 전에 방영한 코미디 프로그램에서 괴상하고 우스꽝스러운 모습으로 그렸던 동성애자 캐릭터를 스페셜 프로그램에 재등장시킨 겁니다.[56] 대중이 성소수자에 대해 얄팍한 지식을 갖고 있던 시대에나 썼던 차별 표현을 방송에서 일부러 부활시킨 거죠. 그런데 드랙퀸drag queen 연예인 미츠 맹그로브Mitz Mangrove 씨가 주간지 연재 칼럼에 의문을 제기하는 글을 썼습니다. 차별 표현을 상투적인 말로 비판하는 움직임에 대해 생각해 보

---

56 2017년 후지TV 30주년 기념으로 1980~1990년대 방영된 시트콤 프로그램의 캐릭터 '호모다호모'를 부활시킨 스페셜 프로그램을 방송했다. 곧 "성소수자 비하"라는 비난이 쇄도했고 후지TV 방송사 사장이 공식 사과했다.

자는 글이었어요. 미츠 맹그로브 씨는 "호모는 안 되고 게이란 말
은 써도 된다니 대체 언제 누가 정한 것이냐"며 "이런 움직임은 사
람들의 차별 의식을 잠깐 덮어두기만 할 뿐 별 의미 없다는 걸 사
람들도 알 때가 됐다"고 썼습니다. 그러자 또 이번에는 미츠 맹그
로브 씨가 쓴 칼럼을 보고 '성소수자가 스페셜 프로그램을 옹호했
으니 괜찮다'는 의견이 쏟아졌습니다.

　미츠 맹그로브 씨가 쓴 칼럼은 딱히 '호모다호모' 캐릭터를
옹호하는 입장이 아니었고, '호모다호모' 캐릭터가 성소수자에게
모욕적이라 비판한 사람들에 대해 느낀 불편함을 쓴 내용이었습니
다. 마침 인연이 닿아서 미츠 맹그로브 씨를 만났을 때 한번 물어
보니, "당사자인 내가 그렇게 글을 쓰니 또 다른 사람들은 안심하
는데, 내가 원래 말하려는 바는 그런 게 아니다"라고 답하던 게 인
상적이었습니다. 사람들이 인터넷이나 트위터에서 원문을 마음대
로 잘라내고 덧붙여서 2차 이용을 해대는 것도 글쓴이의 본래 취
지가 전달되지 못하는 한 가지 요인인 것 같습니다. 저도 딱히 편
을 들거나 반대한 적도 없는데 갑자기 'AV 배우 출신 스즈키 스즈
미는 찬성(혹은 반대)'이라고, 제가 쓴 글의 본래 취지를 왜곡해서
인용한 기사를 많이 봤습니다. 인터넷 뉴스 탓만 할 수도 없는 게,
제가 쓰는 글에 과도하게 의미가 부여되는 경향이 있습니다. 이런
면을 좀 더 신경 쓰고 글을 써야 했다고 돌이켜 보게 돼요.

　그래서 마음이 복잡해 글쓰기가 내키지 않는 듯합니다. 글 쓰
는 직업은 틈새시장을 노리는 회사와 같아서, 요즘 화제가 된 현상
에 대해 아직 나오지 않은 이야기를 찾아서 써야 하는 경우도 있습

니다. 제가 당사자라서 그런지, 때때로 핵심에서 어긋난 소리를 하면서 저를 돕겠다는 사람들을 비꼬고 싶은 마음도 들어요. 큰 틀에서는 차별적 표현이 잘못됐다고 책임을 추궁하는 사람들 편을 들기는 해도, 이런 사람들한테도 자잘한 불편함을 자주 느낍니다.

얼마 전 팬티스타킹 회사의 일러스트 광고가 논란이 됐어요. 스타킹 회사는 여성을 성적으로 소비하는 일러스트라는 항의를 받고 광고를 내렸습니다. "여성이 멋내기용이나 방한용으로 사는 게 팬티스타킹인데 남자들이 좋아할 만한 성적 일러스트로 제품 광고를 하는 건 잘못됐다"고 쓴 트윗이 있었는데, 저도 모르게 "스타킹을 얼굴에 뒤집어쓰고 사람들을 웃기려는 코미디언도 있고, AV를 찍을 때도 스타킹 찢는 장면을 연출하려고 조연출이 팬티스타킹을 대량으로 구입한다. 그런 사람들도 고객이다"라고 쓰려다가 말았습니다. 항의할 자유를 침해하려고 한 건 전혀 아닌데 괜히 썼다가 'AV 배우 출신은 에로 일러스트 편'이라는 말을 듣고 싶지 않아서 망설였어요. 예전 같으면 금방 했을 말인데, 표현하는 일을 하는 사람으로서 표현의 자유가 침해됐다고 보는 태도를 취해야 할지 신중해야 할지 아직 잘 모르겠습니다. 한 가지 더 덧붙이면, 아무리 성적으로 소비하지 않도록 주의하거나 광고를 내리게 한다고 해도 성적 소비 자체는 절대로 없어지지 않을 것 같습니다. 그래서 그에 대해 거침없이 항의하는 사람들을 저도 모르게 가로막고 싶어지는지도 모르겠습니다.

전부터 묻고 싶었던 게 있습니다. 남자들만 있는 직장에 들어

가서 전에 없는 성과를 올렸는데 남자들이 "여자가 쓴 거네"라거나, "여성 학자가 섹시 걸에 대해 쓰다니" 하면서 자기들끼리 웃음거리로 삼고 있다고 느낀 적이 있었나요? 우에노 님은 하고 싶은 말은 거침없이 다 하고 계신데, 자신의 말이 본래 의도와 다르게 소비되며 주목받을 때 여성은 어떤 선택을 해야 할지 궁금합니다. 남자가 사회학을 배우든 페미니즘을 배우든, 배운 걸 일상생활 수준에서 잘 이해하는지가 의문입니다. 우에노 님의 이전 직장인 일본 최고 대학에서 우에노 님한테 페미니즘이나 사회학 이론을 배웠다고 남자들의 관점이 반드시 바뀌는 건 아닐 것 같아서요.

학생 시절 강의 시간에 외부 인사를 초청해서 이야기를 듣는 수업이 있었는데 한번은 배우 릴리 프랭키가 왔습니다. 그날 진행 순서를 설명하던 여학생의 긴장을 풀어주려 한 것인지, "학생이 열심히 설명해 줘도 나는 지금 학생의 큰 가슴밖에 안 보여요"라면서 웃기려 하더군요. 이런 시시껄렁한 농담은 저도 자주 하는데, 릴리 프랭키가 말한 것처럼 정말 여자 가슴만 보고 있는 아저씨들은 지금도 어딘가에 반드시 있을 거라 생각합니다. 가슴이 안 보이도록 해봤자 "감추니까 아주 흥분되네"라고 말할지도 모르죠. 여자가 일하면서 성적으로 소비되는 것은 피하기 어렵고, 저는 이런 점에 대해서는 논란이 된 스타킹 일러스트 광고 때와 마찬가지로 포기가 빠릅니다. 브루세라 가게에서 팬티를 뒤집어쓰는 것 같은 터무니없는 모습으로 자위를 하고 집으로 돌아가는 생물이 남자니까 어쩔 수 없다고 여기며, 항의보다 포기가 앞서는 거예요. 지난 편지에서 우에노 님은 "어째서 남자들한테 절망하지 않느냐"고 물은 제게 답을 해주셨는데, 제가 그런 질문을 한 이유는 아마도 남자의 '육욕'을 멸시해서인 것 같습니다. 이런 얘기는 남자들한테 실례일지도 모르죠. 또 제가 여자라서 그러는 걸지도 모르고요. 그러니까 저한테는 변화시키기 어려운 남자의 이런 면모를 금방 포기한 채 남자와 공존하려는 버릇이 있어서, 우에노 님은 원치 않는 시선에 어떤 태도로 맞서는지 한번 여쭤보고 싶었습니다.

우에노 님은 학자나 책 쓰는 작가와 같은 직업 말고 다른 길을 생각해 보신 적 있나요? 학생 시절에 학문의 길을 목표로 하지 않고 다른 인생을 선택할 수도 있었나요? 그렇다면 어떤 직업을 선택하려 하셨나요?

제 학생 시절도 벌써 20년쯤 전인데, 제가 학생일 때도 이미 여학생들은 요즘처럼 직업 선택의 폭이 넓었고 회사원이나 전문직, 연구직, 창업을 포함해서 여러 가지 일 가운데 스스로의 가치판단에 따라 직업을 선택했습니다. 자기가 하고 싶은 일이 뭔지도 생각하면서 직업을 택했어요. 그런데 이에 더해 여성이 중심이 되어 할 수 있는 일인지, 여성이란 사실이 중요한 일인지, 중요하기는커녕 오히려 약점이 되는 일인지, 또 결혼하기 쉬운 일인지 결혼생활에 안 맞는 일인지도 있었습니다. 느슨하게 갈리는 이런 가치판단 사이에 끼어서 어디에 무게를 둬야 할지 우왕좌왕하며 하나를 붙들지 못한 여성들은 지금도 많은 것 같습니다.

내가 하고 싶은 일과 살고 싶은 인생이 들어맞는 수도 있지만 그렇지 않고 어긋날 때, 뭘 우선시해야 할까요? 내가 간과한 관점이 있나? 서른이 됐을 때, 스무 살 때와 같은 가치관으로 살아갈 수 있나? 자신의 여러 가지 성향에 더해 가치기준에 따라 직업을 선택하려 하면 의지할 데가 없다는 마음도 들 텐데, 이런 마음은 어떻게 풀어야 할까요? 나의 성^{性}을 내 수중에 갖고 있고, 결혼 신화가 굳건하지 않은 시대를 살고 있는 여성들에게는 이런 물음이 과제일 거라 생각합니다.

제가 일했던 신문사만 놓고 이야기하자면, 여성은 도쿄 본사에 배치되는 비율이 높긴 하지만 20대일 때에는 대부분 지방에 있는 지사로 발령이 나고 여러 지역을 돕니다. 제가 근무할 때 후배 여학생들을 만나면 '나도 기자가 되고 싶지만 지역을 돌며 생활해야 하니 결혼을 못 할 것 같다'는 고민을 듣기도 했습니다. 저와 입사 동기인 회사 친구들도 '학생 때는 임신 적령기 같은 건 생각조차 못 했다'는 등의 이야기를 나눴죠. 회사에서는 임신이나 출산 지원책을 꾸준히 개선하고 있지만, 여성이 어떤 남성을 만나 인기를 얻고 누구한테 선택을 받을지에 관한 것은 회사 지원 밖의 일이니, 여성들이 이 모든 요소를 고려해서 직업 선택이라는 중요한 선택을 하는 것은 스물 한두 살 무렵에는 불가능할 듯싶습니다. 일본의 고용 문화가 좀 더 유연하다면 마음이 편할 텐데요.

아, 그러고 보니, 여대생의 필수품이라며 매달 80만 부 가까이 발행되던 패션 잡지 《JJ》가 얼마 전 끝내 폐간됐습니다. 《JJ》가 거침없이 드러내 온 신데렐라 신화를 젊은 여성들 스스로 필요 없다며 끊어버렸다고 생각하니 아주 감격스러운 반면에, 한편으로는 이제 신데렐라 신화 같은 강렬한 가치기준 없이 앞에 놓인 폭넓은 선택지를 두고 어찌할 바를 모르고 있을 여성들의 마음도 떠올리게 됩니다. 확실한 장래희망이 있고 자신이 성취하고 싶은 바를 표현할 수 있는 사람은 코웃음 칠지도 모르지만요. 최첨단 분야를 공부하고 있더라도, 신데렐라 신화 가치관의 잔향이 남은 채 내 선택이 맞나 불안해하는 게 요즘 여성들이 느끼는 지극히 평범한 감각인 듯합니다.

석사학위를 따고서 취직하려 했을 때 저는 되도록 AV 배우 이미지와는 동떨어져 있고 과거를 지울 수 있으며, '에이, 설마 AV 배우를 했을라고' 같은 반응이 나올 만한 일, 문과 쪽 대학원생한테도 문이 열려 있는 일을 찾았습니다. 이런 조건을 붙여 일을 찾았기 때문에, 결혼이나 남자한테 인기 있는 직업 같은 건 우선순위에서 빼버렸고 생각조차 안 했죠. 이런 측면에서는 제가 여자로서 인생을 살기 이전에 AV 배우로서 인생을 살아서 다행이라 할 수 있을지도 모르겠네요.

2020년 11월 11일
스즈키 스즈미

처음에 저는 '남자의 시선을 이용한다'는 비판도 받았고, '상업주의 페미니스트'라는 소리도 들었습니다.

스즈키 스즈미 님께.

스즈미 씨와 이렇게 편지를 주고받으니, 여태까지 어느 누구한테도, 어디서도 말하지 않고 쓰지도 않은 내용을 그만 쓰게 되네요.

저는 사회학자이므로 사생활이나 경험을 팔 필요가 없고, 또 그렇게 하고 싶은 마음도 없어서 '생각은 팔아도 감정은 안 팝니다'라고 말해왔습니다(몇 번인가 그런 룰을 깨긴 했지만요). 그런데 이런 편지 형식이 나의 이야기를 하도록 유도하는 걸까요? 공개되는 편지이긴 하나, 스즈미 씨와 일대일로 마주한다고 생각하니 에두르거나 느낌을 빼놓고는 쓸 수가 없는 것 같습니다. SNS와 짧은 소통의 시대에 이렇게 여유 있는 편지 형식을 설정한 편집자한테 감쪽같이 속아 넘어간 것 같네요.

상처를 '극복한 사람'에 대해 갖고 있는 사람들의 인식이 불편하다고 쓴 구절에 공감합니다. 인간은 계단을 오르듯 한 단계 한 단계 변화하지 않습니다. 일시적으로 변화하고서 퇴보할 수도 있지요. 스즈미 씨가 과거의 나와 현재의 나를 통합하는 모습은 마치 성폭력 피해자가 피해를 없었던 셈 치지 않고 과거의 나와 현재의 나를 통합하는 것과 비슷하겠지요. 그렇지만 스즈미 씨가 과거에 그런 경험을 안 했더라면 더 나았을 거라고, 혹은 그런 경험을 해서 좋겠다고는 어느 누구도 말할 수 없습니다. 또 이런 '통합'이란 언제 무너질지 모르는 취약한 것이기도 하지요. 플러스, 마이너스 다 포함해서 현재의 나를 전부 긍정할 수 있다……. 이럴 수 있다면 이상적이라 하겠으나, 이런 경지에 이를 수 있는 사람이 많지는 않습니다.

나이가 들어도 마찬가지예요. 나이 든 사람들하고 많이 만나면서, 또 저도 남들이 '고령자'라 하는 나이가 되고 나서 '나이 먹는 것하고 성숙해지는 것하고는 아무 관계도 없네' 하고 뼈저리게 느낀 적이 있습니다. 늙음을 주제로 쓴 책을 읽다 보면, 저자가 '지금의 내가 제일 좋다!'라고 쓴 문장을 보게 되는데 그러면 바로 '거짓말 마!' 하면서 악담을 퍼붓고 싶을 때가 있어요.

그러고 보니 이번 주제는 '일'이로군요.

스즈미 씨가 AV 배우 출신이라고 폭로당한 후, 앞으로 어떻게 살아갈지, 작가로서 살아갈지, 그렇다면 무슨 내용을 어떻게 쓸지 걱정스러웠습니다.

석사 논문을 정리해 책 《AV 여배우의 사회학》도 내면서 사회학도로서 운 좋게 출발했으니 그 후에는 박사학위를 따고 학자의 길로 가려나 싶었는데, 그렇게 안 했지요(물론 언제든 다시 시작할 수 있습니다). 그러다가 큰 신문사에서 기자로 일한다는 소식을 듣고 '아, 이 사람은 쓰는 걸 좋아하는구나' 생각했는데, 신문사도 관뒀고요. 언론사 기자란 직업은 남녀고용기회균등법 실시 이후 여자에게 문호가 열린 인기 직업인 만큼, 폭로를 당했다 해도 계속 일할 수 있었을 텐데, 혹시 도저히 있을 수 없는 분위기였나요?

지금 스즈미 씨는 가끔 밤에 일도 하면서 프리랜서 작가로 일하고 있는 겁니까? 밤에 하는 일은 이미 스즈미 씨가 "거꾸로 연공서열"이라 썼듯 머지않아 시장가치가 떨어지면 계속하기 힘들 테니, 언젠가 작가를 생업으로 삼으려고 계획하고 있나요?

작가란 직함을 가진 여성들은 정말 많습니다. 언어는 누구든 접근하기 가장 쉬운 표현 도구지요. 만화를 그릴 때와 같은 기술도 필요 없고, 디자인 감각이 없어도 됩니다. 칼럼이든 영화 비평이든 내 이름이 들어간 글을 써보고 싶은 여성들이 많다는 사실은 저도 알고 있습니다. 저와 같은 세대 여성들을 보더라도, 일단 결혼해서 가정을 갖게 됐지만 포기하지 않고 자아실현을 하겠다 마음먹었을 때 '글쓰기'가 가장 손쉬운 도구였지요. 그러다가 잡지 남는 페이지에 토막글을 싣기도 하고, 지역 정보지를 만들기도 하고, 여자들끼리 모여 편집 외주 일을 하는 프로덕션을 차리기도 했습니다. 이런 여성들이 정말 많아요. 이런 여성들 가운데서 자기 이름을 걸고 기사를 쓰게 되거나 르포 작가로 이름을 널리 알리게 된 사람들이 나온 겁니다. 이런 여성들은 후배 여성들한테 동경의 대상이 됐지요. 사카이 준코, 시마자키 교코島崎今日子 씨가 그 롤모델이었습니다.

이렇게 글 쓰는 여성을 동경하던 시대는 잡지 문화가 전성기이던 시절이었습니다. 쓰는 사람도 읽는 사람도 잡지를 정말 좋아했습니다. 당시 이런 흐름에 따라 회사를 관두고 프리랜서 작가가 된 사람도 있습니다.

그런데 출판 시장의 절정기는 1990년대 중반이고, 그 후 종이로 된 인쇄 매체의 시대는 끝났습니다. 인쇄 매체 황금기에는 취재비도 많이 주고 원고료도 꽤 됐는데, 이후로 죽 떨어지기만 하면서 언제부터인지 여성 작가들한테서 푸념만 나오기 시작했습니다. 경력이 쌓이고 이름이 알려지면 보통 돈을 더 벌기 마련인데, 프리랜서 작가인 탓에 출판 시장 불황과 함께 일감이 줄고 원고료마저 떨어졌습니다. 그들은 이런 상황을 예상하지 못했을 겁니다.

책과 잡지를 좋아하고 편집을 해보고 싶어 하는 젊은 여성들은 지금도 많습니다. 제가 가르친 학생들이 출판사에 취직했다는 소식을 듣고 찾아오기도 하는데, 그러면 저는 항상 이렇게 말해요.

"축하해! 잘됐어. 그런데 지금 취직한 회사가 얼마나 갈 것 같아?"

물론 인쇄 매체에서 전자 매체로 환경이 바뀌었어도 콘텐츠 산업은 망하지 않습니다. 하지만 전자 매체 시장에서 글을 쓰는 이들은 전보다 더 심해진 경쟁에 노출되지요. 인터넷 뉴스나 사이트에 내 이름으로 글을 올려도 조회수로만 평가받습니다. 이름 없는 유튜버라도 조회수만 늘어나면 일약 스타가 됩니다. 지금 시대의 미디어 환경은 크게 변했습니다.

스즈미 씨는 본인이 쓴 글이 어떤 맥락에서 소비될지를 염려하는군요. 그전에 스즈미 씨 자신이 미디어의 소비재란 사실은 자각하고 있나요? 소비재인 한, 언젠가 쓰고 버려질 운명이라는 점도 알고 있습니까?

글 쓰는 사람은 매체를 고를 수가 없습니다(아주 잘나가는 작가가 아니고서야). 매체가 글 쓸 사람을 고르는 거죠. 즉 주문이 들어오지 않으면 쓸 수가 없습니다. 아마 스즈미 씨한테는 지금껏 원고 의뢰가 끊이지 않았을 테고, 오히려 너무 바빠서, 주문이 들어오지 않는 경우를 상상할 겨를조차 없었을 겁니다.

여태까지 제가 지도한 학생들 가운데 독특한 작가가 몇 명이나 나왔습니다. 시장에서 팔리기 시작한 대학원 학생들한테 저는 언제나 이렇게 충고합니다. '쓰고 버려지지 않도록 하라'고.

젊고 이름 없는 사람들은 자기 글에 수요가 있다고 생각되면 기뻐합니다. 더군다나 글이 남의 눈에 들어서 평가받기 시작하면 뛸 듯이 기뻐하지요. 돈이 되면 더욱 좋아하고요. 편집자는 팔릴 만한 인재에 주목해서 접근하는데, 그렇게 편집자가 부추기면 금세 의욕 충만해져서 남의 뜻에 영합하는 글이라도 쓰게 됩니다. 그러고 나서 전성기가 지나면 헌신짝처럼 버려지는 거죠. 제가 그런 입장이었기에 잘 알아요. 그런 일을 겪은 이후로 저는 학생들한테 '시대나 유행을 타지 않는 글, 제대로 된 글을 쓰고 그런 글로 경력을 쌓으라'고 입이 닳도록 이야기해 왔습니다.

편집자에게 작가란 상품일 뿐입니다. 작가와의 의리를 끝까지 지키며 운명을 같이하겠다는 초인 같은 사람은 없을 거예요. 상품이 안 팔리면 결단을 내리는 게 당연합니다. 제가 편집자한테 하는 최고의 칭찬은 '하이에나 같다'는 겁니다. 하이에나는 썩은 고기를 먹는데, 편집자는 작가가 가장 아슬아슬하고 위험한 순간을 살피다가 바로 그 순간에 상품 가치를 매겨 팔기 때문입니다. 스즈미 씨가 갖고 있는 'AV 배우 출신'이란 타이틀에는 괜찮은 부가가치가 있을 테지요.

하지만 언제까지 그 타이틀을 달고 글쓰기를 할 건가요?

'AV 배우 출신'이란 경력은 스즈미 씨에게 이제 지나간 과거일 뿐, 새로 갱신되는 경력이 아닙니다. AV 업계도 새로운 재능을 가진 이들이 줄을 잇고, 제작 현장도 바뀌어 가겠지요. 당사자가 지닌 가치에는 유효기간이 있습니다. 오토타케 히로타다 씨는 '장애인' 당사자, 이토 시오리 씨는 '성폭력 피해' 당사자란 것이 당사자성입니다. 하지만 이런 당사자성은 한 번 쓰고 나면 끝입니다. 자신의 역사를 몇 번이고 쓸 수는 없어요.

누구든 일생에 한 번 걸작을 쓸 수 있지만, 직업으로서 글쓰기를 하는 사람은 한 번이 아니라 몇 번이나 계속해서 써내야 합니다. 일생에 단 한 번 베스트셀러를 내는 게 아니라, 매 시즌 타율 3할대를 치는 이치로 선수처럼 안정된 활약을 해야 하지요.

이런 걸 보면, 제가 사회학자여서 다행이라고 생각하지 않을 수가 없습니다. 작가가 아니어서 정말 다행이에요. 물론 저에게 작가가 될 만한 재능이 있다고는 생각하지 않습니다. 작가는 자기 자신을 실험 재료로 써서 분해하는 것 같은 작업을 하고, 이에 비해 사회학자는 타인의 집합이라 할 사회를 실험 재료로 삼습니다. 나 자신이나 주변 언저리를 아무리 파봤자 지루하기만 할 뿐이라서, 저는 전쟁터와 같은 타인을 향해 가겠다고 생각해 왔습니다. 타인이란 존재는 무궁무진하니까, 사회학자로 일하면 소재가 떨어질 일이 없습니다. 저는 제 분수를 넘지 않을 만큼의 상상력만 갖고 있고, 또 현실이 상상력을 훨씬 넘어선다고 생각하는 사람이라서, 허구 세계에 대한 요구수준이 굉장히 높습니다. 소설이 재밌다고 생각한 적이 별로 없고, 재미없는 소설을 읽으면 내 시간을 돌려달라고 하고 싶을 정도니까요. 반대로 아무리 변변찮은 논문이나 논픽션이라도, 읽고 나서 내가 모르는 사실을 알게 되면 무척 기쁩니다.

스즈미 씨는 편집자한테서 소설을 쓰라고 권유받은 적 없나요?

누구든 쓸 수 있는 게 소설이라고 여겨지는데, 작가라면 누구나 언젠가 제약을 벗어나 자유롭게 마음껏 자신을 표현하고 싶어집니다. 그게 가능한 형식이 소설이란 장르라고 보는 사람이 많은데, 그건 큰 착각이에요. 제안을 받고 소설을 쓴 작가를 몇 사람 알고 있는데, 그들이 쓴 작품을 읽고 전혀 감동받지 못했습니다. 이런 작가들을 보면 '아, 소설을 쓰려는 유혹에 저항할 수 없었나?' 싶었다가 '아, 이 사람은 이제 쓸 수 있는 게 소설밖에 없나?' 하고 양쪽을 모두 생각해 보게 됩니다. 소설가 무라카미 류村上龍가 직업에 관해 쓴 에세이 《13세의 헬로 워크》(2003)[한국어판은 2004]에서 '작가'란 항목에 "사형수도 할 수 있는 일"이라고 쓴 걸 보고 정말 절묘하다고 생각했습니다. 어쩌면 작가란 글을 쓰고 싶은 사람이, 맨 처음이자 마지막으로 고를 직업이겠지요.

그렇다면 글 쓰는 사람으로 살아가려는 스즈미 씨는 무엇을, 어떻게, 어떤 문체로 쓸 것인가? 30대니까 슬슬 초점을 맞추고 결단하면 좋을 시기입니다.

이제 제가 어떻게 직업을 선택했는지 이야기할게요. 여태까지 스즈미 씨의 일 얘기를 했으니까 이제 제 얘기를 해야겠죠.

학문의 길을 목표로 삼았느냐고 묻는다면 그런 적이 없다고 답할 수밖에 없겠네요. 아니, 학문의 길은커녕 아무런 꿈도 전망도 없었고, 일하며 살아야 한다는 생각조차 하지 않을 정도로 세상 물정을 모르던 아이였습니다. 학구열도 향상심도 없이 대학원에 들어갔는데, 그 이유는 오직 취업 활동을 하고 싶지 않아서였습니다. 당시 제가 경험한 학생운동, 대학투쟁이 패배로 끝나자 씁쓸하기도 했고요. 대학원에 합격하고서, 알고 지내던 교수님한테 합격 소식을 알려드리러 갔습니다. 교수님이 "그래, 자네. 그럼 석사학위를 딴 뒤엔 어떻게 할 건가?"라고 묻길래 "선생님, 저는 아무 생각도 없는데요?"라고 솔직히 답했더니, "아, 그래, 여자니까 그 정도면 됐어"라고 하는 겁니다. 이런 반응이 성차별이라는 생각조차 못했던 시절이었지요.

학문의 길 말고 다른 선택을 했을 것 같냐고도 물었죠? 그러고 보니 스무 살 때는 20대가 지겨워서 어서 건너뛰고 30대가 되고 싶다고 생각했는데, 당시에 상상했던 제 30대 모습은 변두리 선술집 사장님이었습니다. 그 시절에 제가 다니던 교토대학 주변에는 돈 없는 학생들이 가서 앉아 있으면 질이 좀 떨어지는 이급주⁻ 級酒(생소한 말이겠지만 이런 술이 진짜 있었어요!)를 내주는 술집이 곳곳에 있었습니다. 집에서는 한 번도 집안일을 도운 적이 없는데, 술집만 가면 카운터에 앉아 사장님이 안주 만드는 모습을 보면서 "아주머니, 그거 어떻게 만들어요?" 하고 물어보곤 했습니다. 안주 요리법을 많이 배웠죠. 지금도 저는 간이 세지 않은 교토식 술안주를 잘 만드는데, 밥반찬보다 술안주를 만드는 솜씨가 더 좋은 건 술집 사장님 덕분입니다. 고향 가나자와에 가면 포장마차 비슷하게 영업하는 작은 목조 술집이 있는데 대개 아주머니 혼자 일하죠. 그런 술집을 하나 열어서는, 손님 호주머니 사정에 따라 술값을 깎아주기도 하는 왠지 조금 지쳐 보이는 아주머니 사장님……. 스무 살 여성이 그렸던 30대 여성 이미지라 하기에는 좀 우스운데, 당시에는 서른만 되어도 여자는 아줌마라고 했으니까요. 제가 스무 살때 그렸던 어른 이미지 속에 남편이나 자식의 그림자조차 없었던 걸 생각해 보면, 이미 스무 살 때부터 새로운 가족을 만들 마음이 없었던 거겠죠.

대학원에 진학해도 여자는 취직을 못 하던 시절이었어요. 대학에서 전공한 사회학은 요만큼도 흥미롭지 않고 제가 연구에 적성이 있다고도 생각을 안 해서 온갖 아르바이트를 했는데, 그걸로는 생활을 꾸릴 수 없어서 대학원을 다니면서 그만두자 두 번이나 결심했습니다. 그때마다 공부를 관두지 않은 건 장학금이란 돈줄이 있어서였는데, 부모한테 받는 돈은 조건이 붙지만 장학금은 조건 없이 받으니 부담이 없죠.

20대를 건너뛰고 빨리 아줌마가 되고 싶을 정도로 내가 여자라는 게 싫었던 겁니다. 이런 제가 20대 후반에 처음 알게 된 학문이 여성학이었습니다. '아하, 내가 나를 연구 대상으로 해도 되는구나.' 시야가 확 트이더군요. 남이 하라는 게 아니라 자발적으로 해보고 싶은 공부가 생전 처음 눈앞에 나타난 거죠. 여성학으로 먹고살 수 있을 거라고는 생각할 수 없던 시절이라서 마음먹었습니다. '좋아, 내가 연구에 안 맞는다면 연구가 나한테 맞도록 만들어 버리자.' 어쩐지 신기하게도, 실업자나 마찬가지로 살던 시절에도 이런 불손함과 자긍심만은 잃지 않았습니다.

그러다가 시대의 흐름이 드디어 저(그리고 여성학자들)에게도 왔습니다. 저뿐만 아니라 제 세대 많은 여성들이 여성해방이나 페미니즘에 빠져들면서 읽고 싶은 책을 찾아 헤맸죠. 하지만 우리가 읽고 싶은 책은 (번역서를 빼면) 출판 시장에 나와 있지 않았고, 여성해방에 뜻을 세운 여성 편집자들이 저를 포함한 젊은 여성 작가들에게 기회를 만들어 줬지요.

그렇다고는 해도 출판계는 남자들의 세계였습니다. 지금도 그렇지만 당시에도 그랬죠. 그래서 저는 제가 어떻게 '소비'될지 예상할 수 있었습니다. 저의 첫 '처녀상실작'은 《섹시 걸 대연구セクシィ・ギャルの大研究》[1982]인데 젊은 여성이 품격 없이 성을 다룬 책으로 팔렸고, 페미니즘 논문집도 《여자라는 쾌락女という快楽》[1986]이라는, 편집자가 제안한 아슬아슬한 제목을 붙여서 냈습니다. 그 다음에 낸 책 《스커트 밑의 극장スカートの下の劇場》[1989, 한국어판은 1991]은 팬티에 관한 연구였고, 《여자놀이女遊び》[1998, 한국어판은 2000]에서는 "'보지'가 한 가득'이란 제목의 서문을 실어 '상스러운 학자'라고 욕을 먹기도 했습니다. 앞선 편지에서 제가 '사회학계의 구로키 가오루'라고 불렸다고 했는데 바로 이 무렵입니다. 《여자놀이》를 내고 얼마 안 돼서 제 남성 친구 한 명이 장거리 트럭 운전사들이 가는 식당에 가서 밥을 먹으며 제 책 《여자놀이》를 읽고 있으니 아저씨들이 옆에 와서는 "형씨, 무슨 책 읽어요? 와,

제목 좋네, 좋은 책 보네" 했다네요. 그러면서 "우에노 씨 책은 커버를 씌우든가 해야지 안 그러면 들고 다닐 수가 없다"고 불평하더군요.

이렇게 제 책 제목을 하나하나 쓰고 보니 장관이로군요. '남자의 시선을 이용한다'고 비판받았는데, 맞습니다. 여성을 상품화한 '상업주의 페미니스트'라고도 불렸지만, '책은 팔리고 읽혀야지, 분하면 써서 팔아보든가'라고 생각했습니다. 당시 나이 드신 여성분들은 '요즘 상스러운 책을 써서 파는 젊은 여자 사회학자가 있다는데?' 하면서 눈살을 찌푸렸지요. 그런데 설령 제목만 보고 착각해서 책을 산 독자가 있다 해도, 읽고 나서 저의 진의가 전해진다면 그걸로 됐다고 생각했습니다. 오해를 받기도 했고 오독한 사람도 있었지만, 고맙게도 내가 의도한 바대로 스트라이크 존에 딱 들어갔다 싶은, 뛰어난 독자들을 많이 만날 수 있었습니다. 행여 오해를 살까 두려워만 해서는 한 마디도 할 수 없습니다. 정답과 오답 둘 다 나올 수 있고 그 비율이 8대2, 아니 6대4 정도라 해도, 계산해 보면 정답이 오답보다 더 많으니까 이런 점만 생각해도 계속 글을 쓸 용기는 얻을 수 있죠. 독자가 없는 곳에 독자를 만들어 왔다고, 그리고 독자와 함께 성장해 왔다고, 글을 쓴 이와 읽는 이가 함께 세상을 향해 계속해서 메시지를 보낸 거라고…… 여성학 선구자 세대는 긍지를 갖고 이렇게 이야기할 수 있을 거라 생각합니다. 글쓴이를 성장하게끔 하는 이는 독자입니다. 절대로 독자를 얕봐선 안 됩니다. 또, 뛰어난 편집자들도 많이 만났습니다. 이 편집자도, 저 편집자도 훌륭했습니다. 저를 키워준 편집자들에 대한 은

혜를 잊지 않고 있습니다.

제가 일부러 더욱 힘쓴 일이 있어요. 가벼운 책을 낼 때는 동시에 딱딱하고 어려운 책도 같이 내려고 애썼습니다. 오해를 초래할 만한 책을 낼 때는 동시에 그것과는 별개로 학술적인 책도 냈습니다. '이 책 같은 사람이 쓴 거 맞아?'라는 얘기를 듣고 쾌감을 느꼈지요. 쉬운 책과 어려운 책, A면과 B면, 하반신과 상반신. 저는 이렇게 부르는데, 제 저작 목록에서 상스럽다고 평가받는 부류의 책을 다 빼도 충분히 경력으로 내세울 수 있을 만큼 많은 책을 냈습니다. 교수 채용 면접을 볼 적마다 제출하는 연구 실적 서류에 A면의 책은 적지 않고 면접관한테 없는 셈 쳐달라고 했는데, "유감스럽지만 그럴 수 없어요. 그런 책들은 없는 셈 칠 수 있는 게 아니고 마이너스 실적입니다. 우리 분야 밖에 있는 사람들도 모두 우에노 씨를 알던데요"라고 핀잔을 들었습니다. 일부러 빈축을 살 만한 책을 쓴 것이니 응당한 대가를 치렀다고 할 수 있습니다.

1990년대 초에 '마른하늘에 날벼락'처럼 도쿄대 교관^{教官}이 됐습니다(당시만 해도 국립대는 '관학^{官學}'이라고 해서 교수라 안 하고 교관이라 했어요). 그러자 한 학생이 "우에노 선생님, 어떻게 도쿄대에 취직했어요? 몸을 쓴 건가요?(웃음)" 하고 묻더군요. 이 말을 한 사람은 여학생으로 당연히 농담 삼아 한 말인데, 당시만 해도 그런 농담이 농담으로 통하던 시절이었으니까요.

대학교수란 이상한 직업입니다. 교육도 하고 연구도 하며 교육과 연구를 일치시키는 직업이라는데 그런 건 허풍일 뿐입니다.

한창 연구 중인 주제를 학생들한테 말해봤자 대부분의 학생은 이해를 못 합니다. 대학교수는 연구자이기도 하지만, 연구로 아무리 업적을 쌓는다 해도 급여는 한 푼도 오르지 않습니다. 특히 사립학교에서 근무하면 학생들의 부모님이 낸 학비가 교수들 월급이니, 이런 사실을 가슴 깊이 새겨야 하죠. 제가 한동안 근무했던 사립대학 신설 학부에서는 학생들이 입학하면 졸업할 때까지 정부에서 보조금이 나오지 않았습니다. 즉 제 월급은 100퍼센트 학생들의 부모님이 지급하는 것이므로, 대학교수는 교육 서비스업자일 뿐이라는 사실을 이때처럼 강하게 의식한 적은 없습니다. 국립대로 옮겨와서 보니 교수들이 스스로를 교육 서비스업자라고는 별로 생각하지 않아서 놀랐어요.

어느 날인가 한번은 학생들이 내는 4년 치 학비와, 졸업에 필요한 학점을 채우려고 듣는 수업의 횟수를 나눗셈으로 계산해 봤어요. 그렇게 해보니 수업 1회당 수업료 단가는 5,000엔이었습니다. 일본에서는 교수가 학생한테 '다음 주 휴강이다' 하면 학생들이 손뼉을 치며 좋아하지만, 미국에서는 학생들이 '우우' 야유를 합니다. 사립대학의 경우 미국 학생들은 연간 400만 엔이나 되는 학비를 내니까 스스로가 서비스를 받는 수혜자라는 인식이 강한 겁니다. 문득 생각했죠. '일본에서는 수업료를 학기별로 한꺼번에 지불하니까 학비를 얼마나 많이 내는지 생각을 안 한다, 그러면 매번 수업 때마다 학비 대신 5,000엔짜리 티켓을 내게 하면 어떨까? 나는 그만한 값어치가 있는 수업을 하고 있나?' 하고요.

솔직히 저에게 교사란 직업은 하고 싶지 않은 일 가운데 하나였습니다. 학창 시절에 학교가 재밌지도 않았을뿐더러 존경할 만한 선생님도 없었어요. 당시는 여자가 대학을 졸업하면 공무원이나 교사밖에 할 수 없었을 때인데, 선생님밖에 될 수 없는 환경에서 어쩔 수 없이 선생님이 되는 게 싫었습니다. 그래서 혹시 인생을 도망치듯 살다가 선생님이 될 수도 있으니 그 길을 미리 차단하고자 학교 다닐 때 교원자격증도 따지 않았습니다. 물론 게으르기도 했고요(하하). 그랬던 제가 공교롭게도 선생님을 하게 되다니. 그리고 보니 대학교수는 교원자격증이 없어도 되는 유일한 교직이었네요. 가르치는 대상은 아동이 아니라 성인이고요. 초중고등학교에서는 선생님을 고를 수 없지만, 대학에서는 그렇지 않죠. 대학에서는 '싫으면 내 수업 안 들으면 돼'라고 말할 수 있으니까 교사를 할 마음이 들었습니다. 그래도 학생들이 저를 선택해 줬으니 월급 받은 만큼은 잘하자고, 학생들의 기대나 믿음을 저버리는 일은 하지 말자고 생각하면서 일해왔습니다. 그 결과 뛰어난 학생들을 만나게 됐죠. 교사를 성장시키는 것은 학생들이기도 합니다. 특히 대학원은 머지않은 미래에 내 라이벌이 될 연구자들을 키우는 곳이었으니, 진검승부를 펼치듯 그렇게 일했습니다.

제가 퇴직할 즈음 대학원에는 '환갑 기념 논문집'을 내는 관행이 있었어요. 교수 퇴직 기념으로, 제자들이 열심히 쓴 논문을 모아서 내는 겁니다. 제가 도쿄대 대학원을 퇴직할 적에 학생 한 명이 "선생님, 환갑 기념 논문집 낼까요?"라고 묻길래 "싫어, 그런 제목 별로야"라고 쌀쌀맞게 답했더니, 학생들이 환갑 기념 논문집 대신 《우에노 지즈코에 도전한다上野千鶴子に挑む》(2011)라는 제목으로

제 논문을 비판하는 책을 만들었지 뭡니까. 저는 답례로 다음과 같이 썼습니다.

"나와 가장 가까이 있으면서 내 논문의 장점도 결점도 모두 꿰뚫어 볼 수 있는 제자들. 내 지도에 따라 연마한 칼로 내 아킬레스건을 찌르다니……. 이런 도전장을 낸 학생들이 나를 지도교수로 선택해 줘서 무척 기쁩니다."

제자들이 만든 책을 동료 교수한테 줬더니 "이 책 때문에 앞으로 환갑 기념 논문집 수준을 올려야겠네"라고 말하더군요.

내가 원해서 고른 직업은 아니었지만, 결과적으로 교사란 정말 좋은 직업이었습니다. 무엇보다, 젊은 학생이든 젊지 않은 학생이든 어린순이 껍질을 벗듯 무럭무럭 자라는 모습을 직접 볼 수 있었으니까요. 아이를 낳은 적이 없는 저는 학생들을 보면서 생각했습니다. '남의 자식을 꾀어내다니…….' 꼭 하멜른의 피리 부는 사나이가 된 것 같았습니다. 부모들은 아이가 어릴 때 자라는 모습은 볼 수 있어도 아이가 어떻게 어른이 되는지, 어떻게 지적인 성장을 이뤄내는지 그 과정을 볼 일은 거의 없을 거라 더 그런 기분을 느꼈겠죠.

저와 리쓰메이칸 아시아 태평양 대학 데구치 하루아키出口治明 학장이 대담한 내용을 정리한 책이 곧 나옵니다. 데구치 하루아키 씨는 특이한 방식으로 일해온 분인데, 책 제목은 《당신의 회사, 그런 일하기 방식으로 행복합니까?あなたの会社、その働き方は幸せですか？》(2020)예요. 나오면 책을 보낼게요. 저도 그렇고 데구치 하루아키 씨도 그렇고, 여태까지 어떻게 '나의 일'을 해왔는지를 그 책에서

이야기했습니다. 다른 데서 안 한 이야기도 나눴고요.

스즈미 씨의 이번 편지 마지막 구절이 문득 생각납니다. 패션지《JJ》가 폐간됐을 때의 느낌을 적은 부분으로, 여성들이 사장 부인도 될 수 있고 또 스스로 사장도 될 수 있는 이 시대에 '폭넓은 선택지를 두고 어찌할 바를 모르고 있을 여성들의 마음을 떠올리게 된다'는 구절 말이에요. 제가 20년이나 30년쯤 더 늦게 태어났더라면…… 스즈미 씨와 똑같은 느낌을 맛봤을까요?

그런데 세상은 언제나 변한 듯 변하지 않은 듯 어설프게 변화합니다. 스즈미 씨가 쓴 것처럼 '여성이 중심이 되어 할 수 있는 일, 여성이란 사실이 중요한 일, 중요하기는커녕 여성이라는 게 오히려 약점인 일, 또 결혼하기 쉬운 일, 결혼 생활에 안 맞는 일'을 눈앞에 두고 '우왕좌왕하고 있을 여성들'도 많겠지요.

30대의 선술집 사장님 이미지를 떠올렸다고 얘기한 것처럼 저는 접객 서비스 일도 싫어하진 않습니다. 제가 교육 서비스업자로서 서비스 정신이 넘친다는 사실은 학생들이 증명해 줄 겁니다. 만약 여성한테 좋은 시대가 온다면, 기업의 관리자로 출세하지 않을까 싶을 때도 있습니다. 그게 제가 하고 싶은 일인지 아닌지는 별개고요.

스즈미 씨는 여러 일 중에서 프리랜서 작가가 되기로 했으니, 아무런 보증이 없는 인생을 선택한 셈입니다. 저는 직장인으로, 더군다나 한때는 국립대학에서 국가공무원도 했잖아요. 처음 월급을 받았을 때 '매달 꼬박꼬박 돈을 받는다니 팔자 좋구나' 하면서 깜짝 놀랐던 기억이 납니다. 조직을 좋아하지 않는 제가 조직의 한 사람으로 살아왔습니다. 데구치 하루아키 학장도 마찬가지예요. 같이 쓴 책《당신의 회사, 그런 일하기 방식으로 행복합니까?》라는 제목에 '당신의 회사'를 넣은 이유는 저도 학장도 모두 회사 조직에서 일했기 때문입니다. 프리랜서가 될 기회가 없었던 것은 아니지만 제가 조직을 떠나지 않은 이유를 이 책에 썼습니다.

저는 프리랜서를 가리켜 '국민건강보험료를 더 내는 사람들'이라고 말해왔습니다. 회사를 그만두고 국민건강보험료 지역피보험자가 돼보면, 조직이 얼마나 조직 구성원을 지켜주는지 그 혜택을 실감하게 됩니다. 특히 조직은 능력 없는 사람들을 보호합니다(요즘 기업은 그런 여유를 잃었을 수도 있지만). 이 사실을 다시금 뚜렷이 인식하게 된 건 코로나 시국 덕분이었지요. 코로나 팬데믹으로 일자리를 잃은 비정규직 노동자들이나 자영업자들을 볼 때마다 아무것도 지니지 못한 채 황야를 마주한 엄혹한 상황을 떠올리지 않을 수가 없습니다.

스즈미 씨의 선택이 스즈미 씨 본인에게 득이 되길 바랍니다.

2020년 11월 20일
우에노 지즈코

8장

자립

쓰고 버려질 프리랜서 작가가 언제 실적을 쌓을지 어려운 문제네요.

우에노 지즈코 님께.

저번 편지에서 제가 우에노 님께 학자의 길을 가지 않았다면 어떤 길을 선택했을 것 같으냐고 질문한 이유는, 시대적인 배경에도 흥미가 있었지만 그런 흥미 이상으로 대학교수나 연구자가 아닌 우에노 님의 모습을 상상하기 어려워서였습니다. 변두리 선술집 주인을 꿈꾸셨다니 의외의 답이었어요. 제가 술장사를 하던 시절 동료 중에 실제로 작은 술집을 열고 사장님이 된 사람이 있습니다. 수가 많지는 않지만, 이런 동료들이 여성성을 상품으로 하는 술장사 세계에 그대로 머물러 있는 이유는, 생각해 보면 캬바쿠라에 있던 다른 누구보다도 스스로 여자라는 걸 간단히 팔지 않는 유형이라서가 아닌가 싶습니다. '나는 젊고 순진한 여자로 쉽게는 소비되지 않겠다'는 마음가짐이 있어서 그 세계에서 살아남았을 것 같기도 해요.

여담인데, 술장사하는 여자 사장님을 마담이라 안 하고 '마마'라 부르곤 하는데, 이런 관습이 마더콤플렉스 같아서 저는 전부터 기분 나빴습니다. 남자들은 술장사하는 여자들을 놓고 자기가 꼬실 대상인 '숫처녀'와 그렇지 않은 '마마', 그러니까 '숫처녀'와 이제 '마마'가 된 여자를 정확히 구별해야 마음이 놓이는 걸까요? 이렇게 보면, 우에노 님이 스무 살 무렵에 '내가 여자라는 게 싫었다'면서 20대를 건너뛰고서 갑자기 술집 여자 사장을 꿈꾸었다는 말씀이 조리에 잘 맞는 것 같습니다.

또, 좋은 독자들이 많아서 글을 오독하는 게 아니라 정확히 이해해 줬다는 이야기, 쉬운 책과 동시에 딱딱하고 어려운 책을 내왔다는 이야기는 제게 정말 큰 깨달음을 주었습니다. 제가 《AV 여배우의 사회학》을 출간한 후 에세이를 썼을 때 떨떠름한 표정의 엄마한테 우에노 님이 주신 가르침 비슷한 설명을 하긴 했지만 그걸 실행할 힘은 없었거든요.

우에노 님은 지금 제가 가끔 밤일을 하면서 프리랜서 작가를 하는 거냐고 물으셨는데, 밤일은 꽤 오랫동안 하지 않았습니다. 신문사를 그만둔 직후에는 도쿄 신주쿠 가부키초 근처에 살았어서 술장사 분위기가 그리워지면 가끔 술집에 가서 일하던 때가 있었는데, 엄마 병세가 심해지면서 발길이 뜸해졌고 엄마가 돌아가신 뒤부터는 완전히 밤의 세계를 졸업하게 되었습니다. 일전에 우에노 님이 일탈이란 부모가 금지해서 꿀맛이라고 얘기하셨는데, 엄마가 돌아가신 시기가 제가 밤의 세계와 결별한 시기와 일치한다고 하는 건 지나칠 정도로 딱 들어맞는 것 같고요, 그보다는 이제 나이가 들어 유흥업소에서 일하는 건 노력에 비해 결과가 안 따르는 일이 되어서라고 해야 맞을 것 같습니다. 집에서 원고 쓰는 일에 비하면 수지가 안 맞게 됐어요. 머지않아 시장가치가 사라질 거라는 예상은 틀렸습니다. 이미 대폭락이 시작되었다고 할까요?

저는 '마마'가 될 정도로 접객 서비스를 척척 잘하는 여자가 아니라 젊음과 순진함을 쉽게 돈으로 바꾸던 밤의 여자였던 만큼, 서른이 넘어가자 밤의 세계에서 제 가치는 나이와 반비례해서 아주 깔끔하게 내려갔습니다. 그러자 내게 값을 매기는 밤의 세계 특유의 상쾌함은 급속도로 퇴색되고 저에겐 독기 어린 모습만 남았지요. 이전에 강렬한 매력으로 저를 사로잡았던 밤거리이니만큼 지금도 단순히 친구를 만난다든지 일 관련해서 사람들을 만난다든지 하면서 그 밤거리를 왔다 갔다 하거나 그냥 지나가기도 하고, 지금껏 그 세계의 매력과 두려움, 더러움을 어떤 형태로든 파악하거나 언어화해서 글을 써볼까 하는 욕망도 여전히 갖고 있습니다. 그렇지만 젊은 여성이던 시절에 비하면 밤에 일하는 게 매력적으로 느껴지지 않아요. 밤일(AV와 술장사)을 겸하던 학생에서 신문기자를 거쳐 이제는 프리랜서 작가, 이런 경력순으로 살고 있습니다.

우에노 님은 대학원에 진학한 이유가 유예기간을 위해서라고 하셨는데, 제가 대학원에 간 이유도 비슷합니다. 밤 세계에서 발을 빼고 싶지는 않은데 그렇다고 평생 밤 세계에 있을 마음도 없어서였어요. 회사에 들어가면 시간적인 제약이 생기니 캬바쿠라나 AV 업계를 왔다 갔다 하기가 어려워질 거라고 생각했고, 그렇다고 대학을 졸업한 후 전업 호스티스나 AV 배우가 되는 건 위험하게 느껴졌던 것 같습니다. 젊은 시절에도 나름 그렇게 여겼던 것 같아요. 이전 편지에서도 이야기한 적이 있는데, 젊은 제게는 낮의 세계에도 밤의 세계에도 완전히 잠기지 않아야 한다는 것, 양쪽 세계에 발판을 뒀다는 게 중요했고, 그 양쪽 세계에서 기반을 잃지 않을 유일한 방법은 학생 시기를 연장하는 것이었습니다. 그래서 대학도 1년을 더해서 5년을 다니고, 여기에 대학원 2년을 다니면서 낮 세계에 있든 밤 세계에 있든 '나의 세계는 여기가 다는 아니다'라고 생각할 수 있는 상황을 유지했습니다.

그런데 그러던 중 가장 먼저 나의 가치가 떨어진 AV 업계가 무서워졌습니다. 그다음에 젊음을 팔 수 없는 나이에 도달했을 때, 이번에는 밤 세계를 벗어나 취직해야지 하는 생각으로 신문사에 들어간 겁니다. 밤 세계에서 나이를 먹기보다는 낮 세계에서 나이를 먹는 게 더 낫겠다 싶었거든요. 대학원 시절에는 긴자에 있는 작은 술집에 나가서 잠깐씩 일을 했는데, 역시 예상대로 거기 있으면 마음이 편해서 이대로 대학원 박사과정에 진학하더라도 술장사는 관둘 수가 없겠지 싶더라고요. 그렇다면 여기서 내 생활을 싹 바꿔보고 싶다는 단순한 동경도 있었던 것 같습니다.

신문사 일은 나름대로 즐거웠습니다. 초등학생 때 작가가 되고 싶다는 내용으로 글짓기를 한 적이 있는데, 그래서인지 대체로 기자 일에 만족했습니다. 그리고 무엇보다 일본에서 살아가는 한, 회사원만큼 멋지고 살기 쉬운 수단도 없을 거란 생각이 들었습니다. 아빠는 죽 대학교수로 일을 했으니 매달 월급을 받긴 했지만, 제가 철이 들 무렵부터 엄마는 이미 회사원을 그만두고 번역을 하면서 연구자로 일했고 친척 중에도 기업체에 근무하는 회사원은 별로 없었습니다. 그래서 회사원에 대해서는 굳이 말하자면 부정적인 이미지를 갖고 있었는데, 해보니까 절대로 그렇지 않았습니다. 아주 좋았어요.

회사에서 계속 근무할 수 있는 선택지가 아예 없었던 건 아니었습니다. 일본에서는 한 번 회사를 관두면 되돌아가려 할 때 무척 불리하니, 회사에 남는 것이 분명 현명한 선택이었을 거라고 지금도 생각합니다. 일도 그리 못하는 건 아니었지만, 서른 살이 가까워지자 그전에 제가 결별했다고 여긴 밤 세계의 짜릿함이 그리워지기도 했습니다. 마침 석사 논문을 책으로 내려던 시기와도 맞아떨어져서, 점점 회사원이란 입장이 거북하게 느껴지기 시작했어요. 회사에서 짧은 바지를 못 입고 하이힐을 못 신는 것도, 여기저기 원하는 만큼 여행을 다니지 못하는 것도, 회사에 소속된 입장을 신경 쓰지 않고 상스러운 장소를 들락거릴 수 없는 것도 불편했습니다. 수많은 회사원이 어른이 되면서 타협하고 포기한 일이 있을 텐데요. 저도 처음에는 회사원이 나의 길이라고 이해했지만 역시나 자유롭지 못하다는 생각에, 결국 원고료로 생활을 꾸려나갈 수 있겠다 싶던 무렵에 회사를 그만뒀습니다. 석사 논문을 정리해서 책으로 냈다는 소식이 사내에 알려지고 몰래 다른 이름으로 글을 쓰고 있는 게 소문이 나서, 제 과거가 슬슬 드러날 것 같다는 생각에 도망치자는 마음도 있었죠. 결별한 밤 세계의 공기도 오래간만에 들이마시고 싶었습니다. 한 번 팬티까지 벗는 일을 해보니 '정돈이 없으면 벗으면 되지, 예전만큼은 아니어도 얼마간 버틸 수는 있을 거야' 하고 생각하는 습관도 회사를 그만둘 결심을 더욱 북돋웠습니다.

하지만 그리 간단히 그만둘 수 있었던 건 이러니저러니 해도 가족하고의 관계가 나쁘지는 않아서였습니다. 만일의 경우에도, 가족이 경제적으로 불안하지 않고, 제가 경제적으로 어려워져서 어찌할 바 모르게 되면 돌아갈 집이 있다는 이유가 가장 컸던 것 같습니다. 엄마는 자주 제게 '일본에서 프리랜서 작가로 일하려면 정규직하고 결혼하는 게 가장 무난하다'고 조언했는데, 실제로 엄마는 아빠가 대학에서 정규직 교수가 되자 회사를 관뒀거든요. 저는 결혼을 현실적으로 생각해 본 적이 없어서, 일단 부모님한테 기대면 되리라 생각했습니다. 회사를 그만둔 걸 후회하느냐고 묻는다면 가끔 후회하기도 한다는 게 맞을 겁니다. 가장 큰 이유는 제가 제일 믿고 의지하던 엄마가 돌아가셨기 때문이고, 두 번째는 아빠가 대학을 정년퇴직했기 때문이며, 세 번째는 엄마가 돌아가시고 아빠가 새로운 가정을 만들려는 걸 알고 왠지 전에는 그 자리에 죽 있을 것 같았던 내 집이 '이제 사라지겠구나' 하는 불안한 마음에 직면하게 됐기 때문입니다. 답답해도, 하이힐을 못 신어도, 여행을 자주 못 가더라도, 회사에서 계속 근무했더라면 불안한 마음은 덜했을 거라는 생각이 듭니다.

젊은 시절에 너무도 건강하지 못한 생활을 해서인지 제가 오래 살 거라고는 한 번도 생각해 보지 않았는데, 이런 것이 미래보다는 현재를, 지금 당장 편한 걸 항상 우선시하게 했던 한 가지 요인이었을 겁니다. 어쩐지 부모님은 오래 살 것 같고 자식인 제가 일찍 죽을 거라고, 막연히 제 마음대로 그려본 이미지가 있었어요. 그런데 이제는 제가 운 좋게(운 나쁘게?) 더 오래 살지도 모르니, 죽건강하지 못한 상태로 살아갈 수도 있겠다는 그런 생각을 합니다. 그래서인지 프리랜서 작가로 글을 팔면서 사는 이 일은 아무래도 너무나 위험한 것 같긴 합니다. 앞날이 없다는 점에서는 AV 배우보다 조금 나을 수도 있겠지만, 소비되어 버려질 처지라는 점에서는 작가나 배우나 둘 다 매우 비슷합니다. 그러니까 작가 일 자체는 신문사 일과 비슷한데, 글을 쓰고 있을 때는 AV 배우를 할 때와 비슷한 마음이 들어요.

이번 편지에서 제게 '언제까지 AV 배우 출신이란 타이틀을 붙이고 일할 거냐?'고 물으셨죠? 저한테는 정말 어려운 물음입니다. 한 번도 저 스스로 그 타이틀을 붙이고 싶어 한 적 없는데, 그렇게 타이틀이 붙고 마는 건 아마 제가 쓰는 글이 그런 타이틀을 붙이지 않으면 가치가 없다고 여겨지기 때문일 거고, 또 그만큼 'AV 배우 출신'이라는 것에 괜찮은 부가가치가 따라서일 것 같습니다. 흔히 인생을 걸고 어떤 직업을 목표로 한다고들 이야기하는데, 지금 저한테 'AV 배우 출신'이란 타이틀을 능가할 만큼의 다른 부가가치가 있는지 생각해 볼 때도 있습니다. AV 배우가 되고 싶다는 젊은 여성들한테 저도 모르게 "AV 배우는 관둘 수 있지만 'AV 배우 출신'이라는 건 평생 관둘 수 없으니 생각 다시 해보라"고 답하는 것도 그만큼 'AV 배우 출신'이란 직함을 넘어서기가 힘들기 때문입니다.

주간지에서 'AV 배우 출신'이라고 폭로당했을 때는 제가 두 번째 책을 내기로 하고 신문사를 그만둔 무렵인데, 그 폭로 기사가 없었더라면 저한테 원고 청탁이 얼마나 들어왔을지, 또 지금 제가 어떤 종류의 글을 쓰고 있을지 때때로 상상해 보기도 합니다. AV 배우 출신이라 하지 못했던 일도 있지만, AV 배우 출신 작가라서 받은 일감이 훨씬 많았을 거예요. 우에노 님이 '당사자의 가치에는 유효기간이 있다'고 지적하셨는데, 'AV 배우 출신'의 유효기간은 제가 예상했던 것보다 길더라고요. 좋지 못한 의미에서요. 그리고 과거 경력을 씻어내면 씻어낼수록, 'AV 배우 출신' 작가란 타이틀과 그 타이틀을 달고 쓰는 글 사이의 괴리감을 재밌어해서 굳이 그럴 필요가 없는데도 'AV 배우 출신'이란 타이틀을 붙이는 경우도 있습니다. 제가 전혀 다른 분야에서 눈에 띄는 실적을 쌓으면 주목받을 것이냐 하면, 그것도 그리 쉽지는 않을 듯싶습니다. 제가 신문사를 직장으로 선택한 데는 AV 배우였던 과거를 들킬 것 같지 않아서였다는 점이 중요했다고 저번 편지에서 썼는데요, 제 과거를 폭로한 주간지 기사 헤드라인은 "일본경제신문 기자는 AV 배우였다!"였습니다. 제가 신문사에 들어가지 않고 그대로 AV 업계에 머물러 있었거나 별다른 일을 하지 않고 눈에 띄지 않게 살아갔더라면, 아니면 세상이 AV 배우 출신에 걸맞다고 인정하는 회사에 들어갔더라면 'AV 배우 출신'이란 타이틀이 붙여질 일도 별로 없었을 것 같습니다. 폭로를 당한 후, 구설수에 올라 유명해진 사람에게 나름 괜찮은 부가가치를 만들어 내는 타이틀이 붙는다는 게, AV 배우 출신인 과거를 씻어내려고 다른 일을 시작한 저에게 그런 타이틀이 붙는다는 게 아이러니합니다.

저도 모르게 이야기가 옆길로 샜네요. AV 배우 출신이란 타이틀이 평생 따라다닌다 한들, 그 가치를 뽑아낼 수 있는 기간은 아주 짧겠지요. 우에노 님이 알려주셨듯, 제가 학자도 아니고 작가가 된 탓에 다 소비되면 버려질 몸이란 의견에도 동의합니다. 우에노 님이 제자들한테 '시대나 유행을 타지 않는 글, 제대로 된 글을 쓰고 그런 글로 경력을 쌓으라' 되풀이하셨다는 말씀이 제게 정말 공감이 됩니다. 신기하게도 엄마가 생전에 제게 마지막으로 건넨 편지에도 비슷한 말씀이 적혀 있었거든요. "세련된 필치로 쓴 에세이 한두 편이야 쉽게 쓸 수 있을지도 몰라. 그건 그것대로 네가 즐거우면 좋다고 생각해. 하지만 그런 작품은 여름날 불꽃놀이와 같아서 그 이상의 의미가 없어. 부디 그 이상의 작품, 뒤에 올 사람들에게 길을 열어주고 다리가 되어줄 작품, 그게 아니면 이정표가 될 만한 작품, 그것도 아니라면 피난처가 될 만한 작품, 어쩌면 이 세계의 탑^塔이 될 만한 그런 글을 쓰길 바란다. 네가 스승을 구하고 친구를 구해서, 여름날 불꽃놀이가 아닌 제대로 된 작품을 쓰기를 기다릴게." 이런 편지를 건네고 엄마는 반년 만에 영원히 잠들었습니다. 엄마는 제가 사회에서 다 소비되고 버려지면 언제든 돌아갈 수 있겠거니 하던 의존심을 간파하고 못이라도 박듯 편지를 남긴 것인지도 모르겠습니다. 편집자한테서 우에노 님과 이 편지 형식의 연재 제안을 받았을 때, 스승을 구하라고 했던 엄마에게 가장 먼저 소식을 알리고 싶었습니다.

신문사에서 5년간 일하면서 신문기사만 썼으니 앞으로 5년간은 좀 부드러운 문체로 글을 써야겠다고 생각했는데, 이제 코로나 위기가 오고 신문사를 나온 지도 6년이 다 되어갑니다. 3년 전 밤 세계와 관련된 연재 요청을 거절한 뒤부터는 연애나 섹스 관련 글 청탁만 들어와서 1년 전부터는 그런 요청도 다 거절하고 있어요. 제가 가장 잘하는 잔재주로 글 쓰는 걸 피하려고 합니다. AV 업계에서 수요가 끊기기 직전에 도망쳐 나왔듯, 그런 글에 대한 수요가 끊기기 전에 도망쳐야겠다고는 분명히 생각하고 있습니다. 저는 밤의 세계에 중독성이 있다고 여러 곳에서 말해왔는데, 우에노 님이 지적하셨듯 젊고 이름 없는 사람들은 글쓰기에 중독되기도 하지요. 즐거운 이야기를 하면서 실적이 될 만한 글도 쓰고 싶다고 생각했는데, 그게 쉬운 일은 아니라는 것을 통감합니다. 그 좋다는 회사원을 관두고 잔재주로 글을 쓰며 생계를 꾸리고 있으니 저는 실패한 걸까요? 그래도 저처럼 매일 먹고살기 위해 글을 쓰는 수많은 프리랜서 여성 작가(남성도 포함해서)에게, 언젠가 수요가 다해 버려질 거란 걸 알면서도 어떻게든 헤쳐나가야지 하며 제대로 된 글을 쓴다는 건 꽤 어려운 과제입니다. 일본에서 회사를 안 다니고 자립해 살면서, 또 부모나 결혼한 배우자한테 기대지 않고 프리랜서 작가로 일하는 건 비현실적이지 않나요? 이렇게 쓰자 한 프랑스인 친구가 떠오르네요. 그 친구는 실업급여를 받으면서 유유자적하게 사는 동안 능력을 키워서 큰일을 하겠노라 말하고서는 벌써 몇 년째 아무것도 안 하고 있는 자칭 영상 작가입니다. 사회보장제도 정비만으로는 풀 수 없는 문제라는 생각이 듭니다.

'자립'을 주제로 묻고 싶은 게 많았는데, 이야기를 조금 풀어낸 정도로 이렇게 편지가 길어졌네요. 지금껏 결혼 말고 달리 안심할 길이 없는 저와 제 세대 여성들한테는 뭐가 필요할까요? 이런 부분을 이야기해 주시면 감사하겠습니다.

2020년 12월 3일
스즈키 스즈미

어디로 갈지 정해둘 필요는 없겠지만, 새로운 대상과 새로운 문체에 도전해 보세요.

스즈키 스즈미 님께.

이번 편지 주제는 자립이었지요.

'대학교수도 학자도 아닌 우에노 님의 모습을 상상하지 못했다'고 쓰여 있었는데, 옆에서 보면 제가 순조롭게 고학력 엘리트 코스만 밟아온 것처럼 보일 거예요.

제가 대학원에 간 건 공부를 하고 싶어서도 포부가 있어서도 아니고 취직하기 싫어서 도망친 것이었다고, 유예기간을 위해서였다고 앞서 편지에 썼었지요. 부모님이 실수로 공부를 더 시켜준 덕분에, 또 마침 부모님이 그만큼의 경제적 여유가 있던 덕분에 대학이라는 학력 사회에서 살아남을 수 있었습니다.

그러고 보니 열여덟 살 때 저한테 또 하나의 선택지가 있었는데 바로 의사가 되는 것이었어요. 아버지가 개업의이고 남매 중에 제가 성적이 좋은 편이라 의대에 가라는 기대를 받기도 했는데, 그러려면 고향 가나자와에 그대로 머무르며 가나자와 의대에 가야 해서 집에서 탈출할 수가 없었습니다. 할머니와 어머니는 종종 제게 '이제부터는 여자도 직업이 있어야 한다'고 하셨는데, 경제적으로 아버지한테 의존할 수밖에 없는 어머니는 그런 자기 인생에 대한 회한을 담아 그렇게 말했을 겁니다. 그런데 실제로 제가 대학에

갈 때가 오니까 갑자기 돌변해서 '여자는 2~3년제 단기대학만 가도 좋은 거'라고 말하는 겁니다. 저는 '엄마, 지금까지 말했던 거랑 다르잖아?'라고 생각했지요. 생각해 보면 딸이 갑자기 자신의 곁을 떠나게 되니 위기의식을 느꼈을는지도 모르겠습니다. 나중에 제가 결혼도 안 하고 가정도 안 만들기로 했다고 하자, 어머니는 마치 자신의 인생을 부정당한 것처럼 받아들이며 못마땅한 기색을 비치곤 하셨습니다.

의사가 된다고 하니 어쩐지 인생에 이미 레일이 다 깔린 듯 보이기도 했고 '먹고살 걱정 안 해도 되는 인생은 좀 지루하네' 했거든요. 이런 생각을 얘기하니까, 가난한 가정에서 자란 친구가 "넌 돈 때문에 고생을 안 해봐서 그런 말을 하는 거야!" 하고 엄청 화를 냈어요. 그 시절에는 여성들의 대학 진학율이 낮았는데, 저와 같은 세대 여성이 "부모님이 고생하는 걸 보면서 엄마처럼은 살지 않겠다고 결심했어. 기를 쓰고 공부해서 전문직이 될 거야"라고 말하는 걸 보면 그 모습이 너무 눈부셔서 차마 똑바로 볼 수 없을 것 같은 기분이 들곤 했습니다.

그러고 보니 스즈미 씨 편지를 읽으니 한심했던 제 옛 상처가 아프기 시작하네요. 애써 들어간 일류 회사를 그토록 간단히 그만둔 건 가족과 사이가 좋고 경제적 불안도 없어서, 만약 진짜 어쩔 수 없는 상황이 되면 돌아갈 집이 있어서란 점이 제일 컸다고 썼지요. 아무리 궁핍해도 '어떻게든 될 거야' 할 수 있는 낙관적인 성격은 부모님이 주신 선물이라고 생각하는데, 그 배경에는 어리광 피우려는 마음이 있습니다. 스즈미 씨가 부모님한테 기대면 되겠지,

한 것처럼 저도 그랬어요. 무모한 여행을 가서는 돈이 다 떨어져 '돈 좀 보내달라'고 전보를 친 적도 있었죠. 엄청 혼나긴 했지만, 그래도 부모님이 돈을 안 보내진 않을 거라는 믿음이 있었지요.

실은 제가 비밀로 한 게 있어요. 제 현금카드 비밀번호는 한때 부모님 댁 전화번호였습니다. 현금인출기에서 돈을 꺼낼 적마다 '그렇지, 언제든 부모님한테 전화하면 어떻게든 될 거야' 하고 응석 부리던 마음을 줄곧 갖고 있었던 겁니다. 바늘로 콕 찔린 것처럼 씁쓸한 마음이 드네요. 부모님 댁 전화번호는 이미 예전에 없어졌는데, 그런 마음을 맛보면서 반성하기 위해 오래된 그 번호를 비밀번호로 썼던 것 같습니다.

부모님은 어리석은 부모 마음으로 딸이 뭘 하든 허락해 줬습니다. 이분들은 어쩌면 자식이 살인을 저지르고 도망쳐도 받아들여 주겠구나 싶었던 적도 있어요. 스즈미 씨가 건강하지 못한 생활을 한 탓에 오래 살 거라고는 전혀 생각해 본 적 없다고 쓴 구절을 보고 웃었습니다. 딸의 가장 큰 반항은 부모가 가장 소중히 여기는 자기 자신을 과감할 정도로 소홀히 대하는 겁니다. 그리고 역설적이게도 그럴 수 있는 이유는 부모의 사랑을 믿기 때문이죠.

부모님보다 먼저 죽을 거라고 생각한 적 있다고요? 태어난 순서대로 죽어야 하는데, 이게 뒤집히는 걸 불교에서는 역연逆緣이라 합니다. 그리고 자식이 먼저 죽으면 부모 인생에 큰 불행일뿐더러, 자식 쪽에서 봐도 그런 불효가 없다고 하겠지요. 제가 부모님을 떠나보내고 어떤 분이 "부모보다 먼저 죽지 않는 게 자식 역할인데, 그 역할을 잘 마쳤네요"라고 하신 말씀을 잊을 수가 없습니다. 저도 남한테 그렇게 말할 수 있는 사람이 되고 싶다고 생각했어요. 스즈미 씨는 어머니를 먼저 보냈기 때문에 책임의 절반은 완수한 셈입니다.

어른이 되고 저는 부모님한테 사랑받지 못하고 자란 아이들, 사랑은커녕 미움을 받고 학대를 당해 집에 있을 수 없게 된 아이들이 그 후에 어떻게 살아가는지를 죽 지켜봤습니다. 우리 세대야 부모를 크고 강해서 부술 수 없는 존재라고 여겼으니 '가족제국주의 분쇄!'라고 외칠 수 있었던 거라고 새삼스레 다시 생각해 봅니다. 사회학자로서 1970년대 이후의 가족 변천사를 보면, 작고 약하며 무너지기 쉬운 게 가족이라는 점을 통감하게 됩니다. 아이들은 그런 가족의 붕괴를 막고자 그 벌어진 틈새를 자신의 몸으로 메우고 버티면서 필사적으로 가족이 무너지지 않도록 애를 쓰지요.

사회학자 시부타 도모코澁谷智子가 쓴《영 케어러·돌봄을 짊어진 아동·청년의 현실ヤングケアラー——介護を担う子ども·若者の現実》(2020) [한국어판은 2021]을 읽고 위에 쓴 것 같은 생각을 하게 됐습니다. 시부타 도모코 씨는 '영 케어러young carer' 개념을 소개하며, 돌봄이 필요한 부모를 돌보는 역할을 짊어진 (18세 미만) 아이들이 존재한다는 사실을 드러내 주었습니다. 그 자신이 아직 돌봄을 받아야 할 나이인데도 주위에서 '대단하다', '애쓰네'라는 얘기를 들으면 '내가 더 잘해야지' 하면서 우는소리를 하지도 못하고, 푸념도 못하는 아이들. 친구들에게서 이해도 공감도 못 받고, 침묵하고 고립된 아이들. 도움을 청할 수 있는 정보도, 그럴 만한 지혜도 미처 없으며, 도움을 요청했는데도 도움받지 못한 아이들. 그리고 당장 자기 앞에 놓

인 돌봄 요청에서 도망칠 수 없는 아이들. 이 아이들에게 부모는 기댈 대상이 아니고 부모가 아이들한테 기대는데, 이런 가정의 아이들은 예전에도 있었고 지금도 있겠지요. 그렇지만 사람들이 그 존재를 인식하게 된 건 영 케어러 개념이 등장했을 때였습니다. 그 아이들이 어른이 되고 나서도 여전히 정리하지 못한 여러 가지 생각을 들어준 분이 저자 시부타 도모코 씨였습니다. 저자가 여기까지 도달하기 위해 영 케어러 아이들, 청년들과 얼마나 열심히 관계를 쌓고 노력을 기울였는지 알 수 있는 노작勞作이었죠.

자식은 부모를 고를 수 없다는 걸 정말 통감합니다. 그런데 부모 쪽에서 보면, 부모도 아이를 고를 수 없으니까요. 이렇게 생각하면, 저나 스즈미 씨는 부모한테 기대면 될 거라고 여겼던 자식이니까 운이 좋았지요. '영웅이란 운명을 선택으로 바꾼 사람들'이란 말이 있어요. 스스로 고르지 않은 운명을 스스로 고른 선택으로 바꾼 사람들……. 당장 자기 앞에 놓인 돌봄의 요구, 가족을 돌보는 것에서 도망칠 수 없었던 아이들이야말로 '운명을 선택으로 바꾼 사람들'이라 생각합니다. 이 책에 담겨 있는 영 케어러들의 이야기 하나하나가 깊은 감동을 주는 건 그래서겠지요.

그런데 스스로 선택하지 않은 배경을 부끄러워할 필요도 전혀 없습니다. 부모의 사랑으로 '어떻게든 되겠지, 뭐' 하는 낙천성을 선물받은 저는 미지의 세계나 새로운 경험을 두려워하지 않을 수 있었습니다. 스즈미 씨 안에 있는 부주의함이나 무모함도 부모님께 받은 선물일 겁니다.

이번 편지 주제가 '자립'이었지요?

천직^{vocation}, 직업^{profession}, 일^{job}은 각각 다른 말입니다. 이 세 가지가 일치한다면 행운이겠지만 그런 사람은 좀처럼 없지요. 천직은 돈이 되든 안 되든 하는 일, 직업은 전문성을 발휘해 그걸로 먹고살 수 있는 노동입니다. 그리고 좋든 싫든 다른 사람이 요청한 걸 돈을 받고 하는 게 일이죠. 그 밖에도 취미란 게 있는데, 취미는 내 품을 들여서라도 하는 활동입니다. 제 직업은 교육 서비스업인데, 자격증이 있는 것도 아니고 훈련을 받은 적도 없지만 일하면서 스킬을 익혔고, 급여를 받는 만큼 일할 정도는 됐습니다. 여성학과 젠더 연구는 지금에야 천직이라고 말할 수 있겠지만, 처음에는 단지 취미였습니다. 〈취미 같은 나의 여성학론〉이란 에세이를 써서 여성 모임 회보에 실었을 정도니까요. 천직은 타인이 이래라저래라 하지 않아도 스스로 나서서 하고 싶다고 생각할 수 있는 과제입니다. 돈 때문에 이것저것 일을 했지요. 성을 팔지는 않았지만요.

스즈미 씨에게 글을 써서 파는 것은 위 세 가지 중 어디에 속하나요?

살려면 먹어야 하고 그러려면 자신에게서 시장의 수요가 창출되어야 합니다. 돈은 남의 주머니에서 나오는 거니까, 남이 주는 임무를 해내야 받을 수 있죠. 저는 이전에 연구기관에서 연구원 아르바이트를 하면서 정보가 돈이 될 수 있다는 사실을 알게 되었습니다. 그리고 정보가 돈이 되려면 어떻게 해야 하는지도 배웠어요. 연구기관에서의 과제란 어차피 남이 주는 것이므로 남의 샅바를 매고 씨름을 하는 셈인데, 거기에 사회학 스킬이 도움이 되니까 연구원을 직업으로 선택할 수도 있었을 겁니다. 먹고살 길이 없는 대학원생 시절, 태어나서 처음으로 헤드헌터한테서 연락을 받은 적이 있습니다. 오사카에 연구기관이 새로 생겼는데 바로 투입되어 일할 수 있으면 좋겠다면서 취직을 제안하더군요. 하루 생각하고서 거절했습니다. 당시에 살던 교토 북쪽 끝에서 전철을 타고 오사카까지 통근해야 하는데, 아침 일찍 일어나는 게 싫다는 그런 터무니없는 이유 때문이었습니다. 지금 생각해도 식은땀이 나네요.

여성학이란 취미가 제 천직이 된 건 시대의 우연이 작용한 덕분이었습니다. 그런데 운명을 선택으로 바꾸는 것과 마찬가지로 우연을 필연으로 바꿀 수 있었던 건 뜻밖의 행운이었어요. 그러나 앞서 편지에 썼듯, 단지 시대적 조류에 편승한 건 아니고 스스로 그 물결을 일으켜 왔다는 자부심이 있습니다.

저도 글을 써서 파는 일을 직업으로 삼아왔는데, 문장이란 건 실로 편리한 도구입니다. 글쓰기 행위에는 취미, 천직, 직업, 일의 의미가 다 포함되어 있습니다. 저는 각각을 문체로 구분해서 해왔어요.

스즈미 씨는 이미 쓰는 쾌락 속에서 자기표현의 기쁨을 맛봤겠지요. 쓰기는 스킬skill입니다. 스킬은 연마할 수 있지요. 글 쓰는 이들에게 가장 큰 함정이 있는데, 다른 분야의 창작자와 마찬가지로 자기모방이 그렇죠. 스즈미 씨에게 시장가치가 생긴다면, 편집자(글을 살 사람)가 두 번째, 세 번째 히트작을 노리고 전에 쓴 작품과 똑같이 써달라고 제안할 겁니다. 그게 안전한 패니까요. 하지만 거기에 응할수록 시장가치는 떨어집니다.

스즈미 씨 어머니께서 저와 똑같은 조언을 하셨다고요. 저는 그저 '시대나 유행을 타지 않는 글, 제대로 된 글'을 쓰라고 했는데, 어머니께서는 "뒤에 올 사람들에게 길을 열어주고 다리가 되어줄 작품, 그게 아니면 이정표가 될 만한 작품, 그것도 아니라면 피난처가 될 만한 작품, 어쩌면 이 세계의 탑^塔이 될 만한 그런 글"을 쓰라고 하셨네요. 이렇게 빼어난 표현을 하신 걸 보면 어머니께서는 확실히 문학가입니다. 이런 표현력에 경의를 표하게 됩니다. 몇 번이나 반복해서 쓰고 있지만, 이런 글을 주고받을 수 있는 모녀 관계는 부럽다고밖에 할 수 없네요(거추장스럽다 싶은 생각도 들지만요).

내가 걸어가는 길은 걸어간 후에만 알 수 있습니다. 스즈미 씨가 앞으로 걸어갈 길, 도착할 곳을 지금부터 정해놓을 필요는 없지만, 새로운 대상과 문체에 도전해 보세요. 새로운 대상은 반드시 새로운 문체로 써야 합니다. 스즈미 씨가 무엇을 할 수 있을지는 해본 뒤에야 알 수 있을 겁니다. 스즈미 씨는 혜택받은 환경 덕분에 무모함과 부주의함을 선물받았으니까 그걸 살려보세요. 더욱이 그렇게 혜택받은 환경에서 일부러 벗어나서 굴절과 상처도 겪었으니, 스즈미 씨한테는 다른 사람한테는 없는 재산이 있는 겁니다.

단, 조언을 하나 하자면, 결코 독자를 깔봐서는 안 됩니다. 독자를 무시하면 쓰는 이가 퇴보하기 시작합니다. 자신이 깔본 대상에게 걸맞은 그릇만 갖게 되죠. 제가 언제나 학생들에게 하는 말이 있습니다. "누구한테 전하고 싶은지, 문장을 보낼 수신인^{addressee}을 정해놓고 쓰되, 될 수 있으면 구체적으로 얼굴을 떠올릴 수 있는 고유명사인 누군가를 떠올리고 쓰라"는 겁니다. 학생들이 쓴 논문을 처음 읽는 독자는 저니까, 제가 학생들의 논문에 걸맞은 독자인지 늘 생각했습니다. 학생들한테 최대의 불행은 지도교수가 자신의 논문을 읽을 만한 독자인지 아닌지, 교수를 신뢰할 수도 없고 존경할 수도 없을 때일 겁니다. 또 한 가지 제가 학생들한테 이야기한 게 있어요. "진정 나의 글을 전하고 싶은 대상이 학계와 같이 좁은 세계에만 있다고 생각하지 마라. 독자가 학계에만 있는 건 아니다"라고 했습니다. 논문 심사 때 심사위원의 말 한 마디에 우왕좌왕하는 학생을 보면 꼭 이 말을 건넸습니다.

글은 글쓴이가 아직 만나지 못한 상대한테도 전달됩니다. 앞서 언급한 책《영 케어러》에 담긴 영 케어러들의 이야기가 왜 감동을 주느냐면, 그런 이야기 하나하나가 지금 영 케어러를 경험하고 있을 누군가, 즉 지금껏 나타나지 않은 독자를 향해 던지는 이야기이기 때문입니다. 저는 《영 케어러》를 읽으면서 '아, 이 글은 멀리멀리 전해지겠구나'라고 생각했습니다.

천직도 직업도 일도 누군가가 나를 대신해서 해줄 수 없습니다.

그런데 스즈미 씨의 이번 편지 끝부분에 "지금껏 결혼 말고 달리 안심할 길이 없는 저와 제 세대 여성들"이라고 적혀 있어서 '맙소사, 어쩌나' 했습니다. 어떤 일이든 간에 일은 사람을 성장시킵니다. 막혔을 때나 벽에 부딪혔을 때, 아무리 친한 사람이 옆에 있다 해도 좌우지간 그걸 돌파할 수 있는 건 자신밖에 없지요. 막다른 곳까지 몰렸다가 그런 궁지를 뛰어넘는 경험은 오직 스스로의 힘으로만 가능합니다. 그렇게 성취감을 맛보고 자신감을 키우는 거죠. 이런 노력에 좋은 평가가 따르면 횡재겠지요. 좋은 평가에 돈까지 생기면 더 행운이고요. 젊은 여성들은 이런 성취감을 맛볼 기회가 없나요?

스즈미 씨의 프랑스인 친구 에피소드를 읽고서 웃었습니다. 실업급여를 받고 유유자적 살면서 능력을 키워 큰일을 하겠다고 했으면서 몇 년째 아무것도 안 하는 (자칭) 영상 작가. 전에 어디서 본 듯한 느낌이 드네요. 사회보장에 그나마 여유가 있던 시절인 1980년대에 실업급여를 받고 생활하면서 음악이나 연극 활동을 하던 영국의 젊은이들을 만난 적이 있습니다. 비틀스도 이런 영국의 젊은이 문화에서 탄생했겠지요. 그때 아, 문화의 탄생은 경제적 보장과 시간이 없으면 불가능한 거구나, 하고 생각하긴 했지만, 돈과 여유는 필요조건이지 충분조건은 아니란 점은 잘 알겠습니다. 뭐가 다를까요?

돈이 되는 일이든 안 되는 일이든 최대의 보수는 자신의 성취감입니다. 그걸 맛보면 습관이 들어서 헤어날 수가 없게 되죠. 제가 연구에 재미를 느끼는 이유는 여기에 있습니다. 나를 위해서가 아니라 남을 위해서 한 일로도 얼마든지 성취감을 맛볼 수 있습니다. 뭔가를 하고 나서 이전의 자신에게서 탈피했다고 생각할 수 있는 성장의 기쁨. 이런 기쁨은 지금 제 나이에도 맛볼 수 있으니까, 한창 나이인 스즈미 씨는 더욱 그렇겠지요. 과거의 나와 다른 지금의 내 모습을 보여줄 사람이 이제는 이 세상에 없어서 유감이지만요……

부모나 선생은 어느 순간 아이들이나 학생들한테 "긴 시간 고마웠습니다. 내일부터는 당신이 필요 없습니다"라는 말을 듣기 위해 존재한다고 생각해 왔습니다. 부모나 선생을 떠나고 나서부터는 오로지 나 자신만이 나를 성장시킬 수 있습니다. 스즈미 씨는 이미 잘 알고 있겠지만요.

2020년 12월 14일
우에노 지즈코

9장

연대

여자들의 우정이 둘도 없이 소중한 것이라 해도, 가족만큼 만능인 것 같진 않습니다.

우에노 지즈코 님께.

새해가 밝고, 코로나 긴급사태가 선언된 와중에 일상이 다시 시작되었습니다. 직업에 따라 일과 삶의 방식도 크게 변화하는 가운데, 제가 사는 도심의 풍경을 보면 많은 사람들이 어떤 상황에서든 누군가와 만나고 이야기하고 싶어 하는 것 같습니다. 토요일인 오늘 커피를 사러 갔는데, 마스크를 쓴 탓인지 조금 큰 소리로 대화를 나누는 여성들의 목소리가 카페 안에 우렁차게 울려 퍼지고 있었습니다. 마침 계산대에 가까운 테이블에서 하는 소리가 들렸는데, 난자 냉동 보관을 화제로 삼아 얘기 중이더군요.

저번 편지에 언급하신 책《영 케어러》를 읽었습니다. 저자 시부타 도모코 씨가 2018년에 같은 소재로 쓴 낸 책도 다시금 살펴봤습니다. 당장 해결해야 할 집안 사정 때문에 성장에 집중할 수 없는 아이들의 말을 담은 책이었죠. 영 케어러의 목소리가 사회에 널리 전해지면, 특히 지금 자신이 영 케어러인 줄 알지 못한 채 운명을 받아들이고 있을 아이들에게 전해지면 좋겠습니다. 그러고 보니 작년에 크게 히트한 만화《귀멸의 칼날鬼滅の刃》에서도 주인공이 병에 걸린 부모를 돌보느라 고생스럽게 살다가 혈귀가 되죠. 주인공은 병으로 아버지를 잃고, 어머니와 동생들을 돌봐야 했습니다.

꼭 AV 업계에 국한되는 이야기는 아니지만, 밤의 세계에서 저는 남녀를 불문하고 어린 시절에 영 케어러였던 이들, 또는 당시에 현재진행형으로 영 케어러였던 사람들을 상당히 많이 만났습니다. 밤의 세계가 충분한 교육이나 직업 훈련을 받지 않아도 발을 들이기 쉽기 때문인 것도 있지만, 싱글맘이 그렇듯 영 케어러들도 밤의 세계에서는 유연하게 근무할 수 있어서 시간 쓰기가 더 편했던 것 같습니다. 부모가 병을 앓거나 알코올 문제를 겪고 있어서 자식이 돌봐야 하는 경우도 있고, 경제적인 면에서 부모가 자식한테 계속해서 기생하는 경우도 있는 등 다양한 사정이 있었습니다. 대학원생 친구들이나 신문사 동료들과 비교해 보면, 밤일을 하는 영 케어러 친구들은 자신이 태어나고 자란 가정과 가족을 위해 할 수 있는 역할을 분명히 인식하고 있었고, 그 역할을 당연하게 받아들이려는 경향이 전체적으로 강했습니다.

밤 세계에서 일하는 영 케어러들은 동정심을 불러일으키는 듯한 모습은 아니었습니다. 가령 아무렇지도 않게 이성을 속이고 도박과 술에 여념이 없는 등 불성실한 생활을 하는 호스트가 일반적으로 보면 놀라울 정도로 많은 액수의 돈을 매달 부모님께 보내고, 돈 씀씀이가 헤프면서 근무 태도도 안 좋은 호스티스는 어릴 적 홀몸으로 자신을 키워준 알코올중독 어머니를 도맡아 돌보고 있었습니다. 이런 여성들을 꽤 많이 만났어요. 옆에서 보면 못됐다 싶을 만한 부모한테 계속 돈을 보내고 있더라고요. 얼마든지 도망쳐도 될 가정환경에서 자랐는데도, 어른이 된 후에 그런 집에서 도망치지 않고 묵묵히 환경을 받아들이며 사는 지인을 보고 놀란 적이 있습니다. 우에노 님이 "아이들은 그런 가족의 붕괴를 막고자 그 벌어진 틈새를 자신의 몸으로 메우고 버티면서 필사적으로 가족이 무너지지 않도록 애를 쓰"고 있다고 하신 말씀이 납득이 됐습니다.

가족이 견고한 반석 같다고 생각했던 저는 크고 강한 나의 부모가 만들어 놓은 가족을 부수고 싶었고, 시험하려 했고, 별것 아닌 것으로 취급했는데요. 작고 약하고 무너지기 쉬운 가족의 경우, 자식들은 스스로 고를 수 없었던 부모가 설령 자신을 충분히 돌봐주지 않고 교육을 시켜주지 않아도 가족을 지키려 했습니다. 얼마 전《신주쿠 가부키초新宿·歌舞伎町》(2020)라는 책을 출판한 호스트 클럽 사장 데쓰카 마키手塚マキ 씨와 대담을 했는데, 부모한테 선물을 그다지 받은 적 없는 호스트들이 옆에서 보면 이상할 정도로 부모님을 소중히 여긴다는 말을 들었습니다.

어떻게 보면 저한테 밤의 세계는 부모와의 관계를 부수기 위해 들어간 곳이라 할 수 있는데, 부모를 지키고 돌보기 위해, 소중히 하기 위해 그런 밤의 세계에 들어온 사람도 있다는 사실을 알게 된 겁니다. 밤 세계에서 일을 하면서 저는 차츰 '이 세계에는 내가 있을 곳이 없다'는 불편한 느낌이 들기 시작했습니다. 옆에 있는 친구들은 밤의 세계에서밖에 살 수 없어서 그 세계를 선택했고, 그 선택을 '운명으로 바꾼 사람들'이라고 할 수 있었는데요. 저는 꼭 밤의 세계가 아니어도 살 수 있는 사람이라서 열등감을 느낀 건지도 모르겠습니다. 그 세계에 있던 무렵 저는 운명을 받아들이는 형태로 그곳에 있는 사람들에 비하면 그곳에 있을 필연성도 별로 없거니와, 나 자신의 운명을 받아들이지 않기 위해 그곳에 있는 것처럼 보일까 봐 마음속 어디선가 부끄러웠던 것 같습니다. 지금 생각하면 철이 안 들어서 그런 열등감을 느낀 것 같기도 하지만, 당시 스무 살 정도였던 저는 남들이 저를 '어차피 좀 사는 집 딸이 반항하려고 여기 왔겠지'라고 여기는 게 싫었습니다. 제 가정에 대해 이야기한 적은 거의 없었어요. 불행, 어둠을 동경하는 젊은이 특유의 심성이 컸던 점도 부정할 수 없겠지만요.

시간이 꽤 흐르고 나서야 내게 주어진 혜택을 많이 활용해 보자고, 주어진 환경에 따라 내가 져야 할 책임도 있다고 생각하게 됐습니다. 저번 편지에서 우에노 님이 '골라서 태어난 것도 아니니 가정을 부끄러워할 필요가 전혀 없다'고 하신 말씀이 제겐 아주 든든하게 느껴졌습니다.

저에게 글쓰기가 천직, 직업, 일 중에 뭐냐는 물음을 던지셨죠? 대학원과 신문사에서 훈련을 거치고 전문적인 직업^{profession}으로 글쓰기를 한다고 말하고 싶습니다. 그런데 이번 편지에서 우에노 님이 엄마의 편지를 인용하며 제게 거듭 조언하신 대목을 읽고 나서는, 최근 몇 년간 제가 글쓰기를 그냥 일^{job}로만 했다는 생각이 들어서 반성했어요.

《AV 여배우의 사회학》을 썼을 때 저한테는 꽤 명확한 수신인^{addressee}이 있었습니다. 밤 세계에 있는 저와 친구들을 응원하거나 동정하거나 비판하는 남자들, 자기들이 말하고 싶은 대로 아무렇게나 지껄이는 남자들, 대부분 학자나 저널리스트 남성들이었습니

다(여자도 있긴 했습니다). 브루세라를 하던 시대, 또 캬바쿠라를 거쳐 AV 세계에 갔을 때, 저와 제 친구들은 우리에 대해 잘 알지도 못하는 수많은 남자 논객들이 자기들 멋대로 대변해 주겠노라 하는 대상이었습니다. 많은 저널리스트가, 부모님을 돌보기 위해 일을 하는 친구들보다는, 언뜻 봤을 때 딱히 이유도 없이 그 세계에 있는 저 같은 젊은 여자한테 특별히 관심을 보이며 취재하러 오곤 했습니다. 어떤 때는 TV 토론 프로그램 〈아침까지 생중계_{朝まで生}_{テレビ!}〉에서 우리를 사례로 들면서 제멋대로 격렬한 토론을 벌이기도 했고요. 저널리스트들은 반항심 있는 젊은 여성인 제가 그런 토론을 마땅찮게 생각하고 분노할 것도 다 예상했겠죠. 그들의 예상대로 저는 그들의 비판에 대해 엿이나 처먹으라고 욕하고서 내 마음대로 살아갈 작정이긴 했습니다. 그런데 반대로 그들이 마치 우리 심정을 대변하기라도 하듯 우리를 옹호해 줄 때는, 뭐랄까 말로는 다 표현하기 어려울 정도로 기분이 나쁘더라고요. 왜 우리 편을 들어주고 옹호하는 건지, 뭘 안다고 아는 척하는지는 모르겠지만, 열변을 토하는 아저씨들의 머리를 총으로 쏴 갈기고 싶은 심정이었습니다. 이게 제가 석사 논문을 바탕으로 한 《AV 여배우의 사회학》을 쓴 강한 동기였어요.

신문사를 그만둔 직후, 주간지에서 AV에 출연한 제 과거를 폭로했을 때, 모르는 사람들이 많이 제 편이 되어줬습니다. 그러면서 때때로 헛다리를 짚기도 했는데, '술장사라는 직업을 차별하면 안되지' 하고 비판해 줄 때도 사실 비슷한 느낌이 들었습니다. '자기들 맘대로 나를 대변하지 않았으면' 하는 마음이었어요. 그래서 내가 직접 쓰자고, 한동안 이런 동기로 글을 쓰던 시기가 있었습니다. 지금 돌이켜 보면, 전에 우에노 님이 편지에서 쓰셨듯, 그런 마음의 밑바탕에는 '약함에 대한 혐오'가 깔려 있었을 테고, 또 저를 지켜주려 한 사람들을 뒤에서 때려주고 싶은 마음이었으니 남들이 싫어할 만한 짓을 한 것 같기도 합니다. 그래도 그 시절에는 그 사람들이 멋대로 우리에 대해 말하고 있으면서도 말하지 않은 부분을 쓰고 싶다고, 그렇게 생각했습니다.

이런 동기는 어디까지나 글을 쓰던 초기에 지녔던 것인데, 그후 나날이 집필 일정에 쫓기는 와중에 '누구에게 무엇을 전할 것인가?' 하는, 명확해야 할 동기가 희박해진 것 같습니다. 내 출신을 부끄러워하지 않아도 되는 대신, 이제 나의 혜택받은 환경에서 어떤 책임을 완수해야 할지를 다시 생각하고 싶습니다.

저번 편지 주제는 '자립'이었는데 이번 편지 주제는 '연대'네요. '자립과 연대'를 한 세트로 함께 생각해 보고 싶습니다. 제가 쓴 저번 편지로 인해 우에노 님이 "맙소사"라고 하실 만큼 실망하시게 하고 피로감이 들게끔 했지만, 아무래도 같은 세대 여성들과 이야기하고 있으면 결혼해야 마음이 편해지겠다 싶은 생각을 떨칠 수가 없더라고요. 제 주변 친구들은 딱히 일로 성취감을 못 느낀다거나 경제적으로 자립하지 않은 것도 아니고, 일반적인 기준으로 보면 돈도 잘 벌고 성취감이나 보람을 느낄 만한 일도 하는 여성들인데요. 그래서인지 마흔을 앞둔 지금, 친구들의 화제가 결혼이나 출산에 집중되고 있어서 좀 묘한 기분입니다. 물론 저와 친구들의 연령대가 편하고 좋은 나이일 수는 있겠지만요. 우리보다 더 젊은 여성들은 아직 진로가 안 정해졌고 그 무엇도 되지 않았다는 점에서, 우리보다는 오히려 결혼이나 가족 만들기에서 자유로운 듯 보입니다.

코로나 위기로 인해 드러났듯, 많은 이들이 경제적으로 불안을 느끼고 있습니다. 큰 회사에서 중요한 지위를 차지하고 있다 해도 앞날이 불투명하다 느끼고, 기술이나 자격을 갖추고 전문직으로 일해도 정부에 대해 막연한 불안함을 느끼면서 미래를 안심하지 못합니다. 결혼한들 이런 불안이 사라질 리 없겠지만, 올해 설날에 저는 독신인 친구 셋과 신사에 갔는데 다 같이 좋은 인연을 만나게 해주는 부적을 사고 쓴웃음을 지었습니다. 친구들은 편집자나 기자, 음악 관련 대기업 직원인데, 수입도 괜찮고 나름대로 보람도 느끼며 평가도 잘 받고 있거든요.

가족을 만들거나 결혼을 하면 행복을 완성할 거라 믿는 '행복 신화'에 딱히 악의적이진 않은 세뇌를 당해서 이런 신화를 쉽게 부술 수 없는 측면도 있겠지만, 그래도 학창 시절에는 '가족'이란 단위에 속하지 않는 게 이토록 불안할 일일 수도 있다고는 전혀 예상하지 못했습니다. 학생 때는 '내가 보람을 느낄 만한 일을 찾을 수 있을까?', '내가 좋아하는 일을 하며 돈을 벌고 살 수 있을까?' 이런 고민이 훨씬 컸던 것 같습니다. 부모님이 늙거나 돌아가시기 전에는 적어도 내가 태어난 가족이란 게 있으니까 나 자신이 따로 가족을 만들지 않아도 됐고, 외로움에 빠진 적도 없었는데요. 저만해도 엄마, 할머니, 할아버지가 돌아가시고, 아빠가 새로운 사람과 가족을 꾸리게 되면서 '명절에 돌아갈 집이 없어졌네' 하고 소외감을 느낍니다.

　사회 전체 구성에서 볼 때 비교적 혜택받은 환경에서 산다고 할 수 있는 여성들이 왜 이토록 가족을 원할까요? 여성이 일로 이 뤄낼 수 있는 자립에는 한계가 있다고 느낍니다. 충분히 자립했다 싶고 일에 자신감이 붙은 데다 경제적으로 여유가 생겼는데도, 또 사회에서 인정받는다고 실감해도 '독신 귀족'이 될 수 없는 여자 들. 이 가운데 저도 있습니다. 그래서 서둘러 꺼낸 답은, 결혼을 전 제로 한 파트너 찾기, 이 밖에도 명상이나 요가와 같은 영적인 취 미 생활, 반려동물 기르기 등입니다. 이 이상 무엇을 더 해야, 결혼 해서 마음이 편해지겠다는 욕구가 사라질는지 솔직히 전혀 모르겠 습니다. 서른이 됐을 때는 부모가 우리더러 결혼하라고 귀찮을 정 도로 채근했는데, 지금은 딱히 결혼을 재촉받지 않아도 우리가 먼 저 막연한 초조함을 느끼는 것 같습니다.

　일하면서 자신감을 얻고 자립했지만 그래도 막연한 초조함이 느껴지고 외로움이 메워지지 않을 때 결혼 말고 다른 연결 방식을 찾는다면, 그건 여자들끼리의 우정에 의한 연대일 것 같습니다. 그 리고 아마도 저나 친구들이 푹 마음 놓고 살 수는 없어도 그래도 몹시 괴로울 만큼 고독함을 느끼지 않는 이유는, 일 이외의 시간을 함께하며 우정을 쌓아온 덕택이라고 생각합니다. 함께 신사에 가 서 부적을 산 것처럼요.

　우정은 무엇과도 바꿀 수 없이 소중한데, 그런데도 이성과 일 대일로 짝이 되는 게 만능 해법이라 여기고 마는 데는 여러 가지 원인이 있겠지요. 둘도 없는 우정이지만 그렇다고 결혼처럼 종이

한 장뿐인 계약조차 아니고, 또 결혼했을 때와 같은 경제적인 의존이 발생하기 어렵다는 점도 그 원인이라 봅니다. 최근에 결혼으로 우정이 변질됐다고 느낀 적이 있어요. 지금도 여자들한테 결혼은 남자들한테보다 현실적으로 큰 의미를 지니고 있습니다. 동창회나 동기 모임 같은 데 가면 남자들은 독신이든 기혼이든 늦게까지 집에 안 가고 자리를 지키는데, 늦게까지 남아 있는 여자들을 보면 전부 독신이에요. 저번에 스무 명 가까이 모여서 식사를 했는데, 남성은 기혼자가 여덟 명, 독신 다섯 명이었고, 여성은 여섯 명 모두 독신이었습니다. 그래서 지금도 기혼 여성은 집안일을 모두 떠맡고 있다고, 아직도 여성은 그런 역할이라는 것을 통감했습니다. 어디 아이를 맡길 데도 없는 일본에서 기혼 남성은 밤에도 밖에서 놀 수 있습니다. 부인이 집에서 아이와 있어주는 덕분에 그렇게 놀 수 있겠지요.

이런 사정으로 여자들은 결혼 후에 시간적 여유가 없어지니까, 가령 친한 동성 친구들이 하나둘 결혼하면 같은 상황에 있는 남자보다 더 불안을 느끼는 것 같습니다. 남녀의 집안일 부담 비율을 바로잡고, 여자의 육아 부담이 해결되어야 여자들끼리 서로 받쳐주면서 외로움도 없앨 수 있을 것 같습니다.

부부는 종이 한 장 계약이라도, 계약을 교환하고 경제적으로 한 몸이 될 수 있지요. 이런 부부에 비해, 여자들이 우정을 지속하려면 용기나 노력이 필요하겠지요. 여성들이 각자 자기 일을 하면서 경제적으로 자립해 서로 도움을 주고받는 이런 공조^{共助}를 안심하며 살아갈 축으로 삼을 수 있을까요? 우에노 님은 친구들과 어떻게 관계를 맺어왔으며, 서로 돕겠다는 마음은 언제 생겼고 어떻게 자리 잡게 되었나요?

여성들의 연대란 매우 어렵습니다. 우에노 님의 여성학과 페미니즘이 여성들을 연결해 주기 전에는 서로 맞지 않는 여성들이 이어지도록 가느다란 실을 찾아 공유하려 했을 겁니다. 그리고 이 실은 한번 끊어졌다가 다시 이어지고 또 끊어지기를 되풀이하며 서로를 갈구했겠지요. 요즘은 SNS 사회가 되어 말을 주고받으며 연대의식을 느끼기 쉬워졌지만, 본래 비슷한 고통을 느끼던 사람들은 말로 인해 쉽게 갈라지기도 합니다. 그래도 페미니즘이 등장하기 전에는 보이지 않았던 그 가느다란 실을 소중히 여기고 싶습니다. 우정에 관한 이야기가 길어졌네요. 이 화제는 다음 주제인 '페미니즘'에서 다시 살펴보도록 하겠습니다.

2021년 1월 11일
스즈키 스즈미

인생을 동행할 사람이 있으면 행복할 수도 불행할 수도 있습니다. 그렇지만 마지막에는 누구든 '혼자'가 됩니다.

스즈키 스즈미 님께.

스즈미 씨는 지금 30대 중반이죠. 같은 세대인 친구들은 출산하고 육아로 한창 바쁘겠네요. 일본의 초혼 평균 연령은 남자 31.2세, 여자 29.6세이고(2019), 결혼하고 1년 이내에 대부분 출산하지요. (그런데 지난 편지에서도 언급했듯, 결혼한 커플 6쌍 중 1쌍이 임신을 먼저 한 뒤 결혼하므로, 대부분 출산을 전제로 결혼한다는 점을 알 수 있습니다.) 첫 아이를 낳고 몇 년 지나면 둘째를 출산하니까, 30대 중반 여성이라면 자녀가 6세, 3세 또는 4세, 2세일 테니 육아로 정신이 없겠네요.

지금부터 반세기 전쯤에 20대 후반이었던 저는 평일 낮에 교토 시내 번화가 가와라마치를 걷고 있었습니다. 그러다 문득 저와 같은 나이대 여성들이 단 한 명도 안 보인다는 사실을 깨닫고 놀랐습니다. 마치 썰물 직후 같았죠. 저보다 더 젊은 여성들은 작은 가게에서 카운터를 보거나 사무실에서 일했습니다. 연배가 있는 여성들은 쇼핑하러 다녔고, 영업사원인 듯한 아저씨들은 바쁘게 걸어 다녔습니다. 20대 후반, 그러니까 당시 결혼적령기가 지난 여자들의 모습은 시내 어디서도 보이지 않았어요. '여자애들은 크리스마스 케이크나 마찬가지'라면서 여자는 24세 전에 결혼하는 게 당연하고, 25세가 넘으면 '때를 놓친 늙은 여자'라고 했지요.

평균 초혼 연령이 24세이던 시절, 저와 같은 세대 여성들은 이 무렵 집에 혼자 틀어박혀서 육아에 전념하고 있었습니다.

요즘처럼 당시에도 보육원은 충분하지 않았는데, 보육원에 아이를 맡기려면 아이가 '(가정의) 보육이 결여된 아동'으로 인정을 받아야만 했습니다. 엄마가 바깥에서 일한다는 걸 증명해 줄 취직증명서가 필요했던 거지요(지금도 이런 증명서가 있어야 합니다). 보육원에 맡겨진 아이들을 일컬어 '불쌍한 아이들'이라 했는데, 아이를 보육원에 맡기는 엄마들은 남편이 일자리를 잃었거나 몸이 아파 어쩔 수 없이 맡기는 것으로 여겨졌습니다. 이런 사정이 아닌데도 아이를 보육원에 맡기면 '멋대로 구는 여자'라고 했죠. 아이를 보육원에 맡긴 젊은 엄마들은 주위에서 '보육원에 맡기느니 엄마가 일을 관두고 아이를 키우라'며 질책을 받았습니다. 보다 못한 친정어머니나 시어머니가 그럼 내가 봐주마 해서 양가 어머니한테 육아를 맡깁니다. 그런데 도쿄에 살면서 애를 키우는 젊은 엄마들은 이조차도 어려웠습니다. 지방 출신이 많고 형제자매가 많은 베이비붐 세대 젊은 부모들은 그런 도움조차 받을 수 없었죠.

당시에는 '독박 육아'란 말도 없었습니다. 여자가 아이를 키우는 건 당연하다고 봤으니까, 여자만 아이를 키우는 것에 붙일 명사가 없었죠. '독박 육아'란 말이 처음 나왔을 때 감개무량했어요. '독박 육아'를 뜻하는 일본어 '원오페 육아ワンオペ育児'는 원래 소외와 고독을 느끼며 혼자서 하는 작업공정을 뜻하는 일본식 영어 'one operation'에서 따온 것입니다. 독박 육아란 말에는 엄마가

홀로 고립된 환경에서 아이를 키우는 게 이상하지 않느냐고 고발하는 뉘앙스가 포함되어 있죠.

'3세 신화'란 말도 있었죠. 인격을 형성하는 세 살까지는 엄마가 직접 키워야지 안 그러면 비뚤어진 애로 자란다고 보는 미신, 즉 근거 없는 믿음 말입니다. 유치원이든 보육원이든 애가 세 살이 되어야만 보낼 수 있어서, 아이가 세 살이 될 때까지 엄마들은 좁은 집에서 아이와 단둘이 틀어박히다시피 지내면서 필사적으로 독박 육아를 견뎌냈습니다.

이런 '3세 신화'가 싱겁게 무너져 버렸죠. 1년 육아휴직을 쓰고 직장으로 복귀한 여성들이 '보육원 대기 아동 제로!'[57]를 외쳤을 때, 언론에서도 지식인 사이에서도 '3세 신화'를 구실로 내세우며 여성들을 비난하는 풍조는 찾지 못하게 됐습니다. 엄마들은 아이가 한 살이 지나면 직장으로 돌아가고 싶어 합니다. 1990년대 이후 불황이 길어지면서 남성의 임금이 오르지 않아 가계를 유지하는 데 아내의 취업은 필수적인 상황이 되었고, 따라서 엄마들을 비난하는 목소리는 이제 어디서도 찾아볼 수가 없습니다. 이런 요인뿐만 아니라, 저출산으로 인해 노동 인력 부족 사태가 닥쳐왔기 때문에 정부도 기업도 '여성이 일해야 한다', '여성을 활용하지 않는 선택은 없다'고 하고 있지요. 과거 그토록 강력했던 '3세 신화'가 현실이 바뀌니 맥없이 무너져 버린 겁니다. 모성을 둘러싼 규범

---

57 1990년대 후반부터 도시에서 보육원 대기 아동이 계속 늘었는데, 공립 보육원 수가 부족한 상황에서 보육원에 아이를 맡기려고 신청 등록을 하고 차례를 기다리는 경우가 많았다. 엄마들과 여성운동가들은 보육원 증설 등 보육원 대기 아동을 줄이기 위한 대책을 마련하라고 꾸준히 목소리를 내며 여론을 형성해 왔다.

이란 게 이토록 '적당하고 기회주의적이며 위선적인 것이었구나' 실감이 되네요. 그러고 보니 얼마 전 아베 신조安倍晋三가 '과거의 사람'이 되어 정치 무대에서 사라졌네요(영영 정치판에 돌아오지 않기를 바랍니다).[58] 아베 신조가 총리였을 때 '엄마들이 애를 낳고 3년간 마음껏 아이를 안아줄 수 있도록 하자'며 여성의 육아휴직을 3년으로 늘리겠다는 계획을 내놓았는데, 이에 엄마들이 맹렬히 반발했지요. 어쩌면 아베의 머릿속에는 '3세 신화'가 남아 있었는지도 모릅니다. 여성들은 '3년간 육아휴직을 하라니 어이가 없다', '그렇게 긴 휴직은 원치 않는다'고 나섰는데, 이런 여성들을 비난하는 여론은 없었습니다. 그토록 거셌던 '3세 신화'가 대체 어디로 사라졌는지 싶을 정도였어요. 신화니까 신화로 되돌아갔겠지요.

요즘 비혼 여성이 아무리 늘어났다 한들 지금도 같은 연령 집단 내에서는 결혼하고 출산한 여성들의 수가 비혼 여성보다 훨씬 많습니다. 스즈미 씨 세대도 그렇고요. 아이를 낳으면 육아나 가족을 인생에서 가장 우선시하게 되는 게 당연하죠. 일상에서 많은 시간 육아를 하거나 가족과 함께 생활하다 보니 여성들의 머릿속은 온통 자녀나 가족으로 가득 차게 됩니다. 애 아빠가 된 남성들은 왜 그렇게 되지 않는지 그 이유를 저는 모르겠습니다. 딱 하루만 안 돌보고 방치하면 죽을 수도 있는 무력하고 약한 생명이 아기인데, 더군다나 그런 생명을 함께 만들었으면서, 왜 남자들은 둘이서

---

58 아베 신조는 네 차례나 내각총리대신을 지낸 바 있는데, 참의원 선거 패배와 코로나 19 부실 대응, 부인이 연루된 사학 스캔들 등으로 지지율이 떨어지자 2020년 8월 사임했다. 이후 2022년 7월 피격을 당해 사망했다.

해도 힘든 육아를 아내한테 '맡길게' 하고 아내의 독박 육아에만 기대나요? 그러다가 아이한테 문제가 생기면 '육아는 네 책임이잖아' 하면서 차갑게 내뱉고 돌아서는 것도 이해가 안 됩니다. 아이가 장애가 있거나 난치병을 앓고 있으면, 도망가거나 내 자식이 아니라고도 하지요……. 그간 일본 남자들은 죽 아이를 버려왔던 겁니다. 그렇지만 남자들이 치러야 할 대가는 반드시 있습니다.

독박 육아란 말이 없던 시절, 그것을 가리켜 '밀실 육아', '엄마 자식 밀착'이라고도 했습니다. 제가 속한 세대 여성들 가운데 처음으로 물품보관함에 아이를 버린 엄마가 나왔습니다. 궁지에 몰린 젊은 엄마들은 아이를 버리고, 죽였습니다. 2020년 가을, 도쿄 미나토구에 있는 공원에서 갓난아기 시체가 발견된 사건이 있었죠. 취업 활동 중이던 대학생이 낳아서 버린 아기였습니다. 반세기나 흘렀지만, 무엇 하나 변한 게 없다 싶어서 몸서리가 쳐집니다.

남편 또는 여자를 임신시킨 남자의 책임을 따지는 경우는 거의 없습니다. 저와 같은 세대인 작가 무라카미 류가 1980년에 쓴 《코인로커 베이비스コインロッカー・ベイビーズ》[한국어판은 2004]라는 장편소설이 있습니다. 전철역 물품보관함에 버려진 아기들이 자라서 자기들을 거부한 세상에 복수하는 게 줄거리입니다. 자신이 아기를 물품보관함에 버린 여자를 임신시킨 남자일 수도 있다고 상상할 능력이 그 시절 남자들에게는 없었습니다. 여자들이 아기를 버리거나 아기를 죽였다는 소식이 전해졌을 때 남자들이 반성의 목소리를 내는 걸 한 번도 들은 적이 없거든요.

오늘 편지는 이야기가 좀 곁길로 샜네요. 육아에 대해 이야기하다 보면, 일본 남성들이 얼마나 무책임한지 화가 부글부글 끓어오릅니다. 스즈미 씨와 같은 세대 여성들이 결혼과 출산을 하고 친구들 모임에서 하나씩 둘씩 빠지게 된다고요. 출산 육아기 여자들의 인생 최우선 과제가 출산, 육아인 건 당연하겠지요. 가끔 만나도 화제는 온통 아이 이야기뿐, 엄마가 된 친구들이 육아 이야기에 열중하는 와중에 스즈미 씨 혼자만 남겨진 기분이 드는 것도 당연합니다. 스즈미 씨가 딱 그런 나이니까요. 저도 비슷했어요. 그런데 좀 더 살아보니까 깨닫게 되더군요. 그런 시기는 인생에서 지나가는 한때일 뿐입니다.

요새 아이는 한 명, 많아봤자 두 명이지요. 더욱이 애들은 눈 깜짝할 새 자라서 5년, 10년만 지나면 어른과 같이 다니는 걸 싫어해요. 애들이 좀 크면 친구들이 밤에도 스즈미 씨를 만나러 나올 거고, 외박하는 여행도 함께해 줄 겁니다. 개중에는 육아 시기를 끝내거나 혹은 다시 싱글이 되는 사람도 있겠지요. 이런 여성들한테 저는 이렇게 말합니다. "되돌아왔군요. 혼자 사는 삶으로."

정말로 실감하는 게 있어요. 남자인 친구들은 하나둘씩 곁을 떠나고 없지만, 여자들은 제 곁을 떠나지 않는다는 진리 말입니다.

저한테는 나이 들고 나서 사귄 여자 친구들이 많이 있습니다. 고등학생이나 대학생한테 "지금이 인생의 벗을 만날 수 있는 아주 소중한 시절이야"라고 일러주는 어른들을 보면 딱하다 싶어요. 사람이 젊을 적에만 친구를 만들 수 있다고 생각하는구나 싶어서요. 나이가 들고서 친해진 친구와 마주 앉아 "우리 젊었을 때 안 만나서 다행이다. 그때 만났으면 분명 친구가 안 됐을걸" 하며 서로 웃을 때도 있습니다.

미숙하고 고슴도치 같던 나의 젊은 시절 모습을 속속들이 알고 서로의 그런 모습을 받아들이며 너그럽게 넘길 수 있는 친구도 소중하지만, 경험을 두루 해보고 유연하게 잘 대처하고 견디며 살아온 여성들을 새로 만나서 친구가 되면 마음이 아주 풍요로워집니다. "나를 잘 알고, 내 마음을 잘 알아줄 친구를 만나라." 이렇게 말하면 될까요? '지기知己'란 내 속마음을 참되게 알아주는 친구인데, 정말 잘 지은 말입니다. 1년에 딱 한 번만 만날 수 있다 해도, 또 요즘처럼 코로나로 인해 격리하면서 살게 되어 직접 만날 수 없다 해도, '아, 그 친구는 거기 살지'라는 생각만 해도 안도감이 들고, 만에 하나 그 친구가 죽는다는 생각만 해도 괴롭고 상실감이 드는……. 오래 사는 인생의 괴로움 중 하나가 바로 이것이구나 싶을 적이 있습니다. 나를 알아주던 한 친구가 세상을 떠나고, 나를 알아주던 또 다른 친구가 세상을 떠나고, 그럴 때마다 친구들과 함께한 나의 경험과 나의 일부가 저세상으로 가버린 것 같은…… 이런 경험을 하면서 '내 생명도 조금씩 깎여나가는구나' 싶습니다. 나이 먹은 사람이 친구를 잃고 통곡하는 모습을 몇 번인가 옆에서 지켜본 적이 있는데, 가족을 잃은 슬픔하고는 또 다른 차원의 상실이었습니다. 그래서 이 친구든 저 친구든 설사 누워 지내며 숨만 쉬고 있더라도 살아줬으면 좋겠다고, 철없는 아이처럼 그렇게 바라게 됩니다.

'자식이나 가족 얘기가 아니면 여자들끼리 만나서 무슨 얘기를 해? 별로 할 말도 없잖아?'라고 바보 같은 소리를 하는 사람도 있는데, 만나서 하고 싶은 말은 잔뜩 있습니다. 제 친구들은 자식 있는 기혼 여성이 그렇지 않은 여성보다 훨씬 더 많지만 저한테는 남편이나 자식 이야기를 거의 하지 않습니다. 제가 혼자 지내니까 배려를 하거나 눈치를 보는 것도 있겠고, 남편이나 자식 이야기를 남한테 해봤자 별수 없다는 심정으로 참는 것이기도 할 테고, 남편 이나 자식에 관한 고민은 스스로 해결하는 수밖에 없다고 자신하 는 것이기도 하겠죠. 저랑 40년 이상 친구로 지낸 한 사람이 있는 데, 남편이 죽었다는 소식을 듣고서야 비로소 그 친구가 기혼자란 사실을 알게 된 적도 있습니다. 그만큼 그 친구의 생활에 남편이 미치는 영향이 적어서였을까요? 아니면 저를 생각해서 자기 남편 얘기를 하지 않은 걸까요? 저는 친구의 가족관계(친구와 남편의 관 계, 친구와 자식의 관계)에는 관심이 있지만, 친구 남편이라 한들 본 적도 없고 이름도 모르는데, 생판 남 얘기를 들어봤자 따분하기만 하죠. 더욱이 제 친구들은 어떤 선택이나 결단을 할 때, (실컷 고민 거리를 이야기하다가) "자, 그럼 남편하고 다시 의논해 볼게"라고는 결코 말하지 않는 타입의 여성들입니다.

만약 부부와 친구가 됐다면, 남편보다 부인하고 친해지는 편 이 친구로 지내기 훨씬 편할 겁니다. 친한 남성이 결혼해서 처음 그 집에 방문했을 때는 나를 처음 만나는 친구의 아내를 배려하느 라 살짝 피곤했지만, 반대로 여성과 더 친하면 그 집을 방문했을 때 편하게 부엌에 들어가 이야기를 나눌 수 있어요. 저는 한 부부 와 사이좋게 지냈는데, 부부 중 남편이 먼저 세상을 떠나고 나서는 그 집에 방문하기가 훨씬 편해졌습니다. 아무래도 남편이 있으면 신경이 쓰이긴 하니까요. 친구가 결혼하면 나와 친구는 여전히 친구 관계지만, 친구 남편과 내가 친구가 되는 건 아니고, 그러고 싶지도 않잖아요. 이런 점을 항상 염두에 둡니다. 그리고 멋진 친구가 항상 멋진 남편을 선택한다고는 할 수 없고요(하하). 그럴 땐 일본이 영미권처럼 커플 중심 문화가 아니라서 다행이라고 가슴을 쓸어내립니다. 아내가 가는 곳마다 남편이 따라간다니 지긋지긋하잖아요.

어쨌거나 인생 마지막에는 혼자가 됩니다. 그 시기가 빨리 올지 늦게 올지 차이가 있을 뿐이지요.

동지처럼 여기던 파트너와 일찍이 사별하여 50대에 '미망인'(이 용어 좀 바꼈으면 좋겠네요)이 된 친구가 있습니다. 또 다른 한 친구는 평소 사이좋고 다정했던 남편을 60대에 떠나보냈습니다. 얼마나 속상하고 슬플까 걱정이 되어 위로의 말을 건넸더니 친구는 "그 사람이 나한테 시간을 선물해 줬어"라면서 기운차게 활동하더군요. 그런가 하면 남편이 '빨리 죽었으면 좋겠다'고 늘 흉을 보던 친구가 남편을 잃자 믿기지 않을 정도로 무너져서 오랜 시간 우울해하는 모습도 봤습니다. 부부 사이란 그냥 봐서는 잘 모르겠다 싶더라고요.

아사히신문 토요판에 1년 가까이 칼럼을 연재하고 있는 작가 고이케 마리코小池真理子의 에세이를 읽으면, 배우자를 잃은 상실감이 얼마나 가슴을 도려내는 듯한 아픔인지 절절히 느낄 수 있습

니다. 고이케 마리코 씨는 작고한 소설가 후지타 요시나가^{藤田宜永}와
사이에 아이가 없는 부부였지요. 인생 마지막 시기에 혼자가 된 운
명이라는 점이 저와 같습니다.

스즈미 씨 아버지께 새로운 파트너가 생겼다고요. 글을 쓰고
언론에도 나오는 딸로 인해 사생활이 없는 부모도 곤란하겠지만,
성인이 된 딸의 발걸음이 새로운 가정을 만든 아버지의 집에서 멀
어지는 심정도 이해가 됩니다. 그렇다고 스즈미 씨의 그런 의지할
데 없는 마음이 '결혼이나 가족 만들기'로 향하는 건 뭔가 아니라
고, 좀 더 기다리라고 하고 싶네요. 여자들의 인생에서 결혼도 가
정도 안전보장재가 못 된다는 사실은 '결혼 생활이나 가정'에서 졸
업한 여자들이 마음 깊은 곳에서 느껴온 것이니까요.

그러고 보니 사귀던 남자와 헤어져 교토를 떠나게 되고 부모
님이 돌아가신 후 한때 저는 친한 여자 친구들한테 "난 집이 없단
말이야, 집이" 하고 말하던 적이 있었습니다. '결국 돌아갈 곳이 없
어지고 말았구나' 하는 느낌이 들어 그런 말을 했지요. 나중에 도
쿄에 집을 마련했지만, 줄곧 그 집은 '임시로 사는 집'이라 여겼습
니다. 도쿄에서 내가 사는 집은 직장이 거기 있으니까 잠시 머무는
집일 뿐이고 내가 생활할 집은 아니라고, 죽 그렇게 생각했지요.
코로나 이후 저는 산에 지은 집에서 살고 있는데, 지금 사는 이 집
의 땅을 충동구매 한 게 그 무렵입니다. 그전에는 나 자신이 땅을
사서 집을 지을 거라고는 상상도 못 했습니다. 주위에서 "갑자기
무슨 산속에 땅을 사? 사서 뭐 하려고?"라고 걱정하길래 "괜찮아.
그냥 갖고만 있을 거야"라고 답했던 기억이 나네요. 내심 '내 정신

건강을 위해서 사는 거야'라고 생각했습니다.

저한테 그 땅을 소개해 준 친구가 있는데 이미 그 주위에서 살고 있었습니다. 그 친구한테 "이런 데 땅을 사다니, 그전 주인은 어떤 사람이야?"라고 물어보니 "도쿄에 집을 지으려다가 관두고 여기에 땅을 사서 집 지을 계획이었다나 봐"라는 겁니다. 지방에 있는 산속 땅이니까 도쿄의 아파트보다 엄청나게 싼 가격으로 살 수 있지요. 이미 건물이 지어져 있어도 그렇고요. 당시 제가 겪던 '나는 집이 없단 말이야 병'을 치료하는 데는 그만인 투자였습니다. 이후 사놓은 땅에 결국 집을 짓게 됐는데, 이게 정말 정답이었습니다. 직장이었던 대학을 그만두고 연구실에 있던 방대한 양의 책을 어떻게든 정리해야 했는데, 절반은 어찌어찌 처리했지만 나머지 절반을 둘 장소가 없었거든요. 산속 집에 책을 갖다 놓을 수 있었죠. 도쿄의 아파트는 평당 단가가 수백만 엔씩이나 하는데도 책을 둘 공간도 없이 비좁지 않습니까? 지금 있는 산속의 이 집은 책으로 꽉 찬 서고 같은 건물입니다. 아무도 없는 도서관 같은 공간에서 혼자 책을 읽고 글을 쓰고 그러고 있으면 더없이 행복합니다.

아, 그러고 보니 여자 친구들을 사귈 때 제가 일부러 의식하면서 해온 일이 있습니다. 저보다 10년 정도 연상인 여성들과 사귀는 것입니다. 나이가 스무 살, 서른 살쯤 차이 나면, 20년 후 30년 후나 자신의 모습을 상상하기 어렵지만, 열 살 정도 차이 나면 '아, 나는 10년 후에 이렇게 되겠구나' 하고 가늠해 볼 수 있거든요. 그렇게 30대일 적에는 "40대가 되면 편해지나요?"라고 물어보고, 40대일 적에는 "50대가 되면 편해져요?" 하고 물어봤습니다. 제가 존경하는 어떤 여성께서 했던 대답을 잊을 수가 없습니다. "글쎄요, 40대가 되면 40대의 고민이 있고 50대가 되면 50대의 괴로움이 있어요. 인간은 몇 살을 먹어도 편해지지 않습니다"라고 답하더군요. 이 여성은 만년을 맞은 나이에 심한 배신을 당해 필설로는 형용할 수 없을 정도로 고통스러워하셨습니다.

이 여성이 70대를 앞두고 쓴 〈귀로帰路〉란 시에 이런 구절이 있습니다.

> 자, 이제 어디로 갈까
> 귀로는 왜 이리 길까

나이가 들어도 '돌아갈 집'이 없는 건 마찬가지일 것 같아요. 가정도 자식도 '돌아갈 집'은 아닙니다.

인생을 가는 데 동행하는 사람이 있을 수도 있고 없을 수도 있겠지요. 동행하는 사람이 있다는 게 행복할 수도 불행할 수도 있습니다. 나와 동행하는 사람이 있어서 내 인생의 색깔을 풍부하게 해줄 수도 있습니다.

그렇지만 마지막에는 언제나 혼자로 되돌아가게 됩니다.

이런 사실을 염두에 두고 미리 마음의 준비를 해두면, 어떤 선택을 할지 저절로 결정되겠지요.

2021년 1월 26일
우에노 지즈코

10장

페
미
니
즘

내가 여자라는 사실을 즐기고 싶은 이들도 가까이 다가설 수 있는 그런 페미니즘이면 좋겠습니다.

우에노 지즈코 님께.

요즘 제 친구들은 육아에 한창이거나, 마흔을 눈앞에 두고 다시금 결혼 돌풍에 휩쓸리고 있습니다. 저번 편지에 '이런 시기는 인생의 한 시절일 뿐'이라고 써주신 말씀이 든든했습니다. 저를 포함해 제 세대 독신 여성들이 자기도 모르게 '역시 가족을 만들어야지, 안 그러면 불안해'라든지 '이제 적당히 결혼해야지 안 되겠네' 하고 예전으로 돌아가고 마는 이유는 혼자 지내던 사람이 하나둘씩 결혼하면서 줄어드는 게 가장 클 것 같습니다. 자녀가 성장해서 독립하거나, 배우자와 이혼 또는 사별하면서 결국 혼자 될 때가 다시 돌아온다는 말씀이 밝은 희망인 듯싶습니다.

파트너나 자식이 없어서 불안한 이유 또 한 가지는, 나이 든 부모님이 병원에 다니거나 입원했거나 혹은 돌아가시면서, 지금과 같은 사회에서는 부모님이 편찮으실 때 지원해 줄 사람은 가족뿐이라는 걸 구체적으로 보고 들었기 때문입니다. 저 같은 경우는 엄마가 투병할 때 저와 아빠의 간병 부담을 나눠 가질 사람이 없었는데, 저한테 그런 사람이 없다는 사실이 한동안 정말 겁났습니다. 물론 새로 가족을 만든다고 해서 이런 불안함이 해소되지는 않으리라는 것도 다시금 느낍니다만.

아기를 물품보관함에 버린 여자들 이야기를 읽고, 3년 전 도쿄 신주쿠 가부키초에 있는 물품보관함에서 태어난 지 얼마 안 된 여자 아기가 숨진 채 발견된 사건을 떠올렸습니다. 아기가 발견된 물품보관함이 친한 친구가 경영하는 가게가 있는 빌딩 맞은편에 있어서 기억합니다. 사건을 듣고서 한동안 친구들과 수없이 이야기를 했어요. 2019년, '너무 좋아서 어쩔 수 없었다'며 스물한 살 여성이 호스트를 칼로 찌른 살인미수 사건이 일어났을 때도 그랬지만, 환락가 세계는 좁아서 가해자가 누구누구의 친구더라, 피해자가 어느 가게에서 일을 했다더라는 소문이 금방 퍼져요. 원래 그런 동네인데, SNS가 보급된 이래로 소문이 열 배 정도는 더 빨리 퍼집니다.

물품보관함에서 아기 사체가 발견됐을 때 얼마 지나지 않아 아기 엄마가 사체 유기 혐의로 체포됐는데, 당시 가부키초 주변에 사는 여자들 사이에서 '애 아빠가 어느 가게에서 일하는 누구라더라' 하는 소문이 퍼졌습니다. 근거 없는 소문이 퍼지면 때로는 아무런 관련이 없는 사람도 피해를 보게 돼서 정말 위험하지요. 만화 카페에서 위험천만하게 아이를 낳고 죽인 다음 물품보관함에 방치한 사람은 아기 엄마지만, 남자 없이는 임신할 수도 없는데 아기 엄마만 비난하는 풍조에 화가 나기도 합니다. 그리고 만약 죽지 않았더라면 자라서 어른이 됐을 아이도 여자인데 여자만 비난하다니, 이런 부당함에 조용히 분노하는 여성들이 당시에도 참 많았습니다.

이번 주에는 22년 전 아이를 유기한 엄마가 범인으로 밝혀진 뉴스가 나왔습니다. 최근에 DNA 감정을 도입해 범인을 잡게 됐다는데, 이런 기술이 가능하다면 애 아빠도 같이 찾아서 처벌하라는 주장이 SNS에서 많이 나왔습니다.

아이를 낳는 성이 여자라는 사실이 변하지 않는 한, 여자가 아이를 낳아 기르든 임신 중단을 하든, 양육비도 임신 중단 비용도 남자의 선의에만 기댈 수밖에 없는 현실이 너무도 위태위태해 보입니다. 남자가 경제적인 면을 부담하든 실제 육아에 참여하든 간에, 육아나 임신 중단에 개입할 여지는 오로지 남자 개인의 의지에만 맡겨져 있어요. 남자가 선의를 행하도록 일단 법적으로 묶어두는 게 결혼인데, 여자는 선의가 있든 없든 임신하면 애를 낳을지 안 낳을지 선택해야 하므로 남자 쪽만 멋대로 선택할 수 있는 셈입니다. 그런데 저는 개인적으로 개별 남성들의 무책임함을 바로잡기를 기대해 봤자 소용없다고 생각하기 때문에, 비혼 싱글맘을 지원하거나 빈곤 여성의 출산 또는 임신 중단을 지원하도록 제도를 대폭 확충해야 한다고 봅니다. 밤 세계에서는, 아이를 돌보느라 낮에 일할 수 없어서 출근 시간이 유연한 유흥업소에서 일하는 싱글맘을 자주 만납니다. 엄마가 싱글맘이라 빨리 자립해야 해서 성 산업에 종사하게 된 사람도 남녀를 불문하고 많이 만났고요.

그래서 저는 가장 필요한 육아 지원책은 싱글맘 지원책이고, 행정 당국도 그 정책에 힘을 쏟아야 한다고 봅니다. 일전에 우에노 님이 젊은 사회학자 후루이치 노리토시古市憲寿와 나눈 대담 내용이 생각나네요(이 대담에서 여자가 혼자서도 아이를 키우고 살 수 있도록 비혼 싱글맘을 지원하는 쪽으로 행정 지원책을 확충하자는 이야기가 나

페미니즘, 한계에서 시작하다

오니 우에노 님이 그렇게 되면 남자 쪽이 도망가기 쉬워질 거라고 말씀하신 부분이 있는데요). 우에노 님이 "그럼 남자들을 좀 더 무책임하게 내버려 둘 수 있도록 제도를 정비하자는 겁니까?"라고 지적한 구절을 읽고서 저는 '아, 그렇게도 생각할 수 있겠구나' 하고 풀이 죽었습니다. 그간의 편지에서도 몇 번 썼듯 제 생각 밑바탕에는 남자에 대한 실망과 포기가 있는데요. 남자들한테 기대해 봤자 아무 소용 없다고 정리해 버리는 저의 태도가 결과적으로는 현 상황을 바꾸고 싶지 않은 남자들한테 그저 유리할 뿐이라는 생각도 듭니다. 제가 남자의 무책임함을 자명한 것으로 간주하고 미리 포기해 버린다는 점을 깨달았어요.

친구들이 하나둘 결혼을 하고 육아 시기에 들어가면서 느끼게 된 외로움에 더해, 마흔을 앞둔 저와 제 또래 친구들이 결혼을 바라는 마음이 사라지지 않는 이유가 또 한 가지 있습니다. 우리의 청춘 시절에 당시 영미권을 중심으로 유행한 '포스트 페미니즘 계열' 엔터테인먼트와 관련이 있을 것 같습니다. 일본에서도 2000년대 전반에 패션 잡지 《CanCam》이 크게 유행했을 때 '새롭게 보수적'이라고 불리는 여성의 롤모델이 등장했습니다.[59] 저는 원조교제 세대이긴 하지만, 《CanCam》 붐이 일어났을 무렵에는 이 잡지의 독자층인 대학생이기도 했는데, 일본판 백래시[60]에 영향을 받

---

[59] 20대 초반 여대생을 주 독자층으로 한 패션지 《CanCam》은 '모든 사람한테 조금씩 사랑받는 인기 여성'을 판매 전략으로 내세웠다.

[60] 1980년대부터 2000년대까지 페미니즘이 제도화되고 여성들의 의식이 크게 변화하면서 2000년대 중반 이후부터 일본 사회에서는 페미니즘에 대한 반발, 반동인 '백래시backlash'가 일어났다.

은 세대라고도 할 수 있지요.

지금 SNS에서 해시태그 운동을 벌이며 핵심적으로 활약하는 여성들은 저보다 젊은 세대가 많은데, SNS에 친숙하고 반사신경이 좋은 이 여성들을 보면 제가 어렸을 때에 비해 스스로 페미니스트임을 밝히길 두려워하지 않는 분위기가 형성되어 있는 듯합니다. 또 미국에서 연예인들의 페미니스트 선언 열풍이 일어서인지 스스로 페미니스트임을 밝히는 게 쿨하다고 보는 여성도 아주 많이 늘어난 듯합니다.

이전 SNS에서는 '나는 페미니스트는 아니지만'이라고 먼저 말하고 나서 성차별을 규탄하거나 여성에 대한 부당한 대우에 항의하는 목소리가 많았고 주목을 받았습니다. 제 세대나 저보다 조금 더 윗세대 여성이 그랬던 것 같은데, '페미니스트'로 낙인찍히고 싶지는 않지만 그래도 항의는 해야겠다는 심리가 저와 같이 2000년대 초반에 성인이 된 세대한테 있을 거라고 봅니다. '나는 페미니스트는 아니지만'에 이어서 나온 말은 대부분 올바르고 페미니즘을 지향하는 내용이라, 저는 많은 여성이 페미니즘 그 자체가 아니라 '페미니스트'라는 호칭에 벽을 느끼는구나 하고 생각한 적이 있습니다.

'나는 페미니스트는 아니지만'이라고 할 때 페미니스트가 가리킨 이는 아마도 매우 좁은 의미에서의 '래디컬 페미니스트radical feminist'였던 것 같습니다. 교육이나 고용 환경에서 눈에 띌 만큼 심한 성차별을 경험하지 않았기 때문에 가부장제를 비판할 필요성을 절실히 느끼지 못했고, 이제 여성을 '피해자화'하는 건 시대에 맞지 않는 일이라고 생각하면서 표현의 규제와 같은 논의에도 별 관심이 없는 여성들. 즉 '나는 페미니스트에 포함되지 않는다', '페미니즘 운동의 수혜를 받긴 했지만 앞으로 더 이상 페미니즘이 필요하진 않을 것이다'라고 여긴 여성들이 많았습니다. 이 현상은 제가 이 세대에 속하기 때문에 그리 어렵지 않게 상상할 수 있습니다. 영미권에서 페미니즘 이후 '포스트 페미니즘 계열'로 불리던 여성들이 지녔던 것과 비슷한 감각일까요?

1990년대 후반부터 2000년대까지 페미니스트는 대중문화에서 자주 묘사되긴 했지만 제한적이고 극단적인 이미지로, 상투적으로 표현됐습니다. 저 역시 대학에 들어갈 때까지는 페미니즘이 제 생활이나 인생과 어떻게 이어지는지 별로 생각해 본 적이 없었고요. 억압받는 자가 있고 그런 억압을 바로잡으려는 움직임이 있지만 이것이 적어도 우리 세대를 구할 만한 사상은 아니라고 가볍게 인식하는 정도였습니다. 그리고 이런 인식 탓에 그 후로 아주 많이 손해를 보고 살았다는 생각이 듭니다. 지금 제가 페미니즘에 어떤 인상을 받느냐 하면, 얇고 넓고 색채가 풍부한 카펫 같은 느낌이에요. 이 카펫을 이루고 있는 갖가지 실 가운데 몇 가닥은 저와 이어져 있다고 생각합니다.

제 꿈을 말하자면, 제가 좀 더 일찍 광활한 땅속에서 한 가닥 실이라도 스스로 자아낼 수 있었더라면, 그럴 능력이 있었더라면 좋았을 것 같습니다. 지금 일본에 살고 있는 여성 가운데 조금이나마 페미니즘의 혜택을 받지 않은 사람은 없을 텐데요. 주제에 따라서는 각양각색으로 주장이 갈라지기도 해서, 물론 그래서 페미니즘 논의가 더 풍부하게 발전할 수 있었지만, 이 가운데 하나와 접속하기 힘들고 본인과 연결 짓기도 어려운 탓에 페미니즘에 참여하지 못하고 손해를 본 여성들이 정말 많을 겁니다. 악의가 담긴 전형적인 페미니스트 이미지가 퍼져서 길을 돌아가야 했던 여성들도 많을 테고요.

페미니스트라고 낙인찍는 게 문제라고 저도 생각은 하는데, 왜 페미니스트는 성 해방을 외치는 사람이 아니라 표현의 규제를 요구하는 사람으로만 그려지게 된 걸까요? 한때 미국 법정 드라마에는 포르노 규제를 주장하거나 직장 내 성희롱을 고발하는 페미니스트 캐릭터가 반복적으로 등장했습니다. 그 탓에 불행하게도 페미니즘을 제대로 배우지 못한 사람들이 우리 세대 여성 가운데 많습니다.

그래도 얼마 전 모리 요시로森喜朗의 발언에 대한 항의[61] 움직임에서는 예전처럼 '나는 페미니스트는 아니지만……' 하고 먼저 운을 뗀 후에 문제를 제기하는 식의 발언은 눈에 띄지 않았습니다. 모리 요시로의 말과 일련의 소동을 보면, 다양한 선택지 속에서 여러 가지 선택을 하며 살아가고 있는 여성들도, 여자라는 이유로 받는 공통적인 대우 탓에 자주 비슷한 심정을 느끼는 듯합니다. 모리 요시로의 발언에 대한 여자들의 항의가 상징하듯 말이죠. 이럴 때, 페미니즘에 다가서지 못한 여성들과 미약하게나마 이어질 수 있는

---

61 2021년 도쿄 올림픽 패럴림픽 조직위원장을 맡았던 모리 요시로(1937년생) 전 총리가 올림픽위원회 회의 중 여성 이사 증원 문제에 "여자가 많으면 회의 시간이 길어진다"고 한 발언을 놓고 성차별이라 비판하는 온라인 해시태그 운동과 서명 운동이 쇄도했다.

가느다란 실, 이런 실과 같은 페미니즘 운동이 있다면 페미니즘에 대해 느끼는 장벽도 없어지겠지요. #미투 운동도 그렇지만 여성운동은 일시적으로 돌풍을 일으키는 힘이 세고, 또 심리적인 장벽 없이 바로 내 일처럼 참가할 수 있긴 하지만, 어떨 때는 일회성 행사처럼 느껴지기도 합니다. 페미니스트란 말이 카펫을 이루는 가느다란 실처럼 아무나 쉽게 닿을 수 있고 내 것이라고 느낄 수 있는 이미지이길 바랍니다.

　최근 주로 SNS 메시지를 통해 모르는 사람한테서 받은 비판(비판이라고 쓰고 나니 거부감이 드네요, 욕에 가까운 말이라서요)을 보면, '지나치게 페미니스트 같다'든지 '반여성적이고 명예 남성 같다'는 내용이 딱 반반입니다. 젊었을 때 내게 매겨진 과잉된 가치를 이용해서 즐겼노라고 글을 썼으니, 분명 저는 여성 차별의 공범입니다. 그렇지만 그런 세계에서 제가 가까이 본 남자들의 가해성에 대해 쓰기도 하니까 저는 남자들의 적이기도 합니다. 제가 일관성 없이 우물쭈물 말하기도 하지만, 전부터 저는 '나는 딱 이런 사람이다'라고 입장을 잘 표명하지 못했습니다. 뭔가를 확실히 표출하지 않으니, 맥락에 따라 '이 사람은 이런 사람이네' 하고 저에 대한 이미지가 많이 달라지는 것 같습니다.
　10여 년 전 대학원생이었을 때 포르노와 성매매를 연구하고 있다고 하면 저더러 포르노 규제파인지 표현의 자유 찬성파인지, 혹은 성매매 반대파인지 찬성파인지 묻는 이들이 주변에 정말 많았습니다. 제가 어느 쪽 입장인지 알아내기 위해서였을 텐데, "매키넌^{Catharine MacKinnon}62 좋아해요?", "스트로센^{Nadine Strossen}63의 주장에 동의합니까?", "폐창론을 어떻게 생각합니까?", "성노동론을 지지합니까?"라고 마치 저를 시험하려는 듯 묻더군요. 대학원에서 공부하니까 이런 질문을 받는 건 저의 숙명이긴 하지만, 성매매 문제는 학자들 사이에서도 의견이 크게 엇갈리는 데다 다들 꽤 열의를 갖고 논의하는 문제이고, 또 반대 논리든 찬성 논리든 둘 다 이해하기 어렵지 않으니 입장을 확실히 정하라는 얘기를 많이 들을 법합니다. 제가 석사 논문을 책으로 냈을 때도 책 내용보다는 어느 쪽 입장에서 썼느냐고 먼저 묻고 알아내려던 이들이 비교적 많았던 것으로 기억합니다. 강간이나 아동학대에 찬성하는 사람은 비정상이라고 여겨지는 데 반해, 원조교제나 포르노에 대해서는 혐오감을 드러내는 사람만큼 찬성하는 사람도 제법 있어서였을까요? 1990년대는 포르노 검열이나 원조교제 규제에 대해 찬성파, 반대파로 나뉘어 있었던 것 같습니다. 대학에 다닐 때도 어느 쪽 입장인지 답하라는 분위기였던 게 기억납니다. 당시 사회적으로 원조교제를 하는 여고생에 대해 논하는 분위기여서 그랬던 걸 수도 있겠네요.

　　저는 '성매매는 그다지 좋지 않다'고 생각하기 때문에 이런

---

62 1946년생. 미국의 변호사이자 교수. 포르노가 강간, 가정폭력, 데이트폭력, 아동 성학대 등과 같은 다양한 폭력의 원인이자 여성의 인권을 침해하는 것이라고 주장하며 1980년대 반포르노 운동을 활발히 펼쳤다. 포르노 규제안으로 반포르노 시민권 조례^{Antipornography Civil Rights Ordinance}(1983)를 마련했다. 대표 저서로 《포르노에 도전한다^{Only Words}》(1993, 한국어판은 1997)가 있다.

63 1950년생. 미국의 법학자이자 변호사. 포르노 규제에 대한 반대론을 정리한 저서 《포르노를 옹호하며^{Defending Pornography}》를 썼다. 매키넌의 반포르노 규제안으로 인해, 페미니스트가 정치적이고 종교적인 보수 우파와 손을 잡고 에이즈, 중절, 피임, 성적 지향 등과 관련된 표현도 공격 대상으로 삼을 수 있게 됐다고 비판했다.

점에서 보면, 당시부터 일본에서 활동하던 성노동자 단체 사람들과 맞지 않는 부분이 많았습니다. 그렇지만 한편으로 '성매매로 돈 버는 건 꽤 즐겁다'고 생각했기 때문에 이런 점에서는 성노동자 단체에 있는 여성들과 마음이 잘 맞기도 했지요. 그런데 당시에 화제였던 말이 있어요. 심리학자 가와이 하야오河合隼雄가 "성매매는 영혼에 나쁘다"고 했는데, 저 나름대로 이 말도 일리가 있다고 생각해서 "나도 그렇게 느낀다"고 했더니 성노동자 단체 여성들이 저를 갑자기 적으로 여겼습니다. 또 "성을 파는 것에 대해 혐오감을 느끼는 걸 전혀 부정적으로 생각하지 않는다"고 자주 말하곤 했으니, 성노동자 권리를 위해 활동하거나 낙인을 벗어내기 위한 활동에 관심을 지닌 사람들도 저를 정말 싫어했습니다. 제가 논문을 쓸 적에 한 선배가 "논문 소재가 AV니까, 검열에 찬성하는 활동 또한 중요하다는 식의 유보하는 태도도 적당히 넣어야 공격을 안 당할 거야"라고 조언하기도 했습니다. 저 개인적으로는 그런 큰 줄기의 주장은 어느 쪽이든 잘 이해할 수 있고, 동시에 어느 쪽 주장이든 간에 해결할 수 없는 문제가 있다고 생각합니다. 이런저런 경험이 있어서인지, '어떤 입장이냐'는 질문을 받으면 확실히 답하지 않고 우물우물하는 습관만 생겼는지도 모르겠습니다.

주제에 따라 이렇게 말하는 사람은 싫고 저렇게 말하는 사람은 좋다고 하는 건 당연하겠지만, 최근에 저는 '예전과는 완전히 딴판으로 말하네'라든지 '페미니스트들한테 알랑거리네'라든지 '이제 남자한테 꼬리 치는 거냐' 같은 소리를 자주 듣습니다. 페미니즘 속에서 논의가 활발한 건 좋지만, 상대방을 차단하고 자신들만의 그룹을 확고히 할 수 있는 SNS의 특성상 불안하기도 합니다. 한쪽이 한쪽을 '저 사람들은 페미니스트가 아니야' 하고 딱지를 붙이고 배제하는 걸 보면, 페미니즘은 섬세하고 기나긴 실이 될 수 있는데 그 실을 싹둑 잘라버리는 느낌이 듭니다. 페미니즘이 모든 주제에 대해 의견이 일치해야만 그 일원으로 인정하는 흐름으로 진행되는 걸 보면서, 제가 10대 때 그랬듯 페미니즘의 장벽이 높다 느끼고 돌아설 젊은이들이 있을까 봐 가끔 걱정스럽습니다.

SNS상의 흐름은 마치 1990년대에 포르노를 규제하자는 진영과 표현의 자유를 외치는 진영이 서로 상대가 진정한 페미니스트가 아니라고 주장하던 역사와 비슷한데, 이해하기 쉽고 강한 어조가 인기를 얻는 SNS에서는 검열을 좋아하는 사람들이 우세한 듯합니다. 성차별적인 이미지나 인종차별적인 혐오 표현[hate speech], 정치가의 망언 등을 거론하며 '이건 불쾌하니 항의하자'며 서명을 모으는 운동은 SNS와 정말 잘 맞고, 그 자체로 좋은 현상이라 생각합니다. 그런데 반대로 검열이 폭주하는 게 아닐까 싶을 때도 있고, 그런 탓에 이야기되지 못하고 묵살되는 생각이나 표현도 있을 것 같습니다. 깊은 논의를 하기에 SNS는 적절한 매체가 아닐지도 모르겠습니다. 이런 불균형을 깨닫지 못한 채로 있다가는, 제가 고등학생일 때 별 매력을 느끼지 못했던 상투적이고 전형적인 페미니스트를 그린 엔터테인먼트가 다시 나오는 게 아닐까 염려됩니다.

이렇게 쓴 건, 많은 사람들이 인생의 여러 순간에서 본디 그들과 가까운 곳에 있는 페미니즘에서 비롯된 말로 구원받을 수 있을 거라 생각하기 때문입니다. 고등학생 때, 또 캬바쿠라에서 일하거나 AV 배우를 하던 시절에 저는 페미니즘이 저를 구해줄 거라고는 거의 생각한 적 없고, 오히려 저와 제 친구들의 이야기를 이용해서 우리를 주체적이라고 하거나 혹은 거꾸로 희생자라고 말하는 학문이라고 느꼈습니다. 그런데 곰곰이 생각해 보면, 이렇게 페미니즘을 느끼며 살아가는 일상은 여자의 인생에서 극히 일부분입니다. 당연하다면 당연한 말일 텐데, 일상적이지 않은 나날을 즐겁게 살고 있을 때, 딱히 이렇다 할 문제를 느끼지 못할 때, 사상 따위는 필요 없을 겁니다. 하지만 그토록 떠들썩한 축제 이후에도 인생은 계속되고, 또 흥겨운 축제와 축제 사이에도 괴로운 일상이 끼어 있습니다. 저는 성의 이중 기준을 설정한 남자들의 성차별적인 사상에 가담했던 몸으로 살아가고 있긴 하지만, 과거에 그런 선택을 했던 저의 자유와 페미니즘은 모순되지 않는다고 생각할 수 있게 됐습니다. 그리고 나니 마음이 좀 홀가분해졌어요.

자신이 처한 상황에 대체로 만족하고, 또 여자로서 살아가는 즐거움을 느끼고 싶고, 때로는 남녀의 기울어진 상황조차 재밌고, 때로 성 해방은 필요 없다, 나는 억압받는 게 아니었다 느끼기도 하고, 포르노를 포함해 다양한 표현을 즐기고 싶은 여성이라 해도 다가갈 수 있는 페미니즘이면 좋겠습니다. 이렇게 느끼는 건 페미니즘이 아니라고 인식하는 사회는 좀 애석합니다. 생각이 잘못됐으니 반성해야 한다는 페미니즘이 아니라 문제를 스스로 껴안은 채 접근할 수 있는 페미니즘이었으면, 누구나 넓은 융단처럼 다양한 실로 짜인 페미니즘의 매력에 다가설 수 있었으면 좋겠습니다.

일상을 살아내는 순간에 여성이 조금이라도 부자유스러움을 느낄 때, 설령 그런 부자유스러움이 남성들의 성차별 때문이라는 데까지는 미처 생각하지 못한다 해도, 페미니즘에는 실제로 나를 구해 줄 사상이 있다고 여기게 됐으면 좋겠습니다.

그래서 '이제 포스트 페미니즘 시대'라 무심히 말하는 소리에 저는 거부감을 느낍니다. 여태까지 기회의 불평등도 많이 바로잡았고, 일부 문제가 남아 있긴 하지만 개별적으로 대처하면 되지 않겠냐면서 '고맙지만, 굿바이 페미니즘'이라고도 하는데, 받아들이지 못하겠어요. 다양한 선택을 하는 여성들이 있고, 각자 할 말과 그걸 이야기할 공간을 갖고 있는 오늘날, 연대를 꾀하기에는 분명 어려움이 따를 겁니다. 그래도 페미니즘은 어느 한순간에 졸업하는 사상이나 실천이 아니라 다양한 실로 짜는 카펫이니까, 필요한 때에 나에게 구원이 될 실 한두 가닥을 찾아내기를 바랍니다. 지금 느끼는 자유로움에 그다지 큰 불편함은 없지만, 그래도 좀 더 자유롭게 살고 싶은 여성들이 많습니다. 한정된 주제에 대해 의견이 좀 다르다고 해서 배척하지 말고 함께하며 목소리를 담아낼 수 있기를 바랍니다.

2021년 2월 11일
스즈키 스즈미

페미니즘은 의견을 활발히 나누고 겨루는 무대. 이단 심판도 제명도 필요 없습니다.

스즈키 스즈미 님께.

연재 열 번째 편지. 드디어 페미니즘이 주제군요.

스즈미 씨는 '남자들에 대한 절망과 포기로 남자들한테 기대해 봤자 아무 소용 없다'는 생각이 마음 밑바탕에 깔려 있고, 그래서 '남자들의 무책임함을 자명한 것으로 간주했다'고 썼군요.

그렇군요. 밤일을 하면서 치러야 할 수업료 중 하나는 남자를 모멸하는 법을 배우는 것이었겠구나 추측해 봅니다. 밤에 여성이 일하는 곳에 오는 남자들은 돈과 권력이라는 배경을 갖고 있을 테고, 돈과 권력을 배경으로 여자한테 들러붙으면서(이게 가장 손쉬운 방법이고) 자기들의 저열한 부분을 남김없이 보여주죠. 이런 남자들한테 기개나 품위랄 게 있을까 싶지만, 설령 그런 면을 갖고 있다 해도 여자가 밤에 일하는 곳을 자신들의 기개나 품위를 드러낼 만한 장소로 여기지는 않을 테니, 밤일하는 여자들은 남자들의 그런 모습을 목격할 일이 별로 없겠네요. 남자들은 진짜 본심이나 허섭스레기 같은 면만 아무 대책 없이 드러내는데, 오히려 그런 걸 보여주기 위해 돈을 내면서까지 밤거리에 자꾸 나타나는 것인지도 모르겠습니다.

이 편지를 쓰는 도중 문득 '이런, 호스티스랑 아내가 똑같잖아'라는 생각이 들었습니다. 바깥에서는 아무리 늠름하고 믿음직스러운 남편이라 해도, 자기 아내나 자식 앞에서는 그렇게 사회적인 모습은 별로 보이지 않습니다. 집에서는 오히려 무책임한 모습만 보이고 한심스러운 처신만 하죠. 밖에서 '영웅'이라 불리는 남자들의 대외적인 공적 이미지하고 가족한테서 받는 평가는 깜짝 놀랄 정도로 차이가 납니다. 대개 영웅의 아내는 '영웅'이라 불리는 남편을 '멋대로 행동하고 어찌해 볼 도리가 없는 사람'이라 여기면서도 위하고 따를 것이고, 때로는 얻어맞거나 걷어차이기도 하겠지요.

제 아버지가 그랬거든요. 흔히 '남한테만 좋은 사람'이라고 하지요. 사회적으로 보면 신사적이고 따뜻한 사람인데, 집에만 오면 가족 위에 군림하는 폭군이었어요. 아버지가 돌아가시고 장례식 때 아버지를 추도하러 온 사람들을 만났습니다. 아버지가 생전에 진료한 환자들이었죠. 이분들 이야기를 듣고 우리 아버지가 얼마나 환자한테 믿음을 주는 의사인지 알게 됐는데, 저와 가족들은 그런 모습을 한 번도 본 적이 없습니다. 그러고 보니, 오사카에서 일어난 자녀 방치 학대 사건[64]의 가해자인 싱글맘이 나 좀 도와달라고 마지막으로 육아를 부탁한 사람은 그 싱글맘의 아버지였습니다. 이 아버지는 고등학교 럭비 팀을 이끄는 존경받는 선생님이었습니다. 그런가 하면 친딸을 성적으로 학대하는 아버지가 지역 명

---

64 2010년 여름 오사카에서 일어난 사건으로, 3세, 2세 아이 둘만 집에 두고 나간 싱글맘이 한 달간 귀가하지 않은 탓에 아이들이 굶어 죽었다. 일본에서 널리 알려진 사건명은 '오사카 두 아이 방치사 사건大阪二児置き去り死事件'이다.

사인 경우도 있죠.

그렇다 해도, 왜 남자들은 자기 속에 있는 제멋대로이고 비열한 부분을 여자들한테 그토록 무방비하게, 낱낱이 드러내는 걸까요? 왜 염치도 없이 억지를 부리면서 여자한테 무리한 요구를 통째로 받아달라고 요구할 수 있는 걸까요?

'카산드라 증후군'이란 말을 들어본 적 있나요? 파트너와 소통하지 않으려 하고 자기만의 세계에 파묻힌 남편을 둔 아내들이 괴로운 자기 처지를 빗댄 말이라고 합니다. 카산드라는 그리스 신화에 나오는 트로이의 공주인데, 트로이가 함락될 때 강간을 당하고, 그다음에는 아가멤논의 전리품 신세가 되고, 끝내 아가멤논의 아내 클리타임네스트라한테 살해당하고 맙니다. 그런 고초를 겪는 여성이죠.

'카산드라 증후군'을 앓고 있는 여성들에 대해 쓴 책*을 보면, 자기만의 스타일을 고집하는 남편이 아내한테까지 그 고집을 강요하는데도 계속 참기만 하는 아내들의 비명으로 가득합니다. 언제나 자기 사정을 최우선시하고, 아내나 아이들한테는 아무 관심도 안 보이는 데다, 아내가 구체적으로 지시하지 않는 한 집안일에는 꿈쩍도 안 하는 남편. 복잡한 상의가 필요한 가정 일에도 돌처럼 입을 꾹 다물고 있는 남편. 개중에는 상상을 초월할 정도로 기막힌 사례도 있더군요. 냉장고 정리에 몹시 집착해서 아내가 사 온 냉동 보관식품을 모조리 냉장고 밖에다 꺼내놓은 남편도 있고, 아

---

* 신교 유이코真行裕子, 《내 남편은 발달장애?私の夫は発達障害?》(2020). —원주

내가 아이와 남편을 집에 두고 외출한 사이 아이는 집에 혼자 내버려 두고 조깅하러 나가버리는 남편도 있다고 하네요. 아이를 남편한테 안심하고 맡길 수 없어서 외출 한 번 제대로 못 하게 된 사람을 저도 본 적이 있습니다. 함께 만든 아이조차 믿고 맡길 수 없는 남자. 이런 남자와도 섹스하고, 임신할 수 있습니다. 사람은 어느 순간에 갑작스레 부모가 되는 게 아니에요. 여자도 경험하고 배우면서 부모가 됩니다. 남자에게도 학습 능력이 없지 않은데, 남편에 대한 기대치가 너무 낮아서 '독박 육아'든 뭐든 혼자서 다 하는 아내. 이런 여성이 카산드라 증후군을 앓는 아내뿐만은 아닐 겁니다.

이야기를 들으면 들을수록 '그런 사람 있지, 있어' 싶은데, 카산드라 증후군인 아내하고 보통 가정의 아내하고 뭐가 다른지 잘 모르겠습니다. 내가 이 집의 기둥이자 중심이니 가족 누구도 내가 원하는 스타일에 반항하거나 대들어선 안 되고, 그것이 안 받아들여지면 폭력을 쓰거나 무시로 대응한다……. 이런 건 가정폭력을 일삼는 남편도 똑같습니다. 도쿄 메구로구에서 학대를 받다 죽은 다섯 살 유이의 양아버지 후나토 유다이는 '내가 집에 있을 때는 가족 모두가 무엇보다 나를 우선시하라'고 강요했다지요. 자기 말을 거스르면 폭력을 휘두르거나 오랜 시간 계속 혼을 냈습니다.[*]

소통에 문제가 있고 자기 세계에 빠진 남자라도 결혼할 수 있는 이유는, 그 남자들이 밖에서는 일하면서 사회인으로 살고, 적어도 결혼 전에는 아내한테 그런 언행을 하지 않았기 때문입니다. 아

* 후나토 유리船戶優里, 《유이에게—메구로구 학대사 사건 엄마의 옥중 수기結愛へ 目黒区虐待死事件 母の獄中手記》 (2020). —원주

내는 결혼하고 일상생활을 함께하면서 남편의 기행이나 이상을 발견하고 아연실색하죠. 전문 상담가들은 이런 남편들은 발달장애가 있고 이건 병이니까 병자로 취급하라고 조언한다는데, 설령 환자라 해도 아내의 인권 침해에 해당하는 행위는 허용할 수 없습니다. 가정 바깥에서 사회인으로 남을 배려하면서 살 수 있으면, 가정 안에서도 똑같이 그렇게 해야 하는 겁니다. 그런데도 아내들은 '가정 밖에서 남자들이 너무 긴장하면서 사니까 가정에 돌아오면 아내는 그런 남자의 긴장을 풀어줘야 한다'고 조언을 듣죠. 이런 조언은 일본의 옛 속담처럼 "남자는 문지방을 넘으면 일곱 명의 적이 있"으니, 집에서 남자의 기분을 풀어주고 맞춰주는 게 아내의 사명이라는 기존의 성역할과 뭣 하나 다르지 않습니다. 일단 '내 가족'이 된 여자는 남자가 아무리 더러운 오물을 쏟아내도 다 알아서 처리해 줄 거라는 거죠. 여자들더러 남자들 입맛에 따라 정화조 같은 존재가 되라는 겁니까? 이런 모습을 보이니, 여자가 남자를 존경할 수 없는 게 당연하죠. 여자한테 존경을 받고 싶으면, 존경받을 만한 언행을 하라고 말하고 싶네요.

아, 밤일에 관한 이야기를 했었지요. 남자든 여자든, 고결한 사람도 있고 비열한 사람도 있습니다. 한 사람의 인격 안에도 고결한 부분이 있고 비열한 부분이 있죠. 밤일을 하는 여자들 중에는 "난 사회를 배우려고 호스티스가 됐어요. 가게에 오는 재계 톱클래스분들은 교양도 있고 배려심도 있어서 우리한테도 신경 써주시고, 정말 사회 공부가 됩니다"라고 말하는 사람도 적지 않은데요. 틀림없이 그런 만큼, 아니 그 이상으로 남자들의 상스럽고 난잡한 모습도 속속들이 봤을 겁니다.

'어차피 남자는 다 그래'라고 저는 말하지 않습니다. '어차피 남자는 다 그래'라든지 '어차피 여자는 다 그래' 같은 말은 '어차피 인간은 다 그래'와 비슷한 정도로 모독적인 말이라서입니다. 인간은 비열하기도 교활하기도 하지만, 고매하기도 하고 숭고하기도 합니다. 사회학자는 통계를 보며 거기에 나타난 경향을 읽어내려는 습관이 있으니 저도 이혼한 남자들의 무책임한 모습을 보면 나도 모르게 '아휴, 남자는 정말 어쩔 수가 없네'라고 자주 생각하긴 하지만, 모든 남자가 그런 건 아니죠. 작가 이시무레 미치코石牟礼道子[65]의 작품에 나오는 남녀를 보면, 참 용기 있고 씩씩하게 애쓰는 삶을 사는 인간의 모습에 감동받습니다. 나카무라 데쓰中村哲[66]는 '이런 사람이 세상에 있었지'라고 생각만 해도 숙연해지는 분입니다. 물론 나카무라 데쓰 씨는 환락가를 다닌 일조차 없었을 테지만, 우리는 책 속에서도 얼마든지 존경할 수 있는 남자와 여자를 만날 수 있습니다.

심리학자 시모야마 도쿠지霜山徳爾[67]의 책*을 읽을 때면 침묵에

---

[65] 1927~2018. 작가이자 환경운동가. 1973년 〈막사이사이상〉을 수상했다. 미나마타병 환자들을 만나 피해 증언을 듣고 실태를 밝혔으며, 미나마타 환자들과 함께 문제를 알리고 피해보상 소송을 지원했다. 저서로 《슬픈 미나마타》(1969, 한국어판은 2007년에 나왔는데 2020년 개정판 제목은 '고해정토')가 있다.

[66] 1946~2019. 의사. 파키스탄, 아프가니스탄의 무의촌 지역, 빈곤 지역에서 오랜 기간 의료 활동을 펼쳤다. 2003년 〈막사이사이상〉 수상자이며, 저서로 《의술은 국경을 넘어》(1999, 한국어판은 2006)가 있다.

[67] 1919~2009년. 임상심리학자. 빅터 프랭클(나치의 수용소를 겪고 살아남아 정신의학자이자 사상가로 활동)의 자전적 에세이 《죽음의 수용소에서》의 번역가로 일본에서 널리 알려져 있다.

* 《시모야마 도쿠지 저작집霜山徳爾著作集》 총 7권. 그중 6권 《시름 많고 원망 많아도 느긋해多愁多恨亦悠悠》의 작품 해설을 우에노 지즈코가 썼다. —원주

잠깁니다. 시모야마 도쿠지는 '자등명自灯明'[68]이란 말을 이렇게 해석했습니다. "어둠 속을 걸을 때 나의 발밑을 비춰주는 희미한 불빛에 의지하라." 이때 타오르는 불빛은 나의 생명일 수도 있습니다. 깜깜한 어둠 속에서 사람들이 각자 희미한 불빛만으로 발밑을 비추며 걷는 모습을 떠올려 봅니다. 그 사람들 가운데 한 사람이 시모야마 도쿠지입니다. 그리고 이렇게 걷는 사람이 이 세상에 살았다고 떠올리는 것만으로도 인생은 살 가치가 있는 게 아닌가 생각해 볼 수 있습니다.

스즈미 씨는 몇 번이나 제게 물었지요? '어째서 남자들한테 절망하지 않을 수가 있냐'고요. 믿을 만한 사람과 만났을 때 사람을 믿을 수 있습니다. 믿을 수 있는 사람들과의 관계 속에서 내 안에 있는 것 가운데 가장 무구한 것, 가장 좋은 것을 끌어낼 수 있습니다. 사람의 좋고 나쁨은 관계에 달려 있어요. 악의는 악의를 끌어내고, 선량함은 선량함으로 보답받습니다. 권력은 알아서 눈치 보고 슬슬 기는 아첨을 불러오고, 무력함은 건방진 오만함을 초래할 수 있습니다. 내가 싫어하는 사람은 내가 상상하는 것 이상으로 나를 싫어할지 모릅니다. 교활함도 비열함도 다 지닌 나이지만, 내속에서 좋은 것을 키우고 싶다면 손익을 따지는 관계에서 벗어나는 게 좋을 겁니다.

이번 편지에서 스즈미 씨는 '나는 페미니스트는 아니지만I'm not

---

68 부처님이 제자들에게 남긴 마지막 가르침의 말로 원래 '자신을 등불로 삼고 자기를 의지하라'는 뜻.

a feminist, but……'이란 표현을 거론했네요. 이 표현은 나도 남성 중심 사회에 화가 나고 다른 여성들이 느끼는 분노에 공감하지만 페미니스트라고는 불리고 싶지 않다, 또 나 스스로도 페미니스트라고 이름 붙이기 싫다는 뜻인데요. 얼마 전에 저도 이 표현을 화제로 삼은 적이 있었습니다. 사진작가 나가시마 유리에長島有里枝가 쓴 에세이《우리 여자애들이 찍은 사진「僕ら」の「女の子写真」から》서평을 제가 썼는데, 그걸 계기로 나가시마 유리에 작가를 제가 이끄는 비영리 단체 WAN(Women's Action Network)으로 초청해서 여러 가지 이야기를 나눴습니다. 그때 다하지 못한 이야기가 있어서 속편 격으로 다시 대담을 했어요.

1990년대 신진 여성 사진작가들이 등장해 각광을 받았는데요. 나가시마 유리에 작가는 이런 여성 작가들이 왜 페미니즘과 거리를 두었는지 이야기해 줬습니다.

1990년대에 나가시마 유리에 작가도 스즈미 씨가 말한 것과 똑같이 '이렇다 할 성차별을 겪지 않아서 가부장제를 비판할 필요성을 느끼지 못했고, 여성을 '피해자화'하는 건 시대에 맞지 않는 일이라고 생각했으며, 페미니즘으로부터 혜택을 받긴 했지만 앞으로 페미니즘은 필요 없을 것이라 생각했다'고 합니다. 1990년대에 '포스트 페미니즘'이란 용어와 함께 '이제 그만 여자, 여자 해라. 그런 소리 질렸다. 페미니즘은 끝났다'는 말이 나오기 시작했습니다. '왜 아직도 그런 얘길 계속하나. 페미니즘은 시대에 뒤떨어졌

---

* 대담 제목은 '연대는 재밌어'이며, 《신초新潮》 2021년 4월호에 전문이 실려 있다. 우에노 지즈코의 서평 〈사진사 그녀들의 이야기写真史のher story〉는 《신초》 2020년 7월호에 실렸다. ―원주

다'는 남자들도 있었죠. 제가 《뉴 페미니즘 리뷰^{ニュー・フェミニズム・レビュー}》라는 총 여섯 권의 페미니즘 서적을 엮어서 낸 시기는 1990년부터 1995년까지였습니다. 이때 여섯 권의 책 제목을 '포스트 페미니즘 리뷰'로 하자는 제안도 나왔죠. 그 무렵에 '포스트 페미니즘'이라는 제목을 쓴 책도 나오긴 했지만, 저는 '포스트[post, 이후]라고 말하기에는 시기상조'라고 주장했습니다. 당시는 젠더^{gender}란 용어도 뿌리내리지 않았고, '성희롱', 'DV 가정폭력, 데이트폭력'와 같은 말조차도 겨우 사람들의 입에 오르내리기 시작한 때였습니다.

데이터를 보면 당시도 지금도 성차별이 없어지지 않았다는 것을 여실히 알 수 있어요. 2020년 세계경제포럼의 성별 격차^{gender gap}[69] 지수에서 일본은 121위입니다. '이렇게 누구나 단번에 알 수 있는 지수로도 현실을 모르겠느냐'고 물을 수 있습니다. 알기 쉬운 비장의 카드지요. 당시는 '여성은 이제 충분히 강하다. 이 이상 더 강해지지 않아도 된다'는 아저씨들의 담론이 통용되던 시절이지만, 오늘날 일본에 여성 차별이 없다고 말할 수 있는 사람은 이제 없습니다. 도쿄 올림픽 조직위원장 모리 요시로의 발언만 해도, 이런 발언은 성차별이라고 인식하는 게 당연한 세상이 됐어요. 이런 발언이 잘못됐다고 지적하는 데에 일일이 '나는 페미니스트는 아니지만……'이라는 전제를 깔고 이야기할 필요도 없어졌습니다.

'나는 페미니스트는 아니지만…….' 이 말에는 그전의 역사가

---

[69] 여성의 경제활동 참여 및 기회, 교육 성취, 건강 수명, 정치적 권한 등을 수치화하여 국제 비교한 지수가 세계경제포럼의 성별 격차 지수이다. 한국은 2020년에 108위였다.

있습니다. 일본의 여성해방운동 '우먼 리브'가 등장했을 때 수많은 여성들이 '나는 우먼 리브는 아니지만……'이라고 운을 뗀 뒤에 자신의 말을 했습니다. 여성해방운동을 하는 여성들의 주장에는 공감하나, 그 여자들처럼 보이기는 싫다는 뜻이었죠. 우먼 리브 운동가들은 새된 목소리로 꽥꽥댄다는 둥, 못생긴 여자들이 히스테리를 부린다는 둥 심하게 야유받았고 낙인이 찍혔습니다. '나는 우먼 리브는 아니지만……'이라고 말하던 여성들은 미리 '나는 페미니스트'라는 말을 준비해 두었다가 썼습니다. 우먼 리브란 말보다는 페미니즘이란 말이 역사적으로 정통성을 인정받은 용어이고, 좀 더 지적이고 품격 있게 보여서였을 겁니다. 당시에 우먼 리브 운동을 하던 여성들은 '나는 페미니스트'란 말을 하는 사람들한테 섭섭함을 느꼈고 지금까지도 마음에 담아두고 있습니다. 그래서 지금도 '우리 우먼 리브 여성해방과 페미니스트들은 다르다'고 주장하죠. 낙인을 감수하면서까지 과감하게 싸웠다는 데 자긍심이 있기 때문입니다. 우먼 리브 운동을 하던 여성들은 '음탕하다'거나 '마녀'라는 소리마저 들었는데, 그래서 스스로 마녀라고 칭하면서 '마녀 콘서트'를 열기도 했습니다.

'나는 우먼 리브는 아니지만……' 하던 여자들도 얼마 지나지 않아 복수를 당했지요. '페미니스트'라는 낙인이 찍히기 시작한 겁니다. 그 뒤에 '젠더'란 학술용어가 들어오자, 자신은 중립적이고 공정한 젠더 연구를 한다며, 그래서 페미니스트가 아니고 그럴 필요도 없다고 말하는 여성마저 나타났습니다. 본래 젠더gender란 남녀의 비대칭적인 권력 관계를 나타내는 용어이므로 중립적이거나 공정할 수가 없습니다. 페미니즘이 여성해방 사상이자 실천이라면, 젠더 연구는 페미니즘을 위한 이론적 무기입니다. 그래서 이 둘은 차를 굴리는 두 바퀴와 같다고도 할 수 있는데, 젠더는 외래어인 데다가 더욱이 학술용어라는 모양새 좋은 외투도 걸치고 있으니 여기에 현혹되어 '페미니즘'보다 '젠더'란 용어를 더 환영하는 사람들이 있었습니다. '여성학'을 연구하는 게 아니라(여성학은 이류 학문이라 여겨졌습니다) 젠더 연구를 한다고 하면 더 멋있어 보인다고 생각하는 사람들이 한 무리였기 때문에, 일부러 선명한 기치를 내걸고자 '페미니스트 연구를 한다'고 말하는 사람들이 나왔습니다. 그러던 중 '젠더'란 말에도 낙인이 찍히게 됐지요. 페미니즘을 오해하고 왜곡한 '젠더 프리 때리기gender free bashing'[70]가 휩쓸면서, 공식적으로 '젠더'란 말을 못 쓰게 하자며 페미니즘을 공격하는 일이 나타났습니다.

이런 백래시 이전에도 이미 일본의 행정 당국은 행정용어로 '남녀평등'이란 말을 쓰지 않았습니다. 남녀평등이란 단어 대신 일본어로도 그 뜻을 바로 알 수 없는 '남녀공동참획男女共同参劃'이란 말을 썼죠. 이 탓에 행정 부문에서 '남녀평등'이란 말이 사라져 버렸습니다. 전국 각지에 있던 여성 센터는 '남녀공동참획 센터'라고 간판을 바꿔 달았고, 남자 또한 행정 대책 시행 대상이라며 그렇지 않아도 액수가 적은 여성 정책 관련 예산을 쪼개 '남성 요리 교실' 등을 열었습니다. 이런 때조차 '여자들은 이제 충분히 강하다. 앞

---

[70] 고정된 성역할에서 벗어나 자유롭게 살자는 '젠더 프리'는 유해하다면서 페미니즘을 공격한다는 뜻. 2000년대 초반 일본의 백래시를 상징하는 말이다.

으로 남녀공동참획 센터도 필요 없다'는 얘기가 되풀이해서 나왔고, 곧 지역에 있던 남녀공동참획 센터를 통폐합하려는 움직임이 일어났습니다. 행정 당국이 설립·운영하는 여성 센터가 그 설치의 근거가 되는 정책 목적을 뚜렷이 나타내고자 한다면, '성평등 센터'도 아니고 '여성 차별 철폐 센터'라고 이름을 붙이는 게 가장 나을 겁니다. 여자가 하는 건 뭐든 낙인이 찍히고, 이류로 취급받고, 묵살당하고, 반발을 샀으니까요.

스즈미 씨한테는 정말 다른 세계일 수도 있지만, 제가 조금 길게 페미니즘 업계 이야기를 한 이유는 스즈미 씨 세대는 이런 동향과 전혀 접점이 없어 보이기 때문입니다. 베이비붐 세대의 자식 세대에 해당하는 작가이자 사회활동가 아마미야 가린雨宮処凜 씨와의 대담*에서 '자랄 때 스쳐 지나가는 소리로도 페미니즘에 대해 들어본 적이 없다'는 얘길 듣고 충격을 받았습니다. 여성 센터의 프로그램은 대개 지역에 사는 주부가 대상이라 일하는 기혼 여성이나 싱글인 여성들은 참여하기 어렵고, 참가할 프로그램도 마땅히 없었지요. 야간 근무를 하는 여성의 경우 대개 저녁 5시부터 교대에 들어가니까 여성 센터와 접점조차 없었습니다.

그 무렵 제가 지역 여성 센터에 갔더니 담당자가 "이 근방에는 '젠더'란 말을 아는 사람이 없어요"라고 털어놓기도 했어요. '젠더'란 말도 '페미니즘'이란 말도 몰라도 됩니다. 여성이 편안하고 행복하게 살아갈 수 있으면 그걸로 된 거예요. 페미니스트란 이름

---

* 《세대의 아픔 단카이 주니어 세대가 단카이 세대에게 보내는 질문장世代の痛み 団塊ジュニアから団塊への質問状》 (2017)에 우에노 지즈코와 아마미야 가린의 대담 전문이 나와 있다. —원주

을 내걸든 안 걸든 괜찮습니다. 그런 것보다 실질적인 게 더 중요하다고 저는 생각합니다.

나가시마 유리에 씨가 젊은 여성 사진작가로 등장한 1990년대에 일본에도 도쿄도사진미술관이 설립되어 사진이 예술계에서 시민권을 획득했습니다. 미국에서 막 돌아온 가사하라 미치코^{笠原} 씨가 이 사진미술관 큐레이터로 활약하면서 차례차례 페미니즘 관련 기획전을 적극적으로 추진했지요. 저는 가사하라 미치코 씨 덕분에 사진에 눈을 뜨게 됐는데, 1991년 〈나라는 미지의 세계를 향해―현대 여성의 자화상〉, 1996년 〈젠더―기억의 심연에서〉, 1998년 〈러브스 바디―근현대 누드 사진〉 등의 전시명을 쓰고 보니 가사하라 미치코 씨가 얼마나 힘을 쏟았는지 알겠네요. 가사하라 미치코 씨는 《젠더 사진론 1991-2017^{ジェンダー写真論 1991-2017}》(2018)이라는 페미니즘 사진론 책도 냈습니다. 이 책에 나가시마 유리에, HIROMIX, 니나가와 미카^{蜷川実花}와 같은 1990년대 신진 여성 작가, 즉 당시 남성 중심 사진계에서 '여자애들 사진가'라고 하던 여성 작가는 단 한 사람도 언급되지 않았습니다. 저는 가사하라 미치코 씨가 왜 침묵했는지 이유를 알고 싶었어요. 가사하라 미치코 씨가 나가시마 유리에 작가의 에세이 《우리 여자애들이 찍은 사진》의 해설을 맡아줬기 때문에 저도 이 에세이에 대한 서평을 쓸 마음이 들었거든요.

나가시마 유리에 작가와의 대담에서 저는 동시대에 활약한 가사하라 미치코 큐레이터의 기획전시를 알고 있었느냐고 물어봤어요. 신인 작가로 나섰을 때는 미대 디자인과에 다니고 있었는데 아무런 정보도 접하지 못했고, 나가시마 작가 본인도 당시 영화에 빠져 있어서 페미니즘 사진전에는 관심이 없었다고 합니다. 그 시절 사진가를 꿈꾸던 다른 여성한테 물어보니 '알고는 있었지만, 거리를 뒀다'는 답이 돌아오더군요. 가사하라 미치코 큐레이터가 가장 열정적으로 메시지를 보냈을 때, 그 메시지가 도달해야 할 사람들한테 닿지 못한 겁니다.

'아, 이 얼마나 아까운 일인가?'라는 생각이 들었어요.

제가 아깝다고 생각한 이유는 단지 첫 여성 사진작가 세대가 페미니즘 사진전을 기획했던 큐레이터하고 연결되지 않았기 때문만은 아닙니다. 페미니즘 사진전에서 소개한 해외 여성 사진작가들이 일본의 첫 여성 사진작가와 비슷한 고민을 하고 비슷한 문제에 직면해서 어떻게 살아남았는지 직접 접할 기회가 됐을 텐데 싶어서입니다. 메시지가 전해지면 '운동movement'이 태어납니다. 여성운동도 일종의 운동(무브먼트)인데, 여성운동을 시작하려면 먼저 '우리는 여성'이라는 정체성을 확립해야 합니다. 집합적인 여성 정체성 확보가 불가결하죠. 그리고 '여성'이란 집합적 정체성은 내가 본 적도 만난 적도 없는 타인과도 상상으로 구축할 수 있습니다. 우리는 같은 여성이라는 집합적인 정체성을 확립하고 외국에 있는 여성들의 고민이나 괴로움에 공감해서 '#Me Too'라 외친 것입니다.

나가시마 유리에 작가는 미국의 라이엇 걸riot girl[71]에 공감했다

---

71 1990년대 초중반 미국의 페미니스트 뮤지션, 여성 밴드, 퀴어 밴드 등이 언더그라운드 펑크록이 유행하는 가운데 여성의 권리를 외치는 음악을 추구한 운동.

페미니즘, 한계에서 시작하다

고 합니다. 비슷한 답을 젊은 여성들한테도 듣게 됩니다. 젊은 여성들한테 '페미니즘을 어떻게 알게 됐냐'고 물으면 에마 왓슨Emma Watson의 2014년 UN 연설로 알게 됐다거나 한국의 동향을 보고 알게 됐다는 답이 돌아옵니다. 록산 게이Roxane Gay의 《나쁜 페미니스트Bad Feminist》(2014, 한국어판은 2016)와 치마만다 응고지 아디치에Chimamanda Ngozi Adichie의 《우리는 모두 페미니스트가 되어야 합니다We Should All be Feminists》(2015, 한국어판은 2016)가 일본어로 번역되어 널리 화제인데, 딱히 새로운 사실이 쓰여 있는 것 같진 않고 50여 년 전부터 우리가 이야기해 온 내용이라는 생각이 들었습니다. 누군가는 요즘 '제3물결 페미니즘', '제4물결 페미니즘'이 일어났다고들 하는데, 세계를 보는 방식이 달라질 정도로 패러다임 전환이 일어난 것 같지는 않습니다.

젊은이들의 이야기를 들어보면 페미니즘 관련 정보가 전해지지 않았거나 정보에 무지했다는 것 이상으로, 페미니즘에 대한 거부감으로 인해 거리를 두고 살아왔음을 짐작하게 됩니다. 미디어는 페미니즘의 이미지를 줄곧 낙인찍어 왔습니다. 페미니스트는 늘 '무서운 여자'나 '짜증 나는 여자'로 그려졌습니다. 남자를 적으로 돌리면 손해를 본다고 철저히 주입해 왔지요. 이런 여러 가지 요인이 있겠지만, 결국 우리 페미니스트들의 목소리는 전달되지 못한 것 같습니다.

의견을 주장하는 방식이 안 좋다거나 메시지를 전달하는 방식이 서투르다는 등의 비판도 받았지요. 이런 비판에는, 재주가 없어 미안하다고 답할 수밖에 없겠죠. 2020년 WAN에서 심포지엄

〈페미니즘이 바꾼 것, 바꾸지 못한 것 그리고 앞으로 바꿀 것〉을 열었는데[*], 이 심포지엄에 등장한 다나카 미쓰 씨는 평소 일본의 여성해방 우먼 리브 운동과 페미니즘은 다르다는 지론을 갖고 있습니다. 일본에서 제일 처음으로 여성해방의 깃발을 든 다나카 미쓰 씨는 "어려운 외래어로 공부해서 페미니스트가 될 게 아니고, 여성 자신의 마음속 깊은 곳에서 우러난 목소리를 전하자"고 했는데, 선구자 다나카 미쓰 씨의 말조차 결국 그리 널리 퍼지지는 못한 것 같습니다. 시대가 변했어요. 전에 TV에 자주 출연해서 페미니스트라고 널리 알려진 다지마 요코田嶋陽子[72]를 아는 사람도 이제 별로 없습니다.

나가시마 유리에 작가와 같은 신진 여성 사진작가 세대가 여성운동하고 이어지지 못한 이유는, 외부에서 남자들의 시선으로 여성 사진작가들을 '여자애들 작가'라고 한 묶음으로 이야기하는 탓에 여성 사진작가들이 어쩔 수 없이 '나는 (다른 여성 작가들과) 다르다!'고 해야 했기 때문입니다. 많은 여성 아티스트들이 여성 작가의 작품만 모아놓은 예술 전시에 출품을 거부해 온 역사를 알고 나면 여성 아티스트들, 특히 자부심 강한 여성 창작자들이 '나는 남자들이 흔히 말하는 한 묶음의 여자들 중 하나로 취급받고 싶지 않다, 그런 대우는 질색이다'라고 느끼는 심정도 이해가 됩니다. 그러나 여기서 '한 묶음의 여자들'이란 남자들의 관점으로 '남

---

*   2020년 9월 17일 열린 심포지엄 〈페미니즘이 바꾼 것, 바꾸지 못한 것 그리고 앞으로 바꿀 것〉 영상은 WAN 웹사이트에 업로드되어 있다. https://wan.or.jp/article/show/9218. —원주

72 1941년생. 여성학자이자 운동가, 가수. 전 참의원 의원.

자보다 못하고, 열등한(이류) 집단'을 일컫는 대명사죠. 여성혐오로 얼룩진 이러한 남성의 시선을 여성 스스로 내면화하게 되는 겁니다.

전에도 그랬지만, '여성혐오'는 지금도 여전히 여자들을 분단해서 지배하기 위한 메커니즘입니다. 최근 성차별 발언으로 인해 올림픽 조직위원회 회장 직을 사퇴한 모리 요시로가 그랬죠. "(자신이 회장일 때 조직위원회에 있던 여성 이사들은) 분별력이 있어서 도움이 된다"라고요. 이런 발언은 상징적입니다. 이 말을 거꾸로 바꾼 '#분별력 없는 여자'라는 해시태그 운동이 급속도로 퍼져서 통쾌했어요. 이 사례의 키워드를 '분별력'이라고 하면, 분별력 있는 여자는 남자들이 가하는 모멸에 안주하고, 분별력 없는 여자는 남성 사회로부터 제재를 받습니다. 여성이 어느 쪽을 고르든 여성혐오의 영향을 받는 건 마찬가지입니다. 해시태그 운동에서 나온 여성들의 다양한 온라인 발언 가운데 "나도 어느새 남자의 잣대로 나 자신이 분별력 있는 여자인지 아닌지 따져보는 습관이 생겼다"는 말이 있었습니다. 여성은 고통 없이 이런 말을 할 수 없어요. 남자들이 만들어 둔 질서에 따르든 안 따르든 여성은 상처 입게 되겠지요. 그러나 여성 자신이 '나는 다른 여자와 다르다'는 차별화 전략을 쓰는 게 아니라, 내가 남자들이 말하는 분별력이 있는 여자든 아니든 간에 '나도 여자'라는 집합적인 여성 정체성으로 자신을 일컬을 때 스스로를 구할 수 있습니다.

'나는 상처받지 않았다'며 피해자가 되기를 거부하는 여성들 또한 이런 메커니즘의 덫에서 자유롭다고 할 수 없습니다. 그리고

보니 이번 편지에서 스즈미 씨는 예전에 원조교제 소녀들을 향해 "(원조교제가) 영혼에 나쁘다"고 말한 아저씨, 가와이 하야오의 말을 인용했네요. 스즈미 씨는 기억하겠지요? 당시 이 말에 대해《교복 입은 소녀들의 선택制服少女たちの選択》(1994)을 쓴 사회학자 미야다이 신지宮台真司가 "원조교제를 해도 영혼에 상처를 입지는 않는다"며 반론했습니다. 영혼에 나쁘건, 상처를 입지 않건 제가 볼 때 둘 다 똑같았습니다. 어찌 됐든 남자들이 당사자인 척 여자를 대변해서 대리로 전쟁하는 걸 그만뒀으면 하는 마음이었어요. 현장조사를 하는 연구자인 미야다이 신지 씨 앞에서 원조교제를 하던 소녀가 '내 영혼은 상처를 입지 않는다'고 말했을는지도 모릅니다. 그러나 스즈미 씨도 이미 알고 있듯이, 정보 제공자는 질문하는 사람이 감춰둔 기대에 부응하는 답을 합니다. 또 사회학에서 알려진 '동기의 어휘vocabularies of motive' 이론을 보면, 사람들은 자신의 행위에 대한 이유를 설명할 때 그 설명을 듣는 상대방이 이해하기 쉽고 받아들이기 쉬운 어휘를 고르는 경향이 있습니다. 브루세라 소녀였던 스즈미 씨한테서 직접 '가와이 하야오가 원조교제는 영혼에 나쁘다고 한 말도 나름대로 일리가 있다'고 들으니, 그럴 수도 있겠다는 생각이 드네요. 원조교제는 대체 뭐였는지, 언젠가 그 시절 당사자였던 소녀들이 직접 자신의 경험과 감정을 언어로 잘 표현해 주길 기대합니다. 당연한 말이지만 원조교제가 아닌 다른 어떤 경험에도 한 가지 색깔의 감정만 들어 있지는 않습니다. 얼마간의 자긍심, 자존심, 참회, 후회 등 복잡한 색깔의 감정이 섞여 있겠지요.

그런데 스즈미 씨가 썼듯, 페미니즘 업계에서 흑이냐 백이냐 따지는 식의 논의는 정말 번거롭고 힘듭니다. '몸을 팔아 돈을 버는 게 생각보다 즐겁다고 말한 순간 성노동을 용인하는 주장이라 여겨지고, 반대로 성매매에 혐오감을 느낀다고 하는 순간 갑자기 적으로 취급당한다'니, 정말 성가시겠습니다. 인간은 복잡한 생물이니까 '싫지만, 그래서 즐겁다'는 사람도 있겠지요. 표현의 자유 논쟁 때 저는 페미니스트 가운데서 (법적) 규제 반대파로 소수파였는데 '반페미니스트'라고 지탄받았습니다. AV 업계 사람들이 접근해 오기도 했고, 표현의 자유를 옹호한다는 남자들이 저를 자기들 편으로 착각하기도 했습니다. 이런 일이 비단 페미니즘 업계에만 국한되는 건 아닙니다. 올바른 길을 추구하는 사람들은 자신들의 길 외에 조금이라도 올바르지 못한 어떤 것이 있다고 보면 너무도 무관용적인 태도를 지니기 쉽습니다. 인간 역사에는 이단 심문과 마녀사냥이 넘쳐날 정도죠.

페미니즘은 이러한 이단 심문이나 마녀사냥을 피해갈 수 있다고 저는 생각합니다. 왜냐하면 페미니즘이란 스스로 깨닫고 알리는 '자기 신고 개념'이기 때문입니다. 페미니스트란 이름을 내건 사람은 모두 페미니스트지, 올바른 페미니즘이 따로 있고 틀린 페미니즘이 따로 있는 건 아닙니다. 페미니즘은 중앙 조직도 없고 교회도 없고 성직자도 없는, 한마디로 중심이 없는 운동movement입니다. 누구누구는 페미니스트가 아니라고 이단으로 판정할 사람도 없고, 그래서 제명도 할 수가 없습니다. 더욱이 페미니즘이란 어떤 물음을 제기했을 때 정답이 바로 나오는 그런 자동기계장치가 아닙니다. 그래서 여태까지 페미니즘 업계는 논쟁이 끊이지 않는 의견의 각축장이자 활발한 무대일 수 있었고, 앞으로도 그렇겠지요. 매번 누구는 페미니스트, 누구는 반페미니스트라고 논쟁을 벌이는 건 어리석은 일입니다. '나는 나' 하고서 그런 논쟁은 내버려 두면 됩니다.

따라서 저를 두고 '우에노 지즈코는 차별주의자'라든지 '반애국주의자' 같은 말을 해도, 제가 '나는 페미니스트'임을 밝히고 내거는 한 어느 누구도 제가 페미니스트임을 막을 수가 없습니다. 그리고 저는 '나는 페미니스트'라고 내건 간판을 내릴 생각도 전혀 없어요. 왜냐하면 '나는 페미니스트'라고 밝힌 여성들에게서 많은 것을 배웠기 때문입니다. 제가 하는 말 대부분은 누군가한테서 빌린 것입니다. 제가 처음 만든 말은 거의 없어요. 애초에 페미니즘, 젠더 같은 용어도 외래어이지 일본 여성들이 스스로 만든 게 아니었습니다.

젠더gender란 개념은 프랑스어 장르genre에서 유래했습니다. 젠더는 프랑스어에서 여성명사와 남성명사를 분류하는 문법 용어이고 영어와는 관련이 없습니다. 언젠가 제가 국제 심포지엄에 참석했을 때 한 프랑스인 페미니스트가 심포지엄 연단에 있던 세계적인 여성사 연구자 조앤 스콧Joan Wallach Scott73한테 짓궂은 질문을 던

---

73 1941년생. 미국의 역사학자이자 페미니즘의 선구적 이론가. 영어권에서 젠더 역사학의 지평을 열었으며, 성차에 대한 생물학적 결정론을 논박하기 위해 사회적 성역할이란 뜻으로 쓰던 '젠더' 개념을 이론적으로 정교화하여 정치적 적용 범위를 확대했다. 국내 출간된 책으로는 《페미니즘 위대한 역사Only Paradoxes to Offer》(1997, 한국어판은 2017), 《Parite! 성적차이, 민주주의에 도전하다Parité: Sexual Equality and the Crisis of French Universalism》(2007, 한국어판은 2009)가 있다.

졌습니다.

"'젠더'란 개념은 원래 영어에 없는데, 그게 영어권 페미니스트들과 무슨 관련이 있죠?"

그 자리에 있던 탈식민주의 페미니스트 가야트리 스피박^{Gayatri} Chakravorty Spivak[74] 이 아무런 망설임 없이 바로 답했습니다.

"누가 만든 개념이든, 쓸 수 있는 건 뭐든 다 쓰면 됩니다."

스피박은 영어권에서 연구자로 활약하면서도 인도 국적을 버리지 않은 식민지 출신 지식인입니다. 자신이 갖고 있는 교양 대부분을 영어권의 지식체계로 채웠다 하더라도, 그걸 역으로 이용해 무기로 삼고 적과 싸우겠다고 한 여성입니다. 스피박의 과감한 답변을 듣고 저는 경탄했습니다. 스피박도 페미니스트이고, 스콧도 페미니스트이고, 심술 맞은 물음을 던진 프랑스인 여성도 모두 페미니스트입니다.

지금까지 반세기 동안 저는 이렇게 자극을 주는 분야에서 열심히 살아왔습니다. 논쟁이 벌어지는 곳에서 스스로 단련하면서 '나는 여성들한테 빚을 지고 있다……' 이렇게 생각해 왔죠. 이런 마음 때문에 앞으로도 죽 '나는 페미니스트'라는 간판을 내걸고 있을 겁니다.

'거인의 어깨 위에 올라서라'는 말이 있죠. 내가 아무리 작은

---

74 1942년생. 인도 출신의 영문학자. 탈구축 비평을 통해, 교육받지 못하고 가난한 구 식민지(제3세계)의 여성들이 착취와 억압 가운데 스스로 말할 수 있을지, 스스로 말할 수 없는 하위주체(서발턴)라면 어떻게 그 목소리를 들을 수 있을지 등 방안을 모색했다. 국내 출간서로는 《서발턴은 말할 수 있는가?: 서발턴 개념의 역사에 관한 성찰들^{Can the subaltern speak?}》(1988, 한국어판 2013), 《읽기^{Readings}》(2014, 한국어판 2022)가 있다.

사람이라 해도 거인의 어깨에 올라타면 넓은 시야에 큰 세계가 펼쳐집니다. 나중에 온 자들은 항상 자기보다 앞서서 가고 있는 사람들의 어깨에 올라설 수 있는 특권을 갖고 있습니다. 이런 특권을 쓰지 않을 까닭이 없어요. 왜냐면 너무 아까우니까요……. 앞선 세대와 부딪히며 자아를 형성해 왔고, 이제 나도 역사 속으로 들어가고 있다고 자각하는 요즘, 이런 생각을 하며 감회에 잠깁니다.

2021년 2월 25일
우에노 지즈코

11장

자유

여성의 편이라는 남성 작가의 글보다 가와바타 야스나리의 작품이 인간을 더 잘 알게 해줍니다.

우에노 지즈코 님께.

저번 편지에서 그간 제가 궁금했던 물음 '우에노 지즈코 님은 오랫동안 남자들의 가해성을 가까이에서 지켜보았고 남자들의 한심스러움을 지적하면서도 왜 남자들한테 절망하지 않는가? 왜 남자들을 경멸하지 않고 남자와 대화하기를 포기하지 않는가?'에 진지하게 답해주셔서 매우 기뻤습니다. 30대 후반인 제가 가진 큰 과제 중 하나가 남자들은 원래 그렇다고 체념하는 태도를 어떻게 바꿀 수 있을지였기 때문에 어떻게든 답을 듣고 싶었거든요.

요즘 SNS에서 성차별에 항의하는 활동을 벌이는 젊은 여성들을 보면, 화를 내거나 항의는 해도 포기하거나 웃어넘기지는 않는 듯 보입니다. 젊은 여성들의 태도를 보면서 '나는 남자를 비웃기는 하지만 화를 내거나 항의하지는 않는구나' 새삼 깨닫게 됩니다. 한편으로는 젊은 여성들이 아직 어리고 때 묻지 않아서 남자한테 절망하지 않은 거라고 생각할 만큼, 제 마음 절반은 회의적이에요. 분명 이런 젊은 여성들도 서른이 지나고 또 서른다섯이 지나면 세상사에 닳아서, 남자란 생물한테는 무슨 말을 해봤자 아무 소용 없다는 사실을 알게 될 거라 생각하는 때도 있습니다. 그런데 우에노 님과 페미니스트 심리학자 오구라 지카코小倉千加子 씨가 같이 쓴 책

《페미니즘ザ・フェミニズム》(2002)을 보니 두 분 다 '어차피 남자는 다 그래', '말해봤자 소용없어' 같은 태도를 취하지 않은 듯해서, 남자들에게 금방 절망하고 냉소적이 되어 대화하기를 포기한 저의 문제를 들여다보고 싶습니다.

저번 편지 첫머리에 우에노 님이 "밤일을 하면서 치러야 할 수업료 중 하나는 남자를 모멸하는 법을 배우는 것"이라고 지적하신 부분이 있는데, 이번 연재에서도 그렇고 여태까지 제가 집필 활동을 해오는 중에도 점점 더 강하게 의식한 문제였습니다. 제 성격이나 밤일의 특성보다는 성장 배경과 관련된 문제일 수도 있겠지만, 브루세라 가게에서 매직미러 너머로 목격한 한심스러운 남성상이 언제나 제 남성관의 출발점이었습니다. 전에도 말씀드렸지만 제 마음속 어딘가에는 줄곧 '저런 동물하고는 서로 이해할 수도 없고 평등해지고 싶지도 않아'라고 경멸하는 마음이 있습니다.

이런 마음은 "원조교제는 영혼에 나쁘다"는 말을 두고 제가 '나름대로 일리가 있고 나도 짚이는 데가 있다'고 생각한 바와 연결되어 있습니다. 원조교제든 밤일이든 성매매든 AV배우든 뭐든 상관없는데, 한창 이런 일들을 하던 무렵에는 "영혼에 나쁘다"는 말을 들었을 때도 전혀 이해하지 못하고 "뭔 소리야?" 했습니다. 그래서 사회학자 미야다이 신지가 인터뷰한 원조교제 소녀들이 "나는 원조교제를 했다고 해서 상처받지 않는다"고 답한 심정도 이해가 갔어요. 저도 당시에 저런 인터뷰를 했다면 똑같이 답했을 겁니다.

저는 올해로 AV 배우를 은퇴한 지 15년째가 됐고, 클럽이나 캬바쿠라에서 하던 술장사에서 완전히 발을 씻은 지도 5년째입니다. 지금에 와서는 "영혼에 나쁘다"는 말이 뭘 이야기하려 했던 건지, '영혼', '나쁘다' 같은 단어가 마음에 딱 와닿는지는 차치하고서라도, 무슨 영문인지 조금은 알 수 있을 것 같습니다. 사람, 그중에서도 남자의 모습, 특히 남자가 사회생활에서는 드러내지 않는 모습만 가까이서 계속 목격함으로써, 내가 하는 장사가 남자의 한심스럽고 허섭스레기 같은 모습에 의해 성립되는 구조를 스스로 받아들임으로써, 본디 잃지 않아도 됐을 희망이나 신뢰가 맹렬한 속도로 소모되고 만 겁니다. 세상사에 닳아빠질 수 있고 그런 게 삶의 현실이라고 받아들이면 단순한 문제겠지만, 좀 더 근본적인 문제로서 인간을 존중하고 존경하는 자세를 내다 버린 측면이 있다는 생각이 듭니다.

저는 10대 때부터 죽 '성매매를 하지 말아야 할 이유'에 대한 답을 찾고자 애써왔는데, 최근에는 이런 생각이 그 답일 수도 있겠다는 생각이 들었습니다. 사람들이 성매매를 혐오하고 그에 대해 거부감을 갖거나, 혹은 부모가 딸한테 매춘을 하지 말라고 하는 이유는 단지 몸 파는 일이 천박하다거나 위험하다거나 자존심이 더럽혀지기 때문이라기보다, 성매매로 인해 타자를 존중하는 마음이 어딘가에서 뒤틀리는 것에 대한 위기감 때문일 수도 있을 것 같습니다. 제가 팬티를 파는 브루세라 소녀였을 때 어른들은 팬티 파는 행위를 금지하거나 꾸짖기는 해도 그래선 안 되는 이유를 명확히 가르쳐 주지는 않았습니다. 저는 그런 어른들보다는 알기 쉬운 말로 성매매를 하지 말아야 할 이유에 답할 수 있는 어른이 되고 싶었는데, 요즘 아주 조금이긴 하지만 그 답을 찾을 수 있을 만큼 빛이 비치는 듯합니다. 저번 편지에서 우에노 님이 '어차피 남자는 다 그래'라든가 '어차피 여자는 다 그래' 같은 말은 '어차피 인간은 다 그래'와 마찬가지로 모독적인 말이라고 하셨는데, 그렇게 말해주셔서 좋았습니다.

수업료를 내고 인간에 대한 모멸을 배우는 거라고 하셨는데, 일반적으로 말하자면 후유증 같다고나 할까요? 이런 점을 배우긴 했지만, 제가 줄곧 하던 생각을 전환하기란 좀처럼 쉽지 않고, 삶의 자세를 고치는 일도 간단하지 않습니다. '책 속에서도 얼마든지 존경할 만한 남자와 여자를 만날 수 있다'고 쓰신 부분을 읽고서 답답했던 가슴이 확 트이는 기분이었습니다. 저도 책을 좋아하니까 분명 책 속에서 존경할 만한 사람들을 찾을 수 있었을 텐데, 저의 독서는 인간의 추함이나 어리석음만 발견하는 행위일 때가 훨씬 많았던 것 같습니다. 고등학생 때는 가와바타 야스나리川端康成, 시가 나오야志賀直哉, 미시마 유키오三島由紀夫, 도스토옙스키Fyodor Mikhailovich Dostoevsky의 작품을 읽고 브루세라 가게에 오는 손님들이 귀여워 보일 정도가 됐고, 제멋대로이고 마음이 병든 데다 어리석어서 구제할 길이 없는 게 남자들이라 여기게 됐습니다. 심지어 그런 어리석음을 사랑하는 것이 내가 이 세계를 상대로 싸울 수 있는 유일한 방법이라고도 생각했습니다. 돌이켜 보면 어릴 적부터 절망하기 쉬운 체질이었다고 할지, 저에겐 인간의 어리석은 측면을 먼저 받아들이는 습관이 있었던 모양입니다.

그러고 보니 저는 카산드라 증후군이란 말을 몰랐어요. 남편이 소통을 거부하고 자기 스타일만 고집해서 아내가 힘들어하는 것 말이죠. 제 친구들 가운데도 카산드라 증후군은 아니지만, 배우자의 도덕적 괴롭힘moral harassment75 때문에 괴로워하는 이들이 많습니다. 언어폭력으로 상대방의 존엄에 손상을 입히고 아내나 여자친구를 쓰레기 취급하면서 즐거워하는 남자들은 제가 어릴 적에도 많았고, 지금도 주위에 끊이지 않습니다. 여자들은 그런 취급을 받고도 '그래도 이제 애를 낳아야 하는 나이인데'라든지 '혼자가 되는 게 두려워'라면서 남자들을 받아주는데, 어딘가 저와 닮은 점이 있어요. '어차피 다른 남자도 똑같을 거야'라거나 '불평을 늘어놓고 말로 받아쳐 봤자 어차피 남자들은 안 변해'라면서 체념하는 모습 말입니다. '남자란 것들은 변하지 않아'라고 느끼는 그 시점에서 페미니즘은 말라비틀어지고 공허한 울림이 돼버리는 것 같습니다.

여성해방, 페미니즘, 젠더가 차례로 낙인찍히고 쳇바퀴 돌듯 돌면서 커다란 진전이 없는 가운데, 낙인으로 인해 여자들이 아까운 기회를 잃어버리고 서로 오해하며 살아가는 현실을 보면 여성의 삶이 수난의 역사였음을 다시금 실감하게 됩니다. 요새 베스트셀러인 《나쁜 페미니스트》나 《우리는 모두 페미니스트가 되어야 합니다》에 새로운 내용은 별로 없다고 하신 말씀에도 동의해요. 모리 요시로의 성차별 발언에 항의하며 '#분별력 없는 여자' 해시태그 운동이 벌어졌는데, 이런 해시태그 문구도 사실 근대의 '신여

---

75 자기중심적 사고가 강한 사람이 희생양으로 삼을 만한 상대를 정해놓고 언어나 태도로 지속적으로 괴롭히는 것을 일컫는 말.

성' 개념과 꼭 닮았습니다. 또 요즘 SNS에서 페미니스트를 공격하는 내용을 보면, 이전에 여성해방운동을 때리고 두들기던 양상과 뭣 하나 다르지 않더라고요.

우에노 님을 비롯해 선배 여성들이 '우리가 50년 전부터 말해왔는데' 하고 느끼는 마음은 잘 알겠지만, 그래도 예전과 비교해서 요즘 여성운동이 가장 크게 달라진 점이 있습니다. 여성운동에 참가하는 사람이 늘면서 그 폭이 넓어졌다는 점입니다. 요즘 SNS에서 전해지는 페미니즘의 말들은 전처럼 일부 지식인층, 혹은 여유 있는 중산층 주부, 혹은 엘리트 직업을 가진 여성들한테서 나온 게 아니에요. 계층에 상관없이 여러 입장의 여성들이 말하고 있습니다. 저는 개인적으로 SNS가 좋은 면도 나쁜 면도 갖고 있다고 보는데, 적어도 일터에서 하이힐을 신어야 한다는 규칙을 거부하는 운동에서 볼 수 있듯, 하이힐을 신지 않아도 되는 지식인층 여성들한테서는 절대 나올 수가 없는 운동이 SNS에서 탄생하고 있다고 생각합니다. 예전에 어디선가 본 듯한 느낌이 들기도 하지만, 이런 운동이 반복되면 원심력이 작용한 것처럼 그 원이 넓어질 것 같고, 비록 50여 년 전과 비교해 확연히 새로운 운동은 아니라 할지라도 그 의의는 매우 크다고 생각합니다.

저나 아마미야 가린 작가는 피 흘리며 맨 처음 페미니즘을 열어젖힌 세대도 아니고, 괴로움을 곱씹으며 원을 넓히기를 되풀이하는 요즘 세대도 아닙니다. 마치 반동으로 왔다 갔다 하는 추처럼 시대와 함께 흔들리며 시대적 퇴보에 가담했던 세대라고 해야 할는지도 모르겠습니다. 딱히 우리 세대 여성들을 비하하려고 한 말은 아닙니다. 오히려 여성 각자가 처한 입장과 관련해서 여성 스스로 퇴보를 바랐던 역사가 있었음을 자각한 세대라는 점에서 강점을 느껴요. 여자가 남자와 공평해질 때까지 서둘러 가지는 못해도, 젊은 여성들의 목소리와 이 여성들을 향한 공격 사이에서 양쪽의 언어를 조금이나마 이해하게 된 세대라고 말하고 싶습니다.

제게 좋은 자극을 주었던 이 편지 연재도 앞으로 한 번밖에 안 남았네요. 열한 번째 편지 주제는 '자유'인데, 저는 예전부터 우에노 님께 표현의 자유와 올바름에 대해 물어보고 싶었습니다.

올림픽 조직위원회 위원장이었던 모리 요시로의 성차별 발언 소동을 보면서 아직도 이런 발언이 나오는 현실에 질린 마음도 들었지만, 그 뒤에 펼쳐진 항의나 반론을 보니 든든했고 이제 성차별 발언 같은 건 그다지 무섭지 않다고 생각하게 됐습니다. 폭넓은 연령층, 계층의 여성들이 각자 문제를 제기할 수 있는 말을 갖춘 만큼, 표현의 자유에도 좀 더 밝은 희망이 보이는 듯합니다.

저도 글을 쓰는 작가 나부랭이쯤은 되니까, 표현 규제에 알레르기 반응을 보이고 기본적으로 표현의 자유를 금과옥조처럼 여깁니다. 하지만 현실은 어려운 입장에 처한 사람이나 약자가 목소리를 빼앗긴 상황이므로, 표현할 수 있는 자의 자유가 좀 억제되더라도 어쩔 수 없는 일이라고 봅니다. 표현할 말이나 공간을 가진 자가 이런 점을 자각하지 못하면, 언젠가는 법적 규제가 도입, 적용되어 가시밭길을 걷게 될 거란 생각이 들기 때문입니다. 거꾸로 말하면, 차별 발언에 항의하는 층이 폭넓어지고 그런 사람들이 많아져서 약자의 목소리가 쉽게 전해지는 사회가 되면 표현의 자유를 확보할 수 있으리라 믿습니다.

성적 표현이나 낡은 가치관을 조장하는 광고에 대해 항의하는 움직임이 SNS에서 빗발치면 논란이 된 광고가 내려가는 사례가 계속 나오고 있습니다. 또 2019년 아이치 트리엔날레에서 일어난 일[76]을 듣고, 이제 표현의 자유를 누리기 어려운 세상이 됐다고 말하는 이들도 많고요. TV 광고에서 더 눈에 띄게 나타나는 현상이긴 한데, 기업이나 잡지 등에서도 논란을 일으키지 않을 무난한 콘텐츠를 만들고 있다며 '우리가 저자세를 보이고 있다'거나 '자기혐오를 느낀다'면서 울상 짓는 남자들의 모습을 자주 봅니다. 그런데 성차별 광고 등이 논란이 되면 으레 등장하는 남성 작가들이 있죠. 이들은 '직업 페미니스트'라는 야유를 받고 있는데, 제가 보기에는 좀 희한한 대변자代辯者들입니다.

차별 발언에 항의가 쏟아지면 그걸 보고 그전까지 자신이 미처 깨닫지 못했던 부분을 알게 되거나, 차별 발언으로 인해 사람들이 입은 마음의 상처를 알고 배우는 게 당연한 일인데요. 왜 그런 항의가 나오는지는 생각하지 않고, 그저 창작자가 마음껏 표현하지 못하는 상황을 답답해하기만 하는 것도 지겹습니다. 혐오 표현 hate speech과 같이 명확한 타격을 주는 표현은 그냥 놔둬선 안 되는 게 당연하고 무엇이 혐오 표현인지 근본적인 물음이야 항상 따라

---

76 2019년 8월 1일부터 10월 14일까지 아이치현 나고야시에서 국제예술제 '아이치 트리엔날레'의 한 세션으로 〈표현의 부자유전─그 이후〉 기획전시가 열렸다. 이 전시에 위안부를 상징하는 '평화의 소녀상'을 전시하자, 우익 남성이 불을 지르겠다며 주최 측을 협박했다. 더욱이 나고야 시장도 전시가 문제라고 말하는 등 여러 이유로 인해 전시가 사흘 만에 중단되었지만, 표현의 자유 논란을 거친 끝에 다시 열리게 되었다.

다니겠지만 많은 사람이 자신의 목소리를 얻어 표현하게 된다면, 부지불식간에 남을 해칠 표현을 할 수도 있는 창작자는 어깨에 진 짐을 좀 내려놓을 수 있을 듯합니다.

저는 특정 표현에 대해 항의하는 활동은 얼마든 할 수 있다고 생각하는데, 최근에 'SNS에서 논란이 벌어진다 → 사과한다 → 삭제나 철회를 한다' 이렇게만 흘러가는 데에 불안함과 불만을 느낍니다. 그보다는, 언론이 예리하고 재미난 지적과 항의, 그리고 그저 트집을 구별하는 능력을 잃어버린 것 같아서 좀 화가 날 때가 있습니다.

소수의 항의가 있어도 그것이 뉴스거리가 될까 두려워서인지 너무 쉽게 '없었던 일'로 만들어 버리고, 성차별 광고는 내리기만 하면 끝이니까 꼭 아무 일도 일어나지 않은 것 같더라고요. 이런 추세라면 아무것도 배우지 못하고 끝날 겁니다. SNS에서는 언어폭력에 가까운 욕이 난무하는데, 이런 현상을 논의해야 할 언론은 표현의 자유를 지키려는 의지가 없어 보입니다. 항의하는 목소리가 활발히 나오면, 그만큼 표현의 자유를 지키자는 목소리도 활발히 나와야 할 텐데 익명으로 쓴 매도의 글만 넘쳐납니다.

SNS상에서 항의하는 운동이 특정 표현이나 표현물에 대한 삭제만 요구하는 데 그치는 것도 좀 문제이긴 하지만, 자신 있게 표현해야 할 사람들도 '정치적 올바름^{PC, political correctness}'에서 행여 논란이 될까 봐 소극적인 태도를 취하는 것도 큰 문제인 것 같습니다. 혐오 발언, 부적절한 표현, 시대에 뒤처진 표현, 좋지 않은 가치관을 심어주는 표현 등 찬반이 갈릴 것 같은 표현이라면 죄다 뭉뚱

그래서 'SNS에서 논란이 될 만한 사안'으로 다루니까, 오히려 누군 가를 상처 입힐 수 있는 혐오 발언은 비교적 가볍게 봐주고 넘어간 다는 생각도 들어요.

20년 전에 방영한 TV 프로그램을 요즘 보면 기겁하게 되는 표현이 버젓이 나옵니다. 얼마 전에 부모님 댁에 있던 비디오테이 프를 정리하는데, 제가 중학생일 때 부지런히 녹화해서 보던 TV 노래 프로그램 비디오가 있었습니다. 앉아서 보는데, 프로그램에 서 여자 가수가 "난 성추행을 당한 적이 한 번도 없어요"라고 하 자, 사회자가 "그건 네 가슴이 작아서 그래"라는 거예요. 관객도 가수도 "말이 너무 심하잖아!" 하면서 같이 웃었습니다. 20년 전보 다 많은 사람들이 성숙해졌기 때문에 앞으로 이런 프로그램을 볼 일은 없겠지요. 7장에서도 언급한 것처럼 게이를 비하하는 내용 의 인기 프로그램을 딱 한 번 부활시킨 방송이 큰 논란이 됐고, 또 1장에서 언급한 심야 라디오 프로그램 개그맨 DJ의 유흥업소 여성 비하 발언도 예전 같았으면 금세 아무도 기억하지 못하고 그냥 넘 어갔을 겁니다.

생각이 성숙해지는 것과 소극적인 태도를 취하는 건 정말 종 이 한 장 차이일 텐데요, 제 바람을 이야기하자면, 창작자들이 제 대로 된 항의의 목소리가 커지는 현상에 대해서 고맙게 느끼는 감 각을 키워갔으면 합니다. 그리고 항의하는 쪽에서도 단지 사과나 삭제, 철회만 요구하는 데 만족하는 게 아니라, 좀 더 활발한 논의 를 불러일으킬 수 있는 방향으로 목소리를 높였으면 합니다. 논란 이 벌어지면 곧바로 사과한 후 삭제 또는 철회하는 식의 무의미한 흐름이 아니더라도 시시하고 불쾌한 표현물은 뭘 논의할 것도 없이 도태되겠지요. 이렇게 된다면, 무엇보다 쓸데없고 잘못된 여성 멸시 표현과 인간의 어리석음을 날카롭게 파고드는 표현이 서로 비슷한 것으로 여겨지는 오해를 피할 수 있을 것 같습니다.

자유와 올바름은 항상 서로 경합하는 것이니까, 때로는 방송이나 발행이 금지되어 아쉬운 표현물도 있을 겁니다. 모든 표현물을 다 지켜야 하는 건 아니고, 모든 항의가 다 정당한 것도 아닙니다. 기준을 만들자는 발상은 좀 우스울 수도 있겠지만, 그래도 건전한 항의와 이를 받아들이는 자세는 더 과감했으면 좋겠습니다.

일부 여성운동가들은 가와바타 야스나리의 문학을 아주 나쁘게 평가합니다. 가와바타 야스나리의 작품은 정치적 올바름하고는 동떨어진 내용이긴 해도, 읽어도 아무런 실감이 나지 않는 남성 페미니스트 작가들의 칼럼보다는 가와바타 야스나리의 작품을 읽었을 때 인간에 대해 더 이해할 수 있을 것이라 생각합니다. 마치 여자가 느끼는 심정 모든 걸 다 안다는 듯 여자들의 편임을 자처하는 남성 페미니스트 작가들이 쓴 칼럼을 읽을 때, 저는 아무 느낌이 들지 않습니다. 항의하는 사람들은 이제 겨우 말을 얻게 됐는데, 표현의 자유를 지키려는 사람들은 지금 상황이 그저 답답하다고 불평만 늘어놓을 뿐 말을 잃어버린 채 있다고, 저도 모르게 생각하게 됩니다.

2021년 3월 11일
스즈키 스즈미

인간의 비열함이나 잔학성을 없앨 수는 없을 겁니다. 그러나 이제 사회의 겉모습은 바뀌었습니다.

스즈키 스즈미 님께.

지난달에 편지를 쓰고 나서 몹시 바쁜 한 달을 보냈습니다. 모리 요시로 도쿄 올림픽·패럴림픽 조직위원회 회장 사퇴 사건이 계기가 되어, 여태껏 저와 전혀 인연이 없었던 스포츠신문에서 사건에 대해 논평을 해달라는 요청이 쇄도했거든요.

정떨어지는 이야기인데, 모리 요시로 전 총리는 제 고등학교 선배입니다. 제 고향인 이시가와현은 보수 왕국이라서, 그가 총리가 됐을 때 고향에서는 총리가 나왔다고 엄청 기뻐했죠. 이번 문제가 된 발언 후에 그 동네 반응을 살펴보니 '역시 그 사람답다'거나 '어쩌다 본심을 드러냈다'며 동정하는 여론이 보이네요. '올림픽 조직위원회 회장이니까 올림픽 개막식에도 나오고, 이제 정치 인생 말년에 꽃길을 걸어야 하는데 안됐네' 하고 있더라고요.

이번 사퇴 사건의 최대 성과는 '뭐야, 또 저래', '맙소사', '아무리 말해도 안 바뀌네' 같은 반응이 더는 나오지 않았다는 점입니다. 모리 요시로 씨는 예전부터 "일본은 신국神國"이라는 등 시대착오적인 문제 발언을 일삼는 정치가로 널리 알려져 왔기 때문에 '늘 그랬던 사람이니까'라거나 '역시나' 하고 이번 성차별 발언에 새삼 놀랄 것도 없었습니다. 올림픽 조직위원회 회장을 사퇴하라는 요구에 쫓기면서도 뒤로는 후임을 따로 물색해 놓는 등 그 언행이 하나도 변한 게 없고, 뭐가 문제인 줄 전혀 모르는 기색도 내비쳤지요. 83세가 될 때까지 이런 신념으로 살아온 사람의 생각을 바꾸는건 불가능하다고 하겠습니다. 그러나 성차별에 반발해 온 수십 년의 역사를 거친 오늘날, 성차별에 대한 사회적 허용의 정도가 완전히 바뀌었습니다. 공인으로서 변화한 현실을 아예 모르거나 아니면 주변에서 하나도 몰라도 되게끔 해줬겠죠.

모리 요시로가 물러나게 된 게 외압 때문이라고 보는 사람도 있지만 저는 단지 외압 때문만은 아니라 생각합니다. 대내외 여론이 들끓었기 때문이에요. 온라인 청원 사이트 change.org 등에서 모리 요시로의 발언에 항의하는 서명 운동이 빠르게 일어났고, 며칠 만에 15만 명이 서명할 정도로 사람이 모였습니다. SNS상에서는 '#분별력 없는 여자'란 해시태그가 등장했고 많은 사람들이 트위터에 글을 썼죠. 모리 요시로 씨는 "(자신이 회장일 때 조직위원회에 있던 여성 이사들은) 분별력이 있어서 도움이 된다"는 말도 했는데, 사람들이 이 말을 거꾸로 이용해 반격하는 '#분별력 없는 여자'라는 해시태그를 달기도 했는데요, 대체 누가 이런 훌륭한 발상을 했는지 감탄했습니다.

시민 언론 'Choose Life Project'[https://cl-p.jp]에서 연 심포지엄에 참가했던 여성들은 '나도 분별력을 기르는 버릇이 있는데, 반성했다'고 말했습니다. 여성이라면 이런 말을 아무런 고통 없이 입에 담을 수가 없습니다. 모리 요시로 회장의 사퇴를 요구하는 움직임이 이만큼 넓게 퍼진 배경을 보면, 단순히 모리 요시로

한 개인의 자질만 문제라서가 아니고, 또 그런 성차별 발언이 나왔을 때 그 자리에 있다가 덩달아 함께 웃은 올림픽 조직위원회의 조직 문화만의 문제도 아닙니다. 스포츠계가 이권과 정치로 얽혀 있으며 이에 대해 대부분의 현역 선수들이 침묵만 하고 있어서도 아니고요. 수많은 여성이 자신들이 직접 겪은 일을 바탕으로 '나도 그런 비슷한 일을 겪었다'고 느꼈기 때문에 분노의 지평을 넓힐 수 있었던 겁니다. '여자는 말이 많다'는 식의 모리 요시로 발언에 대해 일본 럭비협회 최초 여성 이사인 이나자와 유코稲沢裕子 씨가 아사히신문과의 인터뷰*에서 "그 말은 나를 두고 한 말"이라고 밝히기도 했지요. 이나자와 유코 씨는 "남성 사회에서 여성은 혼자일 때가 많다. 나도 그렇다. 그래서 그런 말을 들어도 남자들만 있는 자리에서는 같이 웃는 수밖에 없었다"고 했습니다. 성차별 발언에 동조하여 웃지 않을 수 없는 입장에 처해서, 분노하기 이전에 그때 맞장구치듯 동조한 자신을 혐오하고 입술을 깨물며 후회한 여성들이 분명히 많습니다. 그리고 남자 머릿수에 맞춰 여자를 늘리더라도 남성 사회의 잣대로 '분별력 있는' 여성뿐이라면, 분명 조직 문화에는 그 어떤 변화도 일어나지 않을 겁니다.

'#분별력 없는 여자'들의 분노가 모리 요시로와 같은 과거 최고 권력자를 권좌에서 끌어내렸으니까 여성들의 분노는 결코 무력하지 않습니다. 이렇게 여자들의 성공 경험이 쌓여서 앞으로 사회에서 어떤 발언을 퇴출할지 판단할 준거점이 생길 것으로 예측합

---

* 〈럭비협회 최초 여성 이사 "나를 가리킨 말이었다." 모리 요시로 씨 발언에 대해〉, 《아사히신문》 2021년 2월 4일 자. URL https://www.asahi.com/articles/ASP24628ZP24UTIL040.html. —원주

니다.

벌써 또 비슷한 사태가 일어났지요. 또 한 번 올림픽 조직위원회의 성차별 발언이 문제가 됐습니다. 올림픽 개폐회식 총괄을 맡은 디렉터 사사키 히로시佐々木宏란 사람이 여성 탤런트 와타나베 나오미渡辺直美 씨를 돼지로 분장시켜 개회식에 등장시키자고 했는데, 이런 한 줌의 유머도 지성도 찾아볼 수 없는 계획이 총괄 팀 내부의 반대로 무산되었다는 사실에 안도했습니다. 모리 요시로의 발언이 퇴출 감이었으니 사사키 히로시의 계획도 퇴출되는 게 당연하지요. 사사키 히로시 디렉터는 수많은 히트작을 만든 광고회사 '덴쓰' 출신인데, 큰 광고회사들은 여태까지 몇 차례나 성차별 광고로 물의를 빚었습니다. 광고회사 '다이치고코쿠'는 여성 탤런트 단미쓰壇蜜 씨를 성적 이미지화에 이용한 미야기현 지자체 광고를 제작했고, 광고회사 '하쿠호도'는 장어 양식 산지 가고시마현 시부시시 지자체 광고를 제작하면서 수영복 입은 소녀가 등장해 "나를 길러줘" 하고 말하는 영상을 만들었습니다.[77] 제작 과정에서 아무런 점검도 없었던 걸까요? 이런 광고회사에 고가의 제작비를 지급하는 건 지자체이고 그 돈은 세금이니까 납세자는 당연히 화를 내야 합니다.

저는 이런 성차별 광고를 '표현의 자유'란 구실로 옹호하지 않습니다. 제가 반대한 건 표현에 대한 법적 규제이지, 시민의 비

---

77 2017년 미야기현 지자체 관광 홍보 광고 영상에서 여성 탤런트가 남성 인형한테 미야기현 여행에 데려가 달라고 하자 인형이 코피를 흘리는 장면 등이 문제가 됐다. 2016년 가고시마현 시부시시의 지자체 광고 영상에서는 장어가 학생 수영복(중고등학교 수영 수업 때 입는 수영복)을 입은 소녀로 변신해서 "나를 먹여주고 길러줘"라고 말하는 장면 등이 문제가 됐다.

판이나 인터넷 논란 등이 아니에요. 스즈미 씨가 말한 대로 특정 표현에 항의하는 활동은 얼마든지 할 수 있다고 저도 생각합니다. 이번 편지에서 스즈미 씨는 "최근에 'SNS에서 논란이 벌어진다 → 사과한다 → 삭제나 철회를 한다' 이렇게만 흘러가는 데에 불안함과 불만을 느"낀다고 했는데, 제 입장에서 보면, 겨우 여기까지 온 것입니다. 또 "언론이 예리하고 재미난 지적과 항의, 그리고 그저 트집을 구별하는 능력을 잃어버린 것 같아서 좀 화가 날 때가 있"다고 썼죠. 이번 사사키 히로시 디렉터 관련 논란에서만 예외였지, 그동안 언론이 언제 우리가 지켜줄 만한 예리하고 재미난 지적을 한 적이 있나요? 여태껏 논란이 된 성차별 광고는 죄다 그럴 만해서 논란이 된 겁니다. 논란이 되자 빠르게 삭제하거나 내리기로 한 결정은 바른 판단입니다. 수십 년 전이었더라면 '사소한 일에 일일이 쌍심지를 켜고 달려든다'면서 비판하는 쪽이 오히려 두들겨 맞거나(지금도 SNS에는 그런 똥 같은 댓글이 가득하죠) 아니면 애초에 논란 자체가 일어나지 않았겠지요. "'정치적 올바름'에서 행여 논란이 될까 봐 소극적인 태도를 취"한다고 했는데, 그런 건 괜찮습니다. 무엇이 정치적으로 옳은지에 대한 '상식'이 이제야 겨우 정착해 가고 있음을 보여주는 증거니까요. 정치적 올바름이 무엇인지 아직 모두가 알지 못한 상태인데, 정치적 올바름이 낡고 진부하다고 하기에는 이릅니다. 더욱이 스즈미 씨가 문제라고 언급한 '창작자나 언론의 소극적인 태도'는 무엇에 대한 소극적 태도인지 확실히 짚고 넘어가야 할 필요가 있습니다. 창작자나 언론이 힘 가진 자 앞에서 굴복하거나 권력에 아부한다면, 즉 소극적인 태도를 보인다면 적극적으로 따지고 물어야겠지요. 하지만 여성이나 성소수자, 장애인과 같은 약자로부터 나온 비판의 목소리에 한발 물러서는 태도를 보인다면, 이런 건 소극적이라고 문제 삼을 일이 아니라 창작자나 언론이 응당 필요한 배려를 했다고 봐야 맞습니다.

'성희롱(セクハラ)'이 유행어 대상[78]을 받았을 무렵, "스킨십은 직장 생활의 윤활유다. 기름을 쳐줘야 직장이 삐거덕대지 않을 것"이라며 반발하던 소리가 있었습니다. 당시 식당에서 아르바이트를 하던 젊은 여성들도 "요즘 남자 손님들이 말 한 마디 건넬 때도 신경을 쓰는 것 같고, 일터 분위기도 싸늘해졌어요"라고 했습니다. 이 말을 듣고 제가 그랬어요. "만약 그 손님들이 신경을 안 쓰면 무슨 일이 일어날 것 같아요? 남자가 좀 신경을 쓰는 편이 더 나아요"라고요. 남자들이 '차별하려는 의도는 없었다'고 할 때, 그렇게 자연스럽게 나온 언행은 얼마든지 성차별이 될 수 있습니다. 의식을 했느냐 안 했느냐가 차별인지 아닌지를 판정할 근거가 될 순 없습니다.

스즈미 씨는 또 '논란이 벌어지면 이내 사과, 삭제나 철회를 해서 간단히 없었던 일로 해버리지만 실제로는 아무것도 배우지 못한 것 같아서 화가 난다'고 했지요? 그럴 겁니다. 그 사람들은 아무것도 배우지 못했을 겁니다. 모리 요시로 씨는 "손녀한테 혼이 났다"고 했는데 필시 지금까지도 본인의 말이 뭐가 문제인지 이해

---

[78] '유행어 대상'은 1984년부터 일본의 한 출판사에서 매년 화제가 된 용어를 선정하고 그 용어의 정착에 노력한 이를 선정하여 주는 상이다. 1989년 '성희롱'이 직장 내 성적 괴롭힘을 견제하기 위해 쓰는 말로 유행어 대상을 받았다.

를 못 했을 거고, 앞으로도 그러겠죠. 사사키 히로시 씨도 지금 '쳇, 재미있는 아이디어였는데!' 하고 생각하고 있을는지도 모릅니다. 그가 처음 그런 제안을 했을 때 팀원들한테 "이런 거 어때? 재밌겠지?" 물었을 테고, 거기에 동조하는 웃음이 나와서 그런 아이디어를 채택한 것일 수도 있겠죠. 그래도 분명히 말해, 그런 아이디어는 전혀 웃기지 않아요. 웃음이란 건 틀을 깬 의외성이나 기지에서 나오는 건데, 여태까지 논란이 된 광고 대부분은 제작자인 광고회사가 자신만만하게 제안하고 광고를 의뢰한 발주처인 지자체가 거액을 투입해서 만든 것인데도 저는 결코 웃을 수 없었습니다.

뭐가 변했을까요? 세상의 겉모습이 바뀌었습니다. 그리고 저는 사회변혁이란 속마음까지 다 변화하는 게 아니라 겉모습이 변화하는 것이라고 생각합니다. 그리고 거기까지가 한계라고도요. 결국 모리 요시로 씨나 사사키 히로시 씨는 뭐가 문제인지는 깨닫지 못했을 수도 있지만, 적어도 앞으로 그런 발언을 공적으로 하면 '아웃out'이란 건 배웠을 겁니다. 성희롱 가해 남성 대부분은 성희롱을 되풀이합니다. 틀림없이 몇십 년씩이나 같은 짓을 반복했을 터인데, 그러던 어느 날 여자에게 고발당하고 아연실색하는 남자들의 당혹스러움을 동정은 할 수 없지만 이해할 수는 있습니다. '나는 전과 똑같고 조금도 변하지 않았다, 근데 뭐가 문제란 말인가?' 하겠죠. 그렇습니다. 30년 전에 '오케이'라고 허용되던 언행은 오늘날엔 '아웃'입니다. 시대가 변했는데, 이렇게 변화한 분위기를 모르는 둔감함 탓에 벌을 받는다고 말할 수밖에요.

2020년 미국에서는 'Black Lives Matter(흑인의 생명도 소중하다)' 운동이 일어났습니다. 미국은 50여 년 전에야 겨우 흑인의 권리를 인정하는 민권법^{Civil Rights Act}이 생긴 사회입니다. 이제 인종차별은 없어졌느냐는 물음에 어떤 미국 지식인은 "노^{No}"라고 답했습니다. 마찬가지로 누군가 제게 "여성차별이 없어졌습니까?"라고 묻는다면 "노^{No}"라고 답할 수밖에 없겠습니다. 차별하는 감정을 없애는 건 지극히 어려운 과업입니다. 그러나 이제 공공연하게 차별적인 언행을 하면 퇴출될 뿐만 아니라, 위법행위로 고소를 당해 벌을 받을 수도 있다는 사실을 많은 이들이 배우게 됐습니다. 스즈미 씨는 '시시하고 불쾌한 표현물은 뭘 논의할 것도 없이 도태될 것'이라고 했는데, 변호할 여지조차 없는 이런 표현들이 도태된다면 'SNS 논란 → 사과 → 삭제나 철회'와 같은 소모적인 순환이 시작되기 전에 사전 체크 기능이 작동할 수 있겠지요.

여기까지 편지를 쓰던 중에, 얼마 전 논란이 된 아사히 TV의 뉴스 프로그램인 '보도 스테이션'의 인터넷 광고 영상[79]이 삭제됐습니다. 그 광고를 보셨나요? 공개되고 며칠 만에 내려갔습니다. 눈 깜짝할 새 일어난 일이었죠. 교양 있고 재능도 있는 창작자들이 몇 명이나 달라붙어서 히트할 거라 생각하고 만들었겠지만, 아무런 유머도 재치도 느낄 수 없었습니다. 이런 수준의 표현물을 변호하고 편을 들어줄 이유가 전혀 없어요. 공개되기 전에 제작 과정에서 왜 점검 기능이 작동하지 않았는지 수수께끼네요.

---

[79] 퇴근한 여성이 집에 와서 누군가와 영상통화를 하며 "육아휴직을 했던 선배가 오늘 회사에 아이를 데리고 출근했는데 정치가들은 왜 아직도 성평등만 이야기하는 거야? 나는 오늘 화장품 샀어"라고 말하는 내용의 광고이다.

따라서 저는 'SNS 논란 → 사과 → 삭제나 철회' 대상인 성차별 광고를 '표현의 자유'란 명목으로 옹호할 마음이 전혀 없습니다. '표현의 자유'에 걸맞은 가치가 없기 때문입니다.

그런데 표현의 자유를 지키기 위해 싸우는 사람들은 분명 있습니다. 2019년 아이치 트리엔날레에서 〈표현의 부자유전—그 이후〉 기획전을 열었던 이들입니다. 이 기획전과 관련해서는, SNS상의 논란 정도가 아니라 전화 괴롭힘(전화를 계속 걸어서 괴롭히는 행위)에다가, 심지어 "휴대용 가솔린 통을 전시장에 던져버리겠다"고 협박하는 사람마저 있었지요. 지독한 폭력이었습니다. 협박을 받은 주최 측은 일단 전시를 중단한 후 만전을 기해 다시 준비해서 기획전을 재개했고, 마침내 폐막 때까지 무사히 전시를 치렀습니다. 만약 주최 측이 소극적인 태도로 나왔더라면 폭력에 쉽게 굴복한 셈이었겠지요.

인간의 비열함이나 잔학성, 우월감이나 질투심 등을 없앨 수는 없을 겁니다. 저만 봐도 몹시 화가 나면 '저 녀석 죽여버릴까 보다' 하기도 하는데, 실제로 그렇게 했으면 지금까지 인생에서 몇 명이나 죽였을지 모르겠네요(하하). 하지만 이런 말을 공적인 장소에서 입에 담을 수는 없음은 물론, 실행에 옮길 수도 없습니다. 어떤 진보 학자가 제 앞에서 사람 죽이는 장면을 보면 발기한다고 말하는 걸 듣고 아연실색한 적이 있습니다. 영화 속 살인 장면을 보고 발기했다는 사실 때문이 아니라(그거야 그러든지 말든지, 얼마든 일어날 수 있는 일이고) 그런 말을 자기보다 어린 여성인 저한테 할 수 있다니 그 솔직함에 놀란 겁니다.

이번 편지 말미에 "가와바타 야스나리의 작품은 정치적 올바름하고는 동떨어진 내용이긴 해도, (……) 인간에 대해 더 이해할 수 있"다고 쓰셨는데 이 의견에 100퍼센트 동의합니다. 또 "일부 여성운동가들은 가와바타 야스나리의 문학을 아주 나쁘게 평가"한다고 하셨는데, 여기서 말한 일부 여성운동가들에 저도 들어가겠지요? 확실히 가와바타 야스나리의 작품은 읽었을 때 불쾌합니다. 《설국雪国》의 주인공은 여자의 순정을 갖고 놀면서 으스대는 나르시시스트 같은 남자고, 《잠자는 미녀眠れる美女》는 강간 약물(여자를 완전히 취하게 하거나 기절시키려고 음료에 타는 수면제)을 써서 여자를 성추행, 성희롱을 하는 것 같은 소설이라 생각합니다. 그래서 제가 이런 남성 작가들의 작품들이 불쾌하다며 쓴 책이 있어요. 공저 《남류문학론男流文学論》(1992)[80]입니다. 이 책으로 문학계란 좁은 연못에 돌을 던져서 파문을 일으켰는데, 방향을 잘못짚은 엉뚱한 평가를 받기도 하고, 반감을 포함해 작가들의 명예를 훼손했다는 비난도 받았습니다. 스즈미 씨와 비슷한 평을 했던 여성 문예비평가도 있었어요. 요나하 게이코与那覇恵子 씨입니다. 다음이 요나하 게이코 씨가 《남류문학론》을 두고 쓴 서평입니다.

"요시유키 준노스케의 작품이 '여성 멸시' 사상을 소설이란 방식으로 표현했다고 본다면, 그녀들[저 우에노 지즈코를 포함해 《남류문학론》 공저자]에게 혐오를 일으켰다는 점에서 요시유키 준

<hr>

80 우에노 지즈코를 비롯해 심리학자 오구라 지카코, 작가 도미오카 다에코가 "그간 부당하게 높게 평가받아 온 남성 작가들의 작업을 재검토하겠다"는 의도로 대담을 나누면서 근현대 일본 남성 작가들의 문학을 비평한 책. 근현대 일본 남성 작가 여섯 명. 요시유키 준노스케吉行淳之介, 시마오 도시오島尾敏雄, 다니자키 준이치로谷崎潤一郎, 고지마 노부오小島信夫, 미시마 유키오, 무라카미 하루키村上春樹의 문학을 논했다.

노스케의 소설 표현은 창작의 승리 그 자체가 아닐까? 소설을 철저한 여성혐오 women hating 라고 읽어냄으로써, 거꾸로 남자를 발견한다. 비평이 평가가 되는, 기묘한 모순. 그런 의미에서 우리는《남류문학론》을 읽으면, 거꾸로 남성 작가의 소설이 재밌다고 깨닫게 된다."*

《남류문학론》은 많은 비평을 받았는데, 그중 1937년생 페미니즘 문학비평가 미즈타 노리코水田宗子는 핵심을 짚어서 가장 통렬한 비평을 했습니다.

"남성 작가가 여성을 이해하지 못하고 여성을 정확하게 그리지 않은 것, 여성을 인간으로 그리지 않았다는 것, 그 자체는 바른 지적이긴 하지만, 남성 작가에 대한 비판으로는 요점이 빗나갔다고 할 수 있다. 왜냐하면 남성 작가는 현실의 여자에게 실망해 꿈속의 여자를 찾아 내적인 풍경을 그리려고 했기 때문이다. (……) 남성 작가들은 제멋대로 여자에게 자신들의 꿈을 투영하거나, 내면이 원하는 여자 행세를 부탁하거나, 또는 제멋대로 여자를 해석해 왔다. 그들이 그린 꿈속의 여자와 현실의 여자 사이의 간극은 상당했는데, 그 간극의 크기야말로 남자의 내면 풍경을 휘황찬란하게 만든 것이다. (……) 남성 작가들의 작품에서 찾아볼 수 있는 것은 남자가 만들어 낸 '여자라는 담론'을 통과하여 선명해진 남자의 내면 풍경이며, 그것이 바로 '남자라는 담론'이다."**

---

* 요나하 게이코, 〈서평 남류문학론書評 男流文学論〉, 《다카포ダカーポ》, 1992년 4월호. —원주
** 미즈타 노리코, 〈여자한테로 도주, 여자한테서 도주女への逃走と女からの逃走〉, 《내러티브와 반내러티브의 풍경 物語と反物語の風景》(1993). —원주

이렇게 본다면, 남성 작가의 문학은 남자가 얼마나 약하고 어리석은지 적나라하게 보여주는 참으로 딱하고도 솔직한 작품이라 할 수 있겠지요. 미시마 유키오의 《가면의 고백仮面の告白》도 가면을 쓴 주인공 남자가 읽는 사람의 가슴이 철렁해질 정도로 자기 자신에 대해 솔직하게 고백한 작품이고, 가와바타 야스나리의 《잠자는 미녀》 또한 늙음을 자각한 남자의 섹슈얼리티를 생생히 고백한 작품이라 하겠습니다.

《남류문학론》에서도 거론했지만, 제가 요시유키 준노스케의 작품에 대해 별의별 원한을 다 가진 이유는 개인적으로 요시유키 준노스케를 원망해서가 아니고, 제 젊은 시절 같은 시대를 살던 남자들이 여자를 알고 싶으면 요시유키 준노스케의 문학을 읽으라고 이야기해서였습니다. 요시유키 준노스케는 여자에 통달한 호색한이라 알려졌는데, 정말로 '여자가 뭔지 알기 위해서 요시유키 준노스케 소설을 읽었다'는 여성도 있었어요. 그 말이 너무 가슴 아파서 차마 들을 수 없는 심정이었습니다. 요시유키 준노스케가 그린 여자의 모습은 남자의 망상 속에 있는 여자의 그것이었습니다. 이런 여자를 망상하면서 살아가는 남자들의 방자함, 이 오만방자함으로 여자들한테 들러붙는 나약함, 또 이런 시나리오에 따라 남자와 여자가 연기하듯 만나고 배신하고 흔들리고……. 여자들은 이 전부를 남자들의 작품을 통해 배웠습니다. 이런 측면에서 보면, 남자들은 이토록 속내를 남김없이 보여줘도 될까 싶을 정도로 솔직했다고 할 수 있겠지요. 그리고 폐부를 찌를 정도로 솔직하게 썼기 때문에, 뛰어난 문학이라고도 할 수 있겠습니다.

문학작품 속에는 살인이나 성폭력이 넘쳐나는데, 그걸 금지하자고 하는 사람은 없습니다. 현실과 표현의 관계는 복잡합니다. 표현 속에서 강간도 살인도 학대도 다 하니까 현실에서 그러지 않는 거라고 볼 수도 있겠지요. 그리고 이런 표현을 통해 우리는 남자란 무엇인가, 여자란 무엇인가, 인간이란 무엇인가를 깊이 배울 수 있는 겁니다. 제가 페미니스트 중에서도 소수파라 할 수 있는 표현의 자유 찬성파인 건 이 때문입니다. 상상력은 단속할 수 없다고 봅니다.

하지만 그렇다고 해서 제가 어떤 표현에 대해 불쾌함을 안 느끼는 건 아닙니다. 별개의 문제죠. 나는 당신이 불쾌한 표현을 하는 것을 막지 않는다. 아니, 당신이 불쾌한 표현을 할 자유를, 나는 옹호한다. 그러나 내가 그 표현이 불쾌하다고 느끼면, 불쾌함을 드러내고 밝힐 자유도 내게 있다. 제가 반대하는 건 법적인 규제나 정치적 개입 같은 공권력에 의한 억압입니다. 지금까지 어떤 표현물이 SNS에서 논란이 되어 삭제된 것은 모두 시민 활동이 거둔 성과지, 공권력이 행사된 게 아닙니다.

요즘 일본학술회의 문제[81]로 '학문의 자유', '표현의 자유' 이슈가 한창 뜨겁네요. 저도 예전에 일본학술회의 회원이었기 때문에 저 역시 이 문제의 당사자입니다. 저와 교육학자 사토 마나부佐

---

81 일본판 블랙리스트 사건. 총리실 산하 독립 연구기관인 일본학술회의는 일본 정부에 정책 제언 등을 하고 있는데, 2020년 일본 정부의 정책(일본의 집단적 자위권 추진)에 반대한 학자 여섯 명을 일본학술회의 회원 임명에서 탈락시켰다. 그에 일본학술회의 회원과 많은 시민들이 '학자 길들이기'라며 비판했다.

^{藤学}, 철학자 우치다 다쓰루^{内田樹}가 함께 책《학문의 자유가 위험하다^{学問の自由が危ない}》(2021)를 냈는데, 영화감독이나 아티스트, 창작자들이 이 문제에 공감한 이유는 '학문의 자유' 위기가 곧 '표현의 자유' 위기로 이어지리라 걱정했기 때문입니다. 학문의 세계에도 어용학자가 있고, 황당무계한 학설을 주장하는 사람도 있습니다. 그렇지만 반드시 반론이 나오고, 논리와 증거로 뒷받침할 수 없는 학설은 도태됩니다. 뭐가 옳은지 권력이 정할 문제가 아니고, 다수결에 따라 결정할 수도 없습니다. 정보 공개와 절차의 투명함에 따른 학자 상호 간의 비판과 공정함을 믿으므로, 저는 학문이란 세계에 희망을 품고 있습니다.

2021년 3월 25일
우에노 지즈코

12장

남
자

남성 중심의 잣대로 '분별력 있는 여자'처럼 보이는 여성들도 나름대로 투쟁해 왔고, 나름대로 쌓아 올린 성과가 있습니다.

우에노 지즈코 님께.

페미니즘을 주제로 한 편지를 주고받은 지지난달 모리 요시로 씨가 사퇴하고, 사사키 히로시 디렉터의 개회식 기획 문제, 아사히 TV의 보도 스테이션 인터넷 광고 영상 논란 등이 일어났습니다. 이렇게 딱 시기에 맞춰서 우에노 님과 편지 대화를 나눌 수 있어서 큰 행운이었다고 새삼 느낍니다. 편지를 주고받는 것도 이번이 마지막이네요.

　저는 올해 서른여덟 살인데, 작가로서도 인간으로서도 아직 젊은 편이라 젊게 살아가려 하지만, 학생 시절과 비교하면 사물을 보는 관점이 어느 정도 틀에 맞춰진 듯싶습니다. 학생 때는 뭐든 금방 흡수해 버리거나 아니면 한없이 물고 늘어졌거든요. 제 성격이나 감정을 미리 단정 지은 건 아닌가 돌이켜 보니, 어떤 뉴스를 들을 때 나 자신이 어떤 입장이고 뭘 느껴야 하는지 미리 정해둔 노선 그대로 반응하는 듯합니다. '아, 난 이런 일에 화가 나는구나'라든지 '나는 이런 말에 상처를 입는구나' 하고 예기치 못하게 놀라거나 신선한 느낌을 받는 일이 예전보다 많이 줄었습니다. 사회에 대해 품는 이상도, 권력자나 남성에 대한 기대치도 계속 떨어져서, 웬만해서는 신선한 아픔을 느끼지도 못합니다. 이런 태도가 이른바 '분별력 있는' 여성의 태도일 수 있겠지요. 제게 쓰신 첫 편지에서 우에노 님은 '아픈 건 아프다고 하라'면서 저의 닳고 닳은 삶의 자세를 꿰뚫어 보셨는데, 덕분에 꽉 막혔던 생각이 풀린 것 같습니다.

1년 동안 우에노 님께 편지를 받으며 느낀 것이지만, 저번 편지에서도 제 마음가짐을 새롭게 해주는 문장을 읽었습니다. "사회 변혁이란 속마음까지 다 변화하는 게 아니라 겉모습이 변화하는 것이라고 생각"한다고 쓰셨지요? 사람의 행동이야 바꿀 수 있지만, 감정이나 사고는 그리 쉽게 바꿀 수가 없음을 많은 이들이 실감하고 있을 겁니다. 남자들의 품행이 조금 나아졌다고는 해도, 그 속에 있는 진흙탕처럼 질척질척한 차별의 감정은 어차피 바뀌지 않았을 거라고 오랫동안 생각해 왔어요. 그래서 남자들이 그런 차별 감정을 표현하지 않는 게 오히려 기분 나쁘다고 생각하기도 했습니다. 물론 현실적으로 보면 매춘부한테 돌을 던지기보다야 '돌을 던지고 싶다'고 말하는 정도에 그치는 게 낫고, 또 될 수 있으면 그런 말도 입 밖으로 내지 않고 마음속에 갖고 있기만 해도 좋을 거라 봅니다. 그렇다 해도 저는 남자들이 사회적 요구나 분위기 때문에 겉으로는 생글생글 웃는 모습을 보면 왠지 모르게 섬뜩합니다.

AV 업계에서 일할 때, 콘텐츠의 진부함에 쓴웃음을 짓다가 사람의 욕망이 얼마나 어리석은지 곰곰이 생각하곤 했습니다. 외부에서 항의가 들어오고 업계의 자정 노력으로, AV 여배우가 교복 입은 장면이 금지되거나 한때 유행했던 고문 또는 신체적 괴롭힘 장르의 작품 수가 크게 줄어드는 등 업계가 다소 나아진 듯 보였습니다. 그런데 교복을 금지하자 교복 재킷을 입히거나 루즈삭스를 신기고, 뾰족한 걸로 몸을 찌르는 장르를 금지하자 물고문으로 대체되더라고요. 남자의 근본적인 욕망에는 그다지 변화가 없을 거란 생각이 들게 한 사건을 그렇게 목격한 겁니다. 제가 고등학생일 때 'JK 비즈니스'[82] 같은 말은 없었어요. 브루세라를 규제하자 그다음에는 매직미러 방에 있는 여고생한테 미니스커트를 입히고 종이학을 접는 포즈를 취하게 해서 그걸 쳐다보는 가게가 생겼고, 온라인 미팅 사이트가 성매매의 온상이 되어 규제를 받게 되자 교묘한 은어가 나오기도 했습니다. 저는 아주 가까이에서 이런 변화를 지켜봤어요.

애초에 공식적으로는 성매매가 금지돼 있어서인지 일본 성 산업은 기이할 정도로 번성했습니다. 삽입섹스 빼고는 다 하는 변종 성매매나 원조교제 알선 같은 게 있을 정도로 겉으로 보이는 변화에 대단히 잘 대처합니다. 제가 이런 가운데 있었으니까 '나는 겉으로 보이는 변화에 대해 지나치게 냉소적이 된 거로구나' 하고 다시 생각하게 됐습니다. 항의가 들어오면 들어오는 대로 방식을 교묘하게 바꿔서 포착하기 어렵게 만들 뿐, 지금도 제 마음 절반은 남자의 욕망 따위 전혀 변하지 않았다고 생각합니다. 그래도 제가 돌을 맞거나 경찰한테 부당한 폭력을 당하는 일도 없고, 'AV 배우는 신문에 글 따위 싣지 말라'는, 예전에 가끔 받았던 메시지도 눈에 띄게 줄어든 것은, 사회변혁에 따라 적어도 표면상으로는 크게 진보했기

---

82 번화가에서 여고생을 유인해 성매매 알선을 하는 불법 업체. 일본어로 여고생을 '조시코세JoshiKosei, 女子高生'라 하는데, 여기서 'JK 비즈니스'란 말이 유래됐다.

때문이라는 사실을 잊고 있었습니다. 질척거리는 차별 감정으로 뭉친 진짜 속내를 풀 길이 없어졌으니 조금 걱정도 되고 불길한 느낌도 있긴 하지만, 사회가 표면상 변화한 것만으로도 제가 상처 입을 일이 줄어든 것은 틀림없는 사실이라고 이젠 느낍니다.

몇 년 전, 주간지에 〈섹스를 금방 해줄 것 같은 여대생이 다니는 대학교 순위〉란 기사가 나왔을 때 이 기사에 항의한 여학생이 있었습니다. 이 학생은 단지 불평만 이야기한 게 아니라, 기사를 실은 주간지 편집부에 토론을 요구해서 뭐가 문제인지 의견을 밝히고 또 자신을 지지하는 사람들을 많이 모았습니다. 편집부에서도 사과문 하나 달랑 내놓고 슬쩍 기사를 내리는 식이 아니라 진지하게 토론에 임해, 관습적으로 기사를 쓰는 풍토가 문제임을 인정하고 사과를 했습니다. 주간지 기사는 인터넷에 게재되어 많은 사람이 읽기 때문에 기사를 내리고 사과했다는 것은 큰 의의를 갖는데, 저는 무엇보다 주간지 편집부가 밝힌 내부 사정이 더 흥미로웠습니다. 주간지 편집부 사람들도 그런 유의 기사를 딱히 재미있어하지 않으면서도 그저 타성에 젖어 내놓는 것이라 합니다. 저는 주간지에 항의한 학생과 의견이나 입장은 다르지만, 저번 편지에서 제가 '예리하고 재미난 지적과 항의'라고 한 것은 이 사례를 염두에 두고 쓴 문장이었습니다. 항의가 아니라 그저 트집이라고 생각한 일은, 예를 들어 2018년 미국에서 나이키가 인종차별에 항의해 국가를 부르지 않은 미식축구선수 콜린 캐퍼닉Colin R. Kaepernick을 광고 모델로 기용하자 트럼프 지지자들이 보이콧을 선언하며 소동을 피운 사건 같은 겁니다.

주간지가 절차에 따른 공정한 항의를 받고 사과한 앞의 사례에서조차, 진짜 속마음은 변하지 않았을 겁니다. 제가 저 주간지에 칼럼을 연재하고 있어서 잘 알아요. 항의를 받은 후 원조교제나 성매매를 다루는 기사의 경우 표현, 취재 방법에서 신중하자는 움직임이 실제로 있었습니다. 이런 움직임으로 상처받을 일이 줄어든 사람들도 있을 테니까 저도 뜻깊은 운동이라고 생각했어요. 그렇지만 한편으로는, 가령 연재 칼럼 주제로 성차별 광고 영상과 관련된 얘기나 페미니즘 화제는 안 나왔으면 좋겠다는 말도 있었고 이와 비슷한 요구가 늘어난 것도 사실입니다. 이런 걸 겪게 되니까, '뭐야, 사과만 달랑 던지더니 기사를 내려놓고 잘도 도망갔구나?' 싶어서 짜증이 나더라고요.

저번 편지에서 제 설명이 좀 부족했는데요. 저는 특정한 누군가에게 불쾌한 표현 때문에 논란이 벌어지는 것에도, 또 표현을 한 사람이 그런 논란과 항의를 받아들이고 사과나 삭제를 하는 것에도 딱히 이견이 없습니다. 다만 모리 요시로의 성차별 발언처럼 아무런 자각 없이 툭 튀어나온 표현과, 제작자가 어떤 의도를 갖고 만들었을 거라 짐작 가능한 광고나 포스터 같은 표현물은 성격이 좀 다르지 않나 싶습니다. 그리고 아사히 TV의 보도 스테이션 인터넷 광고 영상이 불편하다고 느낀 사람이 뭘 말하려는지는 이해하지만, 광고 영상만 봐서는 제작자가 어떤 의도로 그렇게 만들었는지 알 수 없기 때문에, 그런 부분을 명확히 하지 않은 채 영상을 내리고 삭제해 버린 것도 마음에 걸립니다.

성적 표현이 노골적으로 들어간 표현물은 누구한테 어필하려

한 것인지 알기 쉬운데, 이번 아사히 TV의 보도 스테이션 인터넷 광고 영상은 몇 번씩이나 다시 봐도 뭘 전달하고 싶은 건지 잘 모르겠더라고요. 웃기려다가 실패한 건지, 아니면 정말로 시대의 흐름을 거스른 안티테제antithese [반대 명제]를 제시해 일부 사람들한테 공감을 얻고자 한 건지, 그렇다면 그 일부란 어떤 사람들이고 대관절 뭘 반대하겠다는 건지 전혀 모르겠습니다. 광고를 만든 사람은 어쩌면 학창 시절에 사람들의 마음을 움직일 만한 영상, 재밌는 영상을 찍어서 세상에 남기고 싶다고 생각했을 수도 있지만, 그 사람이 반론이라고 낸 것도 내용이 부실하더군요. 게다가 반론을 내고는 또 금세 철회하고 사과했는데, 그럴 거면 처음부터 반론을 내지 않았으면 좋았을 텐데요. 제작자 본인이 시대 분위기에 대항해 싸우겠다는 가치관을 갖고 있고, 그토록 세상을 향해 의문을 던지고 싶었다면 사과할 게 아니라 대체 뭐가 의문스러운지 이야기해야 하는데, 그런 거라면 한 번쯤 들어보고 싶네요. 제작자의 반론을 반기는 사회라면 좋겠습니다.

이번 마지막 편지의 장 제목을 '남자'로 정했습니다. 애초에 편집자한테서 편지 연재를 제안받았을 때, 페미니스트임을 표방하고 활동하는 젊은 여성들이 많고 그중에는 우에노 님한테 직접 질문하고 싶어 하는 사람도 많을 텐데 내가 해도 될까 싶어서 좀 망설였습니다. 그래도 이 기회를 반드시 잡아야겠다고 생각했던 이유가 있었어요. 저와 제 또래 친구들은 남자에 대한 믿음이 바람 앞 촛불처럼 사그라졌는데, 남자들에 대한 믿음을 어떻게 되찾을 수 있을까? 이에 대한 답을 생각할 계기로 삼겠다고 마음먹었기 때문입니다. 무엇보다, 그간 주고받은 편지에서 우에노 님이 기존의 남성 중심 사회의 가치관에 늘 의문을 던지면서도 왜 '어차피 남자는 다 그래' 하며 단념하지 않는지 알 수 있어서 그게 가장 기뻤습니다. '어차피 남자는 다 그래' 하는 태도가 모독일 수 있다고 지적해 주신 것을 보고 그런 제 태도를 깊이 반성했습니다.

다만, 저나 제 또래 여성들이 과연 지금까지 '어차피 남자는 다 그래'라는 생각을 안 하고 살아올 수 있었는지 돌이켜 보면, 역시나 아니라고, 그런 생각을 하는 것도 어쩔 수 없었다 싶어요. 사소한 불편함이나 작은 상처를 무시하면, 뒤처지는 성별 격차 지수를 올리는 데 아무런 기여도 하지 못할뿐더러 사회변혁을 일으키지도 못합니다. 시간과 노력을 들여 항의해서 사회변혁을 일으키려는데 성차별 발언을 흘려듣는 것은 확실히 남성 기준으로 분별력 있다고 평가받는 태도만 퍼뜨리는 비겁한 행위입니다. 하지만 우리 세대 여성이 '어차피 남자는 다 그래'와 같은 태도를 취하고 살아온 것은, 될 수 있으면 자기가 좋아하는 일을 하고 되도록 상처 입지 않고 살아가려 했던 증거이기도 하다고 생각합니다. 적어도 제도상으로는 남자아이들과 같은 학교에서 같은 수업을 받고, 같은 회사에 들어갈 수 있게 된 여성들, 그런데 동시에 원조교제가 유행하거나 캬바쿠라가 유행하던 시절까지 모두 경험한 여성들이 우리 세대 여성들입니다.

저번 날 신문사에 다닐 때 동기였던 여성들하고 식사 모임을 가졌습니다. 코로나가 장기화되면서 못 만나다가 오랜만에 만난 건데요. 신문사도 밤의 세계와 비슷합니다. 사람의 어리석고 비열한 면을 계속 보게 돼요. 사내에 있어도, 취재를 나가도, 또 같은 업계에도 아저씨가 정말 많은데, 그 가운데서 일하는 여성들은 현실적인 타협을 잘하게 되기 마련입니다. 저나 동기 여성들은 구직 활동을 하던 중에도, 이후 회사에 들어가 국회나 정계, 행정기관 등에 취재를 나가던 중에도 야마구치 노리유키山口敬之[83], 사사키 히로시, 모리 요시로와 닮은꼴인 작자들을 매일같이 만났습니다. 그때그때 용기를 내서 제대로 항의하고 후배들이 비슷한 일을 안 당하도록 고발도 해야 맞지만, 애써 기자 일을 하게 됐는데 일에 집중도 못 하고 몸도 마음도 피폐해진 터라 귀찮다 여기고 못 본 척 넘겨야 살아갈 수 있던 사정이 있었습니다. 사회변혁은 의문을 제기할 여지 없이 중요하고, 페미니스트들의 항의에 대해 큰 틀에서는 전부 찬성하지만, 한편으로는 제 생활과 행복도 중요하고 회사에서 편히 지내는 것도 중요한 일이니 세세한 상처는 그대로 놔두면 낫겠거니 싶었습니다. 실제 그렇게 하다 보니 '상처가 아물더라'는 친구들도 많았고요.

저는 6년 차 되던 해를 넘기지 못하고 신문사를 관뒀지만, 동기 중에는 벌써 13년 차로 중견 기자가 된 사람도 있고, 기자 클럽 리더가 된 사람, 새로운 기획을 시작한 사람, 아이 둘을 낳고 복귀한 사람도 있습니다. 그렇게 시간이 흐르면서 자기 입장에 여유가 생기고 나니 비로소 회사 제도를 개선하는 데 힘쓰게 되고 이상한

---

83 일본 미투의 선구자 이토 시오리 씨 성폭행 사건의 가해 남성. 전 TBS 워싱턴 지국장.

관습에 목소리를 높이게 되는 경우도 있더라고요. 반대로 그만큼 굴레가 생겨서, 주변의 성차별 발언을 두고 '여성을 좀 멸시하는 것 같아서 안 좋긴 하지만 존경할 수 있는 부분도 있는 사람이니까 대놓고 뭐라 말을 못 하겠네'라고 생각하기도 합니다. 자신이 느낀 사소한 불편함에 목소리를 높이지 않고, 어떤 측면에서는 남성 관점에서 '분별력 있는 여자'가 된 것에 왠지 모르게 죄책감을 느끼면서, 거친 파도에 휩쓸려 상처투성이가 됐으면서도 헤엄친 끝에 출세해서 자기가 좋아하는 일을 하는 여성들도 투쟁하는 여성이라고 저는 생각합니다. 그리고 이러한 우리 세대 여성들이 쌓아 올린 어떤 성과가 있을 거라 생각하고 싶습니다. 무슨 성과인지 굳이 집어서 말하자면, '못된 남자들에 대한 현실적인 대처법' 같은 게 아닐까 하는 생각이 최근에 들었습니다.

제 친구 중에 그런 사람이 많아서 더 그렇게 생각하는지도 모르겠지만, 강한 척 아프지 않은 척하는 태도도 아프다고 목소리를 내는 것만큼이나 존엄한 태도라고 저는 느낍니다. 황폐한 현실에 지지 않으려고 기를 쓰고 살아온 경험은 각자 다 갖고 있으니까요. 한 친구가 우리 세대 여성을 두고 '치한 퇴치법을 잘 아는 세대'라고 한 적이 있습니다. 여자와 남자가 같이 타는 전철에서 성추행범은 절대 사라지지 않을 거라고 성악설을 믿으며, 치한을 만나면 어떻게 도망칠 것인지, 고춧가루 스프레이는 어떻게 뿌리는지, 추행당할 걱정 없는 옷은 어떻게 고를지 같은 것에는 이상할 정도로 훤한데, 애초에 성추행범이 나오는 구조 자체는 별로 문제시하지 않는 것, 이런 게 좋든 싫든 저와 친구들이 취해온 태도였던 겁니다. 바로 이런 태도가 우리가 느끼는 것과 묘하게 잘 들어맞는 것 같습니다.

'여자한테 돈을 주고서 내 말을 잘 듣게 해야지' 하는 남자는 줄어들지 않을 테니 그렇다면 젊음을 무기로 해서 남자가 가진 돈을 다 빼앗아 버리자든가, 성희롱 발언은 사라지지 않을 테니 귀마개를 하고 일하자든가, 젊고 순진한 여자와 자고 싶어 하는 남자는 사라지지 않을 테니 남자와 단둘이서 술을 마시지 않든가, 신입사원일 때 바보 같은 아저씨 상사를 잘 구워삶자든가, 이런 식으로 스스로 있을 곳을 마련하고자 하는 모습은 분명 여자가 치한 퇴치법을 통달하게 되는 과정과 비슷합니다. 내면에 나름대로 저항 정신이 숨어 있었다 해도, 모리 요시로 같은 남자들한테는 '분별력 있는 여자'로 보였을 테지요. 우리가 도망가는 방법에만 휜해져서 성추행범이 줄어들지 않았을는지도 모르겠습니다. 이 세상에서 성추행범은 절대 없어지지 않을 거라고, 이렇게 남자에 대한 기대를 포기하는 마음이 밑바탕에 있었기 때문에 사회변혁보다는 나 자신의 대처법을 우선시해 왔다는 걸 깨닫습니다.

'어차피 남자는 다 그래'와 같은 태도를 취하는 대신 목소리를 높이는 여자들이 늘어나고 성차별적 발언에 항의해서 성과를 거두는 것을 직접 보고 나니 왠지 모르게 죄책감이 느껴졌습니다. 아마 이런 깨달음 때문일 테죠. 체념하는 것, 포기야말로 가장 영리한 방법이라 여겼는데, 실제로 해보니 바꿀 수 있다는 사실을 알게 됐습니다. 물론 좀 비굴하긴 하지만, 치한 퇴치법 또한 중요하다고 전 지금도 여전히 생각합니다.

애초에 불균형한 구조를 지적하고 변혁의 목소리를 내는 건 이제 사회적으로 꽤 환영받는 일이 되었습니다. 테크놀로지의 진화와 강한 여성들의 등장에 따라 여태까지 문제시하지 못했던 일도 문제 삼을 수 있게 되었고, 그래서 마음이 든든합니다. 그렇지만 그만큼 위기의식도 느낍니다. 이상한 남자를 만났을 때 당장 대처해야 할 필요성을 경시하거나, 치한 퇴치법을 이야기했을 때 왜 구조에 대해 비판하지 않느냐고 공격하는 것은 불합리한 일이라고 생각합니다. AV 출연을 강요당한 여성들의 사건이 불거졌을 때도 저는 길거리에서 AV 스카웃 제안을 받았을 때 악질업자를 구별하는 방법이나 출연 후 순조로이 그만두는 방법 등과 같은 지혜를 말했는데, 이런 팁도 매우 신중하게 자리를 골라서 이야기해야 했습니다. 그렇지 않으면 악질 AV 업계나 현 사회를 옹호한다는 오해를 받기 쉬웠죠.

약 20년 전, 지금처럼 정비되지 않았던 밤의 세계나 당시 성산업을 떠올려 보면, 이 세계엔 나쁜 남자가 정말 많아요. 여자들의 약점을 잡고 이득을 취하는 사람도 정말 많습니다. 이 세상에서 대다수가 의식하지 못하고 있는 폭력성이 사라지고 사회가 조금이나마 좋은 방향으로 변화하더라도 그런 나쁜 남자들은 없어지지 않을 겁니다. 우리 세대는 구조 자체를 의문시하는 일을 소홀히 해왔고, 지금 젊은 여성들은 현실에 상처받지 않도록 대처하는 일을 가벼이 여깁니다. 실제로는 양쪽의 균형을 맞춰서 해나가야 하는데도요. 그런데 우리 세대처럼 구조적 문제를 무시하기만 하면 남자들이 도망칠 길만 열어주는 셈이고, 지금 젊은 여성들처럼 실질적인 대처법을 무시하기만 하면 여성 자신이 궁지에 몰려 힘든 처지가 될 수 있겠지요. 이 모순적인 두 입장의 균형을 맞추는 건 어려울 것 같습니다.

저번 편지에서 우에노 님은 '인간의 비열함이나 잔학성, 우월감이나 질투심 등을 없애는 건 불가능할 것'이라 하셨지요? 쓰신 맥락을 고려했을 때, 인간이 그런 면을 갖고 있다는 걸 인정하더라도 인간이 올바르게 행동하는 것에는 의의가 있다고 말씀하신 것으로 이해했습니다. 저도 모르게 '어차피 남자는 다 그래' 했던 것을 반성하면서, 우에노 님 의견에 진심으로 동의합니다. 하지만 인간의 비열함이나 잔학성이 없어지지 않는 한, 이 세상에서 성매매, 강간, 성추행, 성희롱이 완전히 사라질 리 없다고도 느낍니다. 강간 사건 피해자가 죄책감을 느끼거나 남한테서 책망을 당하고 자책하는 일은 있어서는 안 된다고 절실하게 느끼는 한편, 아직 피해자가 아닌 사람들이 강간당하지 않을 수 있는 지혜를 갖길 바라는 마음도 있습니다. 제가 이 말을 하는 이유는 피해자한테 책임을 묻기 위해서가 아니라, 나쁜 남자가 많은 이 사회에서(물론 나쁜 여자도 있지만) 피해를 당하지 않고 또 상처 입지 않고 살아갔으면 하는, 오직 그 바람 때문입니다. 이미 피해를 입은 사람들이 자책하지 않도록 하면서 이런 말을 전하려면 어떻게 해야 할까요? 거리에서 AV 배우 스카웃 제의를 하는 이상한 사람을 만나면 따라가선 안 된다고, 더 똑똑해지라는 말을 여자애들한테 어떻게 전해야 할까요? 실제로 나쁜 사람들을 따라가서 피해를 입은 사람에게 상처주지 않고 이런 말을 전달하는 게 어렵다는 것을 요즘 더 느끼고 있습니다.

우에노 님과 이야기를 나누면서, 수많은 남성을 모멸하던 마음, 남성들의 밑바탕에 깔린 변치 않는 욕망에 절망하는 마음, 태도를 고치려는 남성들을 모독한 일을 반성했습니다. 많은 남성들이 제가 고등학생일 때 매직미러 너머로 보던 모습보다는 지적이고 건강할 거라고 생각합니다. 이런 점을 깨달았으니, 개인적으로 저 자신에게 부여한 문제에 대한 답을 찾는 일에도 희망이 조금 보이네요. 성매매나 스스로의 성을 상품화하는 것을 부정한다면, 그 다음에는 어떤 말을 쓸 수 있을지 고민했습니다.

저보다 더 젊고, 제가 젊었을 적보다 사회를 바꾸는 데 더 의욕적이고 스스로 희생할 줄 아는 여성들, 새로운 가치관을 확실히 배운 여성들에게 남자들에 대처하는 지혜도 가볍게 여기지 말고 지니고 있으라고 말하고 싶습니다. 아직도 다 변화하지 못한 남자들이나, 악의도 자각도 없이 고루한 가치관을 고집하는 남자들, 혹은 대다수 남성들은 포함되지 않겠지만 일부 비열한 범죄자들을 만나면 대처할 방법이 필요하니까요. 사회를 바꾸려면 대다수 남성들의 의식 변화가 중요할 수도 있겠지만, 여자가 안전한 생활을 하려면 일부 나쁜 남자들에게 대처하는 법을 알 필요도 있고 이런 대처가 사회 변화에 중요한 역할을 할 수도 있습니다. 자기 목소리를 내고 고발하는 용기는 진심으로 존경하지만, 사회가 어느 정도 변한 탓에 겉으로만 그럴싸하게 바뀌고 속으로는 더 교묘해진 나쁜 남자들한테서 전력을 다해 도망치지 않으면 해롭거나 위험한 일에 휩쓸릴 수 있습니다. 지금처럼 교묘해지기 이전의 AV 업계, 성 산업을 겪은 여자로서 진심으로 그렇게 생각합니다. 남성들의 잣대로 '분별력 없는' 여자는 굉장히 멋지지만 아슬아슬하게 보일 때도 종종 있습니다. 여성들이 사회 변화와 개인의 행복 추구, 이 둘의 균형을 잡기가 조금이나마 쉬워지는 사회가 됐으면 좋겠습니다. 아무쪼록 사회변혁가 여성들이 위험한 상황에 처하지 않고 행복하게 살면서 사회에 대한 항의를 이어가기를, 그 두 가지를 다 잘 해나가기를 간절히 바랍니다.

지난 1년 동안 이 편지 연재에서 제가 던진 물음들, 때론 유치한 질문에도 진지하게 답해주셔서 정말 감사드립니다. 성 문제부터 여성이 살아가는 법, 오늘날의 페미니즘에 이르기까지 폭넓은 논의는 저에게, 그리고 저와 같은 세대면서 조금 현실적인 친구들에게 자극이 되었습니다. 앞으로의 삶에 지침을 주는 양식을 얻은 것 같아요. 전에는 여자 친구들을 만나면 연애 얘기만 하거나 남자들 흉만 봤는데 요즘은 '우리 나름대로 좋아하는 일을 하면서 사는데, 그래도 뭔가 부족한 느낌이다. 앞으로 어떻게 살아야 할까?' 같은 대화를 나누는 일이 잦아졌습니다. 우에노 님의 편지를 항상 즐겁게 기대하게 된다고 말해준 친구들도 많고요. 깊은 가르침에 고개를 끄덕이면서도, 현실적으로는 마음속 어딘가에서 여전히 남자란 어차피 바보라 생각하고 마는 것은 변하지 않았는지도 모르겠습니다. 하지만 제 마음속 그런 부분을 하나하나 돌이켜 보면서 앞으로도 계속 글을 쓰겠습니다.

2021년 4월 6일
스즈키 스즈미

자신의 이익을 최우선시하는 여성들이 여성의 생존 전략을 바꾸겠지요.

스즈키 스즈미 님께.

벌써 마지막 편지네요. 그렇군요.

1년이 눈 깜짝할 새 지나갔네요.

편지는 저차원적 기술 장치라 직접 만나서 하는 것보다 더 깊은 이야기를 나눌 수 있었고, 스즈미 씨와 펼친 논의도 저한테 좋은 자극이었습니다. 더욱이 얼굴이 보이지 않는 독자를 대상으로 쓰는 글이 아니고 스즈미 씨 단 한 사람한테 보내는 편지라 그런지, 꼼짝없이 여태까지 아무 데서도 해본 적이 없는 이야기까지 쓰게 됐네요. 편집자한테 감쪽같이 속았다고 할까요? 스즈미 씨는 '내가 이 편지 연재를 해도 될까?' 하고 물었지요? 편집자한테 편지 연재 제안을 받았을 때, 그 기획에 탄성을 질렀습니다. 전부터 제게 스즈미 씨는 신경이 쓰이는 존재였으니까요. '어떻게 편집자가 내 마음을 훤히 알고 있지?' 싶을 정도였습니다.

이번에 주신 편지에는 대단원에 어울리는 내용이 들어 있네요. 사회학 용어로 이야기하면 '구조냐? 주체냐?' 하는 이 좁고 험한 길을 어떻게 빠져나갈지 기본적인 문제의 응용 편이라 할 수 있겠습니다.

스즈미 씨는 이렇게 썼지요.

"우리 세대는 구조 자체를 의문시하는 일을 소홀히 해왔고, 지금 젊은 여성들은 현실에 상처받지 않도록 대처하는 일을 가벼이 여깁니다. 실제로는 양쪽의 균형을 맞춰서 해나가야 하는데도요."

지당한 말입니다. 그렇지만 균형을 잡는 것만큼 어려운 일도 없지요.

겉모습과 속마음 이 두 가지에 대입해 보면, 구조는 겉모습이고 주체는 속마음이라고 할 수 있을까요. 우리 여성해방운동 '우먼 리브' 세대 여자들은 같은 세대 남자들의 겉과 속이 다른 모습에 영향받았습니다. 남자들의 진심 없는 겉모습에 그야말로 정나미가 떨어진 거죠. 그래서 여자들은 남자들을 비일상적인 혁명으로부터 싸움터인 일상으로 끌고 왔습니다. 그런데도 우리 세대는 '남녀평등'이라든지 '남녀가 딱 반반으로 나눠서 육아를 하자'는 등 겉으로 보이는 규범만 중시하며 살았던 것 같습니다. 애초에 공적 영역의 구조가 전혀 바뀌지 않았는데 사적 영역에서만 남녀평등을 실천한다면, 여자도 남자도 서로를 구석으로 몰아넣고 물고 뜯는 꼴이 될 게 뻔했지요. 제 주변에도 이러다가 처참하게 나가떨어진 커플이 많습니다.

요즘 들어 또다시 '선택적 부부별성제도'가 화제인데요. 법률혼을 마다하고 일부러 사실혼을 선택해 갖가지 차별을 견디고 혼외자를 낳고 기르며 혼외자 차별에 반대하는 법정투쟁을 계속해

* 남자도여자도육아시간을!연락회男も女も育児時間を！連絡会 편, 《남자와 여자가 반반으로 나눠서 하자 남자주부도 아니고 여자주부도 아니고男と女で「半分こ」イズム 主夫でもなく、主婦でもなく》(1989). —원주

온 사람들도 있지만,[84] 모두가 그렇게 할 수 있는 건 아닙니다.

현실을 받아들이고 자녀의 이익을 우선시해 출산하고서 법률혼을 선택한 커플도 많은데, 일본의 제도는 법률혼을 한 커플에게 모든 면에서 유리하니까, 다른 사람한테 그 유리한 법률혼을 포기하라고 요구할 수는 없습니다. 그리고 같은 구조하에 놓여 있어도 개개인은 스스로 선택 가능한 자원을 갖고 있느냐 아니냐와 같은 잠재 능력(아마르티아 센이 논의한 잠재 능력)에 따라 선택을 달리하게 됩니다.

스즈미 씨 세대가 갖고 있다는 냉소주의cynicism란 '문제를 제기해 봤자 어차피 안 될 텐데'와 같이 속마음을 드러내는 풍조라 할 수 있을까요? 근래에 안보 투쟁 50주년, 70주년을 맞아 학생운동을 회고하는 붐이 일어났는데,* 과거의 학생운동 세대가 후세에 정치적 냉소주의를 남긴 거라면 그 책임이 무겁다는 생각밖에 안 드네요. 인터넷과 같은 새로운 정보 도구도 사람들이 속마음을 밖으로 드러낼 수 있는 토양을 마련해 줬겠지요.

구조와 주체를 생각할 때, 저는 항상 위안부 문제를 떠올립

---

84 호주제가 폐지되지 않은 결과로 일본에서는 법률혼이 아닌 관계에서 태어난 아이들(혼외자)이 유산상속에서 배제되는 등 사회적 차별을 받아왔다. 여성운동에 신념을 가진 '우먼 리브' 세대 여성들은 혼인신고를 하는 법률혼을 택하지 않고 사실혼 관계에서 아이를 낳아 기르며 자신의 성씨를 유지하고(남편 성을 따르지 않음) 오랜 기간 호적과 혼외자 차별에 반대하는 투쟁을 벌여왔다. 이 여성들이 모여 결성한 '없애자 호적, 혼외자 차별なくそう戸籍と婚外子差別'과 같은 단체에서는 오랜 시간 법정투쟁을 벌인 끝에 2013년 혼외자 차별이 위헌이라는 판결을 이끌어 냈다.

* 전공투백서편집위원회全共闘白書編集委員会 편, 《전공투 백서全共闘白書》(1994). 속 전공투백서편집실행위원회続·全共闘白書編集実行委会 편, 《속·선공투 백서続·全共闘白書》(2019). 또 다이지마 하루히코代島治彦 감독의 영화 〈네가 죽은 후에きみが死んだあとで〉(2021)가 나왔다. 〈네가 죽은 후에〉는 1967년 10월 8일 하네다 투쟁羽田闘争[일본 정부가 일본에 있는 미군 기지를 베트남전 후방 기지로 사용하게 하여 이에 반대해 일어난 운동]을 하다가 죽은 교토대 학생 야마자키 히로아키山崎博昭[1948~1967. 학생운동가로 18살 때 경찰기동대의 진입으로 사망]를 추도하는 내용의 다큐멘터리이다. —원주

니다. 위안부 문제는 얽힐 대로 얽혀서 한일 관계도 전례 없을 정도로 악화되고, 지지자와 연구자도 둘로 나뉘게 되었습니다. 지지자와 연구자가 어떤 입장인지를 두고 양분된 한 가지 사건은 박유하 씨의 저서 《제국의 위안부》(2013) 관련 사안입니다. 이 책은 가해자 황국 병사와 피해자 위안부를 두고, 같은 구조 속에서 사지로 가는 남자와 성노동을 강제당한 여자 사이에 동지적 관계도 있었다고 썼는데, 위안부 여성들이 명예훼손으로 고발하면서 내용이 알려졌습니다. 이 책의 내용을 어떻게 평가할지를 둘러싸고, 위안부 문제를 어떻게든 잘 풀고 싶어 했던, 애초부터 소수였던 그 사람들이 갈라지고 말았습니다.

이런 상황에 파문을 일으키고 싶어서, 저는 2년에 걸친 준비 끝에 《전쟁과 성폭력의 비교사》를 엮어서 냈습니다. 이 책에는 역사학자 히라이 가즈코平井和子 씨가 쓴 〈병사와 남성성: '위안소'에 간 병사/가지 않은 병사〉란 논문이 수록되어 있습니다. 위안부 가운데에는 일본군 병사와 같이 죽은 이도 있고, 스짱(좋아하는 사람) 관계였던 이도 있습니다. 가혹한 상황에 놓인 여성들이 조금이나마 편한 관계를 찾으려 했던 점은 이해할 수 있겠는데, 스짱 관계였던 병사한테서는 대금을 받지 않았다고 합니다. 당시 위안부는 일본 제국의 신민으로 전쟁터에서 일본 복장을 하고 일본 이름을 써야 했고, 군대가 전장으로 이동하면 소매가 달린 앞치마를 입고 일장기를 흔드는 척하기도 했습니다. 이것은 선택의 여지가 없는 강제적인 행위인데 동시에 '동지적 관계'라거나, 점령지의 적국민으로부터 '일본군의 협력자'로 보일 수밖에 없기도 했습니다. 아시아태평양전쟁 한국인희생자보상청구사건[85]의 원고 문옥주[86] 씨처럼 지혜를 짜내 병사들한테 인기를 얻음으로써 살아남은 여성도 있습니다. 위안부라고 밝힌 여성들은 위안부가 놓인 현실에서 살아남은 분들입니다. 그중에는 다양한 생존 전략을 구사했던 이들도 있겠지요. 그래서 우리는 고난에서 살아남은 자, 즉 생존자로서 이 여성들에게 마음 깊은 곳에서부터 한없는 경의를 느낍니다.

그런데 이렇게 위안부 여성들이 놓인 현실의 다양함을 이야기하는 것이 여성들이 처한 가혹한 구조에 대한 면책으로 이어져서는 결코 안 됩니다. 뿐만 아니라 우리는 구조가 강제하는 가운데 개인이 행사하는 필사적인 생존전략이 얼마나 가혹한 구조에서 나온 것인지를 이해할 수 있게 됩니다. 본의 아니게 일본군 병사와 '동지적 관계'로 내몰린 조선인 여성들, 그 배경에 있는 식민지 지배의 억압이 얼마나 깊은지를 보여준다는 점에서 박유하 씨의 책을 읽으면서 말문이 막혔습니다. 그런데 박유하 씨의 책은 배척당했고, 그 책을 지지하는 사람들도 호되게 비난받았습니다.

《전쟁과 성폭력의 비교사》에는 사회학자 자조노 도시미茶園敏美가 쓴 〈섹스라고 하는 접촉지대: 일본 점령의 경험〉이 수록돼 있습

---

85 김학순 씨, 문옥주 씨를 포함한 9명의 위안부 여성, 그리고 홋카이도 탄광으로 강제 징용된 박칠봉 씨를 비롯해 징용자, 군인군속 등으로 강제 동원된 이들과 유족 32명이 1991년 12월 6일 도쿄지방법원에 '일본국'을 피고로 하여 일으킨 소송. 원고들은 인도에 관한 범죄를 이유로 일본 정부의 국가배상을 요구했다. 2001년 도쿄지방법원은 사실은 인정하나 1965년 한일기본조약, 청구권협정 등에 따라 권리가 소멸했다고 판단해 배상 청구를 기각했다. 2004년 11월 일본 대법원에서 상고가 기각되어 패소가 확정되었다.

86 1924~1996년. 대구에서 태어나 1940년에는 유괴 납치되어 만주 위안소로, 1942년에는 취업 사기에 의해 미얀마 위안부로 강제동원되었다. 1992년 한국에서 두 번째로 위안부 피해자임을 밝혔고 일본을 오가며 미얀마 시절 소속 부대와 위안소 명칭 등을 정확히 증언하여 진상 규명과 운동에 기여했으며 아시아태평양전쟁 한국인희생자보상청구사건 때 법정 증언하였다.

니다. 이 논문에는 '팡팡'[87] 연구가 실려 있지요. 팡팡 연구는 일본에서 오랜 기간 금기시되었습니다. 일본인이 떠올리기 싫은 과거 점령기를 다루는 것인 데다 말도 꺼내고 싶지 않은 치부로 여겨지는, 당사자의 증언도 거의 없고 '팡팡'이란 말조차 쓰지 말라고 억압을 당하는 그런 연구 주제였습니다. 그러던 중 전후에 태어난 여성 연구자들이 연구를 시작하면서, 패전과 점령이라는 힘의 비대칭적인 관계 속에서 아무것도 갖지 못한 일본 여성들이 성을 자원으로 삼아 살아가던 생존 전략의 다양성을 밝혔습니다. 여성 참정권이 없던 시대에 남자들이 멋대로 시작한 전쟁에 휩쓸려 전쟁으로 인한 재난과 점령 등 부조리한 현실 한가운데 놓인 여자들이야 '전쟁에서 이긴 남자들한테 복종하는 게 뭐가 나쁘냐?'고 큰소리칠 수 있겠지만, 전쟁에 진 남자들한테 팡팡은 굴욕의 상징이었겠지요. 자조노 도시미 씨는 "현대사 기억에서 배제된 '팡팡 언니'들의 명예를 회복해 주고 싶다"고 연구 동기를 밝혔는데, 결국 내가 팡팡이었다고 나선 여성은 한 명도 없었기에 이 여성들에게 목소리를 찾아주려는 시도의 연구가 됐습니다. 우리가 여성들의 생존 전략이 얼마나 강인했는지에 대해 진심으로 경의를 표할 때, 패전이나 점령과 같은 강제적 구조에 대한 책임을 면해줄 이유도 없고 그럴 필요도 전혀 없습니다. 《전쟁과 성폭력의 비교사》의 목표는 구조와 주체 사이에 있는 좁고 험한 길 가운데, 구조로도 주체로도

---

87 2차 세계대전에 패전한 일본에서, 주로 미군을 상대로 거리에서 성매매를 하던 여성을 가리키는 말. 어원은 확실하지 않다. 패전 후 일본 내각에서는 일반 여성을 미군의 성폭력에서 지킨다는 명분으로 국책매춘시설로 RAA(특수위안시설협회)를 설치했는데, 당시 일본을 점령한 연합국 군최고사령부(GHQ)의 반대로 1946년 3월에 RAA가 폐쇄되자 이후 RAA의 여성들이 거리로 나와 성매매를 했던 것으로 알려졌다.

환원되지 않는 행위주체성^{agency}을 존중하면서도 동시에 구조의 폭력성에 면죄부를 주지 않는 복합적인 접근 방식이었습니다.*

하지만 이토록 어려운 과제를 극복할 길은 아직 먼 듯합니다.

이 편지 연재를 주고받으면서 몇 번이나 쓸까 했다가 쓰지 못했던 것이 위안부 문제였는데, 마지막 편지에서 이렇게 쓰게 되었네요. 스즈미 씨와 이야기한 성폭력 피해자와 위안부가 놓인 위치가 구조적으로 같다는 생각에서입니다.

이번 편지에 스즈미 씨가 이렇게 쓰셨네요.

"강간 사건 피해자가 죄책감을 느끼거나 남한테서 책망을 당하고 자책하는 일은 있어서는 안 된다고 절실하게 느끼는 한편, 아직 피해자가 아닌 사람들이 강간당하지 않을 수 있는 지혜를 갖길 바라는 마음도 있습니다. 제가 이 말을 하는 이유는 피해자한테 책임을 묻기 위해서가 아니라, 나쁜 남자가 많은 이 사회에서(물론 나쁜 여자도 있지만) 피해를 당하지 않고 또 상처 입지 않고 살아갔으면 하는, 오직 그 바람 때문입니다. 이미 피해를 입은 사람들이 자책하지 않도록 하면서 이런 말을 전하려면 어떻게 해야 할까요?"

성폭력 피해자는 종종 '그런 곳에 갔던 네 잘못'이라거나 '대책 없이 따라간 네 탓'이라며 책임을 추궁당합니다. 또 자신이 입을 피해를 최소화하려고 가해자의 눈치를 보며 한 행동 때문에 스스로를 계속 책망하는 여성도 있겠지요. 자기책임론입니다. 스즈미 씨 세대가 이런 자기책임론에 지나치게 세뇌되었을는지도 모르

___

* 우에노 지즈코, 〈서장 전쟁과 성폭력의 비교사의 관점戰爭と性暴力の比較史の視座〉, 《전쟁과 성폭력의 비교사》(2018)[한국어판은 2020]. —원주

겠네요. 하지만 피해자가 어떤 옷을 입었든, 어디에 몇 시에 있었든, 얼마나 대책 없고 무지했든 간에 나쁜 쪽은 당연히 가해자입니다. 피해자한테는 아무 책임이 없어요.

자기책임론을 전제로 깔고 있는 자유주의liberalism는 개인을 완전한 정보를 갖고서 스스로 자유롭게 결정할 수 있는 주체로 보는 신화일 따름입니다(몇 번이나 썼지만, 신화란 근거 없는 믿음이에요). 구조적 폭력 가운데서 자신이 피해자란 사실을 인정하는 것은 결코 패배가 아닙니다(이 말은 단지 현실을 어물쩍 넘기지 말고 있는 그대로 확인해 두자는 것일 뿐입니다). 주체의 선택이란 관점에서 보면, 아무리 선택이 제한적이라 해도 행위주체는 자신이 지닌 자원을 모두 동원하여 생존 전략을 구사했으므로, 그런 자신을 칭찬해도 좋습니다.

성희롱이나 친밀한 관계에서의 폭력 문제에 대해 잘 알고 있는 심리상담가 노부타 사요코信田さよ子는 최근 저서《가족과 국가는 공모한다家族と国家は共謀する》(2021)에 이렇게 썼습니다. "피해를 인지하는 것은 복종이 아니라, 저항이다." 그렇습니다. 피해를 인식하는 것은 약함이 아니라 강인함을 나타내는 것입니다.

그나저나 이 책 독자 가운데는 남성들도 있을 텐데요. 물론 우리 두 사람의 이름만 보고 이미 책을 덮어버렸거나, 읽더라도 이 대목을 안 읽고 지나칠 수도 있겠지만요(하하). "저와 제 또래 친구들은 남자에 대한 믿음이 바람 앞 촛불처럼 사그라졌는데, 남자들에 대한 믿음을 어떻게 되찾을 수 있을까?"라고 스즈미 씨가 쓴 이런 문장을 읽으면 남성 독자들은 어찌 생각할까요?

성추행이나 성범죄 이야기를 하면 주변 남자들은 '나는 다르다'거나 '난 그런 적 없다'고 답을 하지만, 정말 가까운 사람들 가운데서도 유흥업소에 가는 남자는 있고, 성매매를 한 남편한테서 성병을 옮은 여자도 있습니다. 전쟁 중 위안소에 다닌 군인들은 보통의 일본 남성들이었습니다. 같은 상황에 처했다면 '나도 그랬을지 모른다'고 상상해 보는 남성도 있겠죠.

저는 친밀한 관계에서 폭력을 당했거나 아이를 학대한 적은 없지만(단지 제가 그런 상황에 처하지 않았기 때문에), 그런 상황에 놓인 여성들을 이해할 수 있고 공감할 수 있습니다. 위안부를 지원하는 여성운동 역시, 위안부가 아닌 여성들이 그런 상황에 놓였던 여성들에 대해 '그게 나일 수도 있었다. 나도 그 입장이 될 수 있었다'고 그 아픔에 공감했기 때문에 그만큼이나 커질 수 있었습니다. 저는 1991년 뉴스를 보고 처음으로 위안부에 대해 알게 됐는데, 그때 얼마나 몸이 아프고 떨렸는지 기억하고 있습니다. 여성운동은 피해 당사자가 아닌 여성들도 함께하면서 여성이 처한 어려움에 대처해 왔습니다. 나 자신과 다른 여성들의 입장이 별로 차이나지 않고, 그 차이란 것도 그저 종이 한 장만큼 얇다고 생각했기 때문입니다.

그런데 왜 매번 피해자인 여성 쪽이 성폭력 문제를 해결해야 하는지 이해가 안 되네요. 남자들 문제는 남자들이 해결해야 하지 않습니까? 왜 남성들은 남자에 대한 여성들의 신뢰를 실추시키는 성추행범에게 화내지 않습니까? 왜 남성들은 성추행범을 박멸하자고 운동을 시작하지 않나요? 그러기는커녕, 성추행을 고발한 여자들이 부당한 짓이라도 했다는 듯, 왜 치한들한테 면죄부를 안겨주는 주장만 늘어놓습니까? 성희롱 가해 남성에 대해 가장 먼저 분노해야 할 사람들은 성희롱 가해를 저지르지 않는 남성들입니다. 그런데도 왜 남성들은 성희롱 가해 남성에 대해 분노하지 않고 그런 남성을 감싸주는 겁니까? 유흥업소에 가고 성매매를 하는 남자들은 왜 부끄러움을 느끼지 않습니까? ……정말 남자들은 수수께끼입니다.

아마도 남자들이 할 말은 정해져 있겠죠. '원래 그렇다'고. 정말 그런가요? '남자는 원래 그렇다'는 말 속에는 '그런 남자가 나일 수도 있다'고 공감하는 마음이 있습니다. 그런 공감과 이해를 갖추고 있다면, 남자들 안에 있는 가해성에 부딪혀 봐도 좋을 겁니다. 여자들은 공감과 이해를 바탕으로 여성운동을 해왔습니다. 만약 여성운동에 필적할 만한 남성운동이 없다면, 그 이유는 남자들이 자신들의 가해성에 대해 아무런 자각을 못 했든지 아니면 이러한 가해성으로 이득을 얻고 있기 때문이라고 볼 수밖에 없습니다.

이런 물음이 돌고 돌아서 다시금 '남자는 원래 그래'라는 답으로 귀결된다면, 스즈미 씨가 말했듯, 남자들에 대한 믿음은 바람 앞 촛불처럼 사그라들고 말겠지요.

그렇긴 해도, '남자란 원래 그래'와 같은 담론을 수용하는 방식은 세대 차가 나는 듯합니다. 제 어머니 세대는 '남자는 원래 그래'를 바꿀 수 없는 디폴트 값으로 받아들였고, 이 과정에서 '남자는 기만 살려주면 되는 거야'라면서 오로지 견디기만 하는 생존 전략을 여자의 지혜로 여겼습니다. 딸들에게도 이런 지혜를 전수했겠지요. 그 딸에 해당하는 제 세대는 그런 어머니의 모습을 보고 '이런 바보 같은 일이 어딨어?' 하면서 저항했지만 이런 벽, 저런 벽에 부딪혀 수없이 깨지면서 상처투성이가 됐습니다. 그런 모습을 본 딸들, 스즈미 씨 세대의 여성들은 벽이 얼마나 단단하고 두꺼운지를 알게 됐습니다. 그리하여 남자들을 향한 모멸과 교환해서 자신의 에너지를 좀 더 영리하게 아끼는 기술을 여성 스스로 갖추게 된 걸까요? 이런 기술 가운데는 '남성의 관점에서 분별력 있는 여자는 득을 본다'는 선택도 있겠지요. 그다음 세대인 요즘 젊은 여성들, 저출산 상황에서 태어나 소중하게 여겨지며 자란 딸들은 여자가 남자보다 뒤처진다는 생각은 손톱만큼도 하지 않고 '이런 건 못 참는다', '허용할 수 없다'면서 정말 지당한 목소리를 내고 있습니다.

스즈미 씨는 이런 젊은 여성들에 대해 "저보다 더 젊고, 제가 젊었을 적보다 사회를 바꾸는 데 더 의욕적이고 스스로 희생할 줄 아는 여성들"이라고 했는데, 저는 이 여성들이 자기희생적이라고는 조금도 생각하지 않아요. 자기희생은커녕 자기 이익을 최우선시하는 여성들이 역사상 처음으로 대거 나타났다고 봅니다. 일본 여성의 경우 '여성다움'이란 남편과 자식의 이익을 최우선시하는 것이었고, 자신의 이익은 두 번째나 세 번째로 하는 게 여성의 미덕이었습니다(지금도 여전히 '엄마다움'에는 아빠한테는 요구하지 않는 자기희생이 요구됩니다). 물론 여자도 남자도 누구든 에고이스트egoist(자기중심주의자)지만, 여자는 남자를 통해서만 스스로의 이익을 추구할 수밖에 없는 구조 속에 놓였기 때문에, 여자의 생존 전략은 남자들한테 달라붙거나 남자를 이용하는 것이었습니다. 5장에서도 언급했지만, 가나 여성이 '슈거 대디'와 같은 트랜잭셔널 섹스를 하는 것도 이와 마찬가지인 생존 전략이지요. 이런 구조 속에서 여성은 자신이 가진 자원을 최대한 유리하게 활용하여 살아남으려 하는데, 이런 행위는 어느 누구도 책망할 수 없습니다. 저는 전업주부가 되고 싶다는 딸들조차, 시대착오적인 선택을 하는 게 아니라 자기 이득을 최우선시하는 선택을 하는 거라고 봅니다. 전업주부가 되고 싶다는 딸들의 희망은 한 번 번역이 필요할 텐데, 즉 남편이나 자식을 위해 최선을 다하는 인생을 살겠다는 얘기는 전혀 아니고 그런 건 염두에 두지도 않았으며, '거친 경쟁사회에서 거리를 두고 여유 있게 생활하고 싶다'는 소망을 그저 젠더 용어로 표현한 것일 따름입니다(이 선택지가 남성에게는 허용되지 않죠). 최근에는 여자들한테도, 자신의 이익을 추구하기 위해 꼭 남자한테 의존하지 않아도 되는 옵션이 생기기 시작했습니다. 남자한테 '너를 행복하게 해주겠다'든지 '평생 너를 지켜주겠다'는 소리를 기대하지 않더라도, 내 행복쯤이야 나 스스로 잡겠다고 말할 수 있는 여성들이 나왔지요.

이렇게 태연하게 자기 이익을 최우선시하는 딸들이 대거 등장한 것을 저는 환영합니다. 왜냐면 남자들은 처음부터 자기 이익을 최우선시하며 살아왔고, 남자 여자 할 것 없이 인간이란 원래 자기 자신이 가장 중요한 에고이스트입니다. "자식보다 내가 중요하다." 그런 건 다자이 오사무太宰治가 굳이 말해주지 않아도 이미

다 알고 있습니다.[88] 그렇지만 이 말은 남자한테는 허용이 돼도 여자한테는 허용되지 않았는데, 이제 여자들도 이 말을 할 수 있게 된 겁니다.

그러면 아이 쪽도 두말할 나위 없이 부모보다 내가 중요하다고 주장하겠지요. 자식이 부모를 돌보기 위해 희생할 필요는 전혀 없고, 부모가 싫으면 버려도 됩니다. 돌봄의 현장을 보고 기록하면서 이 점을 통감했어요.

비약일 테지만, 내친김에 한 가지 더 이야기해 보자면, 산다는 것은 자신의 에고이즘 egoism과 고독하게 마주하는 것 말고 다른 일이 아니라고 생각합니다. 그리고 자아 ego와 자아 ego가 대등하게 갈등하는 관계를 만들어 갈 때 비로소 여자와 남자 사이에 제대로 된 연애가 성립할 수 있겠지요.

연재 마지막 편지에서 이제 스즈미 씨한테 개인적인 메시지를 쓰려 합니다.

스즈미 씨는 사랑받고 자란 딸이고, 부주의하면서 대담하고 반항심이 왕성하며 약간 짓궂지만, 폭주하기 전에 브레이크를 밟을 만큼 똑똑하고 균형 감각도 있습니다. 알려지지 않았더라면 젊은 시절 모험으로 끝났을 경험을, 이제 감출 수 없는 낙인이 된 과거를 짊어지고 있으며, 지성과 언어능력이 넘치는 작가⋯⋯. 저한테는 스즈미 씨가 이렇게 보여요. 그런데 낙인이라 해도, 이제 예

---

88 일본의 국민 작가 다자이 오사무의 소설 《앵두》에 나오는 문장이다. 소설에서는 장애아를 둔 아버지가 주인공으로 나오는데, 부모라면 자식한테 조건 없는 사랑을 주어야 한다는 가치관으로 인해 괴로워하다가 자신을 정당화하는 모습 가운데 나오는 글귀이다.

전에 AV 배우였다는 것은 지극히 작은 과거입니다. 인생은 길어요. 스즈미 씨가 과거의 경험으로 인해 스스로에게 과제를 부여하는 건 중요한 일이지만, 그 경험만이 오늘날의 스즈미 씨를 만든 게 아니니까요. 성폭력 피해자가 과거의 그 경험만 돌아보며 살아가지는 않는 것과 마찬가지입니다. 게다가 세상은 남의 과거 같은 거 일일이 기억하지도 않아요. 스즈미 씨가 성실하게 하나하나 일을 해내가다 보면, 독자가 남기는 악평이라 봐야 '와, 이 작가는 AV 배우 출신이었다나 봐. 그래서 이렇게 성매매 여성을 잘 이해하는구나!'라든가 '아, AV 배우 출신이라서 남자에 대한 견해가 엄격하네' 같은 감상 정도겠죠. 당신이 지금 어떤 사람인지가, 전에 어떤 사람이었는지보다 더 중요합니다.

언론, 특히 남성 중심 미디어의 수요에 응해 그런 언론이 요구하는 역할을 하면서 그날그날 돈을 버는 것보다, 진짜로 내가 하고 싶은 걸 하세요. 마흔이란 나이는 인생의 햇살이 이제 기울기 시작한 때이고, 인생이 유한하다는 사실을 뼈저리게 느끼게 되는 연령대가 40대입니다. 인생에서 소중한 것에 우선순위를 매겨야 할 텐데, 그 순서를 틀리지 않기를 바랍니다.

1년 동안 스즈미 씨와 편지를 주고받으며 이야기를 하려니 저도 모르게 친척 아주머니 같은 말투가 되는 걸 어쩔 수가 없었어요. 특히 스즈미 씨가 비교적 이른 시기에 어머니를 잃은 딸이라는 점을 알았을 때부터 더 그랬죠. 짜증 나고 귀찮다고 느꼈을지도 모르겠어요(웃음). 스즈미 씨가 사랑하고 또 미워한 어머니한테서 받은 것은 정말 클 겁니다. 스즈미 씨의 지성은 어머니의 지성과 대치하고 겨루면서 갈고닦였을 거예요. 또 그토록 자신의 논리와 지혜, 감정 모든 것을 꺼내서 딸과 마주한 어머니를 저는 별로 본 적이 없습니다. 저는 그간 편지에서 어리석은 어머니를 가진 행운을 이야기했지만, 그것은 반어적인 말이기도 했습니다. 현명한 어머니는 딸을 꿰뚫어 보고 몰아붙임으로써 딸의 자아를 단련시킵니다. 이렇게 한 사람의 어른이 전 인생을 걸고 자신을 마주해 주었으니 그건 다른 무엇과도 바꿀 수 없이 소중한 선물일 겁니다.

제가 자식을 낳지 않은 한 가지 이유는, 아이의 성별을 고를 수가 없는데 만약 딸이 생기면 어쩌지 하는 두려움을 억제할 수가 없어서였습니다. 딸은 엄마의 아킬레스건을 간파해 가장 혹독한 비판자가 됩니다. 사춘기 때 저는 엄마한테 정말 싫은 딸이었겠지요. 만약 '그런 딸이 내 곁에 있었다면' 하는 상상만 해도 움츠러듭니다. 저는 엄마와 대결하기를 피했지만, 사실 피했다면 안 됐을 거예요. 엄마의 인생을 받아들이고 나 자신을 긍정하기 위해서.

스즈미 씨란 사람과 1년에 걸쳐 이렇게 관계를 갖고 나니 제게 스즈미 씨는 더욱더 신경 쓰이는 존재가 됐네요. 스즈미 씨가 뭘 하고 어떻게 살아갈지 앞으로도 관심을 가질 겁니다.

40대 초반에 엄마를 잃고 저는 엄마와의 사이에 남겨둔 여러 가지 숙제를 끌어안고 끝도 없이 푸념을 되풀이했습니다. 엄마와 나눌 시간이 갑자기 툭 끊겨버리니 돌이킬 수 없다는 마음이 들었고 그 마음속에 홀로 남겨졌지요.

엄마의 죽음으로부터 좀 시간이 지난 어느 날 밤, 저는 친구한테 전화해서 진지하게 이런 말을 했습니다.

"죽은 사람도 성장하나 봐……."

물론 죽은 엄마가 아니라 제가 변한 거겠죠. 죽은 엄마와 마음으로 대화를 나누면서 서서히 변화했습니다. 용서하고 용서받는 느낌으로 가득 차게 됐어요. 죽은 엄마의 모습은 달라지지 않지만, 엄마와 나의 관계는 달라졌습니다. 스즈미 씨도 지금 어머니와 계속 대화를 나누고 있겠지요.

저는 스즈미 씨의 아버지한테 강력한 영향을 준 또 한 명의 여성, 다카하시 다카코高橋たか子[89] 씨한테도 관심이 있습니다. 아버지께서 스즈미 씨 가족이 다카하시 다카코 씨와 살던 집에 아직도 살고 계신다지요. 언제 스즈미 씨와 함께 아버지 댁을 방문해 보고 싶네요.

코로나 위기 상황이 끝나기를 기다리겠습니다.

또 한 번 돌아온 코로나의 봄에

우에노 지즈코

---

[89] 1932~2013. 작가이자 가르멜회 수도자. 이 책 저자 스즈미 스즈키의 아버지 스즈미 쇼 씨의 스승. 일본의 전공투 세대에 큰 영향을 끼친 소설가 다카하시 가즈미高橋和巳(1931~1971)의 부인이다.

후기를 대신하여

우에노 지즈코 님께.

1년간 오간 편지를 다시 읽어보니, 여태껏 제가 여러 가지로 해결하지 못한 문제를 새삼 생각해 보게 됩니다. 어머니가 돌아가시고 저는 제 문제를 알릴 상대를 잃어버렸다는 생각이 들었어요. 부끄러움이나 아픔을 포함해 저의 문제를 과감하게 전할 수 있는 사람을요. 우에노 님의 개인적인 경험과 역사, 새로운 화제를 버무려서 매번 제게 탁 물음을 던져주셔서 고맙습니다. 저 자신에 대해서도, 여성에 대해서도, 사회에 대해서도 아직 확고한 입장을 갖지 못하고 이리저리 흔들리지만, 우에노 님의 편지를 받고 지금껏 제가 가져보지 못한 시각이 있다는 걸 깨닫는 일이 많았습니다. 저 자신의 어떤 면은 인정하고 싶지 않지만, 아마 그런 면도 있을 거라고 받아들이기도 했습니다.

첫 편지에서 털어놓은 대로, 고등학생 시절부터 지금까지 저는 피해자의 관점에서 말하기를 강하게 거부해 왔습니다. 가엾으니까 도와주자, 구해주자는 시선이 마음에 걸렸지, 추하다거나 나쁘다고 평가받는 건 전혀 괘념치 않았어요. 피해를 입거나 불행한 일을 당해도 웬만하면 '내가 운이 없네' 하고 웃었고, 남자들의 시선에서 저에 대한 비하나 모욕을 느끼더라도 '대수롭지 않다'고 웃어넘겼습니다. 나는 상처받지 않고 괴롭지 않을 거라고, 즐겁게 살려면 되도록 그런 태도를 취하는 게 중요하다 믿고 살았습니다. 우에노 님이 인간에 대한 모독적인 자세라고 하셨던 '어차피 남자는 다 그래'라는 식의 태도를 취함으로써, 어떤 측면에서 보면 남자의 가해성이 저에게 해가 되지 않도록 하면서 살아온 겁니다. 이런 태도를 취하면서 제가 느끼는 어떤 기분이 있었고, 이런 기분이 나 자신이 피해자로 살아가지 않도록 해줄 방편이라 생각한 거죠.

그간 주고받은 편지를 읽으면서, 제가 피해를 당했어도 그걸 피해라고 인정하지 않는 태도를 갖고 있고, 그리고 이런 태도 탓에 무심코 '남자란 진지하게 화낼 대상이 아니다'라고 치부해 버리는 버릇을 갖게 됐다는 점을 계속 생각했습니다. 이런 제 태도에 변혁을 바라는 시점이 빠져 있고 타자에 대한 존중이 없다는 사실은 인정하지 않을 수가 없네요.

저는 이런 가짜 활력으로 강한 척하는 걸 신조로 삼고서 살아왔는데, 편지를 다시 읽어보니 그건 제가 여자란 사실에 되도록 상처 입지 않고 살아가기 위해서였습니다. 또 한 가지 이유는, 상처 입은 내 모습이 남자의 소비 대상만 될 뿐이라 생각해서였고요. 저의 논리로 피해자가 되길 거부한 겁니다. 브루세라, 원조교제로 시작해 AV 배우, 밤일을 하던 여성으로서 제가 자연스럽게 지닌 감각이 있어요. 울부짖으면 남자들이 기뻐한다는 겁니다.

특히 여고생의 성이 화제가 될 적마다 어른들은 '(성을 파는 여고생들은) 자기 스스로 해를 가한다는 걸 모른다'든지 '나중에 결국 본인이 상처받을 거다'라는 식으로 상처를 강요했고, 그 말에 기분이 나빴습니다. 우리가 상처받으면 그런 말 하는 어른들이 좋아하겠구나 싶은 생각도 들었죠. 실제로 제가 AV 배우를 할 무렵, AV 배우의 성장 과정이나 현재 상황을 비극적으로 묘사하는 기사나 만화를 즐겨 읽는 사람이 많았거든요. 좀 더 구체적으로 말하면, AV 배우 데뷔작이나 전향작[90] 같은 데는 배우의 인터뷰 장면이 다큐멘터리 식으로 들어가는데, 이런 장면을 찍을 때 감독들은 AV 배우한테 감정을 속속들이 드러내고 눈물을 보이라고 연기 지도를 합니다. "울어야 남자들이 사정을 하잖아"라던 감독도 있었어요. 저는 어설프게나마 배우만 하던 게 아니라 이 업계를 소재로 석사 논문을 쓰고 있었으니, 르포나 잡지 기사에서 AV 배우가 어떻게 그려지는지를 평균 이상으로 많이 봤습니다.

이런 경험을 바탕으로, 우에노 님이 편지에 쓰셨듯 '남자에 대한 모멸을 배우는' 동시에, 나의 상처 입은 모습을 보여서 내 맘에 들지 않는 어른들을 기쁘게 해주고 싶지 않다는 마음이 커진 겁니다. 상처 입은 소녀의 모습으로 감정적으로 그려지고 싶지 않았어요. 술장사나 유흥업계 여자들은 남자를 기쁘게 하는 법을 배우는데, 처음에는 단순히 '이런 말을 하면 좋아하겠지', '이런 동작을 하면 좋아하겠지', '이렇게 움직이면 기분 좋겠구나' 하다가, 좀 더 복잡한 방식으로 남자들이 기뻐하는 여자의 모습을 알게 됩니다. 불행이나 눈물을 내세우면 영업에도 도움이 되는데, 여자의 불행이나 눈물을 보고 기뻐하는 남자를 속으로 경멸하고, 일할 때 내 상처 입은 모습을 보여주면서도 '실제로 나는 네가 원하는 대로 상

---

90 아이돌 가수나 TV 탤런트 등이 AV 배우로 전향해 데뷔한 작품.

처받지 않아'라며, 역설적으로 그 배움을 활용하는 여성도 있을 겁니다. 심리학자 기시다 슈岸田秀는 저서《성적유환론서설性的唯幻論序説》(1999)에서 "여자한테 모욕을 주려는 의도가 바로 강간하는 남자가 흥분하는 조건이다"라고 했습니다. 소설가 마쓰우라 리에코松浦理英子가 "비웃어 주자, 강간하는 남자를. 남자는 강간으로 여자를 모욕할 수 없다. 강간이 여성에 대한 최대의 모욕이라고, 나는 입이 찢어져도 질이 찢어져도 말하지 않겠다. 여자는 강간으로 꺾이지 않고 주저앉지 않는다"(《아사히저널朝日ジャーナル》1992년 3월호)라고 한 것을 옹호하며 쓴 글이지요. 이 두 사람이 쓴 글에 여태껏 제가 지녀온 삶의 자세가 겹쳐 보입니다. 남자를 기쁘게 할 방법을 궁리한 결과 남자를 향한 모멸을 학습하고 남자를 기쁘게 해주려는 마음이 들지 않게 됩니다. 또래 여성들, 친구들한테서도 저와 비슷한 생각을 느낄 수 있습니다. 이런 배움은 때론 처세술이 될 수 있겠지만, 그간 주고받은 편지에서 제가 저의 그런 부분을 몇 차례나 문제 삼은 이유가 있어요. 그렇게 느끼는 마음이 까딱하다간 타인 혹은 저 자신에 대한 2차 가해가 될 수도 있다는 걸 깨달았습니다.

저는 지금도 남자, 하면 AV의 섹스 설정이나 여자가 남자의 성기를 빨고 남자가 사정하는 장면이 떠오르면서, 과연 남자가 제가 진지하게 마주할 수 있는 존재일지 반쯤 진심을 담아서 생각합니다. 이런 태도가 좋지 않다는 걸 자각하더라도, 이 깨달음이 오랜 시간 지녀온 제 생활양식을 재검토하는 일에 도움이 될 때까지는 시간이 걸리겠지요. 게다가 마지막 편지에서 쓴 것처럼, 실천적 수준에서 '나는 행복하다'고 느끼는 마음을 훼손하지 않고 나의 상처가 상처라는 것을 깨달으며, 나아가 그 상처를 만든 구조 자체를 의문시하면서 균형을 잡는 건 정말 어렵습니다. 필시 앞으로도 저는 조금의 가짜 활력으로 강한 척하는 성향을 가진 채, 제게 닥친 불행을 흘려보내고 웃어넘기는 버릇과 함께 살아가겠지요.

그렇지만 지난 1년간 우에노 님과 편지를 주고받으면서, 이런 습관에 매번 약간의 의문 부호를 찍을 만큼은 저 자신을 변화시킬 수 있었습니다. 전 제가 나름대로 꽤 강한 집착을 보이는 것에 대해서는, 상대방이 아무리 훌륭한 사람이라도 아니면 부모라도, 그 집착을 한 번쯤 크게 놓아버리는 대화를 해본 적이 거의 없습니다. 그래서 우에노 님과 편지를 주고받으면서 단지 좋은 자극을 받는 차원을 넘어, 무엇보다 행복했습니다. 이렇게 행복한 기회를 준 편집자 다케무라 유코竹村優子 씨, 오랫동안 제 글을 응원해 준 편집자 고기타 준코小木田順子 씨께 감사드립니다.

마지막 편지에서 제게 "당신이 지금 어떤 사람인지가, 전에 어떤 사람이었는지보다 더 중요"하다는 메시지를 주셨죠. 이 메시지가 다정하기보다는 정말 엄하게 느껴져 등골이 오싹해지면서, 정신 바짝 차리고 살자는 생각이 들었습니다. 요령 좋고 둔감한 나 자신에 안주하지 않겠습니다. 때로 '나는 이런 타입이 아닌데' 하겠지만, 그런 내적인 저항을 넘어 표현하는 용기를 갖겠습니다.

2021년 5월 27일

스즈키 스즈미

스즈키 스즈미 님께.

1년이 눈 깜짝할 새 지나갔군요.

　처음에는 어떻게 될까 싶었는데, 편지 주고받기를 열두 번, 24통의 편지가 이어졌습니다. 지도도 없이 바다에 나간 격인데 다음엔 어떻게 될지 매번 가슴이 두근거렸습니다.

　저는 한 번도 해본 적 없는 일이라면 그게 무슨 일이든 흥미진진하지만, 그중에서도 다른 사람과 같이 하는 일을 정말 좋아합니다. 더욱이 그 상대가 제 관심을 끄는 사람이고, 같이 일하는 가운데 상대에게 놀랄 뿐만 아니라, 그 상대한테서 본 적도 들은 적도 없는 나 자신의 모습을 보게 되면 아주 놀랍지요. 이번에도 그런 경험을 했습니다.

　특히 스즈미 씨하고 저하고 부모 자식 사이만큼 나이 차가 나서인지, 저는 싫든 좋든 제가 스즈미 씨 나이였을 때를 떠올릴 수밖에 없었습니다. 반대로 스즈미 씨는 제 나이에 이르기까지의 시간을 상상할 수 없겠지요.

　다시 읽어보니 첫 편지와 마지막 편지가 보기 좋게 연결되어 있다는 걸 알게 됐습니다. 아니, 순환고리에서 빙글빙글 돌고 있었을 뿐이라고 말할 수도 있겠네요. 사회학적으로 볼 때 '구조냐? 주체냐? 뭐가 먼저냐?' 하는 난제로부터 어떻게 해서 빠져나올 것인

가. 우리가 주고받은 편지는 이런 물음 자체였다고 말할 수도 있겠지요. 인생의 끝자락에서 편지를 보낼 소중한 수신자를 얻고 보니, 나 자신 가운데 얼마나 역사 속에서 규정된 부분이 많은지 다시금 인식할 수 있었습니다. 사람은 몇 살이 돼도 새로 발견하는 게 있군요. 스즈미 씨가 50대, 60대에 어떤 모습일지 상상하며 기대합니다. 그때 저는 이미 이 세상에 없을 텐데, 그게 유감이네요.

달팽이처럼 느린 편지 연재가 좋은 기회를 가져다줬습니다. 편지로 오가려니 느리지만, 가령 140자로 쓰는 순간적인 메시지로는 다할 수 없는 마음의 편지를 길게 쓸 수 있었습니다. 이 편지 연재를 제안한 편집자가 다케무라 유코 씨죠. 스즈미 씨와 제가 같이 쓴 책이지만, 다케무라 유코 씨도 이 책의 세 번째 저자라 하고 싶을 정도입니다. 원고를 보낼 적마다 다케무라 유코 씨는 본인의 경험에 비추어 가슴속 깊이 느낀 평을 해줬는데, 스즈미 씨한테도 똑같은 방식으로 평을 해줬을 거라 상상했습니다. 편집자는 원고를 맨 처음 읽는 독자인데, 내 메시지가 첫 독자한테 똑바로 전해졌다고 생각하니 글 쓴 사람으로서 힘을 얻었고, 매번 정확한 평도 해주는 정말 편집자의 귀감이었습니다. 교정교열 담당자도 이 편지 연재를 즐겁게 보고 있다 들었고, 연재를 읽은 독자가 다음 편지를 손꼽아 기다린다는 얘기도 들었습니다. 고맙습니다.

이 책에는 여성이라면 누구나 깊이 와닿는 내용이 쓰여 있습니다. 그럼 남성들은 어떨까요? 마지막 편지에서 스즈미 씨는 또래 여성들 사이에서 남자들에 대한 믿음이 '마치 바람 앞 촛불처럼 사그라졌다'고 했고, 그전에 쓴 편지에서도 제게 '왜 남자들한테 절망하지 않느냐?'고 반복해서 물었지요. 이 책에서 우리 두 사람은 계속 '남자란 무엇이냐?'를 논한 것 같습니다. 코로나 상황에서 유흥업소나 성 산업에 내몰린 여성들, 감염 리스크로 인해 그런 일자리조차 잃어버린 여성들. 성을 파는 여자는 흥미 위주로 취급당하는데, 성을 사는 남성은 문제 삼지 않는 비대칭성. 성추행, 불법 촬영, 아동 포르노, 성적 학대, 원조교제, 데리헤루, 파파카쓰, 사정 산업[91]……. 이런 것들에 여자를 이용하며 들러붙는 남자들. 남자들은 '(여자의 성을) 사는 남자'가 성 시장을 만들어 내고 있다는 것, 또 그런 남자가 남성의 디폴트 값이라는 사실이 정말 아무렇지도 않습니까?

이 책의 제목을 '남자들이여!'라고 하자는 의견도 있었습니다. 제목을 그렇게 하고, 책 띠지에 '남자를 믿을 수 있는가? 성노동과 맞바꿔 잃어버린 남자에 대한 신뢰. 그럼에도 남자와 대등한 관계를 추구하며 투쟁을 포기하지 않을 여자들에게, 그리고 남자들에게'라고 넣을까 했어요. '피해자도 가해자도 아니다—구조냐 주체냐 사이의 좁고 험한 길을 뚫고 나오는 여자들에게'라고 하자는 아이디어도 나왔다가, 결국 지금의 제목으로 결정 난 겁니다. 이 책이 남성 독자들에게 닿을 거라고는 기대할 수 없지만, 그래도 남성들의 감상도 들어보고 싶습니다.

우리는 언제나 시대의 한계(끝)를 걷고 있고, 그 앞을 내다볼 수가 없습니다. 코로나와 같은 감염병 재난이 닥치리라고 누군들

---

91 남자한테 성적 서비스를 제공하는 업종을 폭넓게 지칭하는 말.

진작에 예측할 수 있었을까요? 도쿄 올림픽을 강행하면 어떤 결과가 나올지 누가 예상할 수 있겠습니까? 역사는 언제나 앞을 향해 나아간다고 할 수 없으며, 한 걸음 전진하고 두 걸음 후퇴하기도 합니다. 스즈미 씨가 저보다 오래 사는 건 확실한데(부디 저보다 먼저 죽지 마세요, 순서가 있으니까요) 그런 스즈미 씨가 나중에 제가 볼 수 없는 어떤 풍경을 볼지 궁금합니다. 저는 다음 세상 같은 걸 믿지 않지만, 만약 가능하다면 이 세상에 한번 돌아와 보고 싶은 생각이 들 정도입니다.

몇 년에 한 번씩 어떻게 나이 들고 있고 얼마나 성장했는지 서로 확인했으면 좋겠네요.

그때까지 아무쪼록 건강하길 바랍니다.

오월의 맑은 날에
우에노 지즈코

열 살 정도였으려나. 1980년대 후반, 일하느라 바쁜 부모님 대신 아픈 동생을 데리고 시내에 있는 병원에 가던 길. 시내에서 민주화 집회를 벌이던 대학생 시위대를 향해 전경이 쏜 최루탄 가스를 엉겁결에 들이마시고서 평소 익숙한 길을 헤맸다. 그러다 다다른 골목 끝에 정육점처럼 빨간 불빛이 흘러나오는 가게가 있었다. 가게 유리문 쇼윈도 안에는 여자들 여럿이 드레스를 입고서 마네킹처럼 서 있거나 앉아 있었다. 그전엔 공주님이나 미스코리아만 드레스를 입는 줄 알았는데, 나와 같은 성에 속하는 사람들이 드레스를 입고 고기처럼 사고 팔리고 있었다.

　나중에서야 그 시절(성매매방지법이 생기기 전) 성매매 집결지, 미군 기지촌 등에서 가난한 여성들이 악덕 포주들의 선불금의 노예가 되어 갚아도 갚아도 줄지 않는 빚 때문에, 변치 않는 현실 때문에, 수도 없이 연탄불을 피워 자살도 많이 했다는 걸 알았다. 또 내가 태어나기 전에 시작된 기나긴 암흑의 군부독재 시절에는 경제개발로 인한 도농 격차의 여파로 도시로 쏟아져 나온 농촌의 젊은 여성들을 국가가 나서서 이른바 '윤락여성'을 교화한다며 윤락행위등방지법으로 단속하여 수용소나 다름없는 '보호소'에 가뒀고, 그런 국가와 거래해 잇속을 채운 무리가 있었다는 사실도 역시 나중에서야 알게 됐다.

여러 종류의 폭력을 접한 나의 어린 시절 기억이 내 삶에 의미를 갖기 위해서는, 마음속에 새겨진 슬픔을 바탕으로 소중한 분노의 씨앗을 제대로 싹틔워야 했다. 일면 나와 동떨어져 있는 듯한 이들의 존엄과 권리가 곧바로 나의 존엄과 권리는 아니지만 나의 존엄과 권리와 매우 밀접하게 이어져 있다는 보편타당한 깨달음으로 이어지려면, 페미니즘-여성해방을 위한 생각과 실천을 만나야 했다. 만나서 여성에 대한 존중과 이해를 다시 배워야 했고, 이를 바탕으로 인간에 대한 존중과 이해로 나아가야 했다. 나의 삶이 벅차게 도약하던 순간을 이 책을 번역하면서 몇 번이고 떠올릴 수 있었다.

*

이 책 《페미니즘, 한계에서 시작하다》는 일본의 젊은 사회학자·작가 스즈키 스즈미와 대표적 여성학자·사회학자·여성운동가 우에노 지즈코가 2020년 7월부터 2021년 6월까지 1년간 겐토샤幻冬舎 출판사 발행 월간 문예지 《소설겐토小説幻冬》에 연재한 편지를 엮은 책이다. 원제는 '왕복서간: 한계에서 시작하다往復書簡 限界から始まる'이다.

여성의 삶이 노골적으로 속박받던 시절부터 페미니스트로서 여성의 길을 개척해 온 우에노 지즈코. 여성이 전보다 많은 선택지를 갖게 된 사회지만 그렇게 쉽지만은 않은 여성의 길을 강렬하게 모험하듯 살아온 스즈키 스즈미. 두 사람이 마주 보고 서서 센 직구를 던지듯 이야기를 주고받는다. 팽팽한 긴장감이 감도는 대화 가운데, 스즈키 스즈미는 자신의 경험을 설명하는 자신의 말을 찾아내면서 철저히 분석하고, 우에노 지즈코는 그런 스즈키 스즈미의 용기와 고뇌의 무게에 걸맞게 응수하며 아낌없이 조언하고 격려한다.

이 책에서 두 저자는 여성의 인생과 관련된 여러 소재를 두고서, 남성의 지배와 군림을 북돋되 여성의 삶은 끈질기고 교묘하게 제한, 통제하는 구조를 구체적으로 들여다보고 통렬히 비판한다. 그리고 이 구조하에서 자신들을 포함한 여성들이 살아온 방식, 페미니즘의 도래 이후에도 희망과 절망, 정체와 혼돈이 공존하는 사회상을 고찰하며, 새로운 시대의 여성들이 앞으로 살아가야 할 자세를 명쾌하고 진지하게 논하고 있다. 과거와 동시대에 대한 역사적·사회적인 분석과 함께 저자들의 경험도 생생하게 나와 있어서 쉽게 읽을 수 있는 책이지만, 시사하는 바는 전혀 얕지 않다. 여성이 딸, 아내, 엄마, 남자의 여자 친구 또는 연인, 하룻밤 상대 등과 같은 역할에 규정되지 않는다면, 여성은 무슨 정체성으로 어떻게 살 것인가? 이 물음에 초점을 두고 모녀 관계, 연애와 섹스, 일, 결혼, 승인 욕구, 능력, 자립, 페미니즘, 자유 등 열두 가지 글감에 따라 저자들이 쓴 편지를 차례대로 읽다보면, 아마 한 자리서 다 죽 읽어낼 정도로 이 책의 매력에 빠져들게 될 것이다.

이 책에서 두 저자는 낙인을 기꺼이 감수하고서 개인사적인 경험담을 낱낱이 털어놓고 있다. 저자들은 사력을 다해 자신들의 세계로 독자들을 이끌고, 사고와 인식을 확장한다. 우에노 지즈코의 편지에서는 여성의 현실을 설명하고 문제 해결을 위한 길을 진전시키기 위해 페미니즘과 더불어 반세기 이상의 세월을 치열하게 살아온 관록 있는 여성주의 사상의 정수를 폭넓은 학식과 함께 특유의 솔직하고도 직설적인 화법과 간결한 문체로 접할 수 있다. 스즈키 스즈미의 편지에서는 자신이 겪은 바를 기존의 언어에 기대지 않고 고유한 말과 시각으로 설명하고자 분투하는 언어화 작업의 묘미를 한껏 실감할 수 있다. 이 작업을 따라가다 보면, 필시 스즈키 스즈미가 예리한 감각과 독창적 방식으로 찾아냈을 중대한 물음에 정면으로 부딪치게 된다.

"어째서 남자들에게 절망하지 않나요?"

몇 번이나 우에노 지즈코에게 되풀이하여 묻던 스즈키 스즈미의 문장. 이 말을 번역하면서 나는 페미니즘 이후에 다른 방식으로 더 어려워진 세대의 여성들의 목소리를 듣는 것만 같았다. "어째서 남자들의 세계에 절망하지 않습니까?" 추악한 언행과 어리석은 사고방식을 뻔뻔하게 내보이며 여성에게 달라붙는 남성에게 여성이 욕망의 대상이 되어야 인정받는 세상이라면, 여성은 언제든 넘어지고 다시 일어났다가도 나동그라질 수밖에 없는 게 어쩌면 당연하다. 그렇지만 우리는 또다시 일어난다. 남자들의 세상, 남자들을 위한 세상, 남자들이 똘똘 혹은 느슨히 뭉쳐서 만들어 낸 이 세계에 좌절하지 않고 우리가 살 세상을 우리의 힘으로 바꾸어서, 절대로 죽지 않고 살 것이다. 산다는 것, 살아남는다는 것, 온전히 살아간다는 것의 의미에 대해 곱씹으며, 괴로워하는 나 자신과 주변 여성들에게 손을 내밀 것이다. 나 자신으로, 내가 나로 살아가기 위해 필요한 것은 해방이고 실천이다.

오늘날 열심히 살아가는 다양한 여성의 모습들이 있다. 사회 규범이 허용하는 범위 내에서 자유롭게, 혹은 그 안에서조차 자유롭지 못하게 살아가는 여성, 의도치 않은 행위로 체제에 균열을 일으키며 흔드는 여성, 어느 정도 기존 질서에 순응하는 가운데 부산물을 영리하게 획득하는 꾀 많은 여성, 적극적으로 지배자 남성의 관점과 이익에 협력하면서 같은 여성을 궁지로 내모는 여성…… 어쩔 수 없이 몸과 마음이 부서졌지만 그래도 힘을 내어 자신의 약함을 인정하고, 피해에 침묵하지 않고 피해자라 밝히고 나서는 강인한 여성, 그리고 남성 중심 질서에 의해 이런저런 여성으로 재단되거나 분열되어 지배당하기를 거부하고서 여성이라는 집합적 정체성에 자신의 현재와 미래를 건 여성…….

페미니즘에 자신을 건 여성들의 노력으로 일상의 성차별, 성역할 분담 철폐나 임신중단 합법화, 여성할당제와 같은 실질적인 평등을 목표로 제2의 물결 페미니즘이 태동한 이래 50년 남짓 흘렀다. 6년 전부터는 전 세계적인 미투운동이 거세게 일어나기 시작했고 한국에서도 역사적 획을 그었다. 2016년 5월, 한국에서는 강남역 여성혐오 살인 사건에 분노한 여성들이 "나는 우연히 살아남았다", "당신(강남역에서 희생된 여성)은 운이 나빴고 나는 운이 좋았던 것뿐인 현실에 분노한다"고 외쳤다. 이후 여성들을 지긋지긋하게 괴롭히며 사지로 내몬 소라넷 사건과 n번방 사건의 주범들은 체포되어 실형을 선고받았다. 한때 무려 100만 명에 달하는 회원을 모아 성매매 광고를 하고 아동 성착취물 게시를 방조한 소라넷 운영자 서울대 출신 엘리트 부부가 검거됐다. 협박과 강간, 성착취물 유포 등 끔찍하기 짝이 없는 범죄를 저지른 n번방 사건에서는 채팅방에서 성범죄를 관전한 수천에서 최대 26만 명의 평범한 남성들이 있다고 알려졌는데, 주범 20대 남성들은 구속되어 얼굴과 신상이 공개됐다.

오늘날 많은 여성들은 어디서든 페미니즘의 가치 확산과 실현을 위해 자신의 유한한 시간, 자원을 적든 많든 쓰고 있다. 전과는 분명 다른 세상이 됐다. 두 저자가 본문에서 쓴 대로, 생식 아니면 쾌락으로 성적 대상화하는 여성에 대한 전통적 이분법을 넘어 '동료'라는 낯설고 성적이지 않은 범주로 남성과 대등하게 일하는 여성도 일정한 비율로 이미 등장했다. 크든 작든 자신이 당한 불이익과 피해를 참지 않고 항의하는 여성들이 대폭 늘어난 눈부신 시대이다.

그런데 한편으로 우리는 똑똑히 보고 있기도 하다. 약자에 대한 혐오에 뿌리를 두고 약자, 특히 '말할 수 있는(=권리를 주장하는)' 약자를 향해 직간접적인 공격은 물론, 정치적 올바름과 공공복지 및 사회혁신적인 운동 또한 공격하는 시대착오적 백래시를 목격한다. 가령 한국의 일베ilbe, 일본의 니찬넬2ch, 미국의 레드필Red

Pill 등의 온라인 익명게시판, 커뮤니티에서는 시대에 역행하는 혐오 표현이 마치 엄청난 유행이라도 하듯 으스댄다. 패배감을 느끼는 이들은 자신이 여성이나 소수자보다 우월하다는 것을 한심한 약자 패기로 과시하고, 정의를 외치는 이들의 피땀과 눈물을 폄하해서 손상된 자존감을 되찾으려 한다. 여태껏 그리 많지 않은 여성들의 성공 사례를 들어 이미 성차별을 극복했다고 과장하면서 세상이 변해 이제 남성이 불리하게 산다고 우긴다. 여성에게 예쁘고 사랑스러울 것, 남자를 배려할 수 있을 만큼만 똑똑하거나 유능할 것, 주어진 일은 척척 다 해내기를 요구한다. 아직도 갈 길은 먼데, 어느 정도 성차별을 시정하는 제도가 사회적으로 마련되어 있다는 것을 핑계로 평등과 자유를 다 쟁취한 것으로 오해를 받기도 하고, 정당한 권리를 주장하면 유난을 떤다고 매도당하는 새로운 시대 빛나는 여성들의 모습은 가슴 아프다. 이 책 말미에 저자 우에노 지즈코가 쓴 일침 —"여자를 이용하며 들러붙는 남자들. (……) 그런 남자가 남성의 디폴트 값이라는 사실이 정말 아무렇지도 않습니까?"('후기를 대신하여')—을 따라 한마디 적고 싶다. 이런 혐오의 언어체계·지식체계가 남성들이 가진 지성의 디폴트 값이 되어가는 현실이 남성들은 아무렇지도 않은가?

일각에서 극히 일부의 여성들마저 혐오 담론에 가세한 현실은 암담하다. 2016년 추운 겨울 촛불혁명 때 평화 시위에 참가한 16세 여학생을 때리고, "(촛불 집회에 나온) 시민들을 쏴 죽여야 한다"고 했던 한 극우 단체의 여성 대표. 급기야 2022년 6월에는 "위안부 사기는 이제 그만. 위안부는 전시 성폭력 피해자가 아니다"라 발언하기도 했다. 진실을 은폐하는 악의적인 이런 거짓에 기대어 정치적 발판을 다지는 공인들을 보면, 계속 더 따져 묻지 않을 수 없다. 최근 사회학, 사회역학에서는 혐오 표현이 그 표적이 되는 약자뿐만 아니라 사회 전체에 끼치는 해악, 또 사회적 배제와 박탈, 불평등이 단지 약자만이 아니라 사회 전체에 미치는 악영향을 실증하는 연구가 점차 주목받고 있다. 약자의 어려움과 고통에 관심을 갖지 않은 사회에서 인간의 존엄성과 사회구성원의 상호 존중은 후퇴할 수밖에 없다.

*

2022년 GGI^{Gender Gap Index}(성 격차 지수)를 보면 세계 146개국 중 일본은 116위, 한국은 99위로 선진국 가운데 양국 다 현저히 낮다. 여전히 여성은 불리한 상황에 있는데, 이런 구조야 개인의 능력으로 얼마든지 넘어설 수 있다고 믿는 사람들이 많다. 신자유주의적 세계관이 팽배한 분위기 속에서 얼마나 많은 여성들이 의식적으로든 무의식적으로든 고통스럽고 비참한 현실을 감내하며 살아가고 있는가? 딸이든 엄마든 애인이든, 혹은 일에서 성공한 사회인이든 뭐든 잘 해내야 할 압박에 시달리면서 여성은 대체 어떻게 살아야 하는가?

저자 우에노 지즈코가 이 책 '5장 승인 욕구'에서 쓴 명문대로 "페미니즘은 내가 나이기 위해 남자의 승인 따위 필요 없다고, 내 가치는 내가 만든다고 주장하며 실천해 온 사상"이고, 이를 실행에 옮겨온 많은 여성들이 있다. 그러나 아직 페미니즘이 미치지 못한 곳에서는 남자의 승인도 세상의 승인도 다 필요한 지표가 되어버린 시대다. 세대 간·세대 내 격차에 더해 같은 성별 안에서도 점점 벌어져 가고 있는 격차. 이 가운데 뭐든 혼자서 애쓰며 노력하는데도 도중에 실패하면 그건 오로지 네가 못나서라고, 네가 못 해내서 그런 거라고 책망한다. 심각한 불평등 속에서도 최선을 다한 대처는 고려하지 않는다. 이렇듯 오직 네 탓, 네 책임으로 돌리는 '자기책임론' 분위기까지 가세해서 요즘 젊은 여성들의 어깨에는 과거 여성들이 겪어본 적 없는 종류의 고통과 괴로움의 무게가 한가득 실린 것만 같다. 최근 3년간 한국에서 20대 여성의 가파른 자살 증가율(전년 대비 2018년 16.4%, 2019년 25.6%, 2020년 16.4%)이 모든 연령대의 남녀를 통틀어 가장 높다는 소식을 참담한 심정으로 받아들인다. 소리 없는 절규에 어떻게 답할 것인가?

*

우에노 지즈코는 페미니스트 관점에서 마르크스주의를 재해석한 마르크스주의 페미니즘의 저작 《가부장제와 자본주의家父長制と資本制》(1990)를 1994년에 번역 출간한 이래, 《내셔널리즘과 젠더》(1999), 《여자놀이》(2000), 《인간을 넘어서》(2004), 《경계에서 말한다》(2004), 《결혼 제국》(2008), 《근대가족의 성립과 종언》(2009), 《싱글, 행복하면 그만이다》(2011), 《독신의 오후》(2014) 등 이론서와 대중서를 아우르는 저작을 한국에서도 다수 번역 출간해 왔다.

이후 남성들의 사회적 유대의 배경에 있는 남성의 여성혐오, 동성애혐오와 여성 자신의 내면화한 여성(자기)혐오를 파헤친 베스트셀러 수작《여성혐오를 혐오한다》(2012)를 비롯해 근래 화제를 모은《비혼입니다만, 그게 어쨌다구요?!》(2017),《집에서 혼자 죽기를 권하다》(2022) 등에 이르기까지 사회현상의 본질을 해석하고, 여성해방은 물론 사회변혁을 위한 해결책을 바라는 이들에게 많은 영감을 주고 있다.

이 책 '6장 능력'에서 잠깐 언급된 2019년 도쿄대 입학식 축사도 그 전문이 한국의 SNS와 뉴스를 통해 널리 알려진 바 있다. 출구가 없는 듯한 남성 중심의 세계에서 여자의 언어와 사고를 찾아내려는 지난하고도 격렬한 여정을 개척해 온 페미니스트 우에노 지즈코의 궤적을 확인하며 사상적 힘의 원천을 얻고 싶은 독자들께서는《가부장제와 자본주의》,《여자들의 사상》(2015)을 읽어보기 바란다.《가부장제와 자본주의》는 현대 자본주의 사회에서 어떤 물질적 요건으로 여성을 향한 지배와 억압이 재생산되는지에 관한 물음에 대해 가부장제와 자본주의가 공모하는 이중 지배의 메커니즘을 분석한 기념비적 저작이며,《여자들의 사상》은 여자들이 처해 있는 현실에 대항해 싸울 수 있도록 20세기를 뒤흔든 여자의 사상을 다룬 명저다.

아울러 이 책에서 우에노 지즈코가 가장 먼저 중요하게 다룬 '약함에 대한 혐오', '약함에 대한 자각'에 대해 좀 더 생각해 보고 싶은 독자들께서는 우에노 지즈코가 마흔을 갓 넘긴 1989년에 철학자 나카무라 유지로中村雄二郎와 주고받은 편지를 묶은 서간집《인간을 넘어서》(2004)의 첫 편지를 읽어보기 바란다.

또 한 명의 저자 스즈키 스즈미는 본문에도 언급되어 있지만, 대학 재학 중 AV 배우로 일하고 이 체험을 연구하여 쓴 대학원 석사 논문을 정리한 책《AV 여배우의 사회학》(2013)을 펴낸 바 있다. 2014년에는 자전적 에세이로 '밤일하는 언니의 사랑과 행복론'이란 부제를 붙인《몸을 팔면 끝이야》를 썼는데, 이 에세이를 바탕으로 2017년에 같은 제목으로 영화가 나오기도 했다. 한국어 영화 제목은 〈러브 포 세일love for sale〉인데, 영화의 줄거리는 전직 AV 배우인 29세 신문기자가 친구들과 호스트클럽에 다니면서 모순적인 일상에서 행복을 찾는 내용이다. 또 하나의 자전적 에세이《사랑과 자궁에 꽃다발을》(2017)은 병환으로 돌아가신 어머니와 생전에 보낸 날들을 쓴 책이다. 이 책 '2장 엄마와 딸'과 마찬가지로, 사회구조에 영향을 받아 엉키고 꼬인 근원적인 동성 관계, 즉 엄마와 딸 관계의 얽힌 실타래를 풀어가는 감동적인 여정을 담았다.

이 책을 쓴 후 엄마와 딸의 관계성을 심화시킨 주제로 스즈키 스즈미가 처음 집필한 중편소설《기프티드ギフテッド》는 2022년 상반기 아쿠타가와상 수상 후보작으로 뽑혔다. AV 촬영 현장에서 배우의 화장을 고치는 메이크업 아티스트로 일하는 여성을 주인공으로 하여 두 번째로 쓴 소설《볼품없는 グレイスレス》도 2022년 하반기 아쿠타가와상 수상 후보작에 올랐다. 순문학에 수여하는 유서 깊은 일본의 문학상인 아쿠타가와상에 연이어 두 번이나 후보 작가가 되는 것은 이례적인 경우로, 스즈키 스즈미의 성실한 노력과 문학적 성취도가 높게 평가받고 있음을 뜻한다.

이 책의 배경인 일본의 성 산업과 여성운동에 대해 간단하게 나마 언급하고자 한다. 일본의 AV 산업은 연간 4~5,000억 엔 규모로 약 2만 편 정도(하루에 54편)가 제작, 판매되는 것으로 알려졌다. 여성이 주로 피사체이며, 영상물에 나오는 성기에 모자이크 처리를 하면 적법하게 분류된다. 프로덕션 회사와 전속계약을 맺은 AV 여배우는 고액의 출연료를 받기도 하지만, 20세 미만 미성년자(고등학생 등)는 출연 계약을 할 수 없고 AV를 제작, 판매하려면 윤리심사 단체의 심사를 받아야 한다. 그러나 나이 어린 여성을 모델이나 탤런트를 시켜준다고 유인하여 계약을 맺고서 계약서를 구실로 삼아 반강제적으로 AV에 출연하게 한다거나, 도중에 촬영을 거부하면 위약금을 물게 하거나, 촬영 중 위험한 성행위로 인해 성병 감염 리스크 등이 따르고, 성기 모자이크 처리를 하지 않은 영상이 유통되는 등 여성의 피해가 끊이지 않고 있다. 최근에는 연기라는 명목으로 잔학한 성행위를 강요당한 여배우들이 인권 단체를 통해 피해 실태를 고발하고 있다.

저자 스즈키 스즈미가 10대에 경험한 성 산업 '브루세라'는 처음에는 남성 고객을 대상으로 여고생용 속옷이나 교복을 파는 가게였다가, 차츰 여고생들이 입던 속옷이나 교복을 캔에 담아 팔게 되었다. 나중에는 가게 매직미러 안쪽 방에 여고생들이 서 있으면 남성 고객이 마음에 드는 학생을 고른 후 가게 업자를 통해 그 학생의 속옷이나 교복을 사는 형태로 바뀌었다. 1990년대에 도쿄

번화가에서 나타났다가 1999년 관련 법 개정 후 단속으로 사라졌는데, 당시 일본에서 브루세라는 단지 10대 여성의 일탈, 남성 덕후들의 서브컬처(하위문화) 수준으로 회자되었다. 한국에서도 그렇지만 오늘날에도 종종 성매매는 자유로운 시장행위자들(남녀)이 성을 사고파는 거래 행위로 이야기될 뿐, 이를 통해 막대한 돈을 버는 알선업체, 또 이 거대한 성 산업에 머물 수밖에 없는 취약한 상황에 있는 사람들에 관한 이야기는 간과하기 일쑤다. 최근 몇 년간 일본에서는 AV나 유흥업소, 원조교제(10대 여성 성매매) 여성들의 이야기를 다룬 르포가 꾸준히 나오면서 그 현황이 가감 없이 드러나고 있다. 특히 누가 어떤 상황에서 성을 파는지 실태를 보면, 이 책 '8장 자립', '9장 연대'에서도 저자들이 언급하고 있는 '영 케어러'도 있고, 어린 시절 성적 학대를 경험한 여성, 지적장애가 있는 여성, 신자유주의 도입 후 40년간 격차가 커지면서 사회적 안전망이 닿지 못하는 사이 절대적 빈곤에 내몰린 여성 등 보다 취약한 상황에 있는 이들이 목숨을 내놓고 일을 하는 모진 세월은 계속되고 있다.

물론 다른 선택의 여지가 있는 예외적인 경우도 있다. 사회구조를 간파한 눈치 빠른 여성들은, 지금은 여유롭지만 앞으로 생활이 불안하고 남성우위사회에서 나이가 한 살이라도 젊을 때 가능한 한 조금이라도 더 돈을 벌어 사회가 허락하지 않는 재분배를 개인적으로 이루겠다며 성 산업에 뛰어든다. 그런가 하면 호기심과 반발심으로 성 산업에 스스로 진입했다는 여성들도 있다. 뭔가의 이유로 취약한 심리 상태가 된 탓에 자신의 안전에 충분히 주의를 기울이지 못하는 건가, 아니면 인간이라면 누구나 얼마쯤 갖고 있는 허세를 부리는 것인가. 이런 동기는 항상 논란거리인데, 그렇다면 "자발적으로 했다"고 말하는 여성들이 겪는 위험은 과소평가되거나 무시되어도 마땅한가? 여성에게 낙인을 찍기보다, 저자 우에노 지즈코가 지적한 것처럼 훨씬 더 중대한 물음을 제기해 봤으면 한다. 또 여성들의 동기와는 상관없이 막대한 돈을 움직이는 성산업, 남성의 뒤틀린 욕망으로 굴러가는 성 산업을 알아차리고, 이 책에서 스즈키 스즈미가 전하는 경험을, 무거운 침묵을 깨고 나온 새로운 미투로 공감할 수 있다면 좋겠다.

수년 전, 우에노 지즈코와 함께 한국의 여성 인권 단체를 방문해 활동가들, 활동을 돕는 회원들과 간담회를 연 적이 있다. 일본에도 한국에도 있는 여성들에 관해 이야기했다. 학대나 폭력 등으로 도저히 집에 있을 수가 없어서 맨발로 집을 나왔는데, 오늘 밤 당장 갈 데가 없어서 거리의 남자를 따라갈 수밖에 없는 처지에 있는 나이 어린 여성들. 간담회에 모인 사람들 가운데, 저자 스즈키 스즈미 씨의 어머니처럼 3대에 걸쳐 집안 여성들이 성 산업 주변에서 살아온 여성이 있었다. 이 여성이 자신의 세대에서 그토록 질긴 재생산의 고리를 끊었다는 소중한 이야기를 들려주었다. 자리에 있던 모두가 눈시울을 붉히며 활동의 의지와 각오를 다졌다.

끝으로 책 '1장 에로스 자본'에서 우에노 지즈코가 언급한 단체 '콜라보'의 활동을 간략히 소개하고 싶다. 우에노 지즈코가 이끄는 단체 WAN(Women's Action Network, 여성 행동 네트워크)에서도 지원하고 있으며 한국의 여러 단체와도 교류하고 있는 단체이

페미니즘, 한계에서 시작하다

기 때문에 '콜라보'의 활동을 소개하면서 연대의 의미를 생각해 보고자 한다. '콜라보'는 2013년 설립된 10대 여성 지원 단체로 생협, 노동자공제협동조합, 시민들로부터 사업지원금이나 후원금을 받아 성착취나 학대 피해를 입은 10대 여성 임시 쉼터, 자립 지원 셰어하우스 등을 운영하고 있다. 메일과 SNS를 통해 10대 여성 고민 상담을 진행하며, 긴급 쉼터 및 자립 지원을 위한 중장기 셰어하우스를 운영한다. 도쿄의 번화가 시부야, 신주쿠에 개조한 버스를 주차해 두고 야간 아웃리치를 하면서 밤거리를 떠도는 10대 여성을 지원한다. 차와 식료품, 옷, 문구류, 생리용품, 생활용품 등을 나눠 주는 물자 지원을 실시하고, 아동 상담소, 경찰서, 병원, 주민센터 등에 동행하기도 한다. 일본의 유명한 여성 아이돌 AKB48 그룹 멤버 니토 모에노의 언니 니토 유메노(현재 33세)가 2015년부터 대표로 활동하고 있다.

콜라보에서 기획하여 2016년부터 매년 일본 전국 각지에서 열고 있는 〈우리는 구매당했다〉 전시회에서는 성을 팔 수밖에 없게 내몰린 10대 여성들이 직접 찍은 사진이나 본인이 쓴 글로 사회에 그들의 실태를 알리는 메시지를 내보내고 있다. 아버지의 가정폭력으로 집에서 뛰쳐나와 지낸 공원 벤치를 찍은 사진, 추운 겨울에 갈 곳이 없어서 조금이나마 온기를 느낄 수 있는 음료자판기 앞에서 밤새 머물던 기억을 떠올리며 자동판매기를 찍은 사진, 배가 고파서 편의점에서 버리는 음식을 주워 먹은 경험을 쓴 문장 등이 전시되었다.

*

옮긴이 후기를 쓰면서, 중국에서 2022년에 번역 출간된 이 책에 관한 뉴스를 들었다. 중국의 대표적인 문화 플랫폼 사이트 더우반豆瓣(www.douban.com)에서 이 책이 2022년도 올해의 책으로 선정되고 24,000여 명의 서평이 쇄도하는 등 반향을 일으켰다는 소식이었다. "두 저자 모두 자신의 삶을 성찰하는 진지한 태도에 감동을 받았다", "스즈키 스즈미의 솔직함과 우에노 지즈코가 이끌어 준 페미니즘의 빛에 빠져들었다"는 중국 독자들의 서평이 많았다. 두 저자의 목소리에 귀 기울이면, 독자 여러분께서도 그간의 경험을 되돌아보며 자신의 삶에 의미 있는 응답을 하게 되고, 심적·정신적·지적 에너지를 쏟은 만큼 불안과 자책, 시름을 덜어내고 살아가는 데 실마리가 될 지혜를 쌓을 것이라 확신한다.

저자 스즈키 스즈미의 어머니가 생전 마지막으로 딸에게 건넨 편지 속 당부처럼('8장 자립') "뒤에 올 사람들에게 길을 열어주고 다리가 되어줄 작품, 그게 아니면 이정표가 될 만한 작품, 그것도 아니라면 피난처가 될 만한 작품, 어쩌면 이 세계의 탑塔이 될 만한 그런 작품"과 같은 이야기들도 독자 여러분에게서 끊임없이 나올 것이라 믿는다. 마치 각자가 가진 진실을 경쟁하는 듯한 시대를 살고 있지만 여성의 경험에서 공통성을 찾고, 내가 공감한 진실을 부당하거나 부조리한 현실에 조금이나마 저항할 수 있도록 쓸 수 있으면 좋겠다. 좀 더 많은 민주주의와 자유를 누릴 수 있도록 존엄한 삶과 이를 위한 조건을 요구하는 목소리가 작은 일상에서

부터 널리 퍼져나가면 좋겠다.

'10장 페미니즘'에서 우에노 지즈코가 가르쳐 준 대로, '나 자신의 생명을 불태워서 내는 것과 같은 희미한 불빛을 따라 어둠 속을 걷는' 모든 분들께, 두 저자의 지성과 덕성, 용기가 잘 전해지기를 바란다. 그리고 페미니즘이 알려준 희망이 미처 도달하지 못한 이들에게 앞서 걷는 이들의 용기가 잘 전해지기를 바란다. 오늘 하루도 차가운 거리에 서성이는 여성들이 나와 그다지 다르지 않다 여기고 다가가 손을 내민 분들께, 또 하루하루 아슬아슬하게 버티면서도 내일이나 모레 아니면 그 언젠가 내게 성큼 다가올 어느 멋진 날에 억압의 굴레를 내던지고 웃겠다고 다짐하며 살아가는 모든 분들께, 연대와 존경을 표하고 싶다.

이 책을 번역할 기회를 준 문학수첩 출판사, 편집에 노고를 거듭하여 오역을 바로잡는 것은 물론이거니와 한 차원 높은 번역이 될 수 있도록 큰 도움을 준 배성은 편집자에게 깊이 감사드린다.

2023년 116번째 3·8 여성의 날을 기다리며

옮긴이 조승미

옮긴이 **조승미**

대학에서 일어 교육을 전공하고, 2007년 도쿄대학교 대학원 인문사회계연구과 사회정보학 박사과정을 수료했다. 《여자들의 사상》, 《증오하는 입》, 《비혼입니다만, 그게 어쨌다구요?!》, 《다키야마 코뮌 1974》, 《초솔로사회》, 《생명의 여자들에게》, 《그림의 길, 음식의 길》 등을 번역했다.

페미니즘, 한계에서 시작하다

초판 1쇄 인쇄 2023년 2월 20일
초판 1쇄 발행 2023년 3월 8일

지은이 | 우에노 지즈코, 스즈키 스즈미
옮긴이 | 조승미
발행인 | 강봉자, 김은경

펴낸곳 | (주)문학수첩
주소 | 경기도 파주시 회동길 503-1(문발동633-4) 출판문화단지
전화 | 031-955-9088(대표번호), 9532(편집부)
팩스 | 031-955-9066
등록 | 1991년 11월 27일 제16-482호

홈페이지 | www.moonhak.co.kr
블로그 | blog.naver.com/moonhak91
이메일 | moonhak@moonhak.co.kr

ISBN 979-11-92776-43-9 03300

*파본은 구매처에서 바꾸어 드립니다.